K-IFRS ACCOUNTING PRINCIPLES

K-IFRS
최신 회계의 이해

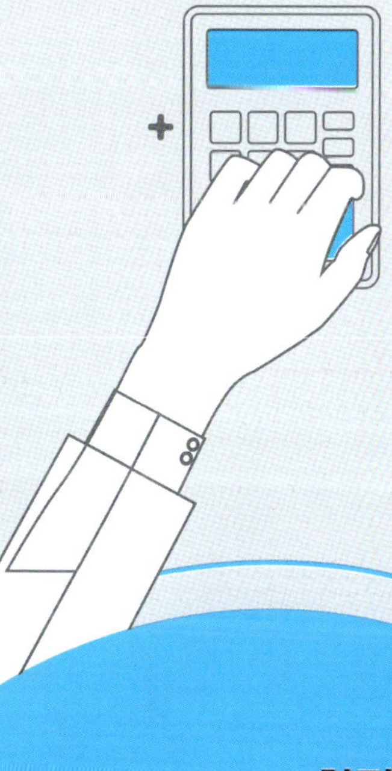

최정호
김성중
박상연
임욱빈
김보영

三 英 社

머리말

한 나라의 국가경쟁력은 정치, 경제, 문화 등 다양한 분야를 통하여 표출된다. 우리나라의 국가경쟁력은 문화적 측면에서는 세계적 수준의 반열에 올랐다고 인정받고 있지만, 정치 경제적 측면에서는 아직 세계적 수준에 못 미치고 있는 실정이다.

스위스의 국제경영대학원(IMD)에서 매년 발표하는 국가경쟁력 순위에서 우리나라는 평가 대상국 64개국 중 2021년 21위를 기록했으나, 2022년 27위, 2023년 28위로 그 순위가 뒷걸음질 하고 있다. 또한 전세계 63개국을 대상으로 실시하는 회계투명성(Auditing and accounting practices) 평가에서 한국은 2022년 기준으로 47위를 기록했다. 이는 2022년 53위를 기록한 것보다는 조금 상승한 것이기는 하나 여전히 평가 대상국가의 중간수준에도 미치지 못하는 상황이다.

우리나라가 미래에 온전한 선진국가로서 지속가능한 성장을 이루어 나가기 위해서는 무엇보다 먼저 회계투명성 제고를 통해 회계선진국이 되어야 할 것이다. 그리고 이러한 회계선진국이 되기 위한 인프라 구축의 첫 걸음은 우리나라 국민들 모두가 회계정보가 무엇을 말하고 있으며, 그 말하는 바가 무엇인지를 이해할 수 있는 회계교육의 저변 확대를 통해 이루어져야 할 것이다.

회계는 기업의 언어이다. 기업들은 회계보고서를 통하여 자신들의 실적을 이야기 하고 있다. 우리가 회계를 공부하여야 하는 이유는 기업들이 이야기 하는 것이 무엇인지를 알아야 하기 때문이다. 우리가 다른 나라의 언어를 공부하기 위하여 단어와 문법을 공부하듯이 기업의 언어인 회계를 공부하기 위해서는 역시 회계언어와 문법을 학습하여야 한다.

본 교재에서는 회계라는 언어의 학습을 위하여 가장 최근에 개정된 한국채택국제회계기준(K-IFRS)을 반영하여 회계가 가지는 기본적인 의미와 역할 및 회계정보의 생성과정을 학습하게 함으로써, 회계정보를 이해하고 활용할 수 있는 기본적인 역량을 제고할 목적으로 저술되었다. 본 교재의 특징은 다음과 같다.

1. 회계의 기본적 개념을 보다 쉽게 설명하기 위하여 일상생활에서 볼 수 있는 많은 예와 그림 및 표를 제시하였으며, 적정한 예제 문제를 예시하여 독자들의 이해를 높일 수 있도록

노력하였다. 또한 한국채택국제회계기준과 다르게 규정하고 있는 일반기업회계기준에 대한 사항과, 상대적으로 중요도가 낮거나 회계원리의 범위를 벗어나는 부분은 '참고'사항으로 제시함으로써 회계원리의 내용을 이해하는데 어려움을 덜고 중급회계 공부에 대비할 수 있도록 하였다.

2. 회계처리능력을 배양하기 위하여 독자들이 많은 문제를 직접 풀어볼 수 있도록 다양한 문제를 제시하였다. 특히 각 장의 주제에 대한 학생들의 이해 여부를 폭넓게 검증할 수 있는 객관식 연습문제를 포함하였다. 객관식 문제에는 공무원, 주택관리사, 증권분석사 뿐만 아니라 전산회계, 기업회계, 회계관리 등의 자격시험의 최근 기출문제를 제시하여 각종 자격시험문제의 출제경향을 파악하고 시험에 대비할 수 있도록 하였다.

3. 객관식 문제가 가지고 있는 단편적 지식의 한계점을 극복하고 회계처리의 과정의 이해도를 높이기 위하여 각 장마다 관련된 주관식 연습문제를 포함하였다. 주관식 연습문제는 본서가 회계원리교재로 채택되거나 회계의 기본적 이해를 위한 자습서로 활용될 수 있도록 교재에서 다루고 있는 대부분의 내용을 포괄하는 문제를 포함하고 있다. 이렇게 주관식 문제를 해결하는 능력을 배양함으로써 다양한 측면에서 제기되는 여러 회계문제의 대처능력이 향상될 것으로 기대된다.

이러한 본 서의 특징은 본서가 회계를 전공으로 하는 독자들의 기초적인 전공능력의 배양뿐만 아니라 회계를 전공으로 하지 않는 독자들의 회계원론의 이해 및 각종 자격시험의 기초적인 수험서의 역할을 할 수 있을 것이다.

본서는 다음과 같이 3부로 구성되어 있다.

Ⅰ. 회계의 기본적 개념에 대한 이해 (제1장, 제2장)

Ⅱ. 회계정보산출과정의 이해(Ⅰ) : 회계의 순환과정(제3장~제5장), 회계의 기초이론(제6장)

Ⅲ. 회계정보산출과정의 이해(Ⅱ) : 계정별 회계처리(제7장~제13장), 회계정보의 이용 (제14장)

본서를 대학교재로 채택하여 회계전공자를 대상으로 사용하는 경우 본서의 처음부터 체계적으로 강의를 진행하되, 제4장과 제5장에서 제시되는 결산과정을 강의 후반부로 배치하여 진행할 수도 있을 것이다. 또한 비전공자를 대상으로 하는 경우에는 제1장부터 제4장까지 진행한 후 제14장 회계정보의 이용 부분을 먼저 학습하도록 조정하는 것이 바람직 할 것이다. 또한 본서를 교재로 채택하는 교수자에 대해서는 본서의 내용을 요약한 강의노트자료(PPT)와 본서에 제시된 다양한 연습문제의 해답집을 별도로 제공할 예정이다.

본서는 회계를 어렵게 생각하는 많은 독자들에게 좀 더 쉽게 이해할 수 있도록 의욕적으로 저술하였으나, 각종 자격시험문제 및 각 장에서 제시되는 연습문제가 일정수준의 문제해결 능력을 요구하고 있는 점, 그리고 필자의 서술능력의 한계로 더 이해되기 쉽게 표현되지 못한 점이 있다고 생각된다. 이에 앞으로 보다 발전적 교재가 될 수 있도록 독자들의 질책과 성원을 기대하며, 저자들의 이메일 주소를 저자소개란에 남기기로 하였다.

마지막으로 본서를 발간하는데 많은 분들의 성원과 도움이 있었다. 우선 바쁘신 중에도 본문의 내용에 대하여 조언해 주신 여러 대학의 회계학전공 교수님들께 감사드린다. 또한 본 교재의 출판을 허락해 주신 삼영사의 고성익 사장님, 출판과정에서 많은 수고를 하신 편집부 최문용 선생님과 직원분들에게도 감사를 드린다. 아울러 본서의 출간 준비기간 동안 인내하고 성원해 준 가족들에게도 특별히 감사함을 전한다

2024년 1월

저자들 씀

차 례

PART Ⅰ. 회계의 기본적 개념에 대한 이해

제 1 장 회계로의 초대

Contents

제 2 장 회계보고서에 대한 이야기

PART Ⅱ. 회계정보산출과정의 이해(I): 회계순환과정

제 3 장 회계 기록을 해보자

제 4 장 회계보고서를 작성하자

Contents

Contents

PART Ⅲ. 회계정보산출과정의 이해(Ⅱ): 계정별 회계처리

제 7 장 당좌자산과 현금 및 현금성자산

제 8 장 수취채권과 지급채무

제 9 장 재고자산

Contents

Contents

제 13 장 자 본

Contents

Part I

회계의 기본적 개념에 대한 이해

오늘날 모든 개인이나 기업은 불확실성의 시대에서 활동하고 있다. 특히 많은 이해관계자들과 경제적 관계를 맺고 있는 기업은 불확실한 경영환경 속에서 의사결정을 내려야만 한다. 경영활동에 있어서 정보의 역할은 의사결정에서 고려해야 하는 변수에 대한 불확실성을 평가하고 예측하는 데 기여함으로써 의사결정을 도와주는 데 있다. 정보를 활용한 불확실성의 평가와 예측은 주어진 경영여건 하에서 가장 합리적인 의사결정의 도출을 가능하게 한다.

회계정보는 기업에 관한 정보 중에서 가장 중요한 정보이다. 각종 경영활동의 결과는 일정한 원칙에 의하여 산출된 회계정보에 반영된다. 뿐만 아니라 산출된 회계정보는 공인회계사가 감사를 실시하기 때문에 가장 신뢰성 있는 정보라고 할 수 있다. 기업경영을 직접 담당하고 있는 경영자들은 물론이고 주주, 채권자 및 기타 많은 이해관계자들은 기업과 관련한 의사결정에 있어서 정보를 필요로 하는데, 회계정보는 그들이 활용할 수 있는 정보 중에서 가장 큰 비중을 차지한다.

회계정보시스템은 기업과 관련되어 있는 다양한 경제주체들이 그 기업과 관련하여 내리는 의사결정에 필요한 회계정보를 제공하기 위하여 운용된다. 회계정보는 경제주체들의 의사결정에 활용됨으로써 그들의 경제적인 부를 증가시키며, 경제적 자원이 효율적으로 분배되는 데 기여한다. 회계를 공부하는 가장 큰 이유는 기업경영에 있어서 회계정보의 산출과정과 산출된 정보의 활용분야를 터득함으로써 기업경영을 도와주거나 기업경영에 참여할 수 있는 지식과 기법을 익히기 위한 것이다. 회계정보는 이렇게 사회적으로 중요한 역할을 수행하기 때문에 우리들은 회계를 직접 담당하지 않더라도 회계에 관한 기본적 개념을 명확히 이해할 필요가 있다. 회계의 기초에 대한 명확한 이해는 회계정보시스템에 의하여 산출된 각종 회계정보를 해석하고 이를 활용하여 의사결정을 내리는 과정에서 필수적인 요건이다. 제1부에서는 기업경영에 있어서 회계정보의 역할, 회계의 정의, 회계정보 이용자, 재무제표의 개념 등 회계의 기초적 개념에 대하여 소개한다.

Chapter 1

회계로의 초대

오늘날 기업경영에 있어서 회계정보는 매우 중요한 역할을 하고 있다. 그 이유는 모든 경영활동의 결과가 회계정보에 의하여 표시되며, 회계정보는 기업 내부에서 이루어지는 모든 의사결정을 뒷받침하는 기초자료이기 때문이다. 본 장에서는 회계의 기본개념에 대하여 살펴보기로 한다. 구체적으로, 기업경영에 있어서 회계정보의 역할과 회계의 개념에 대하여 설명한다. 또한 기업과 직·간접적으로 관계를 맺고 있는 여러 이해관계자 집단이 어떠한 의사결정을 하고 있으며, 그 과정에서 회계정보가 어떻게 활용되고 있는지에 관해서도 설명한다.

회계는 분류하는 방법에 따라서 다양하게 구분된다. 본 장에서는 주로 회계의 목적과 대상을 기준으로 구분하는 방법을 알아보고, 여러 가지 회계의 목적과 특징에 대하여 소개한다.

Chapter 1 회계로의 초대

제1절 정보란 무엇인가?

1.1 의사결정(decision making)

의사결정(意思決定, Decision Making)
어떠한 문제를 해결하기 위하여 여러 가지 선택적인 해결방안 중 가장 적합한 방안을 선택하여 문제를 해결하는 과정

오늘 점심은 무엇을 먹을까? 여러분이라면 어떻게 점심 메뉴를 정할 것인가?

이렇게 우리는 일상생활에서 무엇인가를 선택하여 결정하여야 하는 것이 있다. 김회계씨와 같이 점심메뉴를 결정하는 것 뿐만 아니라, 여행을 갈 때 어디로 갈 것인지, 대학의 전공을 선택할 때 어떠한 전공을 선택할 것인지, 휴대전화를 구매할 때 어느 회사의 어떤 기종을 선택할 것인지 다양한 선택의 문제를 맞이한다.

신입사원 김회계씨는 직장동료인 이동료씨와 다음과 같은 대화를 나누었다.

김회계 : "점심 뭐 먹을까?"
이동료 : "중식, 일식 중 하나 고를까?"
김회계 : "어느 식당이 가격이 저렴하면서 맛이 있는 식당이지?"
이동료 : "회사근처에 새로 오픈한 '맛나초밥' 식당이 맛도 있고 가격도 저렴하다고 하던데, 음식점 리뷰 평점도 놓은 것 같고 거기 갈까?"
김회계 : "어제 점심으로 자장면 먹었으니 오늘은 초밥이 좋겠네"
이동료 : "좋아 그럼 바로 전화해서 예약하고 가자고"

김회계씨는 직장동료인 이동료씨와 점심식사를 회사 근처의 초밥을 메뉴로 하는 식당에서 식사를 하기로 정하였다. 이렇게 특정한 주제 또는 문제에 대한 행동결정을 의사결정이라고 한다. 의사결정은 삶의 사소한 문제부터 시작하여 기업의 주식을 구입할 것인가, 기업이 새로운 산업에 진출할 것인가?, 해외에 투자할 것인가 등 중대한 분야에서도 이루어진다.

의사결정은 하나의 단계로 이루어진 것이 아니라 여러 단계로 나누어져 있다. Herber Simon(1960)은 의사결정과정을 4단계로 나누어 제시하였다.

문제의 인식 → 선택대안탐색 → 대안의선택 → 실행

[그림 1.1] 의사결정단계

일반적으로 문제의 인식과 대안의 탐색, 선택까지의 단계를 의사결정이라고 한다. 김회계씨의 사례로 되돌아가 보자. 식사메뉴를 정하는데 가장 영향을 준 것은 바로 이동료씨가 제시한 맛나초밥 식당에 대한 정보이다. 다시 말하면 의사결정과정에 있어 최적의 행동을 결정하기 위해서는 문제의 해결에 필요한 정보가 필요하다는 것을 알 수 있다.

1.2 정보의 개념

정보(情報, Information)

관찰이나 측정을 통하여 수집한 자료 중에서 실제 문제 해결에 도움이 될 수 있도록 정리한 지식 또는 자료

김회계씨의 사례에서 알수 있듯이 정보는 특정문제를 해결하는데 영향을 주는 것들이다. 점심메뉴를 고르기 위하여 우리는 음식의 종류와 식당에 관한 여러 사실들을 알고 있을 수 있다. 그러나 점심메뉴 결정에 영향을 준 사실만이 정보가 되는 것이다.

자료(Data)와 정보(Information)는 큰 차이가 존재한다. 관찰된 팩트 즉, 사실을 수집해서 모아 놓은 것이 자료이고, 그 자료를 특정 목적에 맞게 가공해서

판단의 근거로 사용될 수 있도록 의미와 가치를 부여한 것이 정보이다.

정보는 그 내용을 표시하는 형태에 따라 종류를 구분해 볼 수 있다. 먼저 그 내용을 숫자의 형태로 표시하는 것을 '계량정보(計量情報, quantitative information)'라 하며 수치로 표현하기 어려운 것으로 사람에 대한 인상, 상품에 대한 만족도, 종업원의 사기 및 기업에 대한 평판 등과 같은 것을 '비계량정보(非計量情報), 또는 질적정보(質的情報, qualitative)'라고 한다.

〈표 1.1〉 정보의 분류

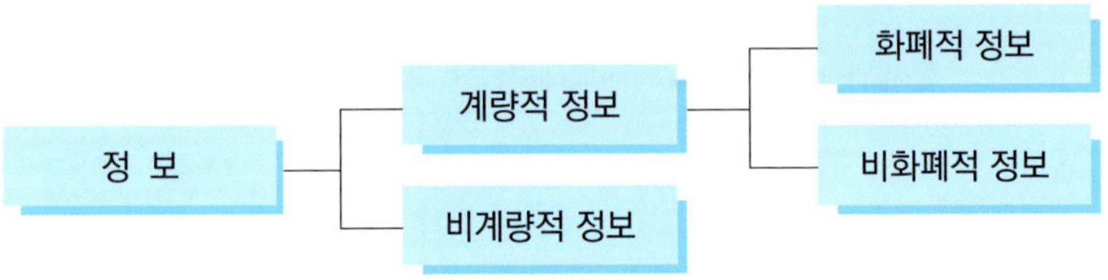

계량적 정보 중에서 돈(화폐)으로 표현할 수 있는 정보가 있다. 예를 들면 음식가격, 급여, 주가, 기업의 이익 등을 예로 들 수 있는데 이렇게 화폐액으로 표시하는 정보를 '화폐적 정보(貨幣的 情報)'라고 하며 화폐액으로 표시되지 않는 정보를 '비화폐적 정보'라고 분류한다.

우리가 공부하고자 하는 회계는 기업과 관련한 정보를 대상으로 한다. 그런데 기업의 목표는 이윤추구를 그 목표로 하고 있으며, 이윤이라는 것은 '돈' 즉 '화폐액'으로 표시된다. 이렇게 돈으로 표시되는 정보를 '화폐적 정보'라고 하며, 회계에서 다루어지는 정보는 계량적 정보이면서 화폐적 정보라고 할 수 있다.

회계정보는 계량적 정보이면서 화폐적 정보이다.

1.3 기업경영과 회계정보

우리생활 주변에는 수 많은 기업이 존재한다. 예를 들면 삼성전자, 현대자동차, LG전자 등을 들 수 있다. 여기에서 기업(企業)이란 "이윤획득을 목적으로 운영하는 조직적인 경제단위"라고 정의되고 있다. 다시 말하면 돈을 벌기 위한 집단은 그들의 목적을 달성하기 위한 여러 가지 활동을 수행하게 되는 데, 특별히 이익을 얻기 위한 기업의 목적달성을 위한 활동을 '기업경영'이라고 한다.

기업경영활동은 크게 영업활동과 투자활동, 재무활동으로 구분된다.

〈표 1.2〉 기업경영활동 분류

기업경영활동	활동	내용
기업경영활동	영업활동	상품/제품판매, 서비스 제공 활동
	투자활동	건물, 기계구입 및 처분활동
	재무활동	주식발행, 자금차입 및 상환 활동

영업활동(operating activities)은 기업 본연의 목표를 달성하기 위한 중심적인 활동으로 상품판매회사가 상품을 판매하는 활동, 부동산중계사무소가 부동산중계서비스를 제공하는 활동, 건설회사가 건물이나 아파트를 건설하는 활동 등을 의미한다. 이러한 영업활동은 생산, 인사 및 조직, 마케팅, 재무관리 등 주요 경영기능별로 세분된다.

투자활동(investing activities)은 영업활동에 사용할 건물이나 기계장치 등을 구입하거나 처분하는 활동 등을 의미한다.

재무활동(financing activities)은 자금조달활동이라고도 하며, 영업 및 투자활동에 필요한 자금(돈)을 마련하거나 갚거나 돌려주는 활동을 말한다. 재무활동의 핵심은 기업이 필요로 하는 돈이 얼마인지 결정하고 이를 마련하는 방법의 결정에 있다. 이때 기업이 필요로 하는 돈의 규모와 시기 등의 예측이 중요하며, 이에 관한 정보는 회계를 통하여 제공된다.

이와 같이 회계정보는 기업 경영활동의 전반에 걸쳐 핵심적인 정보가 되고 있으며, 경영의사결정은 회계정보에 의해서 이루어지는 경우가 대부분이다.

제2절 회계란 무엇인가?

2.1 회계의 정의

2014년 'tvN' 채널에서 방영된 드라마 '미생'은 직장인의 애환과 현대인의 삶을 잘 보여준 작품으로 평가받고 있다. 극 중에서 여주인공인 안영이 사원(배우

강소라)이 김선주 재무부장(배우 황석정)에게 기획안이 보류되고 거부된 사유에 대하여 말하는 장면이 있다. 이때 재무부장이 안영이 사원에게 회계공부는 하고 있느냐고 물으면서 이렇게 표현한다. (드라마 미생 제7화 중)

'회계는 경영의 언어니까'

언어란 사람들 간의 의사소통 수단이다. 회계를 '경영의 언어' 또는 '기업의 언어(language of business)'라고 이야기 할 수 있는 것은 회계가 수행하는 역할이 기업의 돈과 관련된 내용을 기업의 돈과 관련한 의사결정을 위하여 관련 정보를 필요로 하는 사람에게 필요한 돈과 관련한 정보를 전달하고 소통하는 수단이 되기 때문이다.

1966년에 발간된 미국회계학회(American Accounting Association ; AAA)의 「기초적 회계이론에 관한 보고서」(A Statement of Basic Accounting Theory ; ASOBAT)에서는 '회계는 정보이용자가 사정을 잘 알고서 의사결정을 할 수 있도록 경제적 정보를 식별하고, 측정하여 전달하는 과정' 으로 정의하고 있다.

(Accounting is the process of identifying, measuring, and communicating economic information to permit informed judgements and decisions by users of the information)

미국 회계학회에서 제시한 회계의 정의는 많은 이해관계자들이 기업과 관련하여 합리적인 의사결정을 할 수 있도록, 특정 기업에 관한 계량적(計量的)인 재무정보를 수집・분류・요약하여 보고하는 정보의 전달기능(communication)을 수행하는 정보시스템(information system)으로 정의하고 있다.

회계(Accounting)

기업과 관련한 의사결정이 필요한 사람들에게 의사결정과 관련한 경제적 정보(돈과 관련한 정보)를 전달하여 활용할 수 있도록 하는 과정이다.

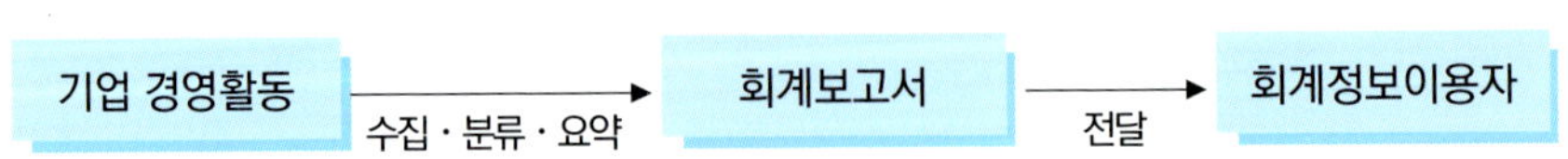

[그림 1.2] 정보시스템으로서의 회계

2.2 회계정보시스템

정보시스템(Information System)
정보의 수집, 처리, 저장, 검색, 제시 등을 신속히 하여 확정한 데이터 처리 시스템에 포함하는 모든 조작과 절차를 가리키는 일반적인 용어

회계 정보시스템이란 회계정보를 수집, 처리, 저상 하는 등 회계자료를 처리하는 시스템을 의미한다. 기업이 목표를 달성하기 위한 영업활동을 수행하면 그와 관련된 내용은 회계정보시스템에 자료로 입력된다. 이러한 입력(入力, input) 과정은 영업활동의 결과로 발생한 경제적 사건이 회계정보시스템의 기록대상이 되는지를 식별하는 과정으로 회계정보시스템에서는 이를 인식(認識, recognition)하는 과정이 된다.

한편, 인식할 필요가 있다고 판단된 경제적 사건은 그 효과를 금액으로 표시하는 측정(測定, measurement)과정을 거친다. 이는 회계정보시스템에서 대상으로 하는 정보는 계량적 정보이면서 화폐적 정보만을 대상으로 하기 때문이다.

회계정보시스템에 입력된 자료는 사전에 정해진 회계원칙(기준)에 따라 수집·분류·요약되는 처리(處理, process)과정을 거친다. 이 과정에서는 반드시 일반적으로 인정된 회계원칙을 준수하여야 한다. 처리과정이 끝난 자료는 최종적인 회계보고서 형태로 출력(出力, output)된다.

회계정보시스템에 의하여 산출된 최종 회계보고서는 재무제표(財務除標, Financial Statement)라고 한다. 재무제표는 기업 주변의 여러 정보이용자들이 기업과 관련하여 여러 가지 경제적 의사결정을 내리는데 필요한 주요 정보의 제공수단이다.

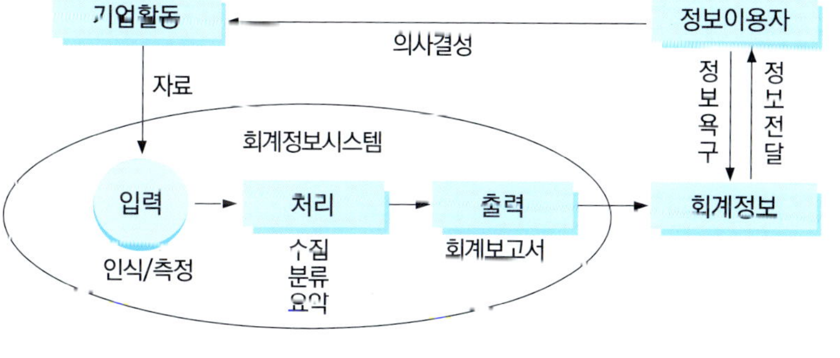

[그림 1.3] 기업활동과 회계정보시스템의 역할

결국 회계는 기업과 정보이용자를 이어주는 연결고리로서 기업 활동의 결과를 정보이용자에게 전달하는 수단이 된다.

제3절 회계정보를 이용하는 사람들

우리는 앞에서 회계정보시스템(accounting information system)에 의하여 산출된 회계정보가 기업과 관련한 정보이용자들이 합리적인 의사결정을 하는데 필요로 하는 정보욕구를 충족시키기 위하여 제공된다는 사실을 알았다. 오늘날 기업의 경영활동에 직접 또는 간접적으로 관련을 맺고 있는 이해관계자집단은 매우 다양하며, 이들은 회계정보시스템에 의하여 산출된 회계보고서에서 제공되는 회계정보를 주요 의사결정에 이용하고 있다.

[그림 1.4]은 회계정보를 이용하는 여러 집단을 제시하고 있다. 다음은 이들 집단에 대하여 설명하기로 한다.

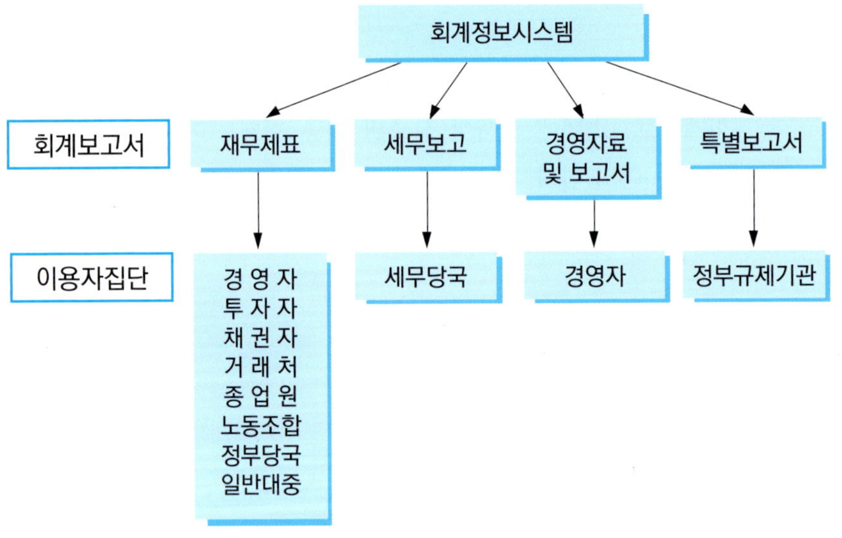

[그림 1.4] 회계정보이용자집단

3.1 경영자

경영자들은 기업 간의 치열한 경쟁 속에서 기업의 목표를 성공적으로 달성하기 위하여 노력하는데, 기업의 목표는 두 가지로 요약된다.

첫째는 수익성(收益性, profitability) 증대이다. 수익성이란 투자자들의 입장에서 볼 때 그 기업이 매력적인 투자대상이라는 확신을 줄만큼 충분한 이익을 내는가의 여부를 의미한다. 둘째는 유동성(流動性, liquidity)을 확보하는 일이다. 유동성이란 기업이 만기가 돌아오는 부채를 상환할 만큼 충분한 자금을 확보하고 있는가의 여부를 말하는 것이다. 경영자들은 이러한 목표를 달성하기 위하여 계획수립과 그 실행방법에 관한 의사결정을 한다. 또한 실행된 결과가 처음 수립한 계획과 일치하는지 여부를 평가하고, 이러한 경영활동은 회계정보에 근거하여 이루어진다. 따라서 경영자는 회계정보를 가장 많이 활용하는 이용자집단으로 볼 수 있다.

경영자의 의사결정과정에서 필요한 회계정보에는 재무제표뿐만 아니라 매우 구체적이고 상세한 정보가 포함된다. 매일 매일의 생산보고서나 판매보고서가 이에 해당한다. 경영자들은 장기 전략의 수립, 신제품개발 및 공장시설의 확대 여부와 같은 의사결정에 있어서 정보를 필요로 한다. 이렇게 경영자들이 요구하는 회계정보는 기업의 경영의사결정에 필요한 기업내부의 정보이므로 경영자를 내부회계정보이용자(內部會計情報利用子)로 구분하며, 경영자를 제외한 다른 회계정보이용자 집단은 외부회계정보이용자(外部會計情報利用子)로 구분한다.

3.2 현재와 미래의 투자자

기업은 주식시장에서 주식을 발행하여 필요한 자금을 조달한다. 현재 특정 기업의 주식을 보유하고 있는 투자자들(investors)은 그 기업의 주식을 더 많이 사야 할 것인지, 현 수준을 유지할 것인지 또는 처분하고 다른 기업의 주식을 사야 할 것인지를 결정해야 한다. 그리고 현재 특정 기업의 주식을 보유하고 있지 않은 잠재적 투자가들도 어느 회사의 주식을 살 것인지를 결정해야 한다.

투자가들의 투자결정에 있어서 가장 큰 관심사는 그 회사가 미래에 지불하는 배당금액의 크기와 예상되는 주식의 가격상승폭에 집중된다. 투자가들은 이러한 투자결정요인을 예측하는 데 있어서 기업의 장래 수익성과 성장성 및 유동성 등을 평가하며, 포괄손익계산서를 비롯한 기타 재무제표는 그에 관한 평가자료로서 활용된다.

3.3 채권자

기업은 주식발행뿐만 아니라 사채시장에서 사채(社債)를 발행하여 자금을 조달하거나 은행과 같은 금융기관을 통하여 자금을 차입한다. 기업에 자금을 공급하는 금융기관과 같은 채권자들(creditors)은 기업에 대한 자금의 대출 여부, 이자율 및 대출기간 등을 결정해야 한다.

채권자들의 이러한 의사결정과정에서 가장 중요한 관심사항은 이자와 대출금의 회수가능성 여부에 있다. 회계정보는 그 회수가능성을 판단하는 근거가 된다. 회계정보를 분석한 결과, 자금여력이 충분하다고 판단되면 회수가능성에 문제가 없기 때문에 아무런 담보 없이 신용으로만 추가로 대출하거나 상환기일을 연장해 준다. 반대로 분석결과 자금사정이 악화될 것으로 판단되면 이미 대출한 금액을 회수하고 추가대출도 하지 않을 것이다.

3.4 종업원과 노동조합

기업에 고용되어 있는 종업원은 더 좋은 일자리가 생겼을 때, 계속 그 회사에 근무할 것인지 또는 다른 회사로 전직할 것인지를 결정해야 한다. 또한 노동조합은 임금인상 및 기타 노동조건에 관하여 경영자와 정기적으로 협상한다. 이러한 과정에서 기업의 재무상태나 손익상태에 관한 정보를 활용한다. 많은 취업자들이나 취업예정자들은 각 기업이 지급하는 급료수준 및 성장가능성을 고려하여 전직(前職)과 취업 여부를 결정하며, 노사간에 이루어지는 단체협상에서 경영성과를 표시하는 재무제표가 협상자료로 활용된다.

종업원은 현재 받고 있는 월급수준이 타 회사와 비교하여 높지 않더라도 회계정보에 근거하여 기업의 장래 수익성과 성장성이 높이 평가되면 다른 회사로 옮기지 않을 것이다. 또한 노동조합도 회계정보에 나타난 작년도 영업실적이 좋으면 이에 상응하는 임금인상을 경영자에게 요구할 것이다.

3.5 물품공급자(거래처)

기업은 외부로부터 원재료나 부품 등을 공급받는다. 특정 기업에 원재료나 부품을 공급하는 공급자는 거래처와 관련하여 의사결정을 내려야만 되는 때가 있다. 예컨대 거래처가 자금사정이 좋지 않아 외상대금을 지급하지 못하고 있을 경우에, 제품의 계속 공급, 채권의 회수 또는 공급중단에 관한 의사결정을 하여야 한다. 회계정보는 그러한 의사결정과정에서 유용한 자료로 활용된다. 공급자는 거래처의 회계정보를 분석하여 자금사정이 호전될 가능성이 없다고 판단되면 거래를 중단하고 채권을 회수하려고 할 것이다.

3.6 정부기관 및 세무당국

정부가 내리는 여러 가지 정책결정은 기업에 중요한 영향을 미친다. 정부는 한정된 예산을 가장 효율적으로 집행함으로써 고용안정과 경제발전을 위하여 노력한다. 정부의 경제정책 수립과정에서는 특정 산업이나 기업에 관한 정보를 필요로 한다. 예를 들면, 통신과 운송과 같은 공익사업을 경영하고 있는 기업으로부터 요금인상을 요청받았을 때, 그 타당성을 검토하는 데는 그 기업이 제공하고 있는 서비스의 생산원가와 같은 회계정보가 필요하다. 기업은 이러한 정책결정에 필요한 원가보고서와 같은 특별보고서를 작성하여 제출한다. 또한 세무당국은 기업에 여러 가지 세금을 부과한다. 부가가치세는 제품의 판매실적에 관한 자료를 근거로 부과되고, 법인세는 과세소득에 기초하여 부과된다. 기업은 과세자료를 작성하여 세무당국에 세무보고(稅務報告, tax reporting)를 하게 되는데, 그 보고서는 회계정보를 바탕으로 하여 작성된다.

3.7 소비자 및 일반대중

소비자 역시 한정된 소득을 가지고 특정한 제품을 구매하여 소비함으로써 느끼는 만족감, 즉 효용(效用, utility)이 최대가 되기를 원한다. 이러한 소비활동에 있어서 제품의 가격이나 품질 또는 제품판매 후에 제공되는 사후서비스(A/S) 수준 등을 고려한다. 소비자는 제품의 가격이 원가에 비하여 비합리적이거나 또는 품질이 가격에 비하여 좋지 않은 제품은 소비하지 않을 것이며, 불공정행위를 한 경우에는 소비자단체를 통하여 고발하거나 불매운동을 벌이기도 한다.

제품에 관련된 이러한 정보 역시 기업이 제공하는 원가보고서 등 회계정보에 관련된 것이 많다. 지금까지 설명한 회계정보이용자와 회계정보에 근거하여 그들이 내리는 의사결정분야를 〈표 1.3〉에서 요약하고 있다.

〈표 1.3〉 회계정보이용자와 의사결정분야

구 분	정보이용자집단	의사결정분야
내부정보 이용자	경영자(기업내부)	판매, 생산 등의 경영정책 수립
외부정보 이용자	투자자(현재와 미래의 주주)	주식과 사채의 취득, 보유 및 처분 여부 결정
	채권자(은행 및 금융기관)	신규대출, 기간연장 및 회수 여부 결정
	종업원 및 노동조합	취업 및 전직, 임금협상
	정부당국(세무, 경제부처)	과세자료 및 경제정책 결정
	거래처(원료 및 부품공급처)	원재료 및 부품의 외상공급 여부
	소비자 및 일반대중	품질개선, 가격인하 및 사후서비스 요구

제4절 회계의 분류

회계를 분류하는 가장 대표적인 기준은 회계보고의 목적과 대상에 따른 분류이다. 본 절에서는 회계보고 대상에 따른 회계의 분류와 기타 분류기준에 따른 회계의 종류에 대하여 설명한다.

4.1 회계보고 대상에 따른 회계

회계보고 대상이란 회계정보시스템을 통하여 산출된 회계정보를 이용하는 정보이용자집단을 의미한다. 앞에서 언급한 바와 같이 회계정보이용자 집단은 경영자로 대표되는 내부정보이용자와 외부정보이용자로 구분될 수 있다. 이때 외부정보이용자집단의 의사결정에 도움을 주는 것을 목적으로 하는 회계를 재무회계라 하며, 내부정보이용자의 의사결정에 도움을 주는 정보를 제공하는 것을 목적으로 하는 회계를 관리회계라 한다.

1) 재무회계

재무회계(財務會計, financial accounting)
주주와 채권자 등 기업 외부의 정보이용자들이 필요로 하는 회계정보를 제공하는 것을 목적으로 하는 회계기업외부의 정보이용자들은 매우 다양하고, 때로는 상호간의 이해가 일치하지 않는 경우가 있다. 예를 들면, 주주의 입장에서는 보다 많은 배당을 받는 것이 유리하지만 채권자 입장에서는 과도한 배당은 이자와 채권의 회수를 어렵게 할 수 있다. 재무회계는 기업에 관련된 사람들의 이해관계를 조정하기 위하여 그들이 필요로 하는 일반 목적의 재무제표(general purpose financial statements) 작성을 취급하며 이에 관련된 회계원칙이 주된 내용으로 되어 있다.

재무회계가 다루고 있는 재무제표(財務諸表)는 다양한 외부이용자들이 활용할 수 있는 유일한 회계정보이다. 따라서 이러한 회계정보는 사실에 기초를 두어야 하며, 과거 지향적인 역사적 정보의 성격을 갖는다. 그러므로 무엇보다도 정보의 신뢰성이 강조되며, 이를 높이기 위하여 증권시장에서 거래되는 상장기업(上場企業)이나 기타 등록법인의 경우에는 공인회계사의 감사(監査, audit)를 받도록 되어 있다. 본 교재에서는 주로 재무회계의 내용이 취급될 예정이다.

2) 관리회계

> **관리회계(管理會計, managerial accounting)**
> 경영자와 같은 기업 내부의 정보이용자들이 필요로 하는 회계정보를 제공하는 것을 목적으로 하는 회계

관리회계는 경영계획이 예정대로 집행되고 있는지의 여부를 결정하고, 집행과정에서 발생하는 문제점을 찾아내서 그 해결방안을 강구하는 데 필요한 정보를 제공하는 내용을 취급한다.

관리회계정보는 객관적 사실에 근거를 두지 않고 미래에 관한 예측정보인 경우가 많다. 예를 들면, 제품생산계획에 필요한 정보는 과거의 판매량이 아니라 미래에 판매할 수 있는 제품수요량이다. 이러한 정보는 의사결정에 관련이 있어야 한다. 의사결정에 관련되지 않은 정보는 전혀 도움이 되지 않으며 아무 의미가 없다. 따라서 관리회계는 재무회계와는 달리 일반적으로 인정된 회계원칙이 아니라 의사결정에 도움이 되는 정보의 내용, 산출방법, 활용방법이 중심과제로 등장한다.

관리회계는 생산된 제품의 원가결정을 다루고 있는 원가회계(原價會計, cost accounting)를 포함하고 있으며, 기업 내부의 모든 의사결정을 뒷받침한다. 따라서 의사결정에 관련된 미래지향적인 정보라는 특성을 가지고 있다. 재무회계와 관리회계의 주요한 차이점을 요약하면 〈표 1.4〉와 같다.

〈표 1.4〉 재무회계와 관리회계의 비교

비교기준	재무회계	관리회계
정보이용자	기업외부	기업 내부
정보의 특성	과거지향적 (정보의 신뢰성 강조)	미래지향적 (정보의 목적적합성 강조)
보고기간	일정함(분기, 반기, 연간)	일정하지 않음
회계원칙의 준수 여부	일반적으로 인정된 회계원칙 준수	일반적으로 인정된 회계 원칙과 무관
정보의 범위	개별기업 또는 계열 전체에 관한 정보	기업내부의 모든 사업부서에 대한 부서별 보고서도 포함

4.2 부기와 회계

부기는 회계의 분류체계는 아니지만 회계와는 구분할 필요가 있다. 부기(簿記, bookkeeping)는 회계의 한 과정으로서 거래를 기록하고 기록을 보관하는 수단이다. 부기는 반복적으로 계속되는 거래를 단순히 기계적으로 기록하는 기술(技術)로서, 회계의 극히 일부분만을 의미한다.

반면에, 회계(會計, accounting)는 거래를 기록하는 기술뿐만 아니라 회계정보가 이용자의 의사결정에 활용될 수 있도록 하는 일련의 모든 과정, 예를 들면 회계시스템의 설계, 회계감사의 수행 및 회계정보의 전달과 해석 등을 포함한다. 회계사는 재무제표의 항목이 의미하는 중요한 관계를 살피고 영업성과나 재무상태의 추세를 분석하기도 한다. 그 밖에 회계는 예산편성, 원가분석, 세무계획 및 컴퓨터 프로그램의 제작 등을 포함한다.

재미있는 회계 이야기 1 — 여자의 변신은 무죄, 회계의 변신은 유죄

많은 여성들은 화장을 통해 자신의 모습을 아름답게 표현하고자 한다. 최근 이러한 경향은 남성에게도 보여지고 있는데, 기업의 입장에서도 투자자들에게 자신을 아름답게 표현하려고 노력하는 것이 나타난다. 이러한 노력은 때론 잘못된 형태로 나타나는데 이것이 분식회계(粉飾會計)이다. 분식회계의 분(粉)은 '가루'라는 뜻도 있지만 '단장하다', '분장하다'라는 뜻을 담고 있다. 또한 식(飾) 역시 '꾸미다'라는 뜻을 담고 있다. 쉽게 풀이하면 아름답게 꾸민 회계라는 의미이다.

여성들이 꾸미는 행위는 자신을 표현하고, 사람들에게 좋은 이미지를 심어주는 긍정적인 것인 반면, 회계에서의 꾸밈은 회계정보이용자들의 의사결정을 오도하여 경제적으로 막대한 손실을 끼치게 된다. 대우그룹 사태나 최근의 SK글로벌의 사건, 현대자동차그룹의 비자금사건 역시 분식회계로 기인한 것이다. 이에 여자의 변신은 무죄이나 회계의 변신은 유죄라 할 수 있겠다.

객관식 연습문제

01 **다음 중에서 회계정보의 특징을 잘 표현한 것은 어느 것인가?**

① 계량적 정보이면서 비화폐적 정보
② 비계량적 정보이면서 화폐적 정보
③ 비계량적 정보이면서 비화폐적 정보
④ 계량적 정보이면서 화폐적 정보
⑤ 위의 어느 것도 아니다.

02 **다음 중 회계에 관한 설명으로 가장 올바르지 않은 것은?** [회계관리 2급 주관처공개 기출문제]

① 회계란 회사의 경영활동에 관심을 갖는 다양한 이해관계자가 합리적인 의사결정을 할 수 있도록 경영활동을 기록하고 추적하여 회사에 관한 유용한 재무적 정보를 측정하여 전달하는 과정이라고 정의할 수 있다.
② 관리회계는 주로 회사 외부의 이해관계자들에게 재무정보를 제공하는 것을 목적으로 하고, 재무회계는 주로 경영진과 같은 내부 정보이용자들에게 경영활동을 계획하거나 통제하는데 유용한 정보를 제공하는 것을 목적으로 한다.
③ 회계의 목적은 외부공표, 과세정보 제공, 내부관리 등이 될 수 있다.
④ 회사에 대해 관심이 있는 이해관계자들에게 회사의 재산변화 등에 관한 다양한 재무정보를 생성하고 전달하는 것을 회계라고 할 수도 있다.

03 **다음중 회계와 재무제표에 관한 설명으로 가장 올바르지 않은 것은?**

[회계관리 2급 주관처공개 기출문제]

① 회계는 정보이용자에 따라 내부보고를 목적으로 하는 관리회계와 외부보고를 목적으로 하는 재무회계로 구분된다.
② 회계정보의 이용자는 주주, 채권자, 거래처 등이 있다.
③ 기업이 산출한 회계정보를 다양한 정보이용자들에게 전달하는 수단으로 재무제표가 이용된다.
④ 회계정보이용자는 재무상태표를 통하여 일정기간 동안 회사가 달성한 경영성과에 대한 자세한 정보를 알 수 있다.

04 **다음 중 재무회계와 관리회계의 특징을 잘못 연결한 것은 어느 것인가?**

① 재무회계 → 과거지향적 정보
② 관리회계 → 일정치 않은 보고기간
③ 재무회계 → 외부정보이용자
④ 관리회계 → 개별기업에 관한 정보
⑤ 재무회계 → 회계원칙의 준수

05 **다음 중 재무회계에 관한 설명이 아닌 것은?** [15회 전산세무회계 2급 수정]

① 기업의 내부이해관계자인 경영자에게 유용한 정보를 제공하는 것을 주된 목적으로 한다.
② 보고수단의 재무제표에는 재무상태표, 포괄손익계산서, 자본변동표, 현금흐름표 등이 있다.
③ 특정시점의 재무상태를 나타내는 보고서는 재무상태표이다.
④ 기업회계기준에 따라 작성하여야 한다.

Chapter 2

K-IFRS

| 최신 회계의 이해

회계보고서에 대한 이야기

회계보고서 중 재무제표는 회계시스템에 의하여 산출되는 최종적인 회계보고서로서 정보이용자에게 전달된다. 재무제표를 구성하고 있는 요소에는 자산, 부채, 자본, 수익 및 비용이 있다. 이 요소들은 기업의 재무상태(財務狀態), 즉 기업이 보유하고 있는 경제적 자원과 그에 관한 청구권의 내용을 표시하고, 회계기간에 이들의 변동을 초래한 거래나 사건을 요약하여 보고하기 위한 항목을 의미한다.

본 장에서는 현행 회계기준에서 작성을 요구하는 재무제표의 종류와 각 재무제표에서 제시하는 회계정보의 의미에 대하여 간략히 살펴본다. 또한 재무제표에 표시되는 주요 계정과목의 의미도 살펴본다. 아울러 회계정보를 기록하는 기준이 되는 회계원칙과 회계정보의 신뢰성을 높여주는 외부감사제도에 대하여 살펴본다.

Chapter 2 회계보고서에 대한 이야기

제1절 회계는 언어다

미국의 기업인이며 투자자로 2010년 기준 세계에서 세번째로 부자로 선정된 워렌 에드워드 버핏(Warren Edward Buffett)은 "사랑하는 자녀가 있는데 이 아이의 미래를 위하여 무엇을 가르쳐야 하나요?"라는 질문에 "당연히 회계지, 회계는 비즈니스의 언어라고 할 수 있으니까?"라고 답하였다

1.1 언어와 의사소통

언어(言語, Language)는 음성과 문자 등을 형식으로 하여 일정한 뜻을 나타내는 기호체계이다. 또한 언어는 인간이 태어나면서부터 자연스럽게 습득하고 죽을 때까지 사용하는 인간에게는 없어서는 안될 중요한 의사소통수단이다.

의사소통(意思疏通, Communication)은 사람의 의사나 감정의 소통으로 '가지고 있는 생각이나 뜻이 서로 통함'이라는 의미를 지니고 있으며, 인간이 사회생활을 하기 위해서 가장 필수적으로 가지고 있어야 하는 능력을 의미한다.

사람들은 여러 가지 이유 때문에 의사소통을 한다. 나에게 필요한 것을 상대방에게 요구하거나 설득할 때, 때로는 특정한 정보를 전달하는데 사용한다. 이러한 의사소통은 특정 개인간, 개인과 집단간, 집단과 집단간 이루어지는 등 다양한 형태로 이루어진다. 현대의 기업활동에서 조직내 원활한 의사소통은 조직의 생산성을 높이고 사기를 진작시키는 역할을 한다.

의사소통의 가장 중요한 수단은 바로 언어이다. 언어의 도움으로 사람들은 서로 의사소통하고 생각, 감정, 욕망을 전달한다. 또한 언어는 의사소통의 도구

로서 정보를 교환하고 지식을 전달하는 역할을 수행한다.

1.2 기업의 언어

우리는 앞장에서 기업의 정보를 필요로 하는 사람들의 이야기를 하였다. 기업의 입장에서 새로운 사업에 투자할 자금이 필요한 경우를 생각해 보자. 기업은 신규자금의 조달을 위하여 돈을 가지고 있는 투자자 또는 은행에게 이 사업을 통하여 얼마를 벌 수 있고 투자자 또는 채권자에게 얼마의 이득을 되돌려 줄 수 있는지 설명하여야 할 것이다. 이렇게 기업은 자신이 필요한 자금의 확보를 위하여 자신의 투자안을 이익을 낼 수 있는지 투자자들과 의사소통을 하여야 하는데 이때 사용되는 주요한 의사소통 도구가 바로 회계보고서이다.

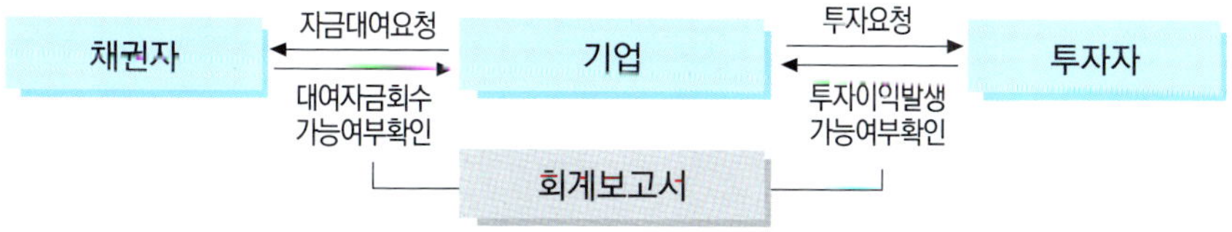

[그림 2.1] 기업자금조달과 회계보고서

기업에서 일하는 직장인들의 경우에도 마찬가지이다. 예를 들면 "A사업부에서 상품을 몇 개를 팔아 얼마를 벌었다"라든가 "신제품출시를 통해서 시장 점유율 확대를 통해 얼마의 수익 확대가 예상됩니다." 등 업무와 관련된 여러 가지 사항을 직장의 임직원들과 소통하여야 할 때 회계정보를 사용하여 소통한다.

이렇게 회계라는 기업의 언어는 기업 밖으로는 기업과 관련한 의사결정을 필요로 하는 사람에게, 안으로는 기업 내의 임직원과 소통하게 하는 중요한 의사소통 도구이다.

아래의 내용은 두산그룹의 박용만 회장이 'SBS스페셜' 이란 프로그램에서 인터뷰한 내용이다.

'단순반복하는 일로 시작하더라도 그 업무를 내가 왜 해야 하며, 내가 한 업무는 다음에 어떻게 이어지고, 그것이 회사의 더 큰 업무로 어떻게 연결되고, 이것은 어떠한 수익성과 연결되는지. 이런 생각을 하면서 지식을 빨아들이려는 생각을 가진 사람은 1년이 지나면 뭘 아는 게 없다가도 뭘 좀 아는 사람으로 변합니다. 그러면 금방 차이가 납니다.'

자신의 업무가 회사의 수익성으로 연결되는지 아는 것은 자신의 업무활동이 회계보고서에 어떻게 영향을 미치는지 이해하는 것으로 결국 회계라는 기업 언어로 회사와 직장인이 소통하여야 함을 의미한다.

다음 절에서는 기업의 언어로서 어떠한 형식과 도구로 의사소통하는지에 대하여 다룬다.

재미있는 회계 이야기 2

회계는 문화다

위 사진들은 남성이 치마를 입은 모습이다. 우리 사회에서는 남성이 치마를 입는 것이 매우 어색하게 여겨진다. 따라서 주로 패션모델이 패션쇼에서 입거나 일부 연예인들이 독특한 패션을 보일 때 입는 경향이 있으나, 일반적으로는 남자들은 치마를 입지 않는다. 그러나 스코틀랜드 같은 경우에는 남성 군인들의 예복이 치마이며, 일부 동남아시아국가의 경우에는 남성들이 치마를 입는 것이 전통복장이기도 하다. 이렇게 한 사회의 주요한 행동양식이나 상징적인 것인 문화(文化, Culture)는 시대적으로 또는 국가적으로 서로 다른 면이 존재한다.

그런데 회계도 시대적으로 국가간 조금씩 차이가 발생한다. 20년전에는 지금과 같은 음원 스트리밍을 통한 수익창출회사가 없었다. 따라서 이런 음원에 대한 회계기준은 존재하지 않았다. 컴퓨터소프트웨어도 과거에는 존재하지 않았던 것이나 현대 회계에서는 무형자산으로 인정되고 있다. 이렇게 회계도 시대적으로 국가적인 경제환경에 따라 발전하고 변화하고 있다. 따라서 회계는 하나의 문화현상이라고도 할 수 있다.

제2절 회계보고서가 말하는 것은?

기업의 내부 및 외부의 이해관계자들과 의사소통 도구로서 회계는 회계보고서라는 전달도구를 사용한다. 이러한 회계의 주요 소통도구인 회계보고서 중 가장 중요한 보고서를 재무제표(財務諸表, Financial Statement)라고 한다. 재무제표는 회계기간의 모든 기업활동의 결과를 반영하는 회계보고서이다. 기업은 이러한 재무제표를 회계연도가 끝날 때마다 정기적으로 작성하여 정보이용자에게 제공하여야 한다. 회계기준에 의하여 작성이 요구되는 기본적 재무제표에는 ① 재무상태표 ② 포괄손익계산서 ③ 자본변동표 ④ 현금흐름표가 있다.

여기에서는 회계보고서 중 각각의 재무제표는 무엇이며 어떠한 회계정보를 포함하고 있는지 간략하게 설명한다.

2.1 재무상태표

재무상태표(財務狀態表, Statement of financial position)는 일정시점(특정한 날짜)에 있어서 기업이 보유하고 있는 경제적 자원(자산)과 그 자원 중 투자자들 또는 소유주로부터 투자를 받은 부분(자본)과 채권자(자금대여자)에게 빌린 부분(부채)은 얼마인지를 보여주는 회계보고서를 의미한다.

재무상태표(財務狀態表, Statement of Financial Position)
일정시점의 기업의 재무상태(자산, 부채, 자본의 내역)를 보고하기 위한 회계보고서

재무상태표는 회계연도말 현재의 자산, 부채 및 자본의 내용을 보고한다. 기업이 매일 매일 경영활동을 계속함에 따라서 자산, 부채 및 자본의 내용도 끊임 없이 변화되기 때문에 그 내용을 파악하기 위해서는 특정한 날을 기준으로 하여 측정할 필요가 있다. 재무상태표는 일정한 시점(특정한 날)을 기준으로 하여 기업의 재무상태를 표시하는 회계보고서라고 할 수 있다.

① 재무상태표

③ OO주식회사	② 20×1년 12월 31일 현재	④ 단위 :원

자산	부채
	자본

① 회계보고서 명칭 ② 보고기간종료일(특정한 날짜) ③ 회사명
④ 표시단위(원, 천원, 백만원 등)

[그림 2.2] 재무상태표

재무상태표가 이야기하는 것은 무엇인가 알아보자.

만일 김안산씨가 (주)안산제조라는 회사를 설립하면서 1대당 가격이 1억원인 기계장치를 구입하였는데 그 대금을 가지고 있던 현금 5천만원과 나머지는 은행으로부터 자금을 빌려 그 대금을 지급하였다고 가정한다.

재무상태표

(주)안산제조	20×1년 12월 31일 현재	단위 :원

기계장치 100,000,000원	부채 50,000,000원
	자본 50,000,000원
자금의 운용	자금의 조달

[그림 2.3] 재무상태표가 나타내는 것

[그림 2.3]을 보면 재무상태표의 왼편(차변이라 한다)에 기계장치 1억원을 기록하였다. 이는 (주)안산제조가 돈을 벌기위해 사용 가능한 경제적 자원인 기계장치를 가지고 있으며 이의 가치가 1억원이란 의미이다. 한편 재무상태표의 오른쪽(대변이라 한다)을 보면 부채 5천만원과 자본 5천만원으로 표시되어 있는데 은행으로부터 빌렸기에 나중에 갚아야 할 돈 5천만원과 회사의 주인인 김안산씨가 출자한 5천만원으로 구성되어 있음을 알수 있다.

이는 재무상태표의 대변을 통하여 회사의 자금조달이 어디로부터 되었는지를 이야기하고 있으며, 재무상태표의 차변을 통해 조달된 자금이 어떻게 사용되고 있는지를 이야기하고 있음을 알 수 있다

1) 회계등식

재무상태표는 다음과 같은 회계등식(會計等式, accounting equation, 일명 재무상태표 등식)의 내용을 나타낸다. 이 회계등식은 모든 거래가 발생할 때마다 항상 성립하며 회계기록의 원리가 된다.

자산 = 지분(또는 청구권)
= 부채(채권자지분) + 자본(소유주지분, 사본금 + 이익잉여금)

자산 = 부채 + 자본

회계등식은 회사가 보유하고 있는 자산과 채권자지분 및 소유주지분을 의미하는 부채와 자본이 일치함을 나타낸다. 자산은 앞에서 설명한 바와 같이 기업이 보유하고 있는 경제적 자원을 의미한다. 그리고 부채는 자산에 대한 채권자의 지분(또는 청구권)을, 자본은 자산에 대한 소유주의 지분을 나타낸다. 자본은 주주가 출자한 사본금과 영업활동의 결과로 얻은 이익 중에서 배당하지 않고 회사 내부에 적립한 이익잉여금으로 구성된다.

2) 재무상태표 구성요소

우리는 앞에서 재무상태표에서는 기업이 보유한 경제적 자원과 그 자원의 원천인 부채와 자본이 표시됨을 학습하였다. 이제 재무상태표에 표시 되는 자산, 부채, 자본이란 구체적으로 무엇인지 살펴본다.

(1) 자산

기업은 돈을 벌기 위한 여러 가지 경영활동을 한다. 이러한 경영활동에 사용하기 위한 능력이 필요한데 그 능력이 자산이 된다. 자산은 기업이 궁극적으로 돈을 벌기 위한 활동의 에너지원이 되는 동시에 그 경영활동을 통해 기업에 남겨지게 된 회사의 재산이 되기도 한다. 또한 회계에서 자산은 모두 화폐액(돈)으로 표시되어야 한다. 이는 회계보고서에서 사용되는 언어수단은 화폐액(돈)으로 표시되기 때문이다

자산(資産, Asset)
기업이 수익을 얻기 위하여 보유하고 있는 경제적 자원으로 화폐액으로 측정가능한 것

재무상태표에서는 자산을 1년 이내에 현금으로 전환이 가능한 지 여부에 따라 유동자산과 비유동자산으로 구분한다. 또한 자산의 구체적인 보유 목적에 따라 재고자산, 투자자산, 유형자산, 무형자산 등으로 구분한다. 자산의 종류에 대해서는 〈표 2.1〉에서 제시하고 있으며, 각 자산항목에 대한 설명은 별도로 한다.

〈표 2.1〉 자산의 종류

자 산		
유동자산 (1년 내 현금전환가능)	당좌자산	판매과정없이 현금 전환가능 자산
	재고자산	판매목적 보유자산
비유동자산 (1년내 현금전환 불가능)	투자자산	투자수익목적 보유 자산
	유형자산	장기간 사용 목적 보유자산
	무형자산	물리적 실체가 없는 자산
	기타비유동자산	기타 장기 보유자산

(2) 부채

앞에서 설명한 (주)안산제조의 예에서 기계를 구입하기 위하여 은행으로부터 자금을 빌리면 만기에 돈을 갚아야 한다. 이렇게 자산을 구성하기 위하여 빌린 돈 뿐만 아니라 기업은 영업활동을 위하여 거래처에게 외상으로 상품을 구입한 경우와 같이 미래에 일정한 금액을 상대방에게 지급하여야 할 의무가 발생하는데 이러한 기업의 의무를 부채라고 한다.

부채(負債, Lilabilties)
기업이 미래에 타인에게 경제적 자원 또는 서비스를 제공하여야 할 현재의 의무로 화폐액으로 측정가능한 것

자산과 마찬가지로 부채도 1년 이내에 갚아야 할 의무를 유동부채로 1년 이후에 갚아야 할 의무를 비유동부채로 분류한다.

(3) 자본

(주)안산제조의 예에서 회사의 사업주인 김안산씨가 사업을 위하여 내놓은 돈(출자금) 5천만원이 있었는데 이 돈을 자본이라고 한다. 자본은 기업의 소유주(주식회사의 경우에는 주주)가 회사의 영업을 위하여 투자한 돈과 영업활동을 통

해 남겨진 이익으로 구성됨을 회계등식에서 설명한 바 있다.

자본은 다른 표현으로 순자산으로 불리운다. 순자산이란 자산에서 다른 사람의 몫인 부채를 제외한 순수한 자산이란 뜻이다. 또한 회사의 주인인 주주의 몫이므로 '소유주지분' 또는 '주주지분'이라 불리우기도 하고 총지분에서 채권자 지분을 제외한 나머지란 의미로 '잔여지분'이라고도 한다.

자본(資本, Owner's Equity)
기업의 자산에서 모든 부채를 차감한 후의 잔여지분, 순자산, 주주지분

[자본금]
회사 설립에 사용된 금액과 주주가 추가로 출자한 금액

[잉여금]
배당금을 제외하고 회사에 남겨진 이익

(4) 재무상태표 구성항목

재무상태표에는 자산, 부채와 자본이 표시되며 각각의 의미가 무엇인지 살펴보았다. 또한 각 자산과 부채에는 유동항목과 비유동항목으로 구분되는 것도 함께 살펴보았다. 회계에서는 자산과 부채 및 자본으로 구분되어 표시되는 다양한 항목이 존재한다. 그러한 다양한 항목을 계정과목이라고 하는데, 이 부분에 대해서는 추후에 설명할 예정이다.

다음의 〈표 2.2〉에서는 재무상태표에 표시되는 자산과 부채 자본의 종류와 대표적인 계정과목의 예를 제시하였다.

〈표 2.2〉 재무상태표 구성항목

구 분		내 용
자산		
유동자산	당좌자산	현금및현금성자산, 단기투자자산, 매출채권, 선급비용, 이연법인세자산, 미수수익, 미수금, 선급금, 대여금
	재고자산	상품, 제품, 반제품, 재공품, 원재료, 저장품, 소모품
비유동자산	투자자산	투자부동산, 장기투자증권, 지분법적용투자주식, 장기대여금
	유형자산	토지, 건물, 비품, 기계장치, 차량운반구, 건설중인자산
	무형자산	영업권, 산업재산권, 개발비, 라이선스와 프랜차이즈, 저작권, 컴퓨터소프트웨어, 임차권리금, 광업권, 어업권
	기타비유동자산	임차보증금, 이연법인세자산, 장기매출채권 및 장기미수금

구 분	내 용
부채	
유동부채	단기차입금, 매입채무, 미지급금, 선수금, 당기법인세부채, 미지급비용, 이연법인세부채
비유동부채	사채, 신주인수권부사채, 전환사채, 장기차입금, 퇴직급여충당부채, 장기제품보증충당부채, 이연법인세부채
자본	
자본금	보통주자본금, 우선주자본금
자본잉여금	주식발행초과금, 자기주식처분이익
자본조정	자기주식, 자기주식처분손실, 주식할인발행차금
기타포괄손익누계액	장기투자증권평가손익, 해외사업환산손익
이익잉여금	법정적립금, 임의적립금, 미처분이익잉여금

예제 2-1

자산, 부채 및 자본항목의 분류

다음 항목을 자산, 부채 및 자본으로 분류하면 아래와 같다.

1. 현 금	2. 대 여 금	3. 미 수 금	4. 상 품
5. 건 물	6. 기 계	7. 비 품	8. 매 출 채 권
9. 소모품	10. 매 입 채 무	11. 미지급금	12. 차 입 금
13. 자본금	14. 이익잉여금		

자산항목 : 1, 2, 3, 4, 5, 6, 7, 8, 9

부채항목 : 10, 11, 12 자본항목 : 13, 14

예제 2-2

재무상태표 등식

다음 자료에 의하여 자본을 계산하면 다음과 같다.

현 금	₩35,000	상 품	₩20,000	매출채권	₩34,000
건 물	70,000	매입채무	35,000	미지급금	20,000
차입금	54,000				

자 산		부 채	
현 금	₩35,000	매입채무	₩35,000
상 품	20,000	미지급금	20,000
매출채권	34,000	차 입 금	54,000
건 물	70,000		
합 계	₩159,000	합 계	₩109,000

자본 = 자산 − 부채 = ₩159,000 − ₩109,000 = ₩50,000

예제 2-3 재무상태표의 작성

다음은 어느 회사의 20×1년말 현재 회계기록에 관한 내용이다. 이 자료를 분류하여 재무상태표를 작성하면 다음과 같다.

현 금	₩5,000	매출채권	₩4,000	대여금	₩3,000
상 품	12,000	건 물	80,000	비 품	45,000
차입금	9,000	매입채무	3,200	자본금	100,000
이익잉여금	( ) (계산)				

재무상태표

××회사 20×1년 12월 31일 현재 (단위 : 원)

자 산		부채와 자본	
현 금	₩5,000	매입채무	₩3,200
대 여 금	3,000	차 입 금	9,000
매출채권	4,000	자 본 금	100,000
상 품	12,000	이익잉여금	36,800*
선 물	80,000		
비 품	45,000		
자산총계	₩149,000	부채와 자본총계	₩149,000

* 자산 ₩149,000 − 부채 ₩12,200 = 자본 ₩136,800
이익잉여금 = 자본 ₩136,800 − 자본금 ₩100,000 = ₩36,800

2.2 포괄손익계산서

포괄손익계산서(包括損益計算書, statement of comprehensive income)는 일정기간 동안(예를 들어 1월 1일부터 12월 31일까지)의 기업의 경영성과, 즉 영업성적을 나타내기 위하여 작성하는 경영성과보고서이다. 포괄손익계산서에는 일정기간 동안 기업이 영업활동을 통하여 벌어들인 돈(수익)과 돈을 벌기 위하여 지출한 것(비용)에 관한 자세한 내용이 표시되어 있어 기업의 장래 수익성을 예측하기 위하여 활용된다. [그림 2.3]에서는 (포괄)손익계산서에 표시되어야 하는 사항을 약식으로 제시하고 있으며 실제로 작성되는 (포괄)손익계산서는 정보이용자에게 보다 많은 정보를 제공하기 위하여 그 내용이 세분된다.

손익계산서(損益計算書, Income Statement)
일정기간동안 기업의 영업활동의 결과(경영성과 또는 영업성과)를 보고하기 위한 회계보고서

① 손익계산서

③ OO주식회사	② 20×1년 1월 1일부터 12월 31일까지	④단위 :원
수익	×××	
비용	×××	
순이익(손실)	×××	

① 회계보고서 명칭 ② 회계기간 ③ 회사명 ④ 표시단위(원, 천원, 백만원 등)

[그림 2.4] 손익계산서

1) 손익계산서 등식

손익계산서에 보고되는 각 회계연도의 당기순이익(當期純利益, net income)은 다음과 같이 결정된다. 수익이 비용보다 많으면 순이익이 발생하고 그 반대면 순손실(純損失, net loss)이 발생한다.

수익 − 비용 = 당기순이익(또는 순손실)

손익계산서로 보고되는 당기순이익은 기업의 이해관계가들에게 유용한 정보가 된다. 왜냐하면 당기순이익이 발생하면 소유주지분의 일부인 이익잉여금이 증가하고 자본도 증가하게 됨에 따라 주주들에게 지급될 배당금이 증가하거나 기업가치의 증가로 인한 주가의 상승을 기대할 수 있다. 또한 자금의 대여자들은 이익의 발생으로 장래에 현금의 증가를 통해 자신들이 되돌려 받을 대여금의 회수 여부 뿐만 아니라 이자의 정상적인 수령을 예측하는데 도움이 된다.

2) 손익계산서의 구성요소

손익계산서에서는 영업활동을 통해 벌어들인 수익과 수익을 벌어들이기 위해 지출된 비용이 기록된다.

(1) 수익

수익(收益, Revenue)은 일정기간 동안 회사의 영업활동의 결과로 획득한 것으로 주로 제품을 판매하거나 서비스를 제공하고 받은 돈 또는 돈을 받을 권리를 의미한다.

수익이 발생하면 직접 현금이 회사로 들어오게 되거나 빚을 탕감하게 되는 경우도 있기 때문에 자산이 증가하거나 부채가 감소하게 됨에 따라 회사의 순자산이 증가하는 결과가 나타난다.

수익(收益, Revenue)
일정기간 동안 기업의 영업활동으로 획득한 경제적 자원으로 자산이 증가하거나 부채가 감소하는 것

수익은 주된 영업활동(본래 수익을 얻고자 하는 활동으로 예를 들면 상품판매활동)에서 발생된 수익과 부수적인 활동(상품판매회사가 자금을 대여하고 이자를 받는 활동)에서 발생된 수익으로 구분할 수 있다. 주된 영업활동에서 발생된 수익을 통상 '매출(賣出, Saless)'이라 하며 부수적 활동에서 발생된 수익을 '영업외수익(營業外收益, non-operating income)'이라 한다.

〈표 2.3〉 수익의 분류

구 분		내 용
영업수익	매출	상품을 판매하거나 서비스를 제공하고 받았거나 받기로 한 댓가 상품매출, 제품매출, 용역매출
영업외수익		주된 영업활동이 아닌 활동에서 발생된 수익
		이자수익, 단기투자자산평가이익, 자산처분이익, 사채상환이익 등

(2) 비용

비용은 일정기간 동안 수익을 얻기 위하여 지출되거나 사용된 회사의 경제적 자원을 의미하며, 판매한 상품의 원가 또는 판매와 관련하여 지출한 수수료, 광고비, 운반비, 종업원에게 지급한 월급 등이 여기에 해당한다.

비용이 발생하면 그 결과 현금 등의 자산이 지출되거나 나중에 지급을 약속하는 부채가 증가하게 되므로 순자산이 감소하는 결과가 나타난다.

비용(費用, Expense)
일정기간 동안 수익을 얻기 위하여 지출된 경제적 자원으로 자산이 감소하거나 부채가 증가하는 것

비용은 수익과 마찬가지로 주된 영업활동, 즉 매출을 얻기 위하여 지출된 영업비용과 부수적 활동으로 지출된 영업외비용(營業外費用)으로 구분된다.

〈표 2.4〉 비용의 분류

구 분		내 용
영업비용	매출원가	판매된 상품의 구입가격 및 제조원가 등
	판매와 관리비	판매를 위하여 일정기간동안 지출된 비용으로 종업원급여, 복리후생비, 광고선전비, 전기료, 수도료, 사무실임차료, 보험료, 감가상각비, 대손상각비 등
영업외비용		주된 영업활동이 아닌 활동에서 발생된 비용
		이자비용, 단기투자자산평가손실, 자산처분손실, 사채상환손실 등

비용을 다른 개념으로 정의하면 수익을 획득하기 위하여 지출한 원가 중에서 금년도에 그 효용을 상실한 소멸원가(消滅原價, expired costs)라고 할 수 있다. 이때 그 효용을 상실하지 않고 보유하고 있는 원가인 미소멸원가(未消滅原價, unexpired costs)는 자산으로 불린다.

소멸원가와 미소멸원가에 관해 다음과 같은 예를 들어 설명해 보자. A라는 가게가 음료수 10ℓ를 ₩10,000에 구입하여 4ℓ를 ₩5,000에 판매하였다고 가정하자. 이때 구입한 상품 10ℓ의 원가 ₩10,000 중에서 판매한 4ℓ의 구입원가인 ₩4,000은 소멸원가로서 비용으로 기록되고 보유하고 있는 나머지 6ℓ상품의 구입원가인 ₩6,000은 미소멸원가로서 자산으로 기록된다. 이것을 요약하면 [그림 2.4]와 같다.

이 경우에 판매한 상품의 원가 ₩4,000은 ₩5,000의 매출수익을 얻기 위하여 소비한 상품의 구입원가로서 매출원가라고 불린다. 또한 운송사업인 경우에는 운송수익을 얻기 위하여 연료비와 운전사의 월급 등을 지불해야 한다. 이와 같이 비용은 수익을 얻기 위하여 반드시 지불해야 하는 재화나 용역을 화폐로 평가한 금액을 의미한다.

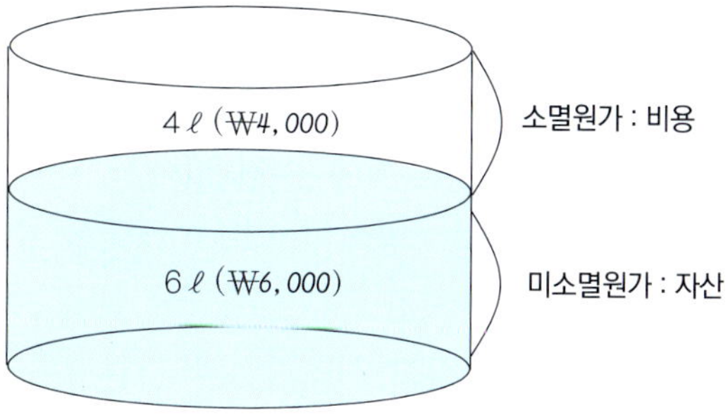

[그림 2.5] 자산과 비용의 개념

예제 2-4

수익과 비용의 분류

다음 항목을 수익과 비용항목으로 분류하면 아래와 같다.

1. 상 품 매 출	2. 유형자산처분이익	3. 이 자 수 익
4. 사채상환이익	5. 보 험 료	6. 광고선전비
7. 차 량 유 지 비	8. 급 여	9. 복리후생비
10. 임 차 료	11. 유형자산처분손실	12. 이 자 비 용

수익항목 : 1, 2, 3, 4　　　비용항목 : 5, 6, 7, 8, 9, 10, 11, 12

예제 2-5

당기순이익의 결정

다음은 어느 회사의 1년간 영업활동 결과를 나타낸 자료이다. 이 자료에 의하여 순이익 또는 순손실을 계산하면 아래와 같다.

급 여	₩30,000	광 고 비	₩3,000
보 험 료	4,000	임 차 료	2,300
이자수익	5,600	매 출	80,000

비 용		수 익	
급 여	₩30,000	매 출	₩80,000
광고비	3,000	이자수익	5,600
보험료	4,000		
임차료	2,300		
계	₩39,300	계	₩85,600

당기순이익 = ₩85,600 − ₩39,300 = ₩46,300

일정기간 동안에 획득한 수익의 합계금액에서, 수익의 획득과정에서 발생한 비용의 합계금액을 차감하여 당기순이익을 계산하는 방법을 거래접근법(去來接近法, transaction approach)이라고 한다.

당기순손익을 계산하는 방법에는 이 밖에도 다음과 같이 기말자본에서 기초자본을 차감하여 계산하는 방식이 있는데, 이를 순자산접근법(純資産接近法, net assets approach, 순자산 = 자산 - 부채)이라고 한다. 이 방법은 수익과 비용에 의하여 순이익을 결정하지 않고 기초자본과 기말자본을 평가하여 그 차액으로 순이익을 결정하는 방법이다. 이 교재에서의 순이익 계산은 거래접근법에 의한다.

당기순이익 = 기말자본(기말순자산) - 기초자본(기초순자산)

3) 재무상태표와 손익계산서의 관계

재무상태표에서는 특정한 날짜의 회사의 경제적자원인 자산과 그 원천인 부채와 자본의 내역을 나타낸다. 자산과 부채 및 자본은 회사의 영업활동의 결과에 따라서 증가하거나 감소하게 되며 그 결과가 회계기말의 재무상태표에 표시되게 된다. 따라서 일정기간 동안의 영업성과를 나타내는 손익계산서는 회계연도 초의 재무상태가 회계연도말의 재무상태표의 변동을 설명하는 연결고리가 되는 것이다.

[그림 2.6]을 보면 영업시작 당시 재무상태표상 자산은 1억원이며 부채와 자본은 각각 5천만원이었으나 1년간 영업활동의 결과 자산은 2억원으로 증가하

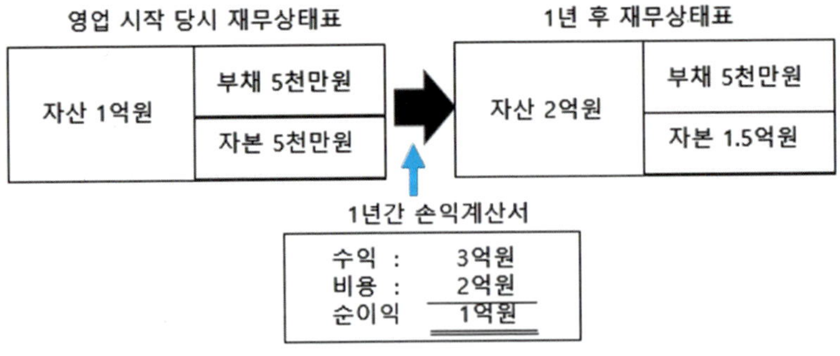

[그림 2.6] 재무상태표와 손익계산서의 관계

였고 자본은 1억 5천만원으로 증가하였다. 이러한 자산과 자본의 변동은 영업활동을 통해 순이익이 1억원 발생하였기 때문이다. 결국 당기순이익 발생액만큼 자본이 증가였기 때문에 자산이 증가한 결과가 발생한 것을 알 수 있다.

다시 말하면 수익에서 비용을 차감한 금액은 도중에 추가적인 출자가 없다면 자본의 증가액과 일치하게 된다.

2.3 자본변동표

자본변동표(資本變動表, statement of changes in equity)는 회계기간에 발생한 자본(소유주지분)의 변동을 표시하는 회계보고서(자본변동보고서)이다. 여기에는 재무상태표에 표시되어 있는 자본을 구성하고 있는 항목인 자본금, 이익잉여금 및 기타 자본구성요소의 변동에 대한 포괄적인 정보가 나타나 있다. 자본변동표는 재무상태표에 표시되는 자본의 기초잔액과 기말잔액이 모두 표시됨으로써 재무상태표와 연결할 수 있다. 또한 자본변동표에는 자본의 변동내용에 관한 내용이 상세하게 표시되기 때문에 포괄손익계산서와 현금흐름표에 나타난 정보와 연결할 수 있어 정보이용자들이 재무제표간의 관계를 보다 명확히 파악할 수 있게 한다.

2.4 현금흐름표

현금흐름표(statement of cash flows)는 일정기간 동안의 현금의 유입(流入, cash inflows, 조달원천)과 유출(流出, cash outflows, 사용내역)을 나타내는 회계보고서이다.

다시 말하면, 현금흐름표는 전년도와 금년도의 현금잔액에 차이가 발생한 원인을 설명하는 재무제표로서, 회계기간 동안에 필요한 현금을 어떠한 방식으로 조달하여 어디에 사용하였는가를 나타내는 현금흐름에 관한 보고서를 말한다.

현금흐름표와 자본변동표에 대한 사항은 중급회계 교재를 참조하기 바란다.

참고 자본유지접근법에 의한 순이익

자본유지접근법(資本維持接近法)이란 회계기간 동안 발생된 순이익이 자본의 이익잉여금의 증가를 가져오게 되므로 다른 자본항목의 변동이 없다고 가정할 때 당기순이익은 기말자본과 기초자본의 차액이 된다는 원리이다. 이는 기초의 재무상태표와 기말재무상태표 간 재무상태 변동을 손익계산서의 영업성과가 설명하는 재무상태표와 손익계산서 간의 관계로도 설명되는 내용이다. 따라서 자본유지접근법에 의한 당기순이익의 계산식은 다음과 같이 정리할 수 있다.

당기순이익 = 기말자본(기말자산 - 기말부채) - 기초자본(기초자산 - 기초부채) + 배당금

여기에서 배당금을 더하는 이유는 배당금을 지급하게 되는 경우 이익잉여금이 감소하기 때문이다.

【 예제 】 자본유지접근법

다음 자료의 빈칸에 알맞은 금액을 계산하면 다음과 같다.

기초자산	기초부채	기초자본	기말자산	기말부채	기말자본	총수익	총비용	순이익
1,000	?	400	1,800	?	?	1,200	?	600

총 비 용 = 총수익 - 순이익 = 1,200 - 600 = 600
기초부채 = 기초자산 - 기초자본 = 1,000 - 400 = 600
기말자본 = 기초자본 + 순이익 = 400 + 600 = 1,000
기말부채 = 기말자산 - 기말자본 = 1,800 - 1,000 = 800

제3절 계정과목의 이해

본절에서는 재무상태표에 손익계산서에 포함되는 자산, 부채, 자본, 수익, 비용의 세부항목인 계정과목 중에서 회계원리 수준에서 출제되는 자격시험문제에서 자주 언급되는 기본적인 계정과목의 명칭과 뜻에 대하여 학습한다.

계정(計定, Account)이란 회계거래의 기록의 최소단위를 말하며 계정의 명칭을 계정과목이라고 한다. 계정과목은 회계기록을 종류나 성질에 따라 일관된 기준으로 정리할 수 있도록 하는 기본 단위다.

회계는 기업의 언어라고 학습하였다. 우리가 언어를 공부할 때 그 언어(한국

어)의 기록체계인 문자(한글)를 학습하듯이 기업의 언어인 회계를 학습하기 위해서는 회계언어의 기록단위인 계정과목의 의미를 숙지하여야 한다.

3.1 자산으로 분류되는 계정과목

1) 당좌자산으로 분류되는 계정과목

① **현금(현금 및 현금성자산)**

현금은 동전과 지폐와 함께 회계에서는 현금으로 취급되는 통화대용증권과 예금 등을 포함한다. 이에 대해서는 교재 7장에서 자세히 다룬다.

② **단기금융상품**

만기가 1년이내에 도래하는 예금(정기예금, 정기적금) 등을 말한다.

③ **단기투자자산**

시세차익을 목적으로 취득하는 다른 회사가 발행한 주식 또는 사채 등이 해당한다. 한국채택국제회계기준(K-IFRS)에서는 당기손익 – 공정가치측정 금융자산이 이에 해당하며 일반기업회계기준에서는 단기매매증권이 이에 해당한다.

④ **매출채권**

상품이나 서비스를 제공하고 그 댓가를 외상으로 한 경우에 해당하는 자산으로 대금의 지급을 말(구두)로 약속받은 경우에 해당하는 외상매출금과 지급을 약속하는 증서인 약속어음을 받은 경우인 받을어음을 포함한다. 교재 8장에서 자세한 내용을 다룬다.

⑤ **단기대여금**

대여란 빌려준 것이다. 단기대여금은 누군가에게 돈을 빌려주고 1년내에 되돌려 받기로 한 경우이다.

⑥ **미수금**

상품이 아닌 다른 자산을 처분하고 그 대금을 외상으로 한 경우에 사용하는 계정이다. 매출채권과 구분에 주의하여야 한다.

⑦ **미수수익**

올해 받아야 하는 수익 중 받기로 한 날이 되지 않아 아직 받지 못한 부분에 해당하는 것을 의미한다. 예를 들면 임대료를 받아야 하는 데 임대료의 납입일이 되지 않아 받지 못한 미수임대료 등이 있다.

⑧ **선급금**

선급금은 주로 상품이나 다른 자산을 구입하기로 계약을 하고 계약금을 지급한 경우에 기록하는 계정이다.

⑨ **선급비용**

비용 중 미리 지급하고 아직 그 서비스를 받지 못한 경우이다. 예를 들어 보험료 1년분을 미리 지급한 경우에는 선급보험료로 기록한다.

2) 재고자산으로 분류되는 계정과목

① **상품**

판매를 목적으로 하여 다른 회사로부터 구입한 자산이다.

② **제품**

판매를 목적으로 하여 직접 제작한 자산이다.

3) 유형자산으로 분류되는 계정과목

① **토지**

영업활동에 사용하기 위하여 가지고 있는 땅이다.

② **건물**

영업활동에 사용하기 위하여 가지고 있는 사무실, 창고, 기숙사, 공장, 상점 등이다.

③ **구축물**

영업활동에 사용하기 위하여 가지고 있는 건축물로 다리, 벽, 터널, 정원, 저수지, 굴뚝 등이 이에 해당한다.

④ **기계장치**

제품을 생산하기 위하여 보유하고 있는 기계를 말한다.

⑤ **차량운반구**

영업용으로 사용하는 자동차, 철도차량 등이다.

⑥ **비품**

영업용으로 사용하는 사무실의 책상, 의자, 컴퓨터, 냉장고 등이다.

⑦ **건설 중인 자산**

영업용으로 사용하기 위하여 건설하고 있는 자산에 대한 건설비용 등이다.

4) 무형자산으로 분류되는 계정과목

① **영업권**

다른 회사를 구입하였을 때 장부상금액을 초과하여 지급한 금액

② **산업재산권**

특허권, 상표권, 실용신안권 등 회사가 법률에 의하여 독점적으로 이용할 수 있는 권리이다.

③ **개발비**

신제품 또는 신기술의 개발에 사용된 금액 중 자산으로 인정되는 금액이다.

5) 투자자산으로 분류되는 계정과목

① **장기금융상품**

만기 또는 상환기간이 1년 이상인 예금 등

② **투자유가증권**

투자 수익을 얻을 목적으로 장기간 보유하는 유가증권, 금융상품 등으로 기타포괄손익-공정가치측정 금융자산과 상각후원가측정금융자산이 있다. 일반기업회계기준에서는 매도가능증권과 만기보유증권이 해당한다.

③ **장기대여금**

1년 이후 돌려받기로 하고 빌려준 돈

④ **투자부동산**

투자의 목적으로 또는 비영업용으로 소유하는 토지나 건물 등

6) 기타비유동자산으로 분류되는 계정과목

① **장기성매출채권**

상품이나 서비스를 제공하고 그 대가를 1년 이후에 받기로 한 금액

② **장기선급비용**

선급된 비용 중 1년 이후에 비용으로 되는 금액

③ **장기미수금**

상품 이외의 자산을 매각하고 대금을 1년 이후에 받기로 한 금액

④ **(임차)보증금**

부동산 등을 빌리고(임차하고) 임차료 지급의 불능 등을 대비하기 위하여 임대인에게 교부하는 금액으로 임차기간 종료 후 돌려받는 금액

3.2 부채로 분류되는 계정과목

1) 유동부채로 분류되는 계정과목

① **매입채무**

상품을 외상으로 구입하고 1년 이내에 대금을 지급하여야 할 금액으로 대금지급을 구두로 약속한 경우 외상매입금, 어음을 발행한 경우 지급어음 계정을 사용한다.

② **단기차입금**

1년 내에 갚기로 하고 돈을 빌린 금액

③ **미지급금**

상품이외의 자산 등을 외상으로 구입하고 그 대금을 1년내에 지급하기로 한 경우 그 금액

④ **미지급비용**

발생된 비용 중에서 아직 지급하지 아니한 금액

⑤ **선수금**

상품 등을 주문을 받고 미리 받은 계약금 등

⑥ **선수수익**

결산시점에서 아직 서비스가 제공되지 않은 미리 받은 수익

(선수임대료, 선수보험료 등)

⑦ **예수금**

종업원 급여 지급시 원천징수하는 소득세, 건강보험료 등

⑧ **유동성장기부채**

비유동부채 중 기간 경과에 따라 1년 내에 지급하여야 할 부채

2) 비유동부채로 분류되는 계정과목

① **사채**

일반대중으로부터 자금조달을 위해 사채권을 발행하고 차입한 금액

② **장기차입금**

금융기관이나 타인에게 빌린 돈 중 1년 이후에 갚기로 한 금액

③ **퇴직급여충당부채**

종업원이 퇴직하는 경우 퇴직금을 지급하기 위하여 설정하는 부채

④ **판매보증충당부채**

판매된 상품 또는 제품의 사후서비스를 위한 경비의 지급을 위하여 설정하는 부채

⑤ **장기성매입채무**

상품 등을 외상으로 구입하고 그 대금을 1년 이후에 지급하는 부채

⑥ **임대보증금**

부동산 등을 임대하고(빌려주고) 임차인으로부터 임자료지급 불능 등의 위험을 대비하여 받은 금액으로 임차기간 종료시 되돌려주어야 하는 금액

⑦ **장기미지급금**

상품 이외의 자산 등을 외상으로 구입하고 그 대금을 1년 이후에 지급하는 금액

3.3 자본으로 분류되는 계정과목

1) 자본금으로 분류되는 계정과목

① **보통주자본금**

사업을 위하여 보통주를 발행하고 현금 등 자산을 조달하였을 때 발행된 주식의 액면금액에 1주당 액면금액을 곱한 금액

② **우선주자본금**

사업을 위하여 우선주를 발행하고 현금 등 자산을 조달하였을 때 발행된 주식의 액면금액에 1주당 액면금액을 곱한 금액

2) 자본잉여금으로 분류되는 계정과목

① **주식발행초과금**

주식을 발행하고 그 대가로 납입된 현금 등이 주식의 액면가액을 초과하는 경우 그 초과액

② **자기주식처분이익**

보유 중인 자기주식을 취득원가보다 높은 가격을 받고 재발행 한 경우 취득원가와 재발행금액과의 차액

3) 자본조정으로 분류되는 계정과목

① **자기주식**

회사가 발행한 주식을 임시로 재취득한 것

② **자기주식처분손실**

보유중인 자기주식을 취득원가보다 낮은 가격을 받고 재발행한 경우 취득원가와 재발행금액과의 차액

4) 이익잉여금으로 분류되는 계정과목

① **이익준비금**

상법에 의하여 적립하여야 하는 적립금

② **임의적립금(사업확장적립금, 배당평균적립금 등)**

회사의 필요에 따라 적립하여야 하는 적립금

5) 기타포괄손익누계액으로 분류되는 계정과목

① **기타포괄손익-공정가치측정 금융자산평가이익(손실)**

기타포괄손익-공정가치측정 금융자산(매도가능증권)을 공정한 가치로 평가하는 경우 취득금액과 공정한 가치와의 차액(매도가능증권 평가손익)

② **해외사업환산이익(손실)**

해외법인 또는 지점의 재무제표를 원화로 환산하는 경우 발생되는 손익

③ **재평가이익**

유형자산을 재평가하는 경우 취득원가와 재평가금액과의 차액

3.4 수익으로 분류되는 계정과목

1) 영업수익으로 분류되는 계정과목

① **상품매출**

상품을 판매하고 그 대가로 받았거나 받기로 한 금액

② **제품매출**

제품을 판매하고 그 대가로 받았거나 받기로 한 금액

③ **용역매출**

서비스를 제공하고 그 대가로 받았거나 받기로 한 금액

2) 영업외수익으로 분류되는 계정과목

① **이자수익**

대여금이나 은행예금 등에 대하여 받는 이자

② **배당금수익**

보유 중인 주식에 대하여 받은 배당금

③ **수입수수료(수수료수익)**

상품 판매 중계를 하고 받은 수수료 등의 수익

④ **임대료**

부동산 등을 빌려주고 받은 그 사용료

⑤ **자산처분이익**

투자자산, 유형자산 등을 장부금액보다 높은 금액을 받고 처분한 경우 발생된 이익

⑥ **단기투자자산평가이익**

단기투자자산(당기손익 공정가치측정 금융자산 or 단기매매증권)의 결산시 공정가치가 장부금액 보다 높을 때 장부금액과 공정가치의 차액

⑦ **외환차익**

외화로 표시된 자산이나 부채를 회수하거나 지급할 때 환율차이로 인하여 발생된 이익

⑧ **외화환산이익**

외화로 표시된 자산이나 부채를 회계기말에 원화로 환산하는 경우 발생된 이익

⑨ **법인세환급액**

이미 납부한 법인세액 중 세무당국으로부터 되돌려 받은 금액

⑩ **보험차익**

재해 등 손실로 인한 보험금 수령액이 재해손실금액 보다 많은 경우

⑪ **자산수증이익**

무상으로 자산을 받은 경우 그 자산의 금액

⑫ **채무면제이익**

차입금이나 매입채무의 지급의무를 면제받게 된 금액

⑬ **잡이익**

기타 영업 이외의 활동에서 생기는 기타 적은 금액의 이익

3.5 비용으로 분류되는 계정과목

1) 판매와관리비로 분류되는 계정과목

① **급여**
종업원에게 지급하는 월급 등

② **퇴직급여**
종업원의 퇴직금마련을 위하여 퇴직급여충당부채 적립시 비용처리되는 금액

③ **복리후생비**
종업원의 복리후생을 위하여 지출되는 회식비, 근무복 구입비, 체육대회비 등

④ **(지급)임차료**
영업을 위하여 건물, 사무실 등을 빌리고 지급한 사용료

⑤ **접대비**
영업을 목적으로 거래처와의 관계유지를 위한 지출

⑥ **보험료**
보험에 가입하고 보험회사에 납입 하는 금액

⑦ **세금과공과**
기업에 대하여 국가 또는 지방자치단체가 부과하는 조세(사업소세, 자동차세, 인지세)와 협동조합, 상공회의소, 적십자 등의 회비와 부과금(국민연금 회사부담분) 및 벌금, 과료, 과태료 등

⑧ **여비교통비**
영업목적으로 지출된 교통비용(버스카드충전비 등 대중교통이용비)

⑨ **수도광열비**
사무실에서 사용하는 전기, 상하수도, 가스 등의 요금

⑩ **광고선전비**
광고목적으로 지출하는 일체의 비용

⑪ **통신비**
우편요금, 전화요금, 인터넷요금 등

⑫ **차량유지비**
영업용으로 보유하고 있는 차량의 유지와 관련한 비용(주유비, 정기주차료,

차량용 소모품 교체비용 등)

⑬ **교육훈련비**

종업원의 직무능력향상을 위하여 지출한 교육비, 연수비용

⑭ **도서인쇄비**

사무용 장부인쇄비, 서적구입, 신문구독, 인쇄비 등

⑮ **연구비**

연구활동에 투입된 비용

⑯ **경상개발비**

개발활동에 투입된 비용 중 자산성이 인정되지 않은 지출

⑰ **수선비**

유형자산의 성능유지를 위한 지출

⑱ **운반비**

상품 판매시 지급한 운반비 및 택배비

⑲ **감가상각비**

결산시 계상되는 유형자산 등의 원가의 비용전환 분

⑳ **무형자산상각비**

결산시 계상되는 무형자산 등의 원가의 비용전환 분

㉑ **대손상각비**

결산시 매출채권미회수 예상액 및 매출채권 회수 불능액

㉒ **소모품비**

업무와 관련하여 지출한 소모성공구, 사무용품, 청소용품 등 소모품을 구입하기 위하여 지출된 비용

㉓ **지급수수료(수수료비용)**

서비스를 제공받고 지출한 수수료

2) 영업외비용으로 분류되는 계정과목

① **이자비용**

차입금 및 사채 등에 대하여 지급하는 이자

② **자산처분손실**

자산을 장부상 금액보다 낮은 금액을 받고 처분한 경우 발생한 손실

③ **단기투자자산평가손실**

당기손익-공정가치측정 금융자산 or 단기매매증권의 결산일의 공정한

가치가 장부상금액보다 하락하여 발생한 손실

④ **재고자산감모손실**

재고자산의 수량이 감소하여 발생한 손실 중 원가성이 없는 손실

⑤ **외환차손**

외화로 표시된 자산이나 부채를 회수하거나 지급할 때 환율차이로 인하여 발생된 손실

⑥ **외화환산차손**

외화로 표시된 자산이나 부채를 회계기말에 원화로 환산하는 경우 발생된 이익

⑦ **법인세추납액**

납부한 법인세의 과오납으로 인하여 추가로 납부하는 법인세

⑧ **기부금**

특정한 대가 없이 국가 및 지방자치단체, 비영리단체에 지급한 성금 등

⑨ **기타의 대손상각비**

매출채권이 아닌 채권의 미회수와 관련하여 발생하는 대손상각비

⑩ **재해손실**

화재, 수해 등의 재해에서 발생하는 손실

⑪ **잡손실**

영업이외의 활동에서 생기는 금액이 적은 손실

제4절 회계원칙과 외부감사제도

회계보고서인 재무제표는 기업과 관련한 의사결정에 매우 유용한 정보로 이용된다. 재무제표를 통하여 제공되는 회계정보가 의사결정에 유용한 정보가 되려면 일정한 기준, 즉 회계원칙에 따라서 작성되어야 하며, 회계원칙에 따라 재무제표가 작성되었다는 것을 독립된 회계전문가에게 확인을 받아 신뢰성을 제고하게 된다.

본 절에서는 회계정보의 유용성과 신뢰성을 확보하기 위한 방안으로는 통일된 회계원칙의 제정과 공인회계사에 의한 외부감사제도에 대하여 알아본다.

4.1 일반적으로 인정된 회계원칙

일반적으로 인정된 회계원칙(generally accepted accounting principle; GAAP)은 기업이 재무제표를 작성할 때 지켜야 할 제반 원칙을 말한다. 일반적으로 인정된 원칙이라는 의미는 과학적 실험을 통해 증명된 것이 아니라 다수의 회계전문가들의 합의에 의하여 이루어진 것임을 의미하고 있다. 회계원칙은 기업경영활동의 결과를 회계로 기록하는데 있어서 준수해야 할 제반 원칙을 의미하기 때문에 회계실무와 밀접한 관계가 있다. 따라서 기업의 경영환경이 계속적으로 발전하고 다양하게 변화됨에 따라서 회계원칙도 그에 대응하기 위해서 수정되거나 필요에 따라서 새로 제정되기도 한다.

그러면 이와 같이 회계원칙을 제정하여 모든 기업이 회계처리 할 때 이를 준수하도록 하는 이유는 무엇일까? 그 이유는 같은 종류의 거래나 사건을 기업마다 다르게 회계처리하면 기업 간의 경영성과나 재무상태를 비교하기가 곤란하기 때문이다. 기업은 자본시장에서 투자가들에게 기업에 관한 내용을 충분히 알려서 될 수 있으면 저렴한 비용으로 자금을 조달하려고 서로 경쟁한다. 이러한 자금조달상의 경쟁에 있어서 만약에 기업마다 서로 다른 기준에 의하여 회계정보를 작성하면, 투자가들은 각 기업의 수익성을 비교하기가 곤란하여 투자결정을 할 수가 없게 된다. 통일된 회계원칙의 제정은 기업 간의 상호비교를 가능하게 한다.

우리나라 기업이 준수해야 할 회계원칙은 상장기업(上場企業)은 한국채택국제회계기준(K-IFRS)이며, 비상장기업은 일반기업회계기준, 중소기업은 중소기업회계기준이다. 상장기업은 한국거래소(KRX)에서 주식이 상장되어 거래되는 기업을 의미한다. 이에 관한 상세한 내용을 다음에서 설명한다.

4.2 국제회계기준(IFRS)

세계 각국은 각국의 경제적 상황에 맞추어 그 환경에 맞는 회계기준을 제정하여 사용하고 있다. 그러나 1980년대 이후 가속된 자본시장의 국제화로 인하여 국가마다 상이한 회계기준의 적용은 많은 문제점을 야기하고 있다. 특히 다국적기업들은 하나의 기업실체가 각국의 회계기준에 맞추어 재무제표를 여러 번 작성해야 하는 부담을 지게 되었으며, 투자자들 역시 상이한 회계기준에 따라 작성된 재무제표로 인하여 비교분석하는데 많은 어려움을 겪게 되었다. 이러한 문제점을 해소하고자 1973년 영국의 주도하에 미국, 프랑스, 독일, 일본 등 9개국이 참여한 국제회계기준위원회(IASC; International Accounting Standard Committee)가 설립되어 국제회계기준(International Accounting Standards)을 제정하기 시작하였다. 2001년 IASC는 IASB(International Accounting Standards Board)로 재편되었고, IAS는 그 명칭을 IFRS (International Financial Reporting Standards; 국제재무보고기준)로 변경하여 현재에 이르고 있다.

국제회계기준을 도입하게 되면 회계정보의 국가 간 비교가능성이 높아질 수 있다. 또한 각 국가마다 상이한 회계정보의 보고에 대한 규제가 표준화 될 수 있기 때문에 기업의 국제상장에 대한 부담이 감소되어 자본시장의 국제화를 가속시킬 것이다. 그리고 세계 각국이 표준화된 회계기준을 적용함으로써 다국적 기업의 해외사업과 관련한 재무제표의 작성 및 성과측정 등과 관련된 비용을 절감할 수 있으며, 그 결과 해외사업 확장을 촉진하여 자본시장 활성화에 기여할 것으로 기대된다.

우리나라는 1997년 외환위기 이후 기업회계의 선진화 및 신뢰성을 제고하기 위하여 많은 노력을 기울여 왔다. 이러한 노력의 일환으로 국제사회로부터 회계투명성 제고 노력에 대한 정당한 평가를 받고 국제적으로 국제회계기준으로 단일화되는 추세에 부응하여 2007년 3월 국제회계기준 도입과 관련된 로드맵을 발표하였다. 이 로드맵에 따라, 2011년부터는 '주식회사의 외부감사에 관한 법률' 적용대상기업 중 상장기업과 한국채택국제회계기준의 적용을 선택한 비상장기업은 한국채택국제회계기준(K-IFRS)을 적용하며, 한국채택국제회계기준을 적용하지 않는 비상장기업은 '일반기업회계기준'을 적용한다. 한국채택국제회계기준(K-IFRS)은 국제회계기준을 한국어로 번역한 것을 의미한다.

4.3 외부감사제도

기업경영자는 재무제표를 일반적으로 인정된 회계원칙에 의하여 작성하여 정보이용자에게 제공할 책임이 있다. 정보이용자들은 이러한 정보를 활용하여 경제적으로 중대한 결정을 내리기 때문에 무엇보다도 재무제표의 신뢰성이 요구된다. 그러나 기업은 종종 자신의 특정 목적을 위하여 재무제표를 허위 또는 과장하여 작성할 가능성이 있다. 이러한 행위를 회계분식(會計粉飾)이라고 한다. 이러한 회계분식 가능성을 방지하기 위하여 재무제표는 회계에 관한 전문적인 지식을 지닌 외부감사인(外部監査人, external auditors)에 의하여 그 적정성 여부에 대하여 감사를 받도록 되어 있다.

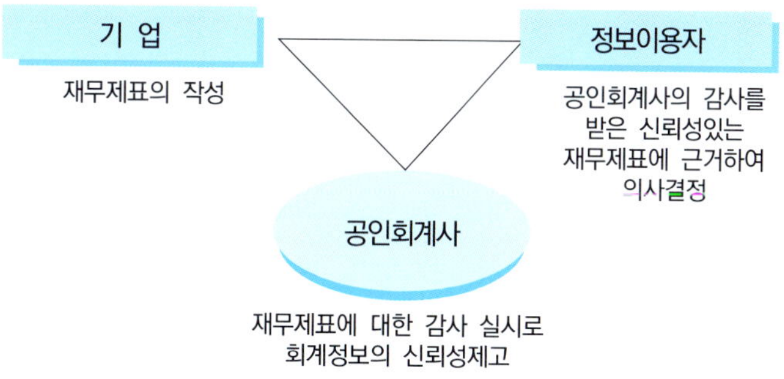

[그림 2.7] 공인회계사의 역할

우리나라 주식회사가 회계기준에 따라 재무제표를 작성하고 회계감사를 받아야 할 의무를 규정하고 있는 법률은 '주식회사의 외부감사에 관한 법률(외감법)'이다. 이 법률에 의하여 자산총액이 120억 이상(2022년 기준)인 주식회사는 모두 공인회계사에 의한 외부감사를 받도록 규정하고 있으며, 공인회계사는 감사대상기업이 기업회계기준 또는 기업회계기준서에 따라 재무제표를 올바르게 작성하고 있는지에 대한 의견을 표명토록 하고 있다.[1)]

회계감사는 공인회계사(公認會計士, certified public accountants; CPA)가 실시한다. 공인회계사는 경영자가 작성한 재무제표에 대한 회계감사를 실시하여 재무제표가 회계원칙에 입각하여 타당하게 작성되었는가의 여부에 대하여 의견을 표명한 감사보고서를 작성하여 감사를 의뢰한 회사에 제출한다. 공인회계사는 경영자와 정보이용자 중간에서 독립된 지위를 갖고 재무제표에 대한 인증기능(認證機能, attest function)을 수행함으로써 재무제표의 신뢰성과 유용성을 향상시키는 사회적 역할을 담당한다.

공인회계사는 이러한 기능을 수행하고 있기 때문에 회계에 관한 전문적인 지식을 갖추어야 한다. 따라서 공인회계사가 되려면 관련 자격시험에 합격하여야

1) 주식회사외부감사에 관한 법률 시행령에서는 상장법인은 모두 외부감사대상이며, 비상장 주식회사의 경우 직전 연도말 자산총액 또는 매출액이 500억원 이상인 경우도 외부감사대상이 된다. 또한 다음 기준 중 2개 이상에 해당되는 경우 외부감사대상이다 (① 직전연도말 자산총액 120억원 이상 ② 직전연도말 부채총액 70억원 이상 ③ 직전연도말 매출액이 100억 이상 ④ 직전연도말 종업원수가 100명 이상)

하고 적절한 실무경험을 쌓아야 한다. 또한 공인회계사는 자본주의 사회에서 일종의 심판관 역할을 수행하기 때문에, 무엇보다도 독립성과 고도의 윤리성이 강조되고 있다. 독립성이란 회계감사를 받는 기업과 혈연적으로나 경제적으로나 관련이 없어야 함을 말한다.

신문지상에는 기업의 재무제표에 관한 내용이 결산공고의 형태로 공시되고 있다. 공고된 재무제표의 하단에는 재무제표를 감사한 공인회계사의 명칭과 감사를 실시한 결과 표명된 감사의견(예를 들면, 재무제표가 기업회계기준에 의거 적정하게 작성되었다는 적정의견 등)이 나타나 있다. 감사의견에는 모두 4종류의 의견이 있는데 각각의 의견은 아래 〈표 2.5〉와 같다. 상장기업의 경우에는 2년 연속 감사범위 제한으로 인한 한정의견의 경우나 부적정의견, 의견거절의 의견을 받는 경우 상장이 폐지되는 등 감사의견에 따라 기업이 받는 페널티는 상당이 큰 편이다.

〈표 2.5〉 감사의견의 종류와 의의

구 분	내 용
적정의견	감사범위의 제한이 없거나 중요하지 않으며 재무제표가 기업회계기준 위배사항이 없거나 중요하지 않은 경우
한정의견	재무제표의 일부가 기업회계기준에서 정하는 방법대로 처리되지 않고, 이것이 재무제표에 중요한 영향을 미치는 경우
부적정의견	회사의 재무제표가 기업회계기준을 심각하게 위배한 경우
의견거절	감사인이 재무제표 신뢰가능성에 대한 의견표명이 필요한 충분한 감사증거를 수집하지 못하였을 경우

[그림 2.8]은 회계감사를 받은 (주)풀무원의 재무제표 실제 공고 예를 보여주고 있다.

제39기 결 산 공 고

(2022년 12월 31일 현재)

연 결 재 무 상 태 표

주식회사 풀무원과 그 종속기업 (단위 : 천원)

	계 정 과 목	금 액
	자 산	
I.	**유동자산**	**752,345,560**
	현금및현금성자산	132,585,769
	단기금융자산	8,859,342
	매출채권및기타채권	263,964,733
	유동성리스채권	69,939
	단기투자자산	114,187,811
	당기법인세자산	35,857,744
	파생금융자산	10,260
	재고자산	168,726,331
	기타유동자산	28,083,631
II.	**비유동자산**	**1,296,872,195**
	장기금융자산	3,692,577
	장기매출채권및기타채권	29,082,501
	리스채권	313,941
	장기투자자산	13,731,138
	관계기업투자	3,516,132
	유형자산	1,086,405,218
	투자부동산	38,207,999
	무형자산	97,766,353
	이연법인세자산	16,310,263
	기타비유동자산	7,846,073
	자 산 총 계	**2,049,217,755**
	부 채 및 자 본	
I.	**유동부채**	**892,669,611**
	매입채무및기타채무	328,079,861
	단기차입금	468,327,681
	유동성리스부채	35,822,953
	당기법인세부채	9,230,091
	기타유동부채	48,825,792
	기타충당부채	849,633
	기타유동금융부채	1,533,600
II.	**비유동부채**	**609,901,374**
	장기매입채무및기타채무	1,177,046
	장기차입금	320,005,772
	장기리스부채	219,171,431
	순확정급여부채	14,843,691
	기타충당부채	5,840,616
	이연법인세부채	627,236
	기타비유동금융부채	48,235,582
	부 채 총 계	**1,502,570,985**
	지배기업의 소유지분	**412,259,919**
I.	**자본금**	21,077,561
II.	**기타불입자본**	148,888,832
III.	**기타자본구성요소**	19,599,489
IV.	**이익잉여금**	222,694,037
	비 지 배 지 분	**134,386,851**
	자 본 총 계	**546,646,770**
	부 채 및 자 본 총 계	**2,049,217,755**

위와 같이 공고함.

2023년 3월 30일

Pulmuone **(주)풀무원**

대표이사 이 효 율

감사의견 : 위 연결재무상태표를 포함한 제39기 연결재무제표는 한국채택국제회계기준에 따라 중요성의 관점에서 공정하게 표시하고 있습니다.

삼일회계법인 대표이사 윤훈수

별 도 재 무 상 태 표

주식회사 풀무원 (단위 : 천원)

	계 정 과 목	금 액
	자 산	
I.	**유동자산**	**105,202,728**
	현금및현금성자산	4,558,730
	매출채권및기타채권	12,686,418
	유동성리스채권	1,054,662
	단기투자자산	78,121,031
	당기법인세자산	2,072,299
	재고자산	15,186
	기타유동자산	6,694,402
II.	**비유동자산**	**556,076,132**
	장기금융자산	3,500
	장기매출채권및기타채권	17,668,181
	리스채권	136,737
	장기투자자산	2,506,950
	종속기업투자	477,940,316
	관계기업투자	499,125
	유형자산	46,688,007
	무형자산	7,492,979
	이연법인세자산	2,569,733
	순확정급여자산	570,604
	자 산 총 계	**661,278,860**
	부 채 및 자 본	
I.	**유동부채**	**117,874,842**
	매입채무및기타채무	14,907,801
	단기차입금	90,500,000
	유동성리스부채	3,018,066
	당기법인세부채	5,181,939
	기타유동부채	3,888,330
	기타유동충당부채	34,250
	기타유동금융부채	344,456
II.	**비유동부채**	**42,515,206**
	장기매입채무및기타채무	23,774
	장기차입금	15,000,000
	장기리스부채	5,675,082
	기타비유동충당부채	904,208
	기타비유동금융부채	20,912,142
	부 채 총 계	**160,390,048**
I.	**자본금**	21,077,561
II.	**기타불입자본**	269,625,411
III.	**기타자본구성요소**	92,467
IV.	**이익잉여금**	210,093,373
	자 본 총 계	**500,888,812**
	부 채 및 자 본 총 계	**661,278,860**

위와 같이 공고함.

2023년 3월 30일

Pulmuone **(주)풀무원**

대표이사 이 효 율

감사의견 : 위 재무상태표를 포함한 제39기 재무제표는 한국채택국제회계기준에 따라 중요성의 관점에서 공정하게 표시하고 있습니다.

삼일회계법인 대표이사 윤훈수

[그림 2.8] 공고된 재무제표의 예 〈출처 : ㈜ 풀무원 홈페이지〉

객관식 연습문제

01 **다음은 재무제표의 종류와 각각의 재무제표를 통해 알 수 있는 정보를 연결한 것이다. 가장 옳지 않은 것은?** [회계관리 2급 주관처공개 기출문제]

① 재무상태표 : 일정시점의 기업의 자본구조
② 손익계산서 : 일정기간 기업이 창출한 현금이익
③ 자본변동표 : 기업자본의 변화내역을 구성요소별로 표시
④ 현금흐름표 : 기업실체의 현금흐름을 영업활동, 투자활동, 재무활동으로 구분하여 보고

02 **다음 중 특정 시점에 있어서 기업의 재무상태를 나타내는 재무제표는 어느 것인가?**

① 포괄손익계산서
② 자본변동표
③ 현금흐름표
④ 재무상태표

03 **다음 중 재무제표 요소들에 대한 설명으로 잘못된 것은?** ['07 제3회 전산회계운용사 2급]

① 자산 : 미래의 용역잠재력을 나타내는 것으로 경제적 가치가 있는 자원이다.
② 부채 : 과거의 거래나 사건의 결과로 인하여 특정실체가 다른 실체에게 자산 또는 용역을 이전하여야 하는 의무이다.
③ 수익 : 주요 경영활동으로서 재화의 생산, 판매, 용역의 제공 등에 따른 경제적 효익의 유출 또는 소비를 말한다.
④ 비용 : 재화의 생산, 판매, 용역의 제공 등에 따른 자산의 유출이나 감소 또는 부채의 증가이다.

04 **다음 중 부채에 대한 설명으로 가장 옳지 않은 것은?** [회계관리 2급 주관처공개 기출문제]

① 상품을 구입하고 지급하지 않은 금액은 매입채무에 해당한다
② 예수금은 만기와 상관없이 비유동부채에 해당한다
③ 미지급금은 일반적인 상거래 이외에서 발생한 채무이다
④ 제품을 인도하기 전에 계약금으로 수령한 금액은 선수금에 해당한다

05 다음 중 재무상태표 등식으로 맞는 것은? [17회 전산세무회계 4급]

① 자본 = 자산 + 부채
② 부채 = 자산 + 자본
③ 자산 = 부채 + 자본
④ 자산 = 부채 - 자본

06 (주)삼일의 자산과 부채가 다음과 같을 때, (주)삼일의 순자산(자본)은 얼마인가? [회계관리 2급 주관처공개 기출문제]

매출채권	500,000원	미수금	100,000원
차입금	300,000원	매입채무	80,000원
현금	150,000원	대여금	200,000원

① 370,000원
② 470,000원
③ 570,000원
④ 670,000원

07 다음 중 재무제표에 대한 설명으로 옳지 않은 것은 [회계관리 2급 주관처공개 기출문제]

① 손익계산서만 있으면 당기순이익률을 구할 수 있다.
② 재무상태표만 있으면 기업이 영업활동에서 창출한 현금이 얼마인지를 구할 수 있다.
③ 재무상태표의 차변을 보면 기업의 자산내역에 대해 알 수 있다.
④ 주석도 재무제표의 일부를 구성한다.

08 다음은 유통업을 운영하는 (주)삼일의 손익계산서 상 비용이다. 비용항목 중 손익계산서의 구분표시가 다른 항목은? [회계관리 2급 주관처공개 기출문제]

① 감가상각비
② 세금과공과
③ 복리후생비
④ 유형자산처분손실

09 다음 중 계정분류가 가장 올바르지 않은 것은? [회계관리 2급 주관처공개 기출문제]

① 선급비용 – 자산계정
② 예수금 – 부채계정
③ 선수금 – 자산계정
④ 미지급비용 – 부채계정

10 다음 중 당좌자산에 속하지 않는 계정과목은? ['08 제11회 기업회계 3급]

① 선급비용
② 선수수익
③ 미수금
④ 미수수익

11 다음 자료에 의해 판매비와 관리비를 계산하면 얼마인가? [회계관리 2급 주관처공개 기출문제]

퇴직급여	10,000원	접대비	20,000원
연구비	10,000원	기부금	5,000원
잡손실	16,000원	이자비용	3,000원

① 40,000원
② 45,000원
③ 46,000원
④ 49,000원

12 (주)삼일의 다음 자료를 통해 빈칸에 들어갈 금액을 구하면 얼마인가?(기중에 자본거래는 없다고 가정한다) [회계관리 2급 주관처공개 기출문제]

재무상태표							손익계산서	
	당기말	전기말		당기말	전기말		수익	700
			부채	(ㄴ)	200		비용	(ㄹ)
자산	1,200	(ㄱ)	자본	(ㄷ)	600		이익	300

	ㄱ	ㄴ	ㄷ	ㄹ
①	800	300	700	400
②	800	300	900	400
③	800	400	900	400
④	900	400	900	500

13 다음 중 감사의견에 관한 설명으로 가장 옳은 것은? [회계관리 2급 주관처공개 기출문제]

가. 감사범위의 제한이 없거나 중요하지 않은 경우
나. 재무제표에 기업회계기준 위배사항이 없거나 중요하지 않은 경우

① 적정의견
② 한정의견
③ 부적정의견
④ 의견거절

주관식 연습문제

2-1 회계등식

회계등식을 이용하여 빈칸을 채워라.

자 산	부 채	자 본
(①)	₩17,500	₩20,000
₩45,250	(②)	23,500
31,750	10,250	(③)

2-2 계정과목의 분류

다음 계정을 자산은 A, 부채는 L, 자본은 C, 수익은 R, 비용은 E라고 괄호 안에 기입하라.

자 본 금	( )	급 여	( )	매입채무	( )
건 물	( )	용 역 매 출	( )	보 험 료	( )
대 여 금	( )	이익잉여금	( )	광고선전비	( )
토 지	( )	단기차입금	( )	미지급금	( )
이자비용	( )	수수료수입	( )	통 신 비	( )
잡 손 실	( )	임 차 료	( )	임 대 료	( )
재해손실	( )	차량운반구	( )	이자수익	( )

2-3 재무상태표의 작성

다음은 안산상사의 20×4년 12월 31일 재무상태를 나타내는 자료이다. 이 자료를 이용하여 재무상태표를 작성하라.

현 금	₩800	매출채권	₩5,600	소모품	₩300
미수금	600	기계장치	12,400	매입채무	3,800
단기차입금	1,000	선수금	4,000	자본금	( )

2-4 포괄손익계산서의 작성

다음은 어느 회사의 20×2년 중 수익과 비용에 관한 자료이다. 이 자료를 이용하여 포괄손익계산서를 작성하고 당기순손익을 계산하라.

급 여	₩4,600	보험료	₩3,000	이자수익	₩2,000
광고선전비	6,000	소모품비	1,200	보험료	1,800
용역매출	28,000	여비 교통비	2,400	이자비용	1,000

2-5 포괄손익계산서의 작성과 기말자본의 계산

영주상사는 20×1년 1월 1일 자본금 ₩100,000을 가지고 영업을 개시하였다. 다음은 20×1년 동안의 영업결과를 나타낸 것이다. 이 자료에 의하여 포괄손익계산서를 작성하고 기말자본을 계산하라.

매 출	₩54,000	이자수익	₩2,800	광고비	₩4,600
급 여	12,400	잡손실	1,600	보험료	3,200
임차료	8,700	복리후생비	2,500	소모품비	800
이자비용	5,200	통신비	4,400		

회계정보산출과정의 이해(I): 회계순환과정

제1부에서는 회계에 관한 기초적 개념에 대하여 살펴보았다. 회계의 기초적 개념을 이해하는 것은 회계정보시스템에 의하여 산출된 회계정보를 이해하고 활용하는데 있어서 매우 중요하다. 제2부에서는 기업의 경영활동 과정에서 발생하는 각종 거래를 기록하는 방법이 주된 내용으로 되어 있다. 기업은 매 회계기간마다 경영활동의 결과가 반영된 재무제표를 작성하여 정보이용자에게 제공하여야 한다. 여기에서는 거래가 발생한 후 회계시스템에 의하여 기록되어 재무제표가 작성되는 회계순환과정을 설명한다. 회계순환과정은 먼저 용역을 제공하는 것을 주요 영업활동으로 하는 서비스 제공기업에 대하여 살펴본다. 이어서 상품의 매입과 매출을 주요 영업활동으로 하는 상기업의 회계순환과정을 소개한다. 상기업에서는 상품의 매입과 매출에 관한 계정과목 수가 많기 때문에 서비스 제공기업보다 회계기록과정이 다소 복잡하다. 마지막 부분에서는 재무제표의 작성에 관한 여러가지 이론을 살펴봄으로써 재무제표를 이해할 수 있는 능력을 배양하고자 한다.

Chapter 3

회계 기록을 해보자

제1절 회계 기록원리란?
제2절 회계순환과정
제3절 회계거래의 장부 기록
제4절 장부기록의 확인(시산표)

제1장에서 설명한 바와 같이 다양한 기업활동의 결과는 회계시스템에 의하여 기록되어 각종 회계보고서 형태로 정보이용자에게 전달되고 의사결정에 활용된다. 본 장에서는 회계기록과정의 기본원리와 그 체계에 대하여 설명한다. 먼저 회계시스템이 입력대상이 되는 회계상 거래의 의미와 그 종류에 대하여 살펴본다. 이어서 거래를 기록하는 가장 핵심적인 원리인 차변과 대변의 계정기입 절차를 소개한다. 회계를 처음 배우는 학생들에게 회계의 기록원리는 매우 중요하며, 회계시스템에 의하여 산출된 재무제표를 이해하는 데 있어서 가장 필수적인 요건이 된다. 마지막으로 재무제표를 작성하는 초기단계로 볼 수 있는 분개장에 기록하는 과정과 분개장에 기록되어 있는 거래내용을 원장에 전기하고 시산표를 작성하는 과정을 소개한다.

Chapter

3 회계 기록을 해보자

제1절 회계 기록원리란?

1.1 회계의 기록 대상 거래

회계정보이용자에게 쓸모있는 정보를 제공하기 위하여 회계시스템에 어떠한 자료를 입력할 것인가 결정하여야 한다. 이렇게 회계 거래기록시스템에 입력하여야 할 기록의 대상을 '회계상 거래'라고 한다.

거래(去來, transaction)라고 하면 일반적으로 물건이나 서비스를 대상으로 상인과 상인들 사이 또는 상인과 고객들 사이에 이루어지는 매매(賣買)행위를 의미한다. 그런데 회계에서는 기업의 이익을 얻기 위한 영업활동은 회계시스템을 통하여 회계정보이용자에게 전달되는 절차를 거쳐야 하므로 회계에서는 일반적인 거래의 개념과는 조금 다르게 회계시스템에 기록할 수 있는 활동 만을 거래로 인정하고 있다.

회계상 거래는 상품의 판매와 서비스의 제공, 물품을 구매하는 것 뿐만 아니라 기업이 보유하고 있는 자산의 가치의 하락, 화재나 도난으로 인한 손실 등이 포함된다. 따라서 회계상 거래는 통상적인 거래 외에 기업의 자산, 부채 및 자본의 증감을 초래하는 모든 경제적 사건(經濟的 事件, economic events)을 포함한다.

일반 상거래에서 거래의 개념과 대부분의 회계상 거래의 개념은 일치하게 된다. 그러나 양자가 일치하지 않는 경우가 있는데 그 예는 다음과 같다.

(1) 회계에서는 거래이나 일반 상거래에서는 거래가 아닌 것

① 현금의 분실, 화재로 인한 건물의 소실(자산 감소)
② 시간의 경과에 따른 이자지급(이자지급의무라는 부채의 증가)

(2) 일반 상거래에서는 거래이나 회계에서는 거래가 아닌 것
① 사무실 임대계약의 체결
② 상품의 주문 또는 주문계약의 체결
(자산, 부채, 자본에 전혀 영향이 없음)

회계상 거래란
기업의 자산, 부채 및 자본에 변동을 초래하는 모든 경제적 사건으로서 그 증감을 화폐액으로 측정가능한 것을 말한다.

회계상의 거래로 인식되기 위해서는 첫째, 거래로 인하여 기업의 자산, 부채 및 자본이 증가하거나 감소하여야 하고 둘째, 그 증감 금액을 화폐로 측정할 수 있어야 한다. 회계상 거래는 다음과 같이 분류된다.

1) 교환거래

교환거래(交換去來)는 자산, 부채 및 자본의 증가와 감소만 일어나고 수익과 비용은 발생하지 않는 경우다. 그 예로서 ① 건물의 현금구입 및 처분, ② 은행차입 및 상환, ③ 주식 및 사채발행 등이 있다.

2) 손익거래

손익거래(損益去來)는 수익이나 비용이 발생하는 거래를 의미한다. 이 거래는 수익이 발생하는 거래, 비용이 발생하는 거래, 수익과 비용이 동시에 발생하는 거래를 포함한다. 그 예로서 ① 이자 및 수수료의 현금수입, ② 급여 및 광고비 지급, ③ 상품의 화재손실, ④ 감가상각비의 기록 등이 있다.

3) 혼합거래

혼합거래(混合去來)란 교환거래와 손익거래가 동시에 발생하는 거래를 의미한다. 그 예로서 ① 차입금을 이자와 함께 상환, ② 토지를 원가보다 높은 가격으로 처분하는 경우 등이 있다.

예제 3-1 회계거래의 구분

1. 아래의 회계상 거래를 교환거래, 손익거래, 혼합거래로 구분하면 다음과 같다.
   (1) (주)안산은 (주)시흥으로부터 사무용복사기를 구입하고 현금 900,000원을 지급하였다.
   (2) (주)시흥은 종업원 A씨의 3월분 월급 30,000원을 현금으로 지급하였다.
   (3) (주)반월은 A은행으로부터 빌린(차입한) 차입 원금 1,000,000원과 차입금에 대한 이자 10,000원을 합한 1,010,000원을 현금으로 A은행에 지급하였다.

【풀이】

(1) 교환거래
(주)안산의 입장에서 보면 사무용복사기라는 자산이 증가하는 동시에 현금이라는 자산이 감소하는 거래임

(2) 손익거래
(주)시흥의 입장에서 보면 현금이라는 자산이 감소하면서 종업원 월급(급여)이라는 비용이 발생하는 거래임

(3) 혼합거래
(주) 반월의 입장에서 보면 차입금이라는 부채가 감소하면서 차입금에 대한 원금 1,000,000원의 현금이라는 자산이 감소하는 교환거래와, 이자비용이라는 비용이 발생하면서 현금 10,000원이 감소하는 손익거래가 동시에 발생하는 거래이므로 혼합거래임

1.2 회계등식에 따른 기록원리

모든 회계상 거래가 발생하면 자산, 부채 및 자본에 직접적인 영향을 미친다. 이러한 거래는 회계등식(會計等式, accounting equation)의 틀에 의하여 기록된다. 회계등식은 모든 거래가 발생할 때마다 항상 유지되며, 재무상태표의 골격을 형성한다.

회계등식 : 자산 = 부채 + 자본(자본금 + 이익잉여금)

회계등식에서 자본은 소유주가 출자한 자본금과 영업활동의 결과로 남겨진 이익의 누적(累積)액인 이익잉여금으로 구성된다. 앞서 손익계산서와 재무상태표와의 관계에서 살펴보았듯이 수익과 비용에 관련된 손익거래가 발생하면 이익잉여금이 증가하거나 감소하는 것과 동시에 자산과 부채가 변동한다. 따라서 회계상의 거래가 발생하면 반드시 자산, 부채 및 자본에 속하는 한 가지 이상의

항목이 변동하게 된다. 거래는 이와 같은 양면성을 가지고 있으며, 이를 거래의 이중성(二重性, duality)이라고 한다. 거래의 이중성은 하나의 거래로 인한 결과와 그 원인을 의미하며, 이를 모두 기록하는 회계제도를 복식부기제도(複式簿記制度, double entry system)라고 한다.

하나의 거래가 이중성을 갖는 이유는 거래라는 의미를 생각하면 쉽게 이해할 수 있다. 영리를 목적으로 하는 기업활동에서는 어떤 것을 얻으려면 반드시 다른 것을 포기 또는 부담하여야 한다. 따라서 거래로 인하여 자산, 부채 및 자본이 변동할 때, 증가하는 요소가 있으면 다른 요소가 감소하거나 희생이 수반된다. 이해를 돕기 위하여 예를 들어 설명해 보자.

비품을 현금으로 구입하면 비품이라는 자산이 증가(결과)되는 반면에 현금이라는 또 다른 자산은 감소(원인)하게 된다. 또한 현금이 필요하여 은행에서 돈을 빌리면, 현금이라는 자산이 증가되는 동시(결과)에 은행에 갚아야 할 부채가 증가(희생, 또는 원인)된다. 또한 직원에게 월급을 현금으로 지급하면 현금이라는 자산이 감소(결과)하는 동시에 자본이 감소(희생)한다. 이와 같은 거래의 이중성은 복식부기제도에 의하여 기록되며 회계등식은 항상 유지된다. 이해를 돕기 위하여 세탁업을 하기 위하여 설립되고 거래가 이루어지는 (주)신신세탁의 몇가지 거래를 통해 살펴보자.

① 거래 1 - 회사의 설립

> 세탁업을 하기 위하여 (주)신신세탁이 설립되었으며, 액면금액 5,000원의 주식 100주를 액면금액으로 발행하여 현금 500,000원을 조달하였다.

해설

(주)신신세탁이라는 회사의 입장에서 현금이라는 자산이 증가되었고, 주주(소유주)로부터의 출자로 인하여 자본금이라는 자본이 생성되었다. 이 거래 후에는 다음과 같은 회계등식이 성립한다.

자산 ₩500,000 = 부채 0 + 자본 ₩500,000

② 거래 2 - 자산의 구입

> 세탁업을 하기 위하여 세탁기를 현금 100,000원을 주고 구입하였다.

해설

이 거래로 인하여 세탁기 ₩100,000이 증가하고 동시에 현금 ₩100,000이 감소하였기 때문에 자산의 총액은 변동하지 않고 앞의 등식이 그대로 유지된다. 거래 후 잔액은 다음과 같다.

자산 ₩500,000 = 부채 0 + 자본 ₩500,000

③ 거래 3 - 은행으로부터 돈을 빌림

영업을 위해 현금이 필요하여 은행에서 현금 30,000원을 차입하였다.

해설

은행에서 현금 ₩30,000을 차입하였다. 따라서 자산인 현금 ₩30,000이 증가하고 차입금이라는 부채가 증가하였다. 거래 후의 회계등식은 다음과 같이 변화된다. 거래 후 잔액은 다음과 같다.

자산 ₩530,000 = 부채 ₩30,000 + 자본 ₩500,000

④ 거래 4

세탁서비스를 고객에게 제공하고 그 댓가로 현금 120,000원을 받았다.

해설

세탁 수익으로 ₩120,000이 발생하였고 현금 ₩120,000이 증가하였기 때문에 이 거래 후 자산은 ₩650,000이 된다. 수익의 발생은 이익잉여금이라는 자본을 증가시키기 때문에 거래 후의 자본은 ₩620,000이 된다. 거래 후의 회계등식은 다음과 같이 변화된다. 거래 후 잔액은 다음과 같다.

자산 ₩650,000 = 부채 ₩30,000 + 자본 ₩620,000

⑤ 거래 5

종업원에게 월급 50,000원을 현금으로 지급하다.

해설

종업원에게 월급 ₩50,000을 현금으로 지급하였기 때문에 급여라는 비용이 ₩50,000 발생하고 현금 ₩50,000이 감소하였다. 따라서 현금이라는 자산이 감소하여 거래 후 자산은 ₩600,000이 된다. 그리고 비용 ₩50,000이 발생하면 이익잉여금이 ₩50,000 감소하기 때문에 자본은 ₩570,000이 된다. 거래 후의 등식은 다음과 같이 변화된다. 거래 후 잔액은 다음과 같다.

자산 ₩600,000 = 부채 ₩30,000 + 자본 ₩570,000

⑥ 거래 6

은행으로부터 빌린 차입금 중 20,000원과 이에 대한 이자 1,000원을 함께 현금으로 지급하다.

해설

은행에 대한 차입금 ₩20,000을 현금으로 갚고 이자 ₩1,000을 함께 지급하였기 때문에 현금 ₩21,000이 감소하여 자산은 ₩579,000이 된다. 또한 차입금 ₩20,000을 상환하였기 때문에 부채는 ₩20,000이 감소하여 부채 잔액은 ₩10,000이 남게 된다. 동시에 이자비용이 ₩1,000 발생하여 이익잉여금이 ₩1,000 감소하기 때문에 자본은 ₩569,000이 된다. 거래 후의 회계등식은 다음과 같이 변화한다. 거래 후 잔액은 다음과 같다.

자산 ₩579,000 = 부채 ₩10,000 + 자본 ₩569,000

⑦ 거래 7

이달 분 전기료로 현금 20,000원을 납부하였다.

해설

전기료로 현금 ₩20,000을 지출하였기 때문에 현금 ₩20,000이 감소하여 자산은 ₩559,000이 되고, 전기료라는 비용이 발생하여 이익잉여금이 ₩20,000 감소하여 자본은 ₩549,000이 된다. 거래 후 잔액은 다음과 같다.

자산 ₩559,000 = 부채 ₩10,000 + 자본 ₩549,000

⑧ 거래 8

고객에게 세탁서비스를 제공하고 그 댓가 12,000원은 외상으로 하다.

해설

고객에게 세탁서비스를 제공하고 그 댓가 ₩12,000을 외상으로 하였기 때문에 매출채권이라는 자산 ₩12,000이 증가하여 자산은 ₩571,000이 되고, 수익이 ₩12,000이 발생하여 자본인 이익잉여금이 ₩12,000 증가하여 자본은 ₩561,000이 된다. 거래 후 잔액은 다음과 같다.

자산 ₩571,000 = 부채 ₩10,000 + 자본 ₩561,000

다음은 위의 신신세탁의 ① ~ ⑧ 까지의 거래가 기록된 모든 결과가 회계등식에 따르고 있음을 일목요연하게 정리하였다.

	자 산			=	부 채	+	자 본	
	현 금 +	매출채권 +	세탁기		차입금		자본금+	이익잉여금
1. ㈜신신세탁 설립하기 위하여 액면 ₩5,000의 주식 100주를 발행	+₩500,000						+₩500,000	
거래 후 잔액	500,000			=			500,000	
2. 세탁기 현금구입 ₩100,000	−100,000		+₩100,000					
거래 후 잔액	400,000		+ 100,000	=			500,000	
3. 은행에서 현금차입 ₩30,000	+30,000				+30,000			
거래 후 잔액	430,000		+100,000	=	30,000		+500,000	
4. 세탁 현금수입 ₩120,000	+120,000							+120,000 (수익발생)
거래 후 잔액	550,000		+100,000	=	30,000		+500,000	+120,000
5. 종업원 급여 지급 ₩50,000	−50,000							−50,000 (비용발생)
거래 후 잔액	500,000		+100,000	=	30,000		+500,000	+70,000
6. 은행차입금 ₩20,000을 이자 ₩1,000과 함께 상환	−21,000				−20,000			−1,000 (비용발생)
거래 후 잔액	479,000		+100,000	=	10,000		+500,000	+69,000
7. 전기료 ₩20,000을 지급	−20,000							−20,000 (비용발생)
거래 후 잔액	459,000		+100,000	=	10,000		+500,000	+49,000
8. 고객에게 세탁을 하여주고 대금 ₩12,000은 외상으로 함		+12,000		=				+12,000 (수익발생)
거래 후 잔액	₩459,000	+₩12,000	+₩100,000		₩10,000		+₩500,000	+₩61,000

위에서 보는 바와 같이 모든 거래가 발생할 때마다 자산, 부채 및 자본 중에서 하나 이상의 재무제표 요소가 증가하거나 감소하지만 회계등식은 항상 성립되며, 모든 거래를 기록한 후에도 그대로 유지되고 있음을 알 수 있다.

1.3 계정

거래가 발생하면 자산, 부채 및 자본이 변동하고 수익과 비용이 발생하는데, 이러한 항목의 변동을 보다 체계적으로 기록하고 분류할 필요가 있다. 계정(計定, account, a/c)이란 일정한 기준에 따라서 재무제표 항목들을 분류하고 계산하기 위한 회계상의 기록 및 계산단위를 말하며, 각 계정의 명칭을 계정과목(計定科目, titles of accounts)이라고 한다.

우리는 앞장에서 자산, 부채, 자본, 수익, 비용에 속하는 대표적인 계정과목들을 살펴본 바 있으며, 각 기업은 각기 특성에 맞게 계정과목 수를 유지하고 있으며 보다 체계적인 기록을 위하여 계정과목의 명칭에 번호를 부여한 계정과목표(chart of account)를 작성하고 있다. 계정번호는 재무제표요소별로 구분하여 부여하는 것이 보통이다. 예를 들어 자산계정은 1000, 부채계정은 2000, 자본계정은 3000 등으로 번호를 부여한다. 이때 첫째 자리는 재무제표 요소를, 둘째 자리는 각 계정과목의 성격을 의미한다. 예를 들면, 유동자산계정은 1100, 재고자산계정은 1200, 유형자산계정은 1300으로 구분하면 계정의 분류에 있어서 매우 편리하다.

계정의 형태는 공식적인 장부형태를 지닌 표준식과 잔액식이 있지만 여기에서는 편의상 단순한 형태로 표시한 T형의 계정을 쓰기로 한다. 이를 그 모형에 따라서 T-계정이라고 하며, 그 형태는 [그림 3.1]과 같다.

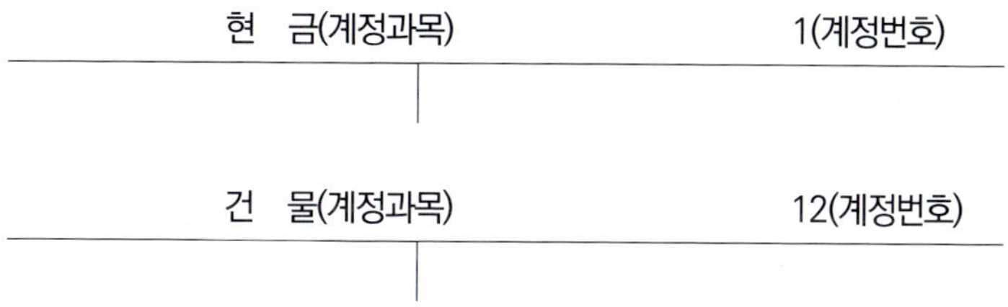

[그림 3.1] T-계정

1.4 차변과 대변 및 계정기입의 법칙

차변과 대변은 거래가 기록되는 계정상의 위치를 의미한다. 이등분된 계정의 왼쪽을 차변(借邊, Debit, 약칭 Dr), 오른쪽을 대변(貸邊, Credit, 약칭 Cr)이라고 한다. 모든 거래는 다음과 같은 법칙으로 계정에 기입된다. 여기서 자산, 부채 및 자본계정은 계정과목이 아니고 재무제표의 요소로서 해당하는 모든 계정을 의미한다.

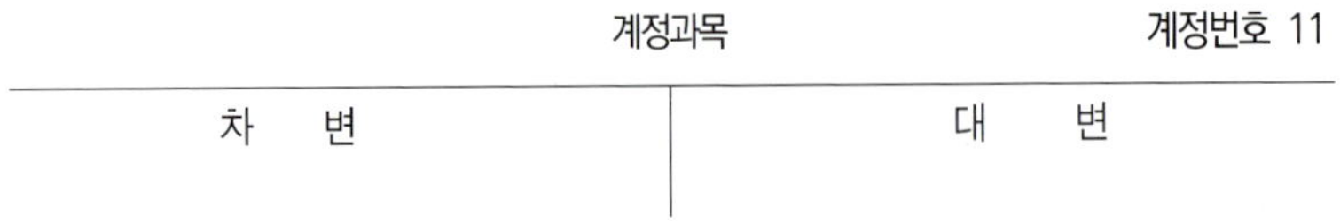

[그림 3.2] 차변과 대변

이제 거래가 발생할 때 차변과 대변에 기록하는 계정기입의 법칙에 대해서 알아보자. 먼저 어떤 거래로 인하여 자산계정의 금액이 증가하면 이를 차변에 기록하기로 가정하자. 이와 같은 가정 아래서 만일 어떤 거래로 인하여 자산계정의 금액이 감소하면 증가와 구별하기 위해서 대변에 기록된다. 또한 어떤 거래로 인하여 부채계정이나 자본계정의 금액이 증가하면 회계등식을 유지하기 위하여 자산과는 반대로 대변에 기록하고, 부채계정이나 자본계정의 금액이 감소하면 차변에 기록된다.

이와 같은 법칙에 따라서 어떤 거래로 인하여 수익계정의 금액이 증가하면 이익잉여금이 증가하여 자본도 증가되기 때문에 대변에 기록된다. 이와는 정반대로 어떤 거래로 인하여 비용계정의 금액이 증가하면 이익잉여금이 감소하여 자본도 감소하기 때문에 차변에 기록된다. 동일한 논리에 의해서 어떤 거래로 인하여 수익계정의 금액이 감소하면 차변에, 비용계정의 금액이 감소하면 대변에 기록된다. 그러나 수익 또는 비용계정의 감소는 회계연도 중에는 발생하지 않으므로 고려하지 않는다. 따라서 수익 또는 비용계정의 증가는 보통 발생이라고 부른다. 이를 표시하면 [그림 3.3]과 같다.

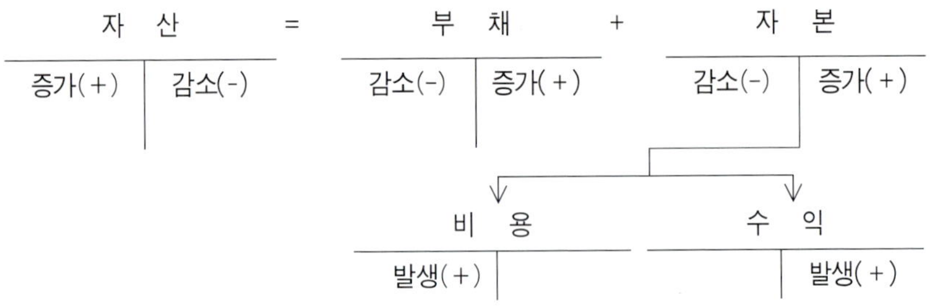

[그림 3.3] 계정기입의 법칙

이상과 같은 계정기입의 법칙을 정리하면 〈표 3.1〉과 같다. 모든 거래가 발생하면 거래의 이중성으로 인하여 빈드시 차변요소와 대변요소가 서로 결합하게 된다.

〈표 3.1〉 계정기입의 법칙

차 변	대 변
자산증가	자산감소
부채감소	부채증가
자본감소	자본증가
비용발생	수익발생

재미있는 회계 이야기 3 — 은행사 박물관에서 만나는 복식부기(複式簿記)

서울 중구 회현동 우리은행 본점 지하 1층에는 은행사박물관이 있다. 은행사박물관은 우리나라 은행역사 100여년의 금융문화유산 자료를 수집, 보존, 전시하고 이들은 조사, 연구하여 우리나라 경제발전의 동반자로서의 은행의 역할을 조명하고 이를 널리 알리고자 지난 2004년 7월 20일 개관한 은행역사 전문 박물관이다.

은행사박물관 관람을 위해 첫발을 내딛는 곳은 어두운 작은 공간. 이곳에 들어서면 스크린에 '과거로 가는 문'이란 영상이 상영된다. 30초짜리인 '과거로 가는 문' 영상은 우리나라 근대금융이 시작되는 최초은행의 창립시기로 거슬러 올라가는 영상으로 우리나라의 정치 · 경제적 주요 사진들을 보여준다.

'과거로 가는 문'을 통해 은행역사관에 들어서서 가장 먼저 만나게 되는 것은 '송도사개치부'. 송도사개치부는 복식부기로 작성된 장부다. 복식부기를 가장 먼저 사용했다고 알려지고 있는 이탈리아의 루카 파치올리보다 무려 200년이나 앞서서 복식부기를 사용했다는 것을 증명하는 자료다.

회계를 공부하면서 우리 선조의 지혜에 다시 한번 놀라게 된다. 기회가 되면 독자들도 한번 방문해 보길 권한다. 관람료는 무료다.

제2절 회계의 순환과정

2.1 회계이 순환과정

기업은 매 회계연도마다 재무제표를 작성하여 정기적으로 보고하여야 한다. 영업활동의 결과, 거래가 발생하여 재무제표가 작성되는 일련의 회계기록과정을 회계순환과정(會計循環過程, accounting cycle)이라고 한다. 이러한 과정은 매 회계기간마다 계속적으로 반복된다.

회계의 순환과정은 〈표 3.2〉에서 보는 바와 같이 9단계로 되어 있다. 마지막 9단계 과정이 끝나면 다음 회계기간으로 넘어가서 다시 제 1 단계가 시작되어 동일한 과정을 반복한다.

〈표 3.2〉 회계의 순환과정

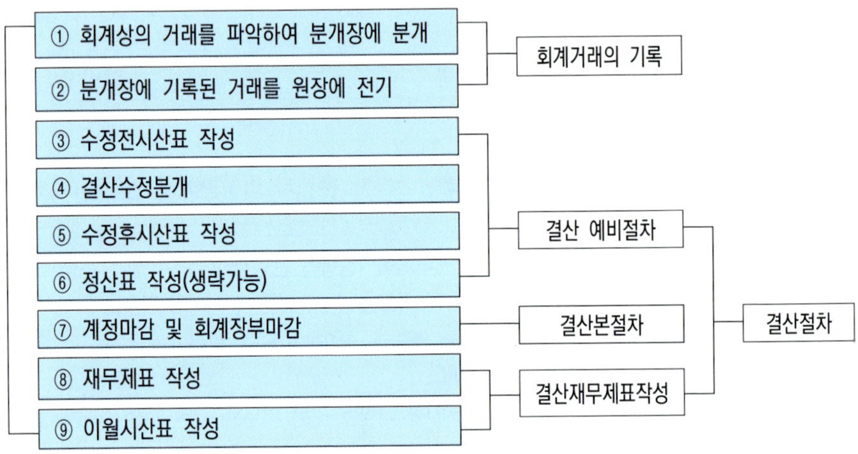

2.2 분개

모든 거래가 발생하면 거래의 순서대로 어떠한 계정이 변동이 되었는지 확인하고 계정기입법칙에 따라 차변과 대변에 기록하게 되는데 이를 분개(分介, journal entry)라 한다. 모든 회계기록은 분개를 통하여 복식부기의 원리에 의하여 차변과 대변에 동시에 같은 금액이 기록된다.

분개(分介, journal entry)란
거래를 계정기입의 법칙에 따라서 계정과목과 금액을 확정한 후 회계장부에 기록하는 행위를 말한다. 분개는 회계의 순환과정에 있어서 최초 과정이다.

앞에서 예를 들은 신신세탁(주)의 거래를 계정기입의 법칙에 의하여 분개하면 다음과 같다.

① 신신세탁㈜의 설립을 위하여 주식을 현금으로 발행하였기 때문에 현금이라는 자산이 증가되어 차변에, 자본금이라는 자본이 증가되었으므로 대변에 기록한다.

(차) 현금(자산의 증가) 500,000 (대) 자본금(자본의 증가) 500,000

② 영업을 위하여 세탁기를 구입하였으므로 비품이라는 자산이 증가되어 차변에, 현금이 지출되었으므로 현금이라는 자산이 감소되어 대변에 기록한다.

(차) 비품(자산의 증가) 100,000 (대) 현금(자산의 감소) 100,000

③ 은행에서 차입하여 현금을 빌려 왔으므로 현금이라는 자산이 증가되어 차변에, 차입금이라는 부채가 증가되어 대변에 기록한다.

(차) 현금(자산의 증가) 30,000 (대) 차입금(부채의 증가) 30,000

④ 세탁수익이 발생하여 현금이라는 자산이 증가되었으므로 차변에, 세탁수익이 발생되었기 때문에 매출이 대변에 기록한다.

(차) 현금(자산의 증가) 120,000 (대) 매출(수익의 발생) 120,000

⑤ 종업원에게 급여를 지급하였으므로 급여라는 비용이 발생하여 차변에, 현금이라는 자산이 감소되어 대변에 기록한다.

(차) 급여(비용의 발생) 50,000 (대) 현금(자산의 감소) 50,000

⑥ 은행의 차입금을 상환하였기 때문에 차입금이라는 부채가 감소하여 차변에, 그리고 이자를 지급하였기 때문에 비용이 발생하여 역시 차변에 기록한다. 현금이 지출되었기 때문에 현금이라는 자산이 감소되어 대변에 기록한다.

(차) 차입금(부채의 감소) 20,000 (대) 현금(자산의 감소) 21,000
이자비용(비용의 발생) 1,000

⑦ 전기료를 현금으로 지급하였기 때문에 수도광열비라는 비용이 발생되어 차변에, 현금이라는 자산이 감소하였기 때문에 대변에 기록한다.

(차) 수도광열비(비용의 발생) 20,000 (대) 현금(자산의 감소) 20,000

⑧ 고객에게 세탁을 해주고 대금은 외상으로 하였기 때문에 대금을 회수할 수 있는 권리인 매출채권이라는 자산이 증가되어 차변에, 세탁서비스를 제공하여 수익이 발생하였기 때문에 매출을 대변에 기록한다.

(차) 매출채권(자산의 증가) 12,000 (대) 매출(수익의 발생) 12,000

이상과 같이 모든 거래에 대하여 차변과 대변에 동시에 같은 금액이 기록되기 때문에 차변과 대변합계는 서로 일치하고 '자산 = 부채 + 자본'의 회계등식이 성립한다. 이러한 원리를 **대차평균원리**(貸借平均原理, principle of equilibrium)라고 하며 복식부기의 특징이 된다. 만일 차변금액과 대변금액이 일치하지 않고 회계등식이 성립하지 않으면 회계기록상의 오류가 있다는 것을 의미한다. 복식부기는 이러한 **자기검증기능**(自己檢證機能, self-control)이 있기 때문에 회계기록원리로 채택되고 있다.

대차평균원리(貸借平均原理, principle of equilibrium)란
거래는 반드시 어느 계정의 차변과 다른 계정의 대변에 같은 금액이 기입되기 때문에 아무리 많은 거래가 일어나더라도 계정 전체를 통한 차변 금액의 합계와 대변 금액의 합계는 반드시 일치하게 되는 원리

거래요소의 결합에 대한 이해를 돕기 위하여 다음과 같은 예를 더 들기로 한다.

1) 자산의 증가와 결합하는 거래

자산의 증가와 결합하는 거래요소는 [그림 3.4]와 같다.

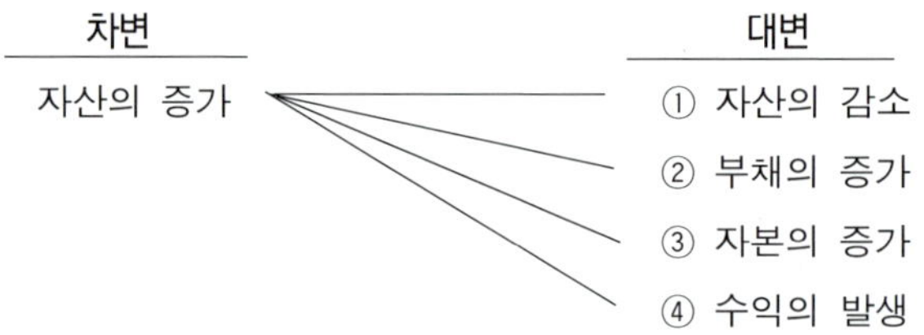

[그림 3.4] 자산의 증가와 결합하는 거래요소

① 현금 ₩5,000을 지급하고 비품을 구입하다.
(차) 비품(자산의 증가) 5,000 (대) 현금(자산의 감소) 5,000

② 은행에서 6개월 기한으로 현금 ₩10,000을 차입하다.
(차) 현금(자산의 증가) 10,000 (대) 단기차입금(부채의 증가) 10,000

③ 액면 ₩5,000의 주식 10주를 발행하여 현금을 받다.
(차) 현금(자산의 증가) 50,000 (대) 자본금(자본의 증가) 50,000

④ 은행예금에 대한 이자 ₩1,000을 현금으로 받다.

(차) 현금(자산의 증가) 1,000 (대) 이자수익(수익의 발생) 1,000

2) 자산의 감소와 결합하는 거래

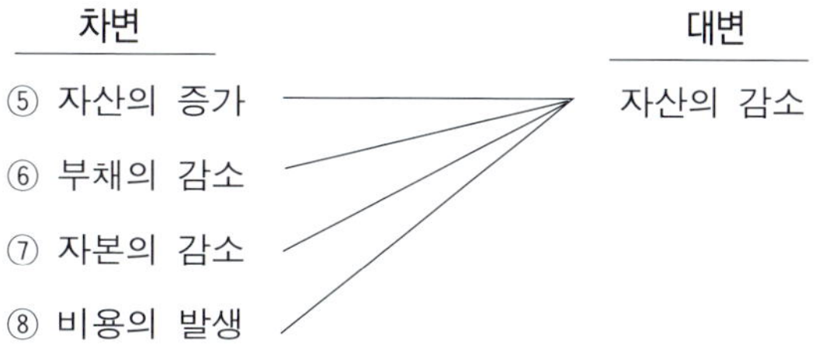

[그림 3.5] 자산의 감소와 결합하는 거래요소

[그림 3.5]는 자산의 감소와 결합하는 거래요소를 들고 있다. 이와 같은 거래의 예는 다음과 같다.

⑤ 거래처로부터 외상대금 ₩12,000을 현금으로 받다.

(차) 현금(자산의 증가) 12,000 (대) 매출채권(자산의 감소) 12,000

⑥ 은행에 대한 차입금 ₩10,000을 현금으로 갚다.

(차) 차입금(부채의 감소) 10,000 (대) 현금(자산의 감소) 10,000

⑦ 전기료 ₩3,000을 현금으로 지급하다.

(차) 수도광열비(비용의 발생) 3,000 (대) 현금(자산의 감소) 3,000

⑧ 은행 차입금에 대한 이자 ₩1,000을 현금으로 지급하다.

(차) 이자비용(비용의 발생) 1,000 (대) 현금(자산의 감소) 1,000

이상과 같이 모든 거래가 발생하면 거래의 이중성에 의하여 하나 이상의 차변요소와 대변요소가 서로 결합한다. [그림 3.6]은 모든 거래요소가 결합하는 모습을 그린 것이다. 점선으로 표시한 비용의 발생과 결합하는 자본의 증가 및 수익의 발생과 결합하는 자본의 감소는 실제로 거래가 거의 발생하지 않는다.

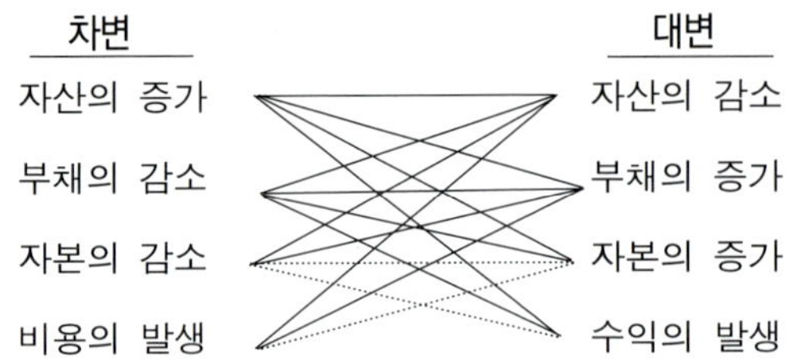

[그림 3.6] 모든 거래요소의 결합

재미있는 회계 이야기 4 **차변과 대변(借邊과 貸邊)**

회계에서 기장할 때 왼편을 차변이라 하고 오른편은 대변이라 하는데 이것은 부기의 기호다. 차변과 대변의 유래는 로마시대에서 시작된다. 로마제국시절 로마에는 정복전쟁을 통한 노예들이 많이 유입되었고 이들 노예 중에는 주인의 재산을 관리하는 노예들도 있었다. 주인의 돈을 관리하는 노예들도 일종의 재산을 가지고 있어 자신의 재산과 주인의 재산을 구분하여 관리할 필요가 있었다.

주인이 노예에게 금전을 대여하고 이것을 오른쪽에 기입하고 이를 대변이라 하였고 차입하는 사람은 왼쪽에 기입하였는데 차입해 온 것을 기록하는 곳이라 하여 차변이라고 부른데서 유래된 것이다. 즉, 주인이 재산의 관리를 위임하기 위하여 노예에게 재화를 공급하고 후일에 재화를 회수하는 것을 기록하면서 생긴 것들이다.

제3절 회계거래의 장부기록

3.1 분개장

분개장(分介帳, journal)이란 발생한 거래를 최초로 기록하는 회계장부로서 원시기입장(元始記入帳, book of original entry)이라고 할 수 있다. 분개장에는 거래가 발생한 일자, 계정과목과 거래에 대한 간단한 설명을 기록하는 적요, 계정이 있는 원장의 면 그리고 금액이 기입되는 차변과 대변이 표시된다.

〈표 3.3〉 분개장 양식

일 자	적 요	원면	차변	대변
3. 1	현 금	11	150,000	
	자본금	41		150,000
	회사설립을 위하여 주식발행			
5	토 지	21	90,000	
	현 금	11		40,000
	단기차입금	31		50,000
	토지구입하고 일부 현금지급하고, 잔액은 차입하여 지급			

모든 거래는 〈표 3.3〉과 같은 양식의 분개장에 기록하여야 하나 다음과 같이 약식으로 기록하기도 한다. 회계에 더욱 친숙해지면 우리는 거래에 대한 설명이 없이 분개만 보고도 거래내용을 추정할 수 있을 것이다.

3/1 (차) 현 금 150,000 (대) 자본금 150,000

이 분개를 보면 3월 1일에 회사설립을 위하여 주식이 발행되고 현금 ₩150,000이 회사로 들어왔음을 알 수 있다.

모든 거래는 분개장에 기록하지 않고 다음에 설명하는 원장의 해당 계정에 직접 기록할 수도 있다. 그러나 거래가 발생하면 먼저 분개장에 기록함으로써 발생한 모든 거래를 추적할 수 있고, 특정 일자에 발생한 거래내용에 관한 정보를 얻을 수 있으며, 또한 기록상의 누락과 오류를 줄이는 효과를 기대할 수 있기 때문에 분개장을 이용한다.

3.2 원장기록

분개장에 기입한 거래는 해당 계정과목별로 원장(原帳, ledger)에 기입한다. 분개장에 있는 거래를 원장에 옮기는 행위를 전기(轉記, posting)라고 한다.

원장은 모든 계정과목을 순서대로 포함하고 있는 회계장부이며, 모든 계정과목이 나타나 있기 때문에 총계정원장(總計定元帳, general ledger)이라고도 한다. 원장은 분개장에 기록된 모든 거래를 측정하고 분류하여 요약한 내용을 포함하고 있으며, 재무제표를 작성하기 위한 기본자료가 되는 주요장부이다. 원장에 기록되어 있는 내용을 보면 회계기간 중에 일어난 계정과목의 증가합계, 감소합계, 잔액을 알 수 있다.

예를 들어 올해에 기록한 현금계정의 차변금액은 총수입금액을, 그리고 대변금액은 총지급액을 의미하여 차변금액에서 대변금액을 뺀 잔액이 기말잔액이 된다.

전기하는 과정은 우선 분개장에 기록되어 있는 계정과목의 원장상의 위치를 의미하는 원면을 찾아서 분개장의 차변과 대변에 기록되어 있는 금액을 해당 계정과목의 차변과 대변을 구별하여 그대로 기록하면 된다. 이때 반대편에 기록된 계정과목을 기입하여 거래내용을 파악할 수 있게 한다. 그러나 상대편 과목을 기록하는 것은 회계연도말에 재무제표를 작성하는 데는 도움이 되지 않기 때문에 생략하여도 무방하다.

원장에 기입된 상대편 과목을 보면 거래내용을 파악할 수 있다. 예를 들면, 현금계정의 차변에 상대편 과목인 자본금이 기록되어 있기 때문에 주식이 현금으로 발행되었음을 알 수 있다.

〈표 3.4〉 분개장에서 원장에의 전기절차

분 개 장

일 자	적 요	원 면	차 변	대 변
3. 1	현 금	11	150,000	
	자 본 금	41		150,000
	회사설립을 위하여 주식발행			

원 장

현 금 계정번호 11

차변		대변	
3.1 자본금	150,000		

자 본 금 계정번호 41

차변		대변	
		3.1 현 금	150,000

3.3 전표기록

오늘날에는 많은 기업들이 분개장 대신 전표를 작성하여 분개를 하고 있다. 이는 전산화된 회계시스템에서도 마찬가지인데 전표를 사용하는 경우 한 거래에 한 개의 전표를 사용하며 현금이 들어오는 거래와 나가는 거래의 경우에는 각각 입금전표와 출금전표를, 현금의 유출입이 없는 거래는 대체전표를 사용한다.

〈표 3.3〉의 분개장에 기록된 내용 중 3월 1일의 거래는 주식이 발행되어 현금이 들어오는 거래이므로 입금전표를 사용하여 아래와 같이 거래기록을 한다.

입 금 전 표

No. 18-001 2024년 2월 6일

계정과목 : 자본금

담당	과장	부장

적요	금액									
회사 설립을 위해 주식발행				1	5	0	0	0	0	
합계				1	5	0	0	0	0	

한편 3월 5일의 거래는 현금이 지출되는 거래와 은행으로부터 현금을 차입하여 자산을 구매하는 거래로 구분될 수 있다. 이때는 출금전표와 대체전표를 함께 사용한다.

출 금 전 표

No. 18-002 2024년 2월 6일

계정과목 : 토지

담당	과장	부장

적요	금액									
토지 구입					4	0	0	0	0	
합계					4	0	0	0	0	

대 체 전 표

No. 18-003 2024년 2월 6일

담당	과장	부장

계 정	금 액	계 정	금 액
토 지	50000	단기차입금	50000
합 계	50000	합 계	50000
적 요	A은행으로부터 단기 차입하여 토지구입대금 지급		

3.4 분개장과 원장 작성의 예

위에서 설명한 회계기록과정을 이해하기 위하여 예를 들기로 한다.

예제 3-2 분개와 전기

20×1년 3월 1일 도심지에 주차영업을 위하여 서울주차주식회사가 설립되었다. 다음은 그 회사의 3월 중 거래를 기록한 것이다. 이를 분개장에 분개한 후 원장에 전기하면 다음과 같다.

3월 1일 회사설립을 위하여 액면 ₩5,000의 주식 30주를 액면가격으로 발행하고 주주로부터 현금 ₩150,000을 받다.
5일 주차장용 토지 300평을 ₩90,000에 구입하고 대금 중 ₩40,000은 현금 지급하고 잔액에 대하여는 은행에서 단기 차입하여 지급하다.
6일 인근에 있는 C회사와 계약을 체결한 바, 월 ₩1,200을 받고 회사 직원들에게 일부 주차장을 제공하기로 하다. 이 달 주차료는 현금으로 받다.
7일 T잡지에 매월 광고를 내기로 계약하고 4개월분 광고비로 ₩400을 현금으로 지급하다.
10일 비품 ₩3,000을 외상으로 구입하다.
15일 이날까지의 현금으로 받은 일반주차료 수입은 ₩1,800이다.
31일 한전에 전기요금 ₩100을 현금으로 지급하다.
31일 직원의 월급 ₩2,700을 현금으로 지급하다.
31일 일반주차료 ₩5,400을 현금으로 받다.
31일 주차장에서의 사고비용 부담을 줄이기 위해 보험에 가입하고 3월분 보험료 ₩2,000을 현금으로 지급하다.
31일 은행 차입금 중 ₩20,000을 상환하고 이자 ₩2,000을 현금으로 지급하다.

〈표 3.5〉 분개장기입의 예

분 개 장

일 자	적 요	원 면	차 변	대 변
3. 1	현 금	11	150,000	
	자 본 금	41		150,000
	회사설립을 위하여 주식발행			
5	토 지	21	90,000	
	현 금	11		40,000
	단기차입금	35		50,000
	토지구입하고 일부 현금지급, 잔액은 차입하여 지급			
6	현 금	11	1,200	
	수입주차료	51		1,200
	주차료 현금수입			
7	광 고선전비	61	400	
	현 금	11		400
	광고비 지급			
10	비 품	15	3,000	
	미 지 급 금	35		3,000
	비품 외상구입			
15	현 금	11	1,800	
	수입주차료	51		1,800
	주차료 현금수입			
31	수도광열비	63	100	
	현 금	11		100
	전기료 현금지급			
	급 여	65	2,700	
	현 금	11		2,700
	직원 월급지급			
	현 금	11	5,400	
	수입주차료	51		5,400
	주차료 수입			
	보 험 료	66	2,000	
	현 금	11		2,000
	보험료 현금지급			
	단기차입금	31	20,000	
	이 자 비 용	67	2,000	
	현 금	11		22,000
	단기차입금의 일부를 이자와 같이 지급			

〈표 3.6〉은 분개장의 모든 분개를 원장에 전기한 결과를 나타낸 것이다. 각 계정에는 차변금액과 대변금액이 기록된다. 계정으로 전기시 상대계정이 2개 이상인 경우에는 '제좌'라고 표시한다. 예를 들어 3월 5일의 토지계정 차변에는 '제좌'라고 하여 2개 이상의 계정이 상대계정과목임을 표기하는 반면 현금계정과 단기차입금계정 대변에는 각각 '토지'로 기입한다.

〈표 3.6〉 전기 완료된 원장

현 금 11

차변		대변	
3. 1 자본금	150,000	3. 5 토지	40,000
6 수입주차료	1,200	7 광고선전비	400
15 수입주차료	1,800	31 수도광열비	100
31 수입주차료	5,400	31 급여	2,700
		31 보험료	2,000
		31 제좌	22,000

비 품 15

차변		대변	
3. 10 미지급금	3,000		

토 지 21

차변		대변	
3. 5 제좌	90,000		

단기차입금 31

차변		대변	
3. 31 현금	20,000	3. 5 토지	50,000

미지급금 35

차변		대변	
		3. 10 비품	3,000

자본금 41

차변		대변	
		3. 1 현금	150,000

수입주차료 51

차변		대변	
		3. 6 현금	1,200
		3. 15 현금	1,800
		3. 31 현금	5,400

광고선전비 61

차변		대변	
3. 7 현금	400		

수도광열비			63
3. 31 현금	100		

급　여			65
3. 31 현금	2,700		

보험료			66
3. 31 현금	2,000		

이자비용			67
3. 31 현금	2,000		

계정의 성격에 따라서 차변 합계금액에서 대변 합계금액을 차감한 것이 차변 잔액이고, 대변 합계금액에서 차변 합계금액을 뺀 금액이 대변잔액이다. 자산과 비용계정은 차변잔액이 나타나고, 부채, 자본 및 수익계정은 대변잔액이 나타난다. 그 이유는 차변과 대변 기록의 법칙에 의하여 증가되는 쪽의 금액이 감소되는 쪽의 금액보다 항상 많기 때문이다.

제4절 장부기록의 확인(시산표)

4.1 시산표의 의의

거래가 발생하여 분개장에 기록한 후 원장에 전기가 끝나면 이를 토대로 재무제표를 작성한다. 시산표(試算表, trial balance)는 재무제표 작성의 준비 단계에서 작성된다. 시산표는 분개와 전기의 오류 여부를 검증하기 위하여 작성되며, 모든 계정과목의 일람표이다. 시산표의 형태에는 계정의 차변과 대변의 합계액을 각각 표시하는 합계시산표, 차변과 대변과의 잔액만을 표시하는 잔액시산표 그리고 합계액과 잔액을 동시에 표시하는 합계잔액시산표가 있다. 우리 교재에서는 잔액시산표를 이용한다.

총계정원장에 있는 모든 계정과목을 모아 시산표를 작성하면 시산표에는 회계기간 중에 발생한 거래로 인하여 자산, 부채, 자본, 수익 및 비용(시산표는 이러한 순서로 배열하는 것이 편리함)에 속하는 모든 계정과목의 잔액이 기록되며, 차변잔액의 합계금액과 대변잔액의 합계금액이 일치한다. 그 이유는 다음과 같다.

거래의 이중성에 의해서 모든 거래에 대하여 각 계정의 차변과 대변에 동시에 같은 금액이 기록되고, 각 계정의 차변합계에서 대변합계(또는 그 반대로)를 차감한 차변잔액 또는 대변잔액을 계산한 후 모든 계정의 잔액을 합계하면 차변잔액과 대변잔액이 서로 일치하게 된다. 시산표는 다음에 설명하는 수정후시산표와 구분하기 위하여 수정전시산표(修正前試算表)라고도 불린다. 시산표등식은 다음과 같다.

자산 + 비용 = 부채 + 자본 + 수익

4.2 시산표와 회계오류

우리는 앞에서 시산표를 작성하면 차변잔액의 합계금액과 대변잔액의 합계금액이 서로 일치함을 알았다. 시산표를 작성한 후 차변합계금액과 대변합계금액이 일치하면 회계기록상의 오류가 전혀 없는 것일까? 시산표의 차변금액과 대변금액이 일치한다고 해서 기록과정에 오류가 전혀 없다고는 말할 수 없다. 차변금액과 대변금액이 일치하면 분개장의 기록내용을 원장으로 전기하는 과정이 정확했다고 말할 수 있을 뿐이다. 거래가 발생할 때마다 분개장의 차변과 대변에 동시에 같은 금액을 기록하여 원장에 정확하게 전기하면 차변과 대변이 항상 일치한다. 그러나 시산표는 대차평균원리에 의하여 오류를 확인하기 때문에 대차평균원리를 위반하지 않는 오류는 발견할 수 없음을 유의하여야 한다.

시산표에서 발견할 수 없는 오류

① 차변과 대변을 반대로 분개한 경우
② 차변과 대변에 잘못된 금액을 함께 기록한 경우
③ 계정과목을 잘못 기록한 경우
④ 동일한 거래를 이중으로 기록한 경우
⑤ 거래 자체를 기록하지 않은 경우

〈표 3.6〉의 서울주차(주)의 원장을 토대로 잔액시산표를 작성하면 〈표 3.7〉과 같다. 잔액시산표의 차변에는 자산과 비용계정의 금액이 기록되고 대변

에는 부채, 자본 및 수익계정의 금액이 기록되는 이유에 대하여는 앞에서 설명한 바 있다.

〈표 3.7〉 서울주차(주)의 수정전 (잔액)시산표

수정전시산표

서울주차(주) 20×1년 3월 31일 (단위: 원)

계정과목	차 변	대 변
현 금	₩91,200	
비 품	3,000	
토 지	90,000	
단기차입금		₩30,000
미지급금		3,000
자 본 금		150,000
수입주차료		8,400
광고선전비	400	
수도광열비	100	
급 여	2,700	
보 험 료	2,000	
이자비용	2,000	
합 계	₩191,400	₩191,400

객관식 연습문제

01 **회계기간 중의 회계처리는 다음 과정을 거쳐 이루어진다. 한 과정에서 다음 과정으로 넘어가는 과정으로 빈칸에 들어갈 알맞은 단어는?** [회계관리 2급 주관처공개 기출문제]

거래의 발생 —(가)→ 분개장 —(나)→ 총계정원장

① (가) 분개, (나) 전기
② (가) 분개, (나) 대차
③ (가) 인식, (나) 마감
④ (가) 이월, (나) 분개

02 **회계순환과정이란 거래를 기록하고 요약하여 재무제표를 작성하는 과정을 의미한다. 다음 보기를 회계순환과정에 따라 나열할 경우 가장 먼저 수행해야 할 과정은?**

① 총계정원장에 전기
② 전표 작성(분개)
③ 시산표 작성
④ 재무제표 작성

03 **다음 중 회계상 거래에 해당하는 것은?** [회계관리 2급 주관처공개 기출문제]

① 신입사원 연봉 30,000,000원을 지급하는 고용계약서를 작성하였다.
② 임직원에게 현금 100,000원을 단기대여 하였다.
③ 신기술 도입을 위해 외국에 100,000달러의 기계장치를 주문하였다.
④ 사무실 건물의 처분을 공인중계사 사무소에 위탁하였다.

04 **다음 중에서 혼합거래는 어느 것인가?**

① 종업원에게 급여를 지급하다.
② 은행에 약속어음을 발행하고 현금 ₩10,000을 차입하다.
③ 거래처에 대한 외상매입대금을 현금으로 지급하다.
④ 소유하고 있던 원가 ₩80,000의 토지를 ₩100,000에 현금으로 매각하다.

05 다음 중에서 교환거래는 어느 것인가?

① 장부가액 ₩5,000의 비품을 ₩6,000에 처분하다.
② 거래처로부터의 외상매입대금을 지급하기 위하여 당좌수표를 발행하여 주다.
③ 광고회사로부터 광고료를 청구받다.
④ 고객에게 서비스를 제공하고 대금을 청구하다.

06 다음 거래의 8요소 중 잘못된 것은? [제17회 전산세무회계 4급 수정]

① 자산의 증가는 차변항목
② 부채의 증가는 대변항목
③ 자본의 감소는 차변항목
④ 비용의 발생은 대변항목

07 거래가 발생하고 그 결과 자산(예, 현금)이 증가하였다. 재무상태표 등식의 유지를 위하여 다른 요소가 변화하여야 한다. 다음 중 자산의 증가에 의해서 변화될 수 있는 것은 무엇인가?

① 자산의 감소, 부채의 증가
② 부채의 증가, 자본의 감소
③ 자본이 증가, 자산의 증가
④ 자본의 감소, 자산의 증가

08 다음에서 (가)와 (나)에 들어갈 용어로 바르게 연결된 것은? [23회 기업회계 3급]

> 복식회계에서는 거래의 차변 거래요소가 발생하면 항상 대변 거래요소도 발생하고, 같은 금액을 차변과 대변에 기록한다. 이렇게 기록된 차변합계 금액과 대변합계 금액은 반드시 일치하는 것을 (가)라 하고, 또 하나의 거래에 대한 원인과 결과로 왼쪽의 요소와 오른쪽의 요소를 동일한 금액으로 기입하는 것을 (나)라 한다.

	(가)	(나)
①	거래의 이중성	대차평균의 원리
②	거래의 이중성	차변과 대변의 대응
③	대차평균의 원리	거래의 이중성
④	대차평균의 원리	차변과 대변의 대응

09 서울상사는 인천은행에 연 12%, 30일 만기 약속어음을 발행하여 주고 현금을 차입하였다. 이것은 어떠한 거래인가?

① 자산의 증가, 부채의 증가
② 자산의 증가, 자본의 증가
③ 자산의 감소, 부채의 감소
④ 자산의 감소, 자본의 감소

10 다음 보기에 해당하는 것은? [회계관리 2급 주관처공개 기출문제]

〈보기〉
(차) 자산의 증가 ××× (대) 자산의 감소 ×××

① 판매사원의 급여를 현금으로 지급하였다.
② 과거에 차량을 매각하고 받지 못하였던 돈을 현금으로 회수하였다.
③ 사무용 비품을 외상으로 구입하였다.
④ 은행으로부터 현금을 차입하였다.

11 만일 컴퓨터의 구입대금으로 현금 ₩10,000을 지급하고 ₩40,000의 약속어음을 발행하였다면 이것은 어떠한 종류의 거래인가?

① 총자산의 증가, 총소유주 지분의 증가
② 총부채의 증가, 소유주 지분의 감소
③ 총자산의 감소, 총부채의 증가
④ 총자산의 증가, 총부채의 증가

12 다음 중 시산표에 관한 설명으로 가장 올바르지 않은 것은? [회계관리 2급 주관처공개 기출문제]

① 시산표는 총계정원장의 기록이 정확한지를 검증하는 기능을 한다.
② 시산표의 종류에는 합계시산표, 잔액시산표, 합계잔액시산표가 있다.
③ 시산표상의 차변합계와 대변합계가 일치하는 경우에도 오류를 파악할 수 없는 경우가 있다.
④ 합계시산표는 각 계정별 기말잔액만을 집계하여 나타내는 시산표이다.

13 다음 중에서 시산표에 의해 발견될 수 없는 오류는? [23회 증권분석사]

① ₩520,000의 외상매출금을 회수하고, 현금 ₩520,000으로 차변기입하였으나, 외상매출금 ₩502,000으로 대변기입하는 분개를 하다.
② ₩200,000의 외상매출금을 회수하고, 현금 ₩200,000으로 차변기입하였고 외상매출금 ₩200,000으로 차변기입하는 분개를 하다.
③ ₩1,000,000의 외상매출금을 회수하고, 분개는 적정하게 하였으나 현금계정의 차변에만 전기하였다.
④ ₩800,000의 외상매출금을 현금으로 회수하였으나 장부에 기록하지 아니하였다.

14 **다음에서 설명하고 있는 것으로 옳은 것은?** [제11회 기업회계 3급]

> 복식부기회계에서 모든 거래는 분개를 통하여 각 계정계좌에 전기되며, 계정 전체의 차변 합계금액과 대변 합계금액은 반드시 일치하여야 한다. 이와 같은 원리를 이용하여 분개장에서 총계정원장의 각 계정계좌에 정확하게 전기되었는가를 검증하기 위하여 작성되는 계정 집계표이다.

① 시산표 ② 현금검증표 ③ 포괄손익계산서 ④ 재무상태표

15 **(주)삼일의 시산표가 다음과 같은 경우 자본금은 얼마인가?** [회계관리 2급 주관처공개 기출문제]

계정과목	차 변	대 변
현금 및 현금성자산	600,000	
매출채권	1,000,000	
재고자산	450,000	
토지	550,000	
건물	400,000	
매입채무		800,000
차입금		1,000,000
자본금		( )
전기이월이익잉여금		200,000
매출		2,500,000
매출원가	2,000,000	
판매관리비	200,000	
이자수익		100,000
법인세비용	200,000	
합계	5,400,000	×××

① 200,000원 ② 300,000원 ③ 500,000원 ④ 800,000원

주관식 연습문제

3-1 거래의 종류

다음 거래에 대하여 교환거래는 '교', 손익거래는 '손', 혼합거래는 '혼'을 괄호 안에 기입하라.

(1) 비품을 현금으로 구입하다. ( )
(2) 용역을 제공하고 대금은 외상으로 하다. ( )
(3) 유가증권(다른회사가 발행한 주식)을 현금으로 구입하다. ( )
(4) 급여를 현금으로 지급하다. ( )
(5) 이달분 전기료 청구서를 받다. ( )
(6) 은행에 대한 차입금과 이자를 현금으로 지급하다. ( )
(7) 용역에 대한 외상대금을 현금으로 수령하다. ( )
(8) 원가 ₩400의 비품을 현금 ₩800을 받고 처분하다. ( )

3-2 거래가 회계등식에 미치는 영향

다음은 4월 한달 동안의 ㈜경기상사의 거래내역이다. 각 거래가 재무상태표의 자산, 부채, 자본에 미치는 영향을 증가는 (+)로, 감소는 (−)로, 영향 없음은 (0)으로 표시하라.

(1) 4월분 급여 ₩90,000을 지급하다.
(2) 비품을 ₩100,000에 외상으로 구입하다.
(3) 소모품을 현금 ₩52,000을 지불하고 구입하다.
(4) 주식을 ₩2,000,000에 현금으로 발행하다.
(5) 외상으로 제공한 용역대금 ₩5,000을 현금으로 수령하다.
(6) 외상으로 구입한 비품의 대금 중 ₩50,000을 현금 지급하다.
(7) 용역을 제공하고 대금 ₩10,000을 어음으로 수령하다.
(8) 현금 ₩100,000을 종업원에게 대여하다.
(9) 어음 ₩20,000 중 ₩15,000을 현금으로 수령하다.
(10) 수도광열비 ₩3,500을 청구받다.

	자산	부채	자본
예 (1)	(−)	(○)	(−)

3-3 거래가 회계등식에 미치는 영향

20×7년 (주)서울의 영업개시 첫해의 거래내역은 다음과 같다.

(1) 액면 ₩1,000의 주식 5주를 현금으로 발행하여 영업을 시작하였다.
(2) 사무용 비품 ₩600을 현금으로 구입하였다.
(3) 사무실 임차료 ₩200을 현금으로 납부하였다.
(4) 사무용 소모품 ₩600을 외상으로 구입하였다.
(5) 거래처에 현금 ₩750을 대여하였다.
(6) 종업원 급여 ₩150을 현금으로 지급하였다.
(7) 고객에 대해 용역을 외상으로 제공하였다. 용역의 대가는 ₩100이다.
(8) 광고료로 현금 ₩300을 지급하였다.
(9) 사무용 소모품 외상매입대금 ₩600을 현금으로 지급하였다.

요구사항

1. 각 거래에 대하여 아래와 같이 표시하여 회계등식을 완성하고 계정별 잔액을 계산하라.

자 산					=	부 채	+	자 본	
현금	매출채권	소모품	비품	단기대여금		미지급금		자본금	이익잉여금
(1) +₩5,000								+ ₩5,000	

2. 위의 거래를 분개하라.

3-4 분개와 전기

다음의 거래를 분개하고 T 계정에 전기하라.

(1) 재창서비스(주)는 20×8년 1월 1일에 액면 ₩200의 주식 6주를 현금으로 발행하고 수리용 비품 W400을 출자하여 사업을 시작하였다.
(2) 한달간의 임차료 ₩150을 지불하였다.
(3) 수리용 소모품을 ₩200에 외상으로 구입하였다.
(4) 수리용 비품 ₩150을 추가로 구입하였다.
(5) 사무원 급여 ₩225을 지급하였다.
(6) 외상으로 구입한 소모품 대금 중 ₩100을 상환하였다.
(7) 사무실 전기료로 현금 ₩30을 지급하였다.
(8) 수리용역을 제공하고 대금 ₩430을 현금으로 수령하였다.

3-5 거래에 대한 분개와 시산표 작성

다음은 부림부동산(주)의 회사설립과 1월의 거래내용을 나타낸 것이다.

(1) 액면 ₩500의 주식 11주를 액면금액으로 발행하고, 토지 ₩1,000, 건물 ₩15,000, 자동차 ₩2,400을 출자하여 회사를 설립하다.
(2) 개업안내 광고를 위해 ₩150의 광고비를 지불하였다.
(3) 사무용 비품을 ₩1,900에 가구점에서 외상으로 구입하였다.
(4) 주택 매매에 대한 중개수수료(용역매출)로 현금 ₩1,200을 수령하였다.
(5) 소모품을 ₩600에 현금으로 구입하였다.
(6) 가구점에 대한 외상구입대금 중 ₩950을 현금으로 지급하였다.
(7) 신문광고비로 ₩75을 청구받았다.
(8) 사무원 급여로 ₩140을 지불하였다.
(9) 주택매매를 알선하고 그 수수료 ₩1,800은 외상으로 하였다.
(10) 수도광열비 ₩70을 현금으로 납부하였다.
(11) 신문광고대금 ₩75을 현금으로 납부하였다.
(12) 급여 ₩75을 현금으로 지급하였다.
(13) 통신비 ₩50을 현금으로 지급하였다.
(14) 매출채권 ₩1,800 중 ₩1,200을 현금으로 받았다.
(15) 주택매매수수료 ₩1,000 중 반은 현금으로 받고 나머지는 다음 달에 받기로 하였다.
(16) 1년간의 보험료 ₩480을 지급하였다.

요구사항

1. 각 거래의 내용을 분개하고 T계정에 전기하라.
2. 시산표를 작성하라.

3-6 종합문제

신세기컨설팅(주)의 4월초 회계기록은 다음과 같다.

현 금	₩1,950	외상매출금	₩2,340	소 모 품	₩300
비 품	750	차량운반구	2,500	미지급금	5,300
이익잉여금	1,600	자본금	?		

이번 4월 한 달 간의 영업활동은 다음과 같다.

(1) 사무실 임차료로 ₩750을 현금으로 지급하다.
(2) 컨설팅 용역수익으로 현금 ₩300을 수령하다.
(3) 비품 구매대금 미지급금 중 ₩1,500을 현금으로 지급하다.
(4) 소모품 구매대금 미지급금 중 ₩500을 현금으로 지급하다.

(5) 종업원 급여로 ₩500을 현금으로 지급하다.
(6) 고객에 대한 경영자문료로 현금 ₩4,000을 받다.
(7) 차량을 ₩2,000에 구입하고 대금은 나중에 지급하기로 하다.
(8) 회사 소유 비품 중 원가 ₩100를 ₩350에 처분하였다.
(9) 통신비 ₩125을 현금으로 납부하다.
(10) 매출채권 중에서 ₩1,145을 현금으로 회수하다.
(11) 비품 ₩1,500을 외상으로 구입하다.

요구사항

1. 금월초 자본금을 계산하라.
2. 위의 각 거래를 교환거래, 손익거래 및 혼합거래로 구분하라.
3. 위의 각 거래를 분개하라.
4. 각 거래에 대하여 아래와 같이 회계등식을 완성하고 계정별 잔액을 계산하라.

자 산					= 부 채	+ 자 본	
현금	매출채권	소모품	비품	차량운반구	미지급금	자본금	이익잉여금
₩ 1,950	2,340	300	750	2,500	5,300	?	1,600
(1) −750							−750

재미있는 회계 이야기 5 　 복식부기(複式簿記)의 역사

15세기 이탈리아 상업수준은 단순한 소매상이나 보부상 수준을 넘어 유럽 전체를 무대로 복잡다기한 동업 관계가 맺어지고 있었다고 추정된다. 이런 상황에서 자기 사업의 실태를 명확하게 파악하는 것이 무엇보다 중요해졌다. 그러기 위해 모든 거래를 장부에 일일이 적어두고 또 그것을 합리적으로 분류하고 계산하는 방법이 발전했는데, 그 정점에 이른 것이 복식부기(double-entry bookkeeping)였다.

모든 거래가 발생할 때마다 차변(借邊)과 대변(貸邊)에 같은 금액을 계상함으로써 사업을 조직적으로 관리하는 것이 복식부기의 핵심이다.

이런 방식을 '베니스 방식(alla veneziana)'이라고 부른 것을 보면 아마도 베니스 상인들에 의해 개발됐을 가능성이 있다.

복식부기를 완전한 형태로 정리해 책으로 출판함으로써 복식부기의 아버지라 불리게 된 사람은 베니스에서 활동한 수학자 루카 파치올리(1445~1517)다.

그의 저서 《산수, 기하학, 비례와 비례적인 것들의 대전(Summa de arithmetica, geometria, proportioni et proportionalita, 1494, 1523)》은 웬만큼 글을 읽을 수 있는 사람들이 배우는 수학 입문서나.

이 가운데 '계산과 기록'이라는 장에서 상업 산수와 부기의 내용이 체계적으로 정리돼 있다.

그의 방법을 따르자면 사업 활동은 세 가지 종류의 장부에 순차적으로 정리된다. 우선 모든 거래는 그때그때 비망록에 적어두고, 다음에 그 내용을 분개장(分介帳)에 정리한 뒤 최종적으로 원장(元帳)에 복식부기 방식으로 분류해 기입한다.

결산은 매년 규칙적으로 한다. 결산을 하려면 따로 종이 한 장을 마련해 왼쪽 편에는 차변 총액, 오른쪽 편에는 대변 총액을 열거한 후 두 항목을 모두 합산해 비교한다.

손실이나 이익을 합하면 양쪽 수치는 완전히 같아야 한다.

결과적으로 수입이 지출보다 많으면 사업이 성공한 것이고, 그 반대라면 잠 못 드는 밤이 찾아올 것이다.

파치올리는 이 부분에서 '신이시여!! 신실한 저희 신자들이 그 같은 곤란을 겪지 않도록 보호하소서!!'라는 기도의 말씀을 잊지 않았다.

하여튼 이렇게 장부 정리를 잘 해야 수익과 손실을 분간할 수 있고, 사업의 추세를 잘 판단할 수 있다. 또 그래야 훌륭한 동업 관계도 유지된다.

'계산을 자주 하면 우정이 오래간다'는 것이 그의 현명한 주장이다.

〈출처: 2011.6.30., 한국경제신문 '경제사뒤집어 읽기' 중 발췌〉

Chapter

4

K-IFRS

회계보고서를 작성하자

제1절 회계보고서작성절차
제2절 결산수정분개
제3절 수정후시산표의 작성
제4절 정산표 작성
제5절 회계보고서 (재무제표)의 작성
제6절 장부의 마감
제7절 이월시산표의 작성

제3장에서는 회계기간에 발생한 거래를 분개장에 분개한 후, 원장에 전기하여 수정전시산표까지 작성하는 일련의 회계시스템의 기록과정을 살펴보았다. 이런 과정은 재무제표를 작성하는 데 필요한 준비단계로 볼 수 있다. 회계시스템에 의하여 재무제표가 최종적으로 작성되기까지는 이와 같은 과정 외에도 추가적인 과정을 거쳐야 한다.

본 장에서는 수정전시산표를 작성한 후에 계속되는 회계의 순환과정에 대하여 설명한다. 회계순환과정 중에서 수정후시산표 작성이 끝나면 재무제표를 작성하는 단계에 접어든다. 먼저 결산일에 결산수정사항에 대하여 수정분개를 하고 수정분개의 내용이 반영된 수정후시산표를 작성하고, 정산표를 작성하게 된다. 정산표를 작성하면 이어서 각종 회계장부를 마감하고 재무제표를 작성하며 다음 회계연도에 발생하는 거래를 기록하는 준비를 하게 된다. 이러한 과정이 완료되면 회계의 순환과정이 종료된다. 회계의 순환과정 중에서 발생주의에 의한 수정분개과정이 가장 핵심적인 내용이기 때문에 독자들은 그 과정을 충분히 숙지하여 완벽히 이해하여야 한다.

Chapter **4**

회계보고서를 작성하자

제1절 회계보고서작성 절차

우리는 앞장에서 회계의 순환과정 중 수정전시산표를 작성하는 단계까지 살펴보았다. 일반적으로 수정전시산표를 작성하는 단계를 결산의 예비절차라고 하며, 이 단계부터는 회계보고서를 작성하는 절차에 들어가게 된다. 일반적으로 회계보고서를 작성하는 단계에서는 정확한 당기 수익과 비용을 결정하고 재무상태표에 기록될 자산과 부채의 금액을 결정하게 된다. 본 장에서는 이러한 결산의 단계를 살펴보기로 한다.

〈표 4.1〉 결산의 절차

단계	구분	
③ 수정전시산표 작성	결산 예비절차	결산절차
④ 결산수정분개	결산 예비절차	결산절차
⑤ 수정후시산표 작성	결산 예비절차	결산절차
⑥ 정산표 작성(생략가능)	결산 예비절차	결산절차
⑦ 계정마감 및 회계장부마감	결산 본절차	결산절차
⑧ 재무제표 작성	결산 재무제표작성	결산절차
⑨ 이월시산표 작성	결산 재무제표작성	결산절차

제2절 결산수정분개

기업은 회계기간이 끝나면 회계연도말 현재의 재무상태와 회계기간 중의 영업성과를 보고하기 위하여 재무제표를 작성하고 각종 회계장부를 마감하는데 이를 결산(決算, closing)이라고 한다.

결산과정에 있어서는 영업성과와 재무상태를 정확히 나타내기 위하여 원장에 기록된 일부 항목을 수정하고 기록되지 않은 미기입사항을 추가로 기록할 필요가 있다. 이러한 수정사항과 미기입사항은 회계연도말에 분개장에 추가로 기록되는데 이를 결산수정분개(修正分介) 또는 정리분개(整理分介, adjusting entries)라고 한다.

수정분개도 일반 거래와 마찬가지로 분개장에 기록된 후 원장의 각 계정에 전기되며 기존 계정과목의 금액이 수정되고 수정전시산표에 없는 계정이 새로 등장한다.

2.1 결산수정분개의 필요성

기업이 상품의 매출이나 용역의 제공 등으로 수익을 얻는 시기와 그 대금을 현금으로 회수하는 시기가 서로 다를 경우가 있다. 즉, 상품이나 용역을 먼저 제공하고 대금을 나중에 회수하는 신용판매(信用販賣)는 현실에서 많이 이루어지고 있다. 또는 이와 반대로 제품이나 용역의 공급이 부족할 경우 대금의 일부를 먼저 받고 상품이나 용역을 나중에 제공하기도 한다. 한편, 비용도 실제로 발생한 시기가 현금으로 지급한 시기와 다를 수 있다.

예를 들면, 20×1년 12월에 용역을 제공하고 그 대금을 20×2년 1월에 회수하면 수익이 먼저 획득되고 현금수입은 나중에 이루어진다. 마찬가지로 20×1년 12월에 발생한 비용을 20×2년 1월에 지급할 경우가 있다. 이 경우에도 비용의 발생시기가 현금지급시기보다 앞서게 된다. 이때 만일 결산일이 12월 31일이라면 수익과 비용을 20×1년과 20×2년 중에서 어느 연도의 수익과 비용으로 기록할 것인가? 수익과 비용을 어느 연도에 기록하느냐에 따라서 연도별 이익이 달라질 것이다.

수익과 비용의 인식시기, 즉 연도별 회계이익을 결정하는 기준으로서 현금주의(現金主義, cash basis)와 발생주의(發生主義, accrual basis)가 있다.

현금주의는 수익과 비용을 기록하는 시기의 결정에 있어서 실제로 현금이 수입되거나 지출된 시기를 기준으로 하는 방법이다. 이와 달리, 발생주의는 현금의 수입과 지출시기에 관계없이 실제로 수익을 획득하거나 비용이 발생된 시기를 기준으로 수익과 비용을 기록하는 방법이다.

〈표 4.2〉 현금주의와 발생주의에 의한 수익과 비용의 계상시기

손익의 계상	현금주의	발생주의
수익의 계상 비용의 계상	현금 수입시 현금 지출시	수익 획득시 비용 발생시

수익과 비용이 현금주의와 발생주의에 의하여 기간별로 어떻게 달라지는가를 설명하기 위하여 〈 예제 4-1 〉의 경우를 보자.

예제 4-1 현금주의와 발생주의에 의한 수익과 비용의 결정

(1) 20×1년 9월 1일 갑회사는 을회사에게 현금 ₩120,000을 대여하고 1년분 이자 ₩12,000(매월 ₩1,000)을 미리 받다. 대여기간은 1년이며 결산일은 12월 31일이다. 갑회사가 회계장부에 기록하는 이자수익은 현금주의와 발생주의에 따라서 다음과 같이 결정된다. 현금주의에 의하면 수익을 현금수입시기를 기준으로 결정하기 때문에 20×1년 9월 1일에 미리 받은 ₩12,000 전체 금액 모두가 20×1년의 수익으로 계상되고 20×2년도에는 현금수입이 없기 때문에 이자수익은 전혀 없게 된다. 그러나 발생주의에 의하면 수익을 획득한 시기를 기준으로 결정하기 때문에 20×1년에는 4개월분인 ₩4,000이 계상되고 나머지 8개월분 ₩8,000은 20×2년의 수익으로 계상된다.

〈표 4.3〉 갑회사의 연도별 이자수익의 계상

회계연도	현금주의	발생주의
20×1년	₩12,000	₩4,000
20×2년	₩0	₩8,000

(2) 20×2년 10월 1일 갑회사는 어느 월간잡지에 광고를 게재하고 광고료 ₩10,000을 20×3년에 지급하였다. 갑회사의 연도별 광고비는 현금주의와 발생주의에 따라서 달라진다. 먼저 현금주의에 의하면 광고비는 현금

지급시기에 의하여 결정되므로 현금이 지급된 20×3년의 비용으로 계상되지만 발생주의에 의하면 실제로 발생한 20×2년의 비용으로 계상된다.

〈표 4.4〉 갑회사의 연도별 광고비 계상

회계연도	현금주의	발생주의
20×2년	₩0	₩10,000
20×3년	₩10,000	₩0

위에서 보는 바와 같이 현금주의와 발생주의는 수익과 비용을 회계장부에 기록하는 시점을 결정하는 기준이다. 즉, 수익의 획득시기가 현금수입시기와 다를 때, 그리고 비용의 발생시기가 현금으로 지출한 시기와 다를 때 수익과 비용의 기간별 귀속시점(歸屬時點, timing)을 결정하는 기준이 현금주의와 발생주의라고 볼 수 있다. 현금주의와 발생주의에 의하여 기간별 수익과 비용이 달라지기 때문에 회계이익도 차이가 발생한다.

현금주의는 현금수입과 지출시기를 기준으로 이익을 결정하기 때문에 단순하며 이해하기 쉬우나, 발생주의가 거래 현실을 좀더 정확하게 표현하기 때문에 기업회계기준에서는 발생주의에 의하여 회계이익을 결정하도록 하고 있다.

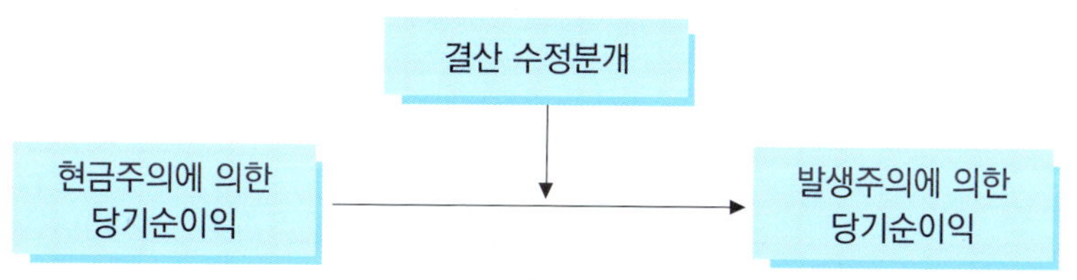

[그림 4.1] 결산수정분개의 목적

결산수정분개는 현금주의에 의하여 기록된 수익과 비용을 발생주의에 의한 수익과 비용으로 수정하기 위하여 실시된다. 수정분개를 실시하면 현금주의에 근거한 회계이익이 발생주의에 근거한 회계이익으로 전환되는데 앞에서 언급하였듯이 기업회계기준은 회계이익산출에 있어서 발생주의를 채택하고 있기 때문에 독자들은 이 과정을 명확히 이해할 필요가 있다.

참고 발생주의에 의한 이익과 현금주의에 의한 이익의 평가

발생주의와 현금주의에 따라서 이익이 기간별로 어떻게 달라지는가를 이해하기 위하여 예를 들기로 하자.

어느 회사의 20×3년 매출수익이 ₩100,000이고 그 중 현금매출이 ₩80,000이고 나머지 ₩20,000은 외상매출이었다. 그리고 20×4년 매출수익은 ₩150,000이고 이 중에서 현금매출은 ₩50,000이었으며, 20×3년의 외상매출금 ₩20,000을 20×4년에 현금으로 회수하였다고 가정하자.

발생주의를 채택하면 현금수입에 관계없이 각 연도에 이루어진 매출액을 연도별 수익으로 기록한다. 따라서 매출액은 20×3년에는 ₩100,000, 20×4년에는 ₩150,000이 기록된다. 그러나 현금주의를 채택하면 매출에 관계없이 현금수입을 기준으로 한다. 따라서 20×3년 매출액은 현금매출액 ₩80,000이 되고, 20×4년 매출액은 현금매출액 ₩50,000과 20×4년에 현금으로 회수한 20×3년 외상매출분 ₩20,000을 더한 ₩70,000이 될 것이다.

한편, 비용의 경우에는 20×3년에는 ₩30,000이 발생하고, 20×4년에는 ₩60,000에 발생하여 현금 지급하였으나 20×3년의 비용 중에서 ₩20,000은 20×4년에 지급하였다고 가정하자. 발생주의를 채택하면 발생시기를 기준으로 비용을 기록하기 때문에 20×3년과 20×4년의 비용은 각각 ₩30,000과 ₩60,000으로 기록된다.

그러나 현금주의를 채택하면 현금지급시기를 기준으로 하기 때문에 현금이 실제로 지출된 시기에 따라서 20×3년과 20×4년의 비용이 각각 ₩10,000과 ₩80,000이 된다. 그러므로 발생주의와 현금주의에 의한 회계이익은 <표 4.5>와 같이 산출된다.

〈표 4.5〉 발생주의와 현금주의에 의한 연도별 회계이익

회계연도		발생주의	현금주의
20×3년	매 출	₩100,000	₩80,000
	비 용	30,000	10,000
	이 익	70,000	70,000
20×4년	매 출	₩150,000	₩70,000
	비 용	60,000	80,000
	이 익	90,000	(10,000)

발생주의에 의하면 20×3년 보다 20×4년에 매출이 많이 이루어졌기 때문에 상대적으로 20×4년도 이익이 많지만 현금주의에 의하면 현금수입이 많은 20×3년 이익이 20×4년 이익보다 더 많게 된다. 현금주의에 의하면 20×4년에는 현금수입이 적고 현금으로 지출한 비용이 많기 때문에 손실이 발생하였다. 이렇게 현금주의에 의하여 수익과 비용을 기록하면 실재 영업활동의 수행된 시기와 영업활동의 결과인 이익이 기록되는 시기가 불일치하게 된다. 이에 기업회계기준에서는 영업활동의 수행과 결과가 동일한 때에 기록하는 발생주의를 채택하고 있다.

2.2 결산수정분개항목

기업은 회계연도 말 영업활동의 결과인 손익계산과 재산상태를 파악하기 위하여 결산을 한다. 이러한 결산 수정사항은 상품과 같은 재고자산의 수량과 금액을 결정하는 등 재무상태표에 기록될 자산과 부채의 금액을 결정하는 것과 수익과 비용 중 발생주의에 의하여 기록하기 위한 이연항목과 발생항목으로 구분된다.

1) 이연항목

이연항목(移延項目, deferral items)이란 당기(當期)에 현금의 수입 또는 지출이 있었지만 당기의 수익과 비용이 아니기 때문에 그 일부를 차기(次期)의 수익과 비용으로 기록하기 위하여 차기로 이월시키기 위한 항목이다. 이연항목에는 수익의 이연과 비용의 이연이 있다.

(1) 수익의 이연(선수수익의 수정분개)

당기에 현금으로 수입하여 수익으로 기록하였으나 당기에 획득하지 않은 부분을 당기수익에서 차감하여 선수수익이라는 부채로 계상하여 차기로 이월시키는 것을 수익의 이연이라고 한다. 부채로 계상한 선수수익은 차기에 수익으로 기록된다. 선수수익(先收收益, unearned revenue)은 당기에 현금수입이 있었으나 아직 획득하지 않은 수익으로서 선수수수료, 선수임대료 및 선수이자 등이 있다.

예제 4-2 임대료에 대한 수정분개

20×1년 8월 1일 건물을 임대하고 임대료 1년분 ₩12,000(매월 ₩1,000)을 받다. 결산일은 12월 31일이다.

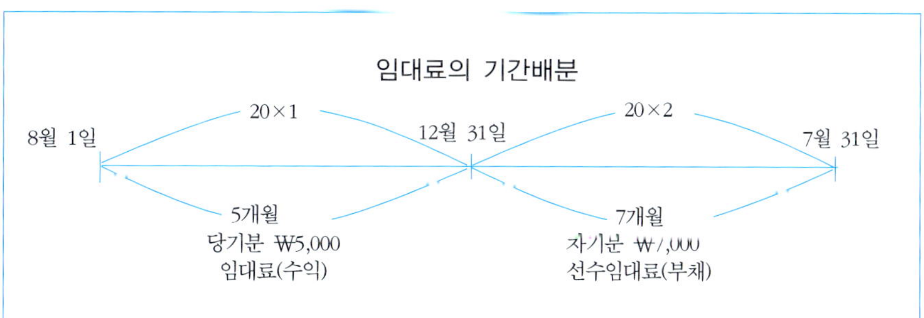

20×1년 8월 1일 수입시

(차) 현 금 12,000 (대) 임 대 료 12,000

20×1년 12월 31일 수정분개

(차) 임 대 료 7,000 (대) 선수임대료 7,000

임대료(수익계정)			
12.31	7,000	8.1	12,000

선수임대료(부채계정)			
		12.31	7,000

20×1년 8월 1일 임대료수익 ₩12,000을 현금으로 받았으나 7개월분 ₩7,000은 20×2년도에 획득할 수익이기 때문에 수정분개시 차변에 임대료 ₩7,000을 기록하여 이미 기록한 20×1년도 임대료 ₩12,000에서 차감하고 대변에는 같은 금액을 선수임대료계정에 기록한다. 선수임대료계정은 부채로 분류된다. 그 이유는 임대료를 미리 받았기 때문에 20×2년에 7개월 동안 건물을 임대할 의무가 있기 때문이다.

참고 임대료 수입시 부채로 처리하는 방법

임대료를 미리 받은 경우에는 수입시 선수임대료라는 부채계정으로 회계처리하는 방법이 있다.

20×1년 8월 1일 수입시

(차) 현 금 12,000 (대) 선수임대료 12,000

이와 같이 임대료 수입시 선수임대료로 기록하면 다음과 같은 수정분개가 필요하다. 어느 방법으로 하든지 20×1년 임대료수익은 ₩5,000으로 계상되고 선수임대료는 ₩7,000이 계상되어 동일한 결과가 나타난다(두 계정잔액을 위와 비교할 것).

20×1년 12월 31일 수정분개

(차) 선수임대료 5,000 (대) 임대료 5,000

임대료(수익계정)			
		12.31	5,000

선수임대료(부채계정)			
12.31	5,000	8.1	12,000

(2) 비용의 이연(선급비용의 수정분개)

당기에 이미 현금을 지급하여 비용으로 처리하였으나 그 비용 중에서 차기에 해당하는 부분을 당기비용에서 차감하여 선급비용(先給費用, prepaid expenses)이라는 자산으로 계상하는 것을 비용의 이연이라고 한다. 자산으로 계상한 선급비용은 차기의 비용이 된다. 선급비용은 당기에 지출된 비용 가운데 차기에 해당하는 비용이며, 선급보험료, 선급이자, 선급임차료 및 선급광고비 등이 있다.

예제 4-3 보험료에 대한 수정분개

20×1년 4월 1일 화재보험료 1년분 ₩2,400(매월 ₩200)을 지급하다. 결산일은 12월 31일이다.

보험료의 기간배분

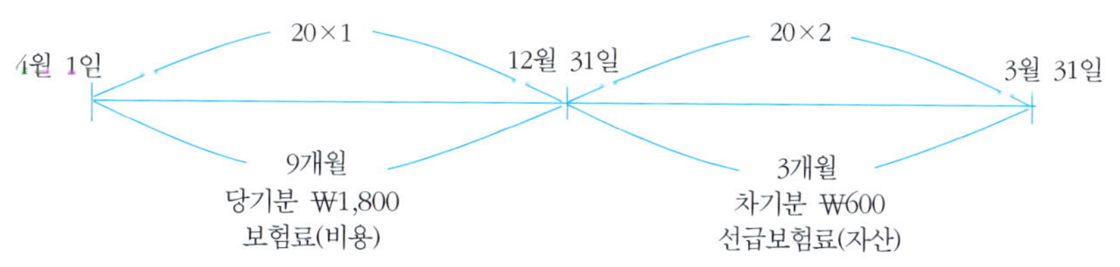

20×1년 4월 1일 지급시

(차) 보 험 료 2,400 (대) 현 금 2,400

20×1년 12월 31일 수정분개

(차) 선급보험료 600 (대) 보험료 600

보험료(비용계정)

4.1	2,400	12.31	600

선급보험료(자산계정)

12.31	600		

20×1년 4월 1일에 지급한 보험료 ₩2,400 중에서 3개월분 ₩600은 20×2년도 비용이기 때문에 수정분개시 보험료계정의 대변에 기록하여 20×1년의 보험료를 감소시키고 차변에 선급보험료라는 자산계정으로 기록한다. ₩600은 20×1년에 미리 지급하여 20×2년 3개월 동안은 지급할 필요가 없기 때문에 자산으로 분류된다.

참고 보험료 지급시 자산으로 기록하는 방법

보험료를 지급하였을 때 위와 같이 비용으로 기록하지 않고 다음과 같이 선급보험료라는 자산으로 기록하는 방법이 있다.

20×1년 4월 1일 지급시

(차) 선급보험료 2,400 (대) 현 금 2,400

이와 같이 보험료 지급시 선급보험료로 기록하면 다음과 같은 수정분개가 필요하다. 어느 방법으로 하든지 20×1년에는 보험료 ₩1,800이 계상되고 선급보험료 ₩600이 계상되기 때문에 동일한 결과가 나타난다(두 계정의 잔액을 위와 비교할 것).

20×1년 12월 31일 수정분개

(차) 보 험 료 1,800 (대) 선급보험료 1,800

보험료(비용계정)

차변		대변	
12.31	1,800		

선급보험료(자산계정)

차변		대변	
4.1	2,400	12.31	1,800

2) 발생항목

발생항목(發生項目, accrual items)은 당기에 현금수입이 없었지만 획득한 수익과 당기에 현금지출이 없었지만 발생한 비용에 대하여 당기의 수익과 비용으로 기록할 필요가 있는 항목을 말한다. 발생항목에도 수익의 발생과 비용의 발생이 있다. 비용에는 시간이 경과하여 발생한 비용이 있고, 취득한 자산의 사용으로 인하여 가치가 하락하여 발생한 비용이 있다.

(1) 수익의 발생

당기에 현금수입은 없었지만 당기에 획득하여 실현된 수익에 대하여 당기의 수익에 추가하고 미수수익(未收收益, accrued revenue)이라는 자산계정을 기록한다. 미수수익은 당기에 획득하였으나 아직 현금으로 받지 않은 수익을 의미한다. 미수수익에는 미수수수료와 미수이자 등이 있다.

예제 4-4 이자수익에 대한 수정분개

20×1년 9월 1일 갑회사는 을회사에게 현금 ₩100,000을 대여하고 원금은 이자 ₩12,000(매월 ₩1,000)과 함께 1년 후에 받기로 하다.

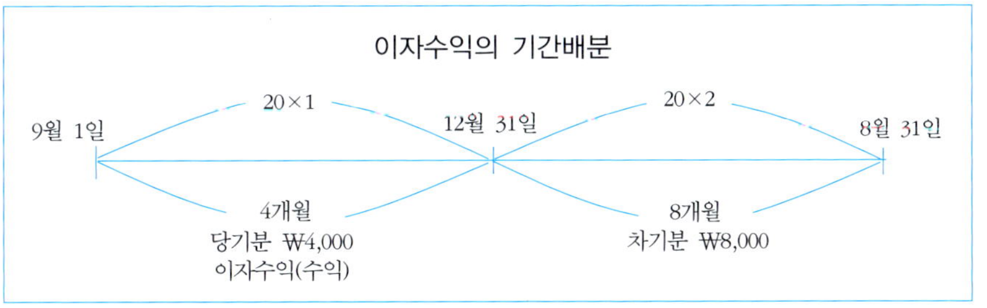

20×1년 9월 1일 대여시

(차) 대여금 100,000 (대) 현 금 100,000

20×1년 12월 31일 수정분개

(차) 미수이자 4,000 (대) 이자수익 4,000

이자수익(수익계정)		미수이자(자산계정)	
	12.31 4,000	12.31 4,000	

20×1년 12월 31일 결산일 현재 현금으로 받지 않았지만 4개월분 이자 ₩4,000을 획득하였으므로 수정분개시 대변에 이자수익계정을 기록하고 차변에 미수이자계정을 기록한다. 미수이자 ₩4,000은 20×2년에 받을 권리가 있으므로 자산으로 분류한다.

(2) 비용의 발생

당기에 현금지출은 없었지만 당기에 발생하였기 때문에 당기 비용에 추가로 포함시키고 이를 미지급비용(未支給費用, accrued expenses)이라는 부채로 계상한다. 미지급비용은 당기에 발생하였으나 지급하지 않은 비용으로서 미지급이자, 미지급급여 및 미지급수수료 등이 있다.

예제 4-5 미지급급여에 대한 수정분개

20×1년 12월 31일 현재 종업원에 대한 미지급급여가 ₩5,000이 있다.

12월 31일 수정분개

(차) 급여 5,000 (대) 미지급급여 5,000

급여(비용계정)	
12.31 5,000	

미지급급여(부채계정)	
	12.31 5,000

종업원에 대한 미지급급여 ₩5,000은 20×1년에 발생하였기 때문에 수정분개시 차변에 급여계정을 기록하고 대변에 미지급급여계정을 기록한다. 미지급급여는 20×2년에 지급하여야 하므로 부채계정으로 분류한다.

비용에 관한 발생항목은 위와 같이 시간이 경과함에 따라서 발생하는 항목 외에도 자산의 사용을 통하여 발생하는 비용으로 대표적인 비용인 소모품비가 있다.

소모품(supplies)은 사용함에 따라 없어지거나 못쓰게 되는 물품으로서 문방구와 청소용품을 말한다. 소모품의 구입시는 자산으로 계상한 후 수정분개시 사용분에 대하여 차변에 소모품비를 기록하고 대변에 소모품계정을 기록한다.

예제 4-6 소모품에 대한 수정분개

(1) 10월 1일 사무용 소모품 ₩12,000을 현금으로 구입하다.
(차) 소 모 품 12,000 (대) 현 금 12,000

(2) 12월 31일 미사용 소모품 ₩5,000이 있다.
수정분개 (차) 소모품비 7,000 (대) 소모품 7,000

소모품 사용금액이 ₩7,000이므로 사용분에 대하여 차변에 소모품비라는 비용계정을 기록하고 대변에 소모품계정을 기록으로 하여 소모품을 감소시킨다.

소모품(자산계정)	
10.1 12,000	12.31 7,000

소모품비(비용계정)	
12.31 7,000	

3) 기말 자산의 금액결정 관련 수정분개

회계기말에 재무상태표에 기록될 자산금액의 결정과 관련한 주요 결산수정분개사항은 아래와 같다.

① 유형자산에 대한 감가상각

건물, 기계, 비품 및 차량운반구와 같은 유형자산(有形資産)은 장기간 보유하며 영업활동을 위하여 사용한다. 자산은 기업의 수익창출과정(收益創出過程)을 위하여 사용됨에 따라서 그 가치가 하락한다. 감가상각(減價償却)은 유형자산을 활용하여 얻어진 수익과 대응(對應)시키기 위하여 자산의 취득원가를 사용기간에 걸쳐서 비용으로 기록하는 과정을 의미한다. 감가상각은 미소멸원가(未消滅原價, unexpired costs)로 기록한 자산이 수익창출을 위하여 사용되었기 때문에 그 원가의 일부가 소멸되어 소멸된 부분을 비용으로 기록하는 과정으로 볼 수 있다.

예제 4-7 감가상각비의 기록

취득원가 ₩150,000, 내용년수 5년의 기계에 대하여 매년 같은 금액을 상각하다(정액법). 회계연도말에 금년분 감가상각비를 기록하다.

(차) 감가상각비 30,000 (대) 감가상각누계액 30,000

감가상각누계액은 자산의 평가계정으로서 해당 자산에서 차감하는 형식으로 기재한다.

② 대손충당금의 계상

상품의 외상판매와 같은 신용거래로 발생하는 외상매출금 등의 매출채권은 회수가 불가능한 경우가 있다. 기말에 회수가 불가능한 증거가 있는 매출채권에 대하여 대손상각(貸損償却)이라는 비용을 계상한다. 이 때 매출채권의 잔액 중 회수가 불가능할 것이라고 예측되는 금액을 표시하는 것이 대손충당금(貸損充當金)이다. 이 계정은 매출채권의 평가계정으로서 재무상태표에는 매출채권에서 차감하는 형식으로 표시된다.

예제 4-8 대손상각비의 계상

기말인 12월 31일에 외상매출금 잔액 ₩300,000에 대하여 2%에 해당하는 금액이 회수불가능 할 것으로 예측되어 대손충당금을 설정하다.

(차) 대손상각비 6,000 (대) 대손충당금 6,000

③ 기타 자산 부채관련 항목

보유하고 있는 주식과 같은 유가증권의 가치의 변동(제10장에서 설명함), 상품과 같은 기말재고자산의 수량파악 및 매출원가계산을 위한 기말수정분개(제5장에서 설명함) 등이 있으며, 종업원의 퇴직금과 같이 미래 지급할 비용에 대한 부채인식 등이 있다.

초점 **수정분개의 분류**

수정분개는 회계원리에서 가장 중요한 부분이므로 이에 대한 정확한 이해가 필요하다. 수정분개의 필요성을 명확히 인식하고 이를 올바르게 할 수 있는 독자들은 회계에 관하여 어느 정도 자신이 있다고 생각해도 좋을 것이다. 수정분개에는 회계기간 중에 현금수입과 지출금액으로 이미 기록된 수익과 비용을 수정하는 분개(이연항목)가 있다. 또한 당기에 현금수입과 지출이 없어서 아직 기록하지 않은 수익과 비용에 대하여 당기의 수익과 비용에 추가하기 위한 수정분개(발생항목)가 있다. 결국, 수정분개의 목적은 현금주의에 의한 수익과 비용을 발생주의에 의한 수익과 비용으로 전환하기 위한 것이다.

수정분개가 실시되면 수익과 비용금액이 변동하고 순이익도 달라진다. 따라서 수정분개로 인하여 재무상태표에 계상되는 자본(이익잉여금)이 변동하게 되므로 회계등식(자산 = 부채 + 자본)에 의하여 자산이나 부채도 같이 변동한다. 그러므로 모든 수정분개과정에서 기록되는 수익과 비용계정의 반대쪽에는 반드시 자산 또는 부채계정이 기록된다.

1. 현금주의에 의하여 기록한 수익 및 비용을 수정하기 위한 분개(이연항목)

현금수입 또는 지출금액으로 기록한 수익과 비용의 일부를 차기로 이월시키기 위한 분개이다.
수정분개는 다음과 같다.

(1) 수익의 이연

		차변	대변
	(차) 수익계정(수익의 감소)	××	
	(대) 부채계정(부채의 증가)		××
(예)	(차) 각종 수익(용역수익, 수입수수료, 이자수익 등)	××	
	(대) 선수수익		××

(2) 비용의 이연

		차변	대변
	(차) 자산계정(자산의 증가)	××	
	(대) 비용계정(비용의 감소)		××
(예)	(차) 선급비용 또는 소모품	××	
	(대) 각종 비용(광고비, 임차료, 보험료, 소모품비)		××

2. 현금주의에 의하여 기록하지 않은 수익과 비용을 기록하기 위한 분개(발생항목)

현금을 수입하거나 또는 지출하지 않아서 당기의 수익과 비용으로 기록하지 않았으나 이를 당기에 획득한 수익이나 발생한 비용으로 기록하기 위한 분개이다.
수정분개는 다음과 같다.

(1) 수익의 발생

(차) 자산계정(자산의 증가) ××
(대) 수익계정(수익의 발생) ××

(예) (차) 미수수익 ××
(대) 각종 수익계정(용역수익, 수입수수료, 이자수익 등) ××

(2) 비용의 발생

① (차) 비용계정(비용의 발생) ××
(대) 부채계정(부채의 증가) ××

(예) (차) 각종 비용(급여, 광고비, 임차료, 보험료, 이자비용 등) ××
(대) 미지급비용 ××

② (차) 비용계정(비용의 발생) ××
(대) 자산계정(자산의 감소) ××

(예) (차) 각종 비용계정 ××
(감가상각비, 대손상각비, 재고자산평가 또는 당기손익인식금융자산평가손실 등)
(대) 각종 자산 또는 자산을 감소시키기 위한 평가계정 ××
(감가상각누계액, 대손충당금, 재고자산, 당기손익인식금융자산 등)

2.3 수정분개에 대한 종합예제

지금까지 설명한 수정분개에 대하여 제3장의 〈예제 3-2〉에서 제시한 서울주차(주)의 예를 들기로 한다. 서울주차(주)의 경우에 20×1년 3월 31일 결산을 한다고 가정하고 다음과 같은 결산수정사항을 추가하여 분개하면 〈표 4.6〉과 같다.

예제 4-9 여러 가지 항목에 대한 결산수정분개

(1) 광고비 지급액 ₩400 중에서 선급광고비는 ₩300이다.
(2) 비품 ₩3,000에 대하여 ₩200의 감가상각비를 계상하다.
(3) 3월 수입주차료 중 ₩400은 4월분 주차료를 미리 받은 것이다.
(4) 3월말 현재 종업원에 대한 급여 ₩300을 지급하지 않았다.

〈표 4.6〉 서울주차(주)의 수정분개를 기록한 분개장

분개장(일부)

일자	적　　요	원면	차변	대변
3. 31	선급광고선전비	23	300	
	광고선전비	61		300
	선급광고비의 계상			
31	감가상각비	68	200	
	감가상각누계액	25		200
	비품에 대하여 감가상각비의 기록			
31	수입주차료	51	400	
	선수수익	37		400
	선수주차료를 계상			
31	급여	65	300	
	미지급급여	38		300
	종업원에 대한 미지급급여의 계상			

분개장에 분개한 결산수정분개를 총계정원장에 전기하면 〈표 4.7〉과 같다. 여기에는 수정분개와 관련된 계정만이 나타나 있다.

〈표 4.7〉 서울주차(주)의 수정분개를 전기한 후의 총계정원장

총계정원장(일부)

선급광고선전비			23
3.31	300		

광고선전비			61
3.7	400	3.31	300

감가상각비			68
3.31	200		

감가상각누계액			25
		3.31	200

수입주차료			51
3.31	400	3. 6	1,200
		3.15	1,800
		3.31	5,400

선수수익			37
		3.31	400

급　여			65
3.31	2,700		
3.31	300		

미지급급여			38
		3.31	300

제3절 수정후시산표의 작성

수정후시산표(修正後試算表, adjusted trial balance)는 수정전시산표에 나타나는 각 계정과목과 잔액에 수정분개를 추가하여 작성한다. 따라서 수정후시산표에는 수정전시산표의 계정금액이 달라지거나 없었던 계정과목이 추가로 등장한다. 예를 들어 수정전시산표에는 광고선전비의 차변 잔액이 ₩400이었으나 수정분개과정에서 대변에 ₩300을 기록하였기 때문에 수정후잔액은 ₩100이 된다. 그리고 수정전시산표에는 없었던 3개월 광고선전비 선급분 ₩300에 대한 선급광고선전비계정이 새로 표시된다. 수정분개를 반영한 모든 계정의 차변 잔액합계와 대변잔액합계는 역시 대차평균의 원리(貸借平均原理)에 의하여 일치한다. 〈표 4.8〉은 서울주차(주)의 수정후시산표를 나타낸 것이다.

〈표 4.8〉 서울주차(주)의 수정후시산표

수정후시산표

서울주차(주) 20×1년 3월 31일 현재 (단위 : 원)

계정과목	차변	대변
현금	91,200	
선급광고선전비	300	
비품	3,000	
토지	90,000	
감가상각누계액		200
선수수익		400
미지급급여		300
단기차입금		30,000
미지급금		3,000
자본금		150,000
수입주차료		8,000
광고선전비	100	
수도광열비	100	
급여	3,000	
보험료	2,000	
이자비용	2,000	
감가상각비	200	
합계	₩191,900	₩191,900

결산수정분개의 결과, 수정후시산표에 기재된 광고비, 수입주차료 및 급여계정의 금액이 수정전시산표의 금액과 달라졌고, 선급광고선전비, 감가상각비, 감가상각누계액, 선수수익 및 미지급급여라는 새로운 계정이 등장하였다(제3장에 있는 〈표 3.6〉의 수정전시산표와 비교할 것).

제4절 정산표 작성

4.1 정산표의 기능

제 5 단계의 수정후시산표 작성이 끝나면 재무제표를 작성할 수 있다. 그러나 회계실무에서는 보통 재무제표를 작성하기 전에 정산표를 많이 이용하고 있다. 정산표(精算表, work sheet ; W/S)는 잔액시산표와 결산수정사항을 포함하여 재무제표가 작성되는 과정을 일목요연하게 표시하는 일람표이다. 정산표는 반드시 작성하여야 하는 회계장부는 아니지만 재무제표의 작성을 도와주는 선택적인 보조수단이다.

4.2 정산표의 작성요령

정산표는 몇 가지 형식이 있지만 보통 다음과 같은 10위식(位式)의 형식이 많이 이용된다. 정산표에는 적요, 수정전시산표, 수정분개, 수정후시산표, 포괄손익계산서 및 재무상태표를 기재하는 부분이 있다. 정산표를 작성하는 요령은 다음과 같다.

(1) 적요란에는 계정과목이 기재된다.
(2) 수정전시산표란은 원장의 각 계정의 차변 또는 대변잔액을 기입한다. 이는 수정전시산표와 동일하며, 차변과 대변의 금액이 일치되는가를 확인한다.
(3) 수정분개란에는 수정전시산표의 수익과 비용계정을 수정 또는 추가로 계상하기 위한 결산수정분개의 내용을 기재한다.

(4) 수정후시산표란에는 수정전시산표의 각 계정금액의 차변과 대변금액에 수정분개란의 차변과 대변금액을 가산하거나 차감하여 수정한 금액을 기재한다.

(5) 포괄손익계산서란에는 수정후시산표항목 가운데 수익항목은 대변에, 비용항목은 차변에 기록한다. 대변의 합계금액에서 차변의 합계금액을 차감하여 당기순이익을 계산하여 차변쪽에 기재한다. 차변금액이 대변금액보다 많을 때는 당기순손실로서 대변에 기재한다.

(6) 재무상태표란에는 수정후시산표 중에서 자산항목은 차변에, 부채와 자본항목은 대변에 기재한다. 차변 금액합계에서 부채와 자본의 합계금액을 차감한 당기순이익을 대변에 기재한다. 이때 포괄손익계산서란의 차변에 기록한 당기순이익과 재무상태표란의 대변에 기록한 당기순이익은 서로 일치한다.

서울주차㈜의 경우에 10위식 정산표를 작성하면 〈표 4.9〉와 같다. 정산표이 모든 기재사항은 차변합계와 대변합계가 서로 일치한다. 한 가지 유의할 점은 당기순이익은 포괄손익계산서란의 차변에 기재되고 동시에 같은 금액이 재무상태표의 대변에 기재된다는 점이다.

포괄손익계산서란의 차변에는 회계기간 중에 발생한 모든 비용이 표시되고 대변에는 모든 수익이 표시되는데, 수익에서 비용을 차감한 잔액이 당기순이익이 된다. 따라서 당기순이익은 차변에 표시된다. 재무상태표란의 차변에 표시되는 자산과 대변에 표시되는 부채와 자본은 기초이익잉여금을 제외하고는 모두 기말잔액을 의미한다.

기말이익잉여금은 '기초이익잉여금 + 당기순이익'으로 계산된다. 서울주차㈜의 경우 기말이익잉여금을 계산하면 기초이익잉여금이 없기 때문에 ₩600(당기순이익 ₩600)이 된다. 이 금액을 대변에 기재하면 차변합계와 대변합계가 일치된다.

이익잉여금은 다음에 설명하는 마감분개과정이 끝나야 기말이익잉여금으로 기재된다. 정산표는 이와 같은 마감분개가 실시되기 이전의 상태를 나타낸다. 따라서 대변에 당기순이익을 기재하여야만 차변합계와 대변합계가 일치하게 된다.

〈표 4.9〉 서울주차(주)의 정산표

정 산 표

서울주차(주)　　20×1년 3월 1일부터 20×1년 3월 31일까지　　(단위 : 원)

적 요	시 산 표		수정분개		수정후시산표		포괄손익계산서		재무상태표	
	차변	대변	차변	대변	차변	대변	차변	대변	차변	대변
현 금	91,200				91,200				91,200	
비 품	3,000				3,000				3,000	
토 지	90,000				90,000				90,000	
단 기 차 입 금		30,000				30,000				30,000
미 지 급 금		3,000				3,000				3,000
자 본 금		150,000				150,000				150,000
수 입 주 차 료		8,400	400			8,000		8,000		
광고 선전비	400			300	100		100			
수도 광열비	100				100		100			
보 험 료	2,000				2,000		2,000			
급 여	2,700		300		3,000		3,000			
이 자 비 용	2,000				2,000		2,000			
선급광고선전비			300		300				300	
감 가 상 각 비			200		200		200			
감가상각누계액				200		200				200
선 수 수 익				400		400				400
미 지 급 급 여				300		300				300
당 기 순 이 익							600			600
합 계	191,400	191,400	1,200	1,200	191,900	191,900	8,000	8,000	184,500	184,500

제5절 회계보고서(재무제표)의 작성

〈표 4.10〉 서울주차(주)의 포괄손익계산서

포괄손익계산서

서울주차(주)	20×1년 3월 1일부터 20×1년 3월 31일까지	(단위 : 원)
수 익		
수입주차료		8,000
비 용		
광고선전비	100	
수도광열비	100	
급 여	3,000	
보 험 료	2,000	
이 자 비 용	2,000	
감가상각비	200	7,400
당기순이익		600

작성된 정산표의 자료를 이용하여 재무제표를 작성한다. 여기에서는 포괄손익계산서와 재무상태표의 작성에 관한 내용만을 설명한다. 포괄손익계산서는 수정후시산표의 수익과 비용계정을 근거로 작성한다. 정산표를 이용하여 포괄손익계산서를 작성하는 경우에는 포괄손익계산서란에 기재되는 사항을 그대로 옮겨서 대변의 수익과 차변의 비용을 양식에 맞추어 기재하면 된다. 서울주차(주)의 포괄손익계산서는 〈표 4.10〉과 같이 작성된다.

수정후시산표를 이용하여 재무상태표를 작성하는 경우에는 수정후시산표에서 자산, 부채 및 자본에 속하는 계정과목을 선별하여 작성한다. 만일에 정산표를 이용하는 경우에는 재무상태표란에 있는 사항을 그대로 옮겨서 작성하면 된다. 다만 감가상각누계액은 비품을 평가하는 계정이므로 비품계정의 금액에서 차감하는 형식으로 기재한다. 그리고 기말이익잉여금은 정산표에서 설명한 등식에 의하여 계산하여 기재한다. 서울주차(주)의 재무상태표를 작성하면 〈표 4.11〉과 같다.

앞에서도 설명하였지만 서울주차(주)의 경우 3월 1일에 회사가 설립되어 기초이익잉여금이 없기 때문에 기말이익잉여금은 당기순이익 ₩600이 된다. 기말이익잉여금은 자본의 일부로서 ₩600을 재무상태표의 대변에 기재하면 기말 현재의 자산합계는 부채와 자본합계와 일치하게 된다.

〈표 4.11〉 서울주차(주)의 재무상태표

재무상태표

서울주차(주)		20×1년 3월 31일 현재		(단위 : 원)
자 산			부 채	
현 금		91,200	선수수익	400
선급광고선전비		300	미지급급여	300
비 품	3,000		단기차입금	30,000
감가상각누계액	(200)	2,800	미지급금	3,000
토 지		90,000	부채총계	33,700
			자 본	
			자 본 금	150,000
			이익잉여금	600*
			자본총계	150,600
자 산 총 계		184,300	부채와 자본총계	184,300

* 기말이익잉여금의 계산 : 기초이익잉여금(₩0) + 당기순이익 ₩600 = ₩600

제6절 장부의 마감

6.1 수익과 비용계정의 마감

수익과 비용계정들은 특정 회계연도에 이룩한 경영활동의 성과를 기록하기 위한 계정이다. 이 계정들은 기말에 회계기간 동안 발생한 금액을 집계하고 마감하여 당기순이익을 계산한 후에는 잔액이 필요 없고 모두 소멸되기 때문에 임시계정(臨時計定, temporary account)이라고 부른다.

회계연도말에는 이 계정들을 마감하여 잔액을 영(零, 0)으로 만들어 놓고 새로운 회계연도가 시작되면 그 회계연도에 관련된 금액만을 기록하여 집계할 필요가 있다. 회계연도가 바뀔 때마다 수익과 비용계정의 잔액을 영(零)으로 하지 않으면 계정금액이 누적되어 특정 회계연도 동안의 발생금액을 파악할 수가 없다. 이와 같이 회계연도말에 수익과 비용계정의 잔액을 영(零)으로 하는 분개를 마감분개(closing entries)라고 한다.

연도말 현재의 재무상태를 표시하는 자산, 부채 및 자본계정은 잔액이 다음 연도로 이월되어 계속 누적되기 때문에 영구계정(永久計定, permanent account)이라고 부른다. 그러나 이 계정들도 회계연도말 현재의 잔액을 파악하기 위하여 마감하여야 한다. 그러나 마감분개가 아닌 다른 절차에 의하여 마감한다.

6.2 마감분개요령

수익과 비용계정은 집합손익계정(集合損益計定, income summary account)이라는 계정에 대체기록(對替記錄)된다. 집합손익계정은 모든 비용과 수익계정을 한 곳에 집계하기 위하여 설정되는 임시계정으로서, 수익과 비용의 합계금액이 각각 기재되며 당기순손익이 계산된다.

마감절차는 다음과 같다. 수익과 비용계정은 잔액이 남아 있는 반대편에 마감 전 잔액과 똑같은 금액을 기록하여 잔액을 영(零)으로 하고 집합손익계정에 대체한다.

집합손익계정의 대변에는 모든 수익계정의 합계금액을 기록하고 차변에는 모든 비용계정의 합계금액을 기록한다. 집합손익계정의 잔액은 당기순손익(當期純損益)으로서 잔액이 있는 반대편에 잔액과 같은 금액을 기재하여 마감하고 그 잔액을 이익잉여금(利益剩餘金)계정에 대체한다.

또한 배당금계정은 손익계정은 아니지만 자본감소를 기록하기 위한 임시계정이므로 이익잉여금계정의 차변에 대체한다. 여기에서 대체라는 의미는 다른 계정의 반대편으로 옮겨서 기재한다는 의미이다. 이와 같은 대체과정을 기록하기 위한 분개를 대체분개라고 한다. 마감분개절차를 분개형식으로 설명하면 다음과 같다.

1) 수익계정을 집합손익계정에 대체

(차) 각종 수익계정 ××× (대) 집합손익 ×××
(수익합계)

모든 수익계정은 대변에 잔액이 있으므로 차변에 같은 금액을 기록하여 각 계정을 마감하고 대변에 수익계정의 합계금액과 집합손익계정을 기록한다.

2) 비용계정을 집합손익계정에 대체

(차) 집 합 손 익	××× (비용합계)	(대) 각종 비용계정	×××

모든 비용계정은 차변에 잔액이 있으므로 대변에 같은 금액을 기록하여 마감하고 차변에 비용계정의 합계금액과 집합손익계정을 기록한다.

3) 집합손익계정잔액(당기순손익)을 이익잉여금계정에 대체

a. 당기순이익의 경우

(차) 집 합 손 익	×××	(대) 이익잉여금	×××

b. 당기순손실의 경우

(차) 이익잉여금	×××	(대) 집 합 손 익	×××

집합손익계정의 차변에는 비용합계가 기록되고 대변에는 수익합계가 기록되기 때문에 대변합계가 차변합계보다 많으면 당기순이익이 발생한다. 따라서 차액을 집합손익계정의 차변에 기재하여 차변과 대변합계를 일치시켜서 마감한다. 그리고 차액을 이익잉여금계정의 대변에 기록한다. 당기순이익이 발생하면 이익잉여금이 증가하기 때문에 대변에 기록하여 자본을 증가시킨다. 만일 당기순손실이 발생하면 그 반대로 기록한다. 당기순손실이 발생하면 이익잉여금이 감소되기 때문에 이익잉여금의 차변에 기록한다.

〈표 4.12〉는 앞에서 설명한 마감분개절차를 나타내고 있다.

〈표 4.13〉은 앞에서 예로든 서울주차㈜의 수익과 비용을 마감하기 위한 마감분개를 나타낸다.

마감분개를 분개장에 분개한 후 원장에 있는 해당 계정에 전기하면 〈표 4.14〉와 같다. 마감분개를 실시하면 수익과 비용이 모두 마감되고 자산, 부채 및 자본계정만 잔액이 남게 된다.

〈표 4.12〉 수익과 비용계정의 마감절차

각종 수익계정

① 집합손익으로 대체	××	현재잔액	××

각종 비용계정

현재잔액	××	② 집합손익으로 대체	××

집합손익

② 비용합계	××	① 수익합계	××
③ -a 당기순이익의 경우	××	③ -b 당기순손실의 경우	××

이익잉여금

③ -b 당기순손실의 경우	××	③ -a 당기순이익의 경우	××

〈표 4.13〉 서울주차(주)의 마감분개를 기록하기 위한 분개장

분개장(일부)

일 자	적　　요	원 면	차 변	대 변
3. 31	수입주차료	51	8,000	
	집 합 손 익	69		8,000
	수익계정의 집합손익계정 대체			
31	집 합 손 익	69	7,400	
	광고선전비	61		100
	수도광열비	63		100
	급　　여	65		3,000
	보 험 료	66		2,000
	이 자 비 용	67		2,000
	감가상각비	68		200
	비용계정의 집합손익계정 대체			
3. 31	집 합 손 익	69	600	
	이익잉여금	43		600
	당기순이익의 이익잉여금 대체			
			16,000	16,000

〈표 4.14〉 서울주차(주)의 마감분개를 전기한 후의 원장

현 금 11

3. 1	150,000	3. 5	40,000
6	1,200	7	400
15	1,800	31	100
31	5,400	31	2,700
		31	2,000
		31	22,000

비 품 15

3. 10	3,000		

토 지 21

3. 5	90,000		

단기차입금 31

3. 31	20,000	3. 5	50,000

미지급금 35

		3. 10	3,000

자 본 금 41

		3. 1	150,000

수도광열비 63

3. 31	100	3. 31 집합손익	100

이자비용 67

3. 31	2,000	3. 31 집합손익	2,000

선급광고선전비 23

3. 31	300		

광고선전비 61

3. 7	400	3. 31	300
		3. 31 집합손익	100

감가상각비 68

3. 31	200	3. 31	집합손익	200

감가상각누계액 25

		3. 31		200

수입주차료 51

3. 31	400	3. 6		1,200
3. 31 집합손익	8,000	3. 15		1,800
		3. 31		5,400

선수수익 37

		3. 31		400

급 여 65

3. 31	2,700	3. 31	집합손익	3,000
3. 31	300			

보 험 료 66

3. 31	2,000	3. 31	집합손익	2,000

미지급급여 38

		3. 31		300

집합손익 69

3. 31	7,400	3. 31		8,000
3. 31	600			

이익잉여금 43

		3. 31		600

6.3 회계장부의 마감

회계연도가 종료되면 다음 회계연도의 거래를 기록하기 위하여 금년도 회계장부를 마감할 필요가 있다. 분개장의 경우에는 마감분개를 끝으로 더 이상 분개를 기록하지 않으므로 〈표 4.15〉에서 보는 바와 같이 차변과 대변의 합계 금액을 기재하고 두 줄을 그어 마감한다.

〈표 4.15〉 서울주차(주)의 손익계정의 마감

수입주차료 51

일자	적요	금액	일자	적요	금액
3. 31		400	3. 6		1,200
3. 31	집합손익	8,000	3. 15		1,800
			3. 31		5,400
		8,400			8,400

수도광열비 63

일자	적요	금액	일자	적요	금액
3. 31		100	3. 31	집합손익	100
		100			100

이자비용 67

일자	적요	금액	일자	적요	금액
3. 31		2,000	3. 31	집합손익	2,000
		2,000			2,000

광고선전비 61

일자	적요	금액	일자	적요	금액
3. 7		400	3. 31		300
			3. 31	집합손익	100
		400			400

감가상각비 68

일자	적요	금액	일자	적요	금액
3. 31		200	3. 31	집합손익	200
		200			200

급 여 65

일자	적요	금액	일자	적요	금액
3. 31		2,700	3. 31	집합손익	3,000
3. 31		300			
		3,000			3,000

	보 험 료			66
3. 31	2,000	3. 31	집합손익	2,000
	2,000			2,000

	집합손익			69
3. 31	7,400	3. 31		8,000
3. 31	600			
	8,000			8,000

수익과 비용계정은 마감분개로 인하여 차변과 대변금액이 일치하므로 차변과 대변금액의 합계를 기재한 후 〈표 4.15〉과 같이 두 줄을 그어 마감한다.

재무상태표계정인 자산, 부채 및 자본계정은 계정잔액이 계속적으로 차기로 이월된다. 따라서 회계연도말에는 이들 계정잔액을 파악하고 그 잔액을 차기로 이월시키기 위한 장부마감이 필요하다. 자산계정은 차변에 잔액이 남게 되므로 잔액을 대변에 차기이월(次期移越)로 기재하여 차변과 대변을 일치시키고 차변과 대변의 합계금액을 기록한 후 두 줄을 그어 마감한다. 부채와 자본계정은 대변에 잔액이 남게 되므로 차변에 그 잔액을 기재하여 동일한 방법으로 차기로 이월시킨다. 이때 차기이월금액을 강조하기 위하여 보통 붉은 글씨로 기재한다.

한편 다음 회계연도가 시작되면 전년도 잔액이 남았던 쪽에 전기이월(前期移越)을 기재하고 그 잔액을 기록하여 다음 회계연도의 금액에 가산한다.

〈표 4.16〉은 자산, 부채 및 자본계정의 마감절차를 표시하고 있다.

〈표 4.16〉 서울주차(주)의 자산과 부채 및 자본계정의 마감

	현 금			11
3. 1	150,000	3. 5		40,000
6	1,200	7		400
15	1,800	31		100
31	5,400	31		2,700
		31		2,000
		31		22,000
		3. 31	차기이월	91,200
	158,400			158,400
4. 1 전기이월	91,200			

비 품 15

3. 10	3,000	3. 31 차기이월	3,000
	3,000		3,000
4. 1 전기이월	3,000		

토 지 21

3. 5	90,000	3. 31 차기이월	90,000
	90,000		90,000
4. 1 전기이월	90,000		

단 기 차 입 금 31

3. 31	20,000	3. 5	50,000
3. 31 차기이월	30,000		
	50,000		50,000
		4. 1 전기이월	30,000

미 지 급 금 35

3. 31 차기이월	3,000	3. 10	3,000
	3,000		3,000
		4. 1 전기이월	3,000

자 본 금 41

3. 31 차기이월	150,000	3. 1	150,000
	150,000		150,000
		4. 1 전기이월	150,000

선급광고선전비 23

3. 31	300	3. 31 차기이월	300
	300		300
4. 1 전기이월	300		

감가상각누계액 25

3. 31 차기이월	200	3. 31	200
	200		200
		4. 1 전기이월	200

선 수 수 익 37

3. 31 차기이월	400	3. 10	400
	400		400
		4. 1 전기이월	400

미지급급여 38

3. 31 차기이월	300	3. 31	300
	300		300
		4. 1 전기이월	300

이익잉여금 43

3. 31 차기이월	600	3. 31	600
	600		600
		4. 1 전기이월	600

제7절 이월시산표의 작성

이월시산표(移越試算表, post-closing trial balance)는 모든 수익과 비용계정을 마감한 후에 다음 회계연도로 이월되는 재무상태표계정만이 기재되는 시산표로서 마감후시산표라고도 한다. 수익과 비용계정은 마감분개에 의하여 잔액이 영으로 되었기 때문에 이월시산표에는 나타나지 않는다. 수익합계와 비용합계의 차액이 계산되는 집합손익계정은 마감분개에 의하여 이익잉여금계정에 이미 대체되고 제거되었기 때문에 역시 이월시산표에 나타나지 않는다.

서울주차(주)의 이월시산표를 작성하면 〈표 4.17〉과 같다.

〈표 4.17〉 서울주차(주)의 이월시산표

이월시산표

서울주차(주) 20×1년 3월 31일 현재 (단위 : 원)

계 정 과 목	차 변	대 변
현금	91,200	
선급광고선전비	300	
비품	3,000	
토지	90,000	
감가상각누계액		200
선수수익		400
미지급급여		300
단기차입금		30,000
미지급금		3,000
자본금		150,000
이익잉여금		600
합계	₩184,500	₩184,500

객관식 연습문제

01 **다음 중 결산절차의 단계가 짝지어진 것으로 가장 옳은 것은?** [회계관리 2급 주관처공개 기출문제]

① 예비절차 - 계정의 마감
② 예비절차 - 수정전시산표의 작성
③ 결산보고서 작성 - 결산정리사항의 요약
④ 결산보고서 작성 - 결산수정분개의 전기

02 **다음 중 기말결산정리 분개 대상이 아닌 것은?** [제14회 전산세무회계 4급]

① 기계장치에 대한 감가상각비 계상
② 보험료 미지급분 지급
③ 정기적금에 대한 미수이자 계상
④ 건물 화재보험료의 기간 미경과분을 선급비용으로 계상

03 **다음 중 결산수정분개에 관한 설명으로 가장 올바르지 않은 것은?** [회계관리 2급 주관처공개 기출문제]

① 편의상 현금주의회계로 처리했던 회계처리가 있다면 발생주의회계로 전환해야 한다.
② 가지급금이나 가수금 등의 미결산항목들은 그 사용내역에 따라 본계정으로 대체해야 한다.
③ 유가증권을 평가해야 할 경우 평가손익은 모두 당기손익에 반영한다.
④ 유·무형자산에 대한 감가상각비 계상 및 퇴직급여충당부채의 설정은 결산수정분개시 이루어지는 것이 일반적이다.

04 **다음의 거래 중 결산수정분개가 필요하지 않은 경우는?** [회계관리 2급 주관처공개 기출문제]

① 차기에 납품할 제품에 대해 미리 대금을 받고 선수금으로 처리하였다.
② 3년차 임차료를 미리 지급하고 전액 비용처리하였다.
③ 당기 12월 1일에 취득한 건물에 대해 기말 12월 31일 현재 감가상각비를 인식하지 않았다.
④ 결산일까지 내역이 밝혀지지 않은 가수금을 그대로 재무상태표에 계상하였다.

05 다음의 연속된 거래결과 결산일에 나타날 수 있는 총계정원장의 내용으로 가장 옳은 것은? (단, 제시된거래 이외의 거래는 없는 것으로 간주한다) [회계관리 2급 주관처공개 기출문제]

> 7월 1일 (주)삼일은 사용하지 않는 사무실을 임대해 주고 1 년분의 임대료 3,600,000원을 현금으로 받았다.
>
> 12월 31일 결산수정분개를 하였다.

①

임대료			
7/1	3,600,000		

②

임대료			
7/1	3,600,000	12/31	1,800,000

③

선수수익			
		12/31	1,800,000

④

선수수익			
12/31	1,800,000		

06 어느 회사는 영업개시 첫년도에 사무실 소모품비로 소모품계정의 차변에 ₩1,240을 기록하였다. 연말에 소모품을 조사한 결과 ₩360이 남아 있었다. 이에 관하여 적절한 수정분개는?

① 차변에 소모품 ₩880, 대변에 소모품비 ₩880
② 차변에 소모품 ₩360, 대변에 소모품비 ₩360
③ 차변에 소모품비 ₩360, 대변에 소모품 ₩360
④ 차변에 소모품비 ₩880, 대변에 소모품 ₩880

07 영풍상사는 20×5년 8월 1일 3년 동안의 보험료로 현금 ₩1,800를 지급하였다. 이 거래를 차변에 보험료, 대변에 현금으로 기록하였다. 20×5년 12월 31일 회계연도말에 수정분개를 할 때 대변에 기록하여야 할 계정과목은?

① 선급보험료　　② 미수보험료
③ 보험료　　④ 미지급보험료

08 기흥상사는 20×1년 3월 1일 2년 만기 보험료 ₩1,320을 지급하고 차변에 보험료 ₩1,320을 기록하였다. 회계연도말인 20×1년 12월 31일 어떠한 분개를 해야 하는가?

① (차) 선급보험료 770　　(대) 보험료 770
② (차) 선급보험료 1,320　　(대) 보험료 1,320
③ (차) 보험료 770　　(대) 선급보험료 770
④ (차) 보험료 550　　(대) 선급보험료 550

09 결산수정 전 당기순이익이 ₩1,000,000이었다. 결산정리사항이 다음과 같을 때, 정확한 당기순이익은? ['93 7급 세무직]

미지급급료	₩40,000	미수수익	₩20,000
선급(미경과)보험료	100,000	선수이자	35,000

① 805,000
② 915,000
③ 925,000
④ 1,045,000

10 다음 중 결산 정리사항으로서 당기순이익을 감소시키지 아니하는 것은? ['94 7급 세무직]

① 미지급이자의 계상
② 선수수익의 계상
③ 선급보험료의 계상
④ 대손충당금의 설정

11 다음의 자료에 기초하여 (주)삼일이 당기 중 현금으로 지급한 보험료를 계산하면 얼마인가? [회계관리 2급 주관처공개 기출문제]

> 가. (주)삼일의 기초와 기말의 재무상태표에서 추출한 자료이다.
> 선급보험료 기초 400,000원 기말 250,000원
> 나. 당기 손익계산서에서 추출된 자료는 다음과 같다.
> 보험료 550,000원

① 150,000원 ② 300,000원 ③ 400,000원 ④ 550,000원

12 기말수정분개 전 당기순이익은 100,000원이었다. 당기순이익 계산시에 선수수익 20,000원과 선급비용 10,000원을 당기 수익과 비용으로 계상하였고, 미수수익 50,000원과 미지급비용 30,000원을 반영하지 않았다. 이를 수정분개한 후의 당기순이익은 얼마인가? ['09 제12회 기업회계 2급]

① 100,000 ② 110,000 ③ 120,000 ④ 130,000

13 다음 중 선수수익의 결산분개를 누락한 경우에 재무제표에 미치는 영향으로 가장 옳은 것은? [회계관리 2급 주관처공개 기출문제]

① 부채가 과대계상 되고, 자산이 과대계상 된다.
② 부채가 과소계상 되고, 수익이 과대계상 된다.
③ 자산이 과대계상 되고, 수익이 과소계상 된다.
④ 자산이 과소계상 되고, 부채가 과대계상 된다

14 **정산표에 관하여 맞게 설명하고 있는 것은?**

① 당기순이익은 재무상태표란의 차변과 포괄손익계산서란의 대변에 기록된다.
② 당기순이익은 재무상태표란의 차변과 포괄손익계산서란의 차변에 기록된다.
③ 당기순이익은 재무상태표란의 대변과 포괄손익계산서란의 대변에 기록된다.
④ 당기순이익은 재무상태표란의 대변과 포괄손익계산서란의 차변에 기록된다.

15 **결산수정분개에서 발생한 수입이자를 기록하지 못하였다. 다음 중 그 영향으로 적합한 것은?**

① 자산, 순이익, 자본이 과대계상된다.
② 자산, 순이익, 자본이 과소계상된다.
③ 자산은 과소계상되고 순이익과 자본은 과대계상된다.
④ 부채는 과소계상되고 순이익과 자본은 과대계상된다.

16 **다음 중 회기말에 마감분개를 하여 계정잔액을 영(0)으로 하는 계정은 어느 계정인가?**

① 매출채권과 선급보험료
② 소모품비와 수입임대료
③ 미수수익과 수입임대료
④ 선급보험료와 감가상각누계액
⑤ 감가상각비와 미지급비용

주관식 연습문제

4-1 비용의 회계처리방법과 수정분개

동남기업은 20×5년 8월 1일 사무실을 임차하기로 계약을 체결하고 1년분 임차료 ₩36,000을 지급하였다. 다음과 같은 두 가지 가정 하에 8월 1일 임차료 지급과 결산일인 12월 31일 수정사항에 대한 분개를 하라. 또한 두 가정 하에 기록한 각 계정의 잔액을 비교하라.

(1) 임차료 지급시 비용으로 처리

(2) 임차료 지급시 자산으로 처리

4-2 수익의 회계처리방법과 수정분개

한성화재보험(주)는 20×4년 5월 1일 보험계약을 체결하고 1년분 보험료 ₩24,000을 미리 받았다. 보험기간은 동 일자로 시작된다. 다음과 같은 두 가지 가정 하에 5월 1일 보험료 수입과 결산일인 12월 31일 수정사항에 대한 분개를 하라. 또한 두 가지 가정 하에 기록된 각 계정의 잔액을 비교하라.

(1) 보험료 수입시 수익으로 처리

(2) 보험료 수입시 부채로 처리

4-3 수정분개

다음과 같은 수정사항에 대하여 결산일에 해야 할 수정분개를 하라.

(1) 1월 1일의 사무용 소모품계정의 잔액은 ₩185이다. 1년 동안 ₩415의 소모품을 구입하였으며, 기말 보유잔액은 ₩75이다.

(2) 1년간의 비품에 대한 감가상각비는 ₩1,450으로 추정하였다.

(3) 6개월분 재산세 ₩750에 대한 고지서를 수령하였으나, 아직 납부하지 않았다.

(4) 유가증권에 대한 미수이자 발생액은 ₩900이다.

(5) 사무실을 임대하고 받은 임대료 수익 중 ₩300은 미리 받은 것이다.

(6) 매출채권에 대한 대손비용 ₩2,000을 계상하였다.

4-4 수정분개와 수정후시산표 작성

다음은 우일상사의 수정전시산표를 나타낸 것이다. 다음 수정사항을 분개하고 수정후시산표를 작성하라.

수정전시산표

우일상사 20×3년 12월 31일 현재

계 정 과 목	차 변	대 변
현 금	₩10,000	
매 출 채 권	3,200	
선 급 보 험 료	1,800	
소 모 품	500	
비 품	4,800	
비품감가상각누계액		₩200
매 입 채 무		7,400
선 수 수 익		1,000
자 본 금		10,200
용 역 매 출		6,000
급 여	3,700	
보 험 료	800	
합 계	₩24,800	₩24,800

(1) 12월 31일 현재 선수수익 중에서 ₩400에 대한 용역은 이미 제공하였다.
(2) 비품에 대한 감가상각비는 ₩150이다.
(3) 급여 미지급분이 ₩560이 있다.
(4) 선급보험료 중에서 ₩600에 대하여는 기일이 경과하였다.
(5) 소모품재고액은 ₩120이다.

4-5 회계순환과정

부동산을 관리하고 있는 (주)경기부동산의 수정전시산표는 아래와 같다.

시 산 표

(주) 경기부동산　　　　20×5년 12월 31일 현재

계정과목	차변	대변
현금	₩4,275	
매출채권	2,325	
선급보험료	585	
단기대여금	12,000	
소모품	440	
비품	2,300	
비품감가상각누계액		₩765
차량운반구	3,750	
차량감가상각누계액		750
매입채무		1,700
선수수익		1,500
자본금		9,535
수수료수익		26,700
급여	10,500	
광고선전비	2,525	
임차료	1,650	
통신비	600	
합계	₩40,950	₩40,950

결산일 현재 수정사항은 다음과 같다.

(1) 12월 31일 현재 보유하고 있는 소모품 재고액은 ₩135이다.

(2) 기일이 경과하지 않은 보험료는 ₩270이다.

(3) 비품 감가상각비 추정액은 ₩375이다.

(4) 차량운반구 감가상각비 추정액은 원가의 20%이다.

(5) 12월 31일의 12월분 임차료 ₩150을 아직 지급하지 않았다.

(6) 8월 1일에 월 ₩125씩 관리요금을 받기로 하고 건물관리계약을 체결하였다. 1년분의 관리요금을 미리 받았다.

요구사항

1. 수정사항에 대하여 분개하고 T 계정에 전기하라.
2. 정산표를 작성하라.
3. 포괄손익계산서와 재무상태표를 작성하고 마감분개를 하라

4-6 정산표 완성

다음은 하나상사의 정산표를 나타낸 것이다. 괄호 안에 적절한 숫자를 기입하여 정산표를 완성하라.

계 정 과 목	수정전시산표		수정분개		수정후시산표		포괄손익계산서		재무상태표	
	차변	대변	차변	대변	차변	대변	차변	대변	차변	대변
현 금	4,425				4,425				4,425	
외 상 매 출 금	12,100				12,100				12,100	
선 급 보 험 료	2,700			1,800	900				900	
소 모 품	425			400	25				25	
건 물	40,000				40,000				40,000	
건물감가누계액		4,000		(　)		8,000				8,000
토 지	(　)				14,000				14,000	
외 상 매 입 금		7,900				7,900				7,900
미 지 급 광 고 비				525		525				525
미 지 급 급 여		600		150		750				750
선 수 수 익		2,000	(　)			1,200				1,200
자 본 금		22,000				22,000				22,000
이 익 잉 여 금		30,650				30,650				30,650
용 역 수 익		21,000		800		21,800		(　)		
급 여	13,000		150		13,150		13,150			
임 차 료	1,200			300	900		900			
수 도 광 열 비	300				300		300			
소 모 품 비			400		400		400			
보 험 료			1,800		1,800		1,800			
감 가 상 각 비			4,000		4,000		4,000			
광 고 선 전 비			525		525		525			
선 급 임 차 료			300		300				300	
당 기 순 이 익							(　)			(　)
합 계	(　)	88,150	7,975	7,975	92,825	92,825	21,800	21,800	71,750	(　)

4-7 정산표의 작성 – (당기순손실이 발생하는 경우)

다음은 (주)일동의 20×6년 12월 31일의 결산정리사항이다. 이를 반영하여 정산표를 완성하라.

1. 기말 현재 급여 미지급액 ₩40,000이다.
2. 기말 현재 보험료 선급액은 ₩10,000이다.
3. 기말 현재 임차료 선급액은 ₩20,000이다
4. 기말 현재 임대료 미수액은 ₩30,000이다.

5. 기말 현재 단기차입금에 대한 이자 미지급액은 ₩50,000이다.

정 산 표

(주)일동 20×6. 12. 31. (단위: 천원)

계정과목	수정전시산표		수정분개		수정후시산표		포괄손익계산서		재무상태표	
	차변	대변	차변	대변	차변	대변	차변	대변	차변	대변
현 금	590									
외상매출금	100									
비 품	200	200								
단기차입금		800								
자 본 금		600								
매 출										
급 여	100									
임 차 료	200									
보 험 료	300									
수도광열비	100									
이 자 비 용	10									
합 계	1,600	1,600								

Chapter 5

K-IFRS

상품 관련 거래의 기록

우리는 앞 장에서 주로 서비스를 제공하는 기업의 회계처리를 살펴보았다. 서비스 업종의 경우에는 영업활동이 단순하고 계정과목의 숫자도 많지 않아서 회계처리가 비교적 용이하다. 본 장에서는 상품을 구입하여 판매하는 상품매매기업에 대한 회계처리를 살펴보기로 한다. 제품을 직접 생산하여 판매하는 제조기업이나 상품을 외부에서 구입하여 판매하는 순수한 상품매매기업이나 회계처리는 동일하다. 다만 제조기업의 경우에는 생산된 제품의 원가를 계산하기 위한 원가계산이 필요하다. 제품의 원가계산을 위한 회계는 원가회계에서 다룬다. 여기에서는 순수한 상품매매기업의 회계처리를 설명한다.

상품매매기업은 상품을 구입하여 판매함으로써 이익을 얻는다. 상품의 판매에서 발생하는 매출 수익에서 판매한 상품의 매출원가를 차감하여 매출총이익을 산출한다. 따라서 당기순이익을 정확하게 계산하려면 매출원가를 적정한 방법으로 구하여야 한다. 매출원가는 비용 중에서 가장 큰 비중을 차지하고 있다. 본 장에서는 매출원가를 구하기 위한 결산수정분개를 포함하여 상품매매기업의 전반적인 회계순환과정을 종합예제를 들어 설명한다.

Chapter

5 상품 관련 거래의 기록

제1절 상품에 대한 회계처리

판매를 위하여 보유하고 있는 자산을 재고자산(在庫資産, inventories)이라고 한다. 재고자산에는 판매용 자산을 생산하기 위한 원재료와 저장품, 생산이 완료되어 판매가능한 상태가 된 제품, 외부로부터 판매목적으로 구입한 상품 등이 포함된다.

본 장에서는 상품을 외부에서 구입하여 판매를 하는 상기업(商企業; 백화점이나 대형유통판매점 등)에서 상품의 판매(매출)와 상품의 구입(매입) 및 회계기말 상품의 결산수정사항에 대하여 살펴보고자 한다.

1.1 매출원가와 매출총이익

상기업은 상품을 외부에서 구입하여 고객에게 판매(매출)하여 이익을 얻는 것을 주된 영업활동으로 한다. 이때 판매 가능한 상품은 판매를 위하여 구입한 상품과 회계연도 초에 보유하고 있던 상품이 포함된다. 이렇게 회계기간 중에 구입한 상품의 구입액인 매입액(買入額)에 회계연도 초의 기초상품의 원가인 기초재고액(期初在庫額, beginning inventories)을 더하면 판매가능액(販賣可能額, goods available for sales)이 계산된다.

판매가능액에서 판매 후 회계기말에 창고에 남아 있는 상품의 원가인 기말재고액(期末在庫額, ending inventories)을 차감하면 판매된 상품의 소멸원가(消滅原價)인 매출원가(賣出原價, cost of goods sold)가 계산된다.

매출총이익(賣出總利益, gross profit)은 상품의 매출활동에서 획득한 수익이며 포괄손익계산서에 보고된다.

> 매 출 원 가 = 기초재고액 + 매입액 − 기말재고액
> 매출총이익 = 매출액 − 매출원가

예제 5-1 재무제표상의 기말재고액과 매출원가의 표시

다음은 어느 상품매매기업의 총계정원장에 기록된 상품매매에 관련된 과목을 표시한 것이다. 관련자료는 다음과 같다. 상품에 관련된 계정을 중심으로 포괄손익계산서와 재무상태표를 작성하면 〈표 5.1〉과 같다.

20×3년 1월 1일 상품재고액 ₩2,000 (기초재고액)
20×3년 회계기간

매 입 액	₩84,000	관 리 비	₩23,000
매 출 액	₩95,000	기타비용	₩12,000

20×3년 12월 31일 상품재고액 ₩40,000(기말재고액)

〈표 5.1〉 재무제표상의 기말재고액과 매출원가의 표시

포괄손익계산서

20×3년 1월 1일 ~ 12월 31일

매 출 액		₩95,000
매 출 원 가		
기초재고액	₩2,000	
(+)당기매입액	84,000	
판매가능액	86,000	
(−)기말재고액	(40,000)	46,000
매출총이익		49,000
관리비		23,000
기타비용		12,000
당기순이익		₩14,000

재무상태표

20×3년 12월 31일 현재

자 산		부채 및 자본	
현　금	×××	부 채	
재고자산	₩40,000	자 본	
·		자 본 금	×××
·		이익잉여금	₩14,000
·			

〈표 5.1〉에서 보는 바와 같이 20×3년 1월 1일 기초재고액 ₩2,000에 20×3년의 매입액 ₩84,000을 더하면 판매가능액은 ₩86,000이 된다. 판매가능액 ₩86,000에서 20×3년 12월 31일 창고에 남아 있는 기말재고액 ₩40,000을 차감하면 매출원가는 ₩46,000으로 계산된다. 매출액 ₩95,000에서 ₩46,000을 차감하면 매출총이익이 ₩49,000으로 계산되어 포괄손익계산서에 보고된다. 한편 결산일 현재의 기말재고액 ₩40,000은 재무상태표에 재고자산으로 보고된다.

제2절 상품매매거래의 기록

상품매매거래의 기록방법에는 실지재고조사법과 계속기록법이 있다.본 절에서는 실지재고조사법에 의한 상품매매거래 기록방법에 대하여 학습하며, 계속기록법에 대한 내용은 제9장에서 설명한다.

실지재고조사법에 의하여 상품매매기록을 하는 경우 상품(또는 이월상품), 매입 및 매출계정을 이용하는데 이를 상품계정의 3분법(三分法)이라고 한다. 이 계정들에 다음에 설명하는 매입에누리와 환출 및 매출에누리와 환입계정을 추가하여 회계처리하는 방법을 5분법(五分法)이라고 하며, 매입할인과 매출할인을 추가하여 회계처리하는 방법을 7분법(七分法)이라고 한다.

2.1 상품의 판매와 매입 및 대금지급

상품의 판매는 매출(賣出, sales)이라는 수익계정에 기록한다. 상품을 매입한 경우에는 매입계정(買入計定)에 기록한다. 매입계정은 비용 또는 자산계정으로 생각할 수 있기 때문에 분류하기가 곤란하다. 매입계정의 성격을 엄밀히 분석하면, 자산과 비용의 두 가지 요소가 혼합되어 있다.

상품의 매입원가를 나타내는 매입액은 기초재고액과 함께 연말 현재 판매되지 않은 상품은 기말재고상품(재고자산)이라는 자산으로 분류되고, 회계기간에 판매한 상품의 매입원가는 매출원가라는 비용계정으로 분류된다. 따라서 매입계정은 연말에 자산과 비용으로 분할되는 일시적 계정이나 일단 비용계정으로 분류하는 것이 보통이다. 매입계정은 구입한 상품의 원가를 나타내며 상품이 판매되면 매출원가로 전환된다.

예제 5-2 상품의 판매와 매입

서울상사는 인천상사에 원가 ₩5,000인 상품을 ₩7,000에 외상으로 판매하다.

서울상사(판매회사)		인천상사(구입회사)	
(차) 매출채권	7,000	(대) 매　　출	7,000
(차) 매　　입	7,000	(대) 매입채무	7,000

서울상사는 실지재고조사법을 사용하기 때문에 매출시마다 매출수량과 원가를 기록하지 않고 기말에 창고재고를 파악하여 매출원가를 구한다. 따라서 판매시에 매출원가에 대한 기록은 하지 않는다.

2.2 매입부대비용과 매출부대비용

상품의 매입과 매출시에는 운임, 보험료 및 하역비 등의 부대비용(附帶費用)이 발생한다. 이러한 비용의 부담은 판매조건에 의하여 결정되는 데 매입상품에 대한 운반비용을 매입자가 부담하는 경우에는 상품의 매입원가와는 별도로 매입운임계정에 기록하거나 매입원가에 포함시켜 매입계정에 기록한다. 반면에 운송비를 판매자가 부담하는 경우에는 판매자의 물류원가계정에 기록한다. 기타 보험료와 하역비와 같은 부대비용을 매입자가 부담하는 경우에는 모두 매입원가에 포함시킨다.

예제 5-3 운반비의 회계처리

〈예제 5-2〉에서 운반비 ₩500은 인천상사가 부담하기로 하고 현금으로 지급하다.

인천상사	(차) 매 입	500	(대) 현 금	500

또는 매입운임계정에 별도로 기록한다.

인천상사	(차) 매입운임	500	(대) 현 금	500

만일 운송비를 매입운임계정에 별도로 기록하는 경우에는 결산시 매출원가를 산정하기 위하여 다음과 같은 분개를 추가로 해야 하기 때문에 번거롭다. 따라서 처음부터 매입계정에 포함시키는 것이 편리하다.

인천상사	(차) 매 입	500	(대) 매입운임	500

만일 서울상사가 운반비를 부담하기로 한다면 다음과 같이 기록된다.

서울상사	(차) 운반비	500	(대) 현 금	500

2.3 매출에누리(매입에누리)와 환입(환출)

매출환입(賣出換入, sales returns)은 매출한 상품 중에서 결함이나 흠이 발생하여 다시 반품된 상품의 금액이며 매입자의 입장에서는 매입환출(買入換出, purchase returns)이 된다. 매출에누리(sales allowances)는 결함이나 흠의 발생정도가 가벼운 것으로 이를 보상하기 위하여 대금의 일부를 감액한 것을 말한다. 구입자의 입장에서 보면 매입에누리(purchase returns)가 된다.

환입과 에누리는 성격이 비슷하기 때문에 매출에누리와 환입(매입에누리와 환출)으로 하나의 계정을 사용한다. 매출에누리와 환입계정은 매출의 차감계정(contra account)이기 때문에 매출과는 반대로 차변에 기록되며, 매입에누리와 환출은 매입의 차감계정이기 때문에 대변에 기록된다. 회계연도말에 매출에누리와 환입(sales returns and allowances)은 매출계정에 대체되고 매입에누리와 환출(purchase returns and allowances)은 매입계정에 대체된다.

예제 5-4 **매입에누리와 환출 및 매출에누리와 환입**

서울상사가 인천상사에 판매한 상품 중 일부에 결함이 있어 판매대금에서 ₩800을 감액하다.

서울상사			인천상사		
(차) 매출에누리와 환입	800		(차) 매입채무	800	
(대) 매출채권		800	(대) 매입에누리와 환출		800

2.4 매입할인과 매출할인

매입할인(purchase discounts)은 상품을 외상으로 매입한 후에 약정기일 이내에 대금을 지급할 경우 판매자로부터 대금의 일부를 할인받은 것을 말한다. 매출할인(sales discounts)은 판매자의 입장에서 판매대금을 조기에 회수한 때 대금의 일부를 할인해 주는 것을 의미한다. 이를 현금할인(cash discounts)이라고도 한다.

매출할인은 신용판매의 경우에 보통 일정기간을 정해 놓은 다음, 그 기간 내에 구입회사가 대금을 지불하면 판매회사가 그 대금의 일부를 할인해 주는 것을 의미한다. 이때 구입회사가 할인기간을 경과하여 대금을 지불하면 할인혜택이 취소된다. 예를 들면, 5/10, n/30의 조건으로 상품을 외상으로 판매하였다고 가정하자. 이 조건의 의미는 매입회사가 상품구입일로부터 10일 이내에 대금을 지급하면 구입대금의 5%를 할인해 주는 것을 뜻한다. n/30은 외상판매의 최종대금지급기간으로서 신용기간을 의미한다. 예를 들어, 어느 회사가 상품 ₩100,000을 5/10, n/30의 조건으로 5월 1일에 외상으로 매입하였다고 가정하자. 이 경우 만일 상품의 구입대금을 5월 8일에 지급하였다면 지급금액은 구입금액의 5%를 제외한 ₩95,000이 된다. 그러나 대금을 5월 20일에 지급하였다면 할인받을 수 있는 할인기간이 경과하였기 때문에 지급금액은 ₩100,000이 된다. 따라서 이러한 판매조건은 대금을 조기에 회수하기 위한 것이며, 대금을 조기에 회수하면 이자를 감안하여 일정금액을 대금에서 할인하여 주는 것이다.

매출할인은 회계처리 시 매출시에 현금할인을 감안하지 않고 일단 매출을 총액으로 기록하였다가 현금할인을 받은 경우 매출할인을 계상하는 방법을 사용한다. 매입할인도 상품의 외상구입대금을 빨리 지급함에 따라서 매입금액의 일부를 할인받는 것이므로 상품의 매입금액에서 매입할인을 차감하면 상품을 현금으로 구입하는 금액이 된다. 기업회계기준에서는 매입할인을 매입에누리와 환출과 마찬가지로 총매입액에서 직접 차감하여 포괄손익계산서에 표시하도록 하고 있다. 또한 상품의 외상판매에서 발생하는 매출할인도 매출에누리와 환입과 같이 총매출액에서 직접 차감하여 포괄손익계산서에 표시하도록 하고 있다.

순매입액(純買入額, net purchases)은 매입에서 매입에누리와 환출 및 매입할인을 차감하여 계산된다. 순매출액(純賣出額, net sales)은 매출액에서 매출에누리와 환입 및 매출할인을 차감하여 계산된다.

> 순매출액 = 매출 - 매출에누리와 환입 — 매출할인
> 순매입액 = 매입 - 매입에누리와 환출 — 매입할인

예제 5-5 매출할인과 매입할인

6월 1일 강원상사는 영동상사에게 상품 ₩60,000을 다음과 같은 조건으로 외상으로 판매하다. 대금지급의 조건은 만일 구입대금을 6월 20일까지 지급하면 구입대금의 5%를 할인해 주며, 대금지급의 최종기간은 6월 30일로 되어 있다. 이를 보통 5/20, n/30으로 표기한다.

(1) 6월 1일 상품을 판매하다.

강원상사			영동상사		
(차) 매출채권	60,000		(차) 매 입	60,000	
(대) 매 출		60,000	(대) 매입채무		60,000

(2) 6월 10일 영동상사는 상품매입대금 ₩60,000 중에서 ₩30,000에 해당하는 금액을 현금으로 지급하였다. 현금지급액은 5%를 제외한 금액이다.

강원상사			영동상사		
(차) 현 금	28,500		(차) 매입채무	30,000	
매출할인	1,500		(대) 현 금		28,500
(대) 매출채권		30,000	매입할인		1,500

(3) 6월 25일 영동상사는 나머지 대금 ₩30,000을 지급하였다. 할인기간이 경과하였기 때문에 5% 할인을 받지 못하고 전액 지급하였다.

강원상사			영동상사		
(차) 현 금	30,000		(차) 매입채무	30,000	
(대) 매출채권		30,000	(대) 현 금		30,000

제3절 상품매매거래에 대한 결산수정분개

3.1 상품거래에 대한 분개

지금까지 설명한 상품거래에 관한 계정의 성격을 정리하면 다음과 같다.

(1) 상품(또는 이월상품) : 상품의 기초 또는 기말재고액을 표시하는 자산계정이다.
(2) 매입 : 금년도에 구입한 상품의 매입원가를 표시하는 비용계정이다.
(3) 매출 : 금년도에 판매한 상품의 매출액을 표시하는 수익계정이다.
(4) 매입에누리와 환출 : 금년도에 매입한 상품에 문제가 있어 구입대금의 일부를 할인받거나 되돌려준 상품의 매입액을 표시하는 매입의 차감계정이다.
(5) 매출에누리와 환입 : 금년도에 매출한 상품에 문제가 있어 매출대금의 일부를 할인해주거나 되돌아 온 상품의 매출액을 표시하는 매출의 차감계정이다.
(6) 매입할인 : 외상으로 구입한 상품대금의 일부를 할인받은 금액을 표시하는 매입의 차감계정이다.
(7) 매출할인 : 외상으로 판매한 상품대금의 일부를 할인해준 금액을 표시하는 매출의 차감계정이다.

이 계정을 이용하여 상품거래에 관한 회계처리의 예를 들기로 한다.

예제 5-6 상품거래의 회계처리

다음은 (주)강원상사의 1월중 상품매매에 관련된 거래다. 이 거래를 분개하면 다음과 같다.

(1) 1월 1일 상품 재고는 ₩30,000이다(기초재고).
(2) 12일 상품을 ₩120,000을 외상으로 구입하고 운반비 W3,000은 현금으로 지급하다. 구입조건은 2/10, n/30이다.
(3) 18일 12일에 구입한 외상매입대금 ₩20,000에 대하여 2%를 제외한 금액을 현금으로 지급하다.
(4) 20일 상품을 ₩80,000에 매출하고 대금 중에서 ₩40,000은 현금으로 받고 잔액은 외상으로 하다. 판매조건은 5/20, n/30이다.
(5) 25일 외상으로 매입한 상품 가운데 하자가 있어 ₩5,000에 해당하는 상품을 반환하다.

(6) 28일 외상으로 매출한 상품에 결함이 있어 ₩4,000의 상품이 반환되어 오다.

(7) 30일 20일에 외상으로 판매한 상품대금 ₩36,000에 대하여 5%를 제외한 금액을 현금으로 회수하다.

(8) 31일 상품재고액을 파악한 결과 ₩100,000이다(기말재고).

		차변	금액	대변	금액
(2)	1. 12	(차) 매 입	123,000	(대) 매입채무	120,000
				현 금	3,000
(3)	1. 18	(차) 매입채무	20,000	(대) 현 금	19,600
				매입할인	400
(4)	1. 20	(차) 현 금	120,000	(대) 매 출	80,000
				매출채권	40,000
(5)	1. 25	(차) 매입채무	5,000	(대) 매입에누리와 환출	5,000
(6)	1. 28	(차) 매출에누리와 환입	4,000	(대) 매출채권	4,000
(7)	1. 30	(차) 현 금	34,200	(대) 매출채권	36,000
		매출할인	1,800		

위의 거래를 분개한 후에 원장에 전기하고 상품거래에 관련된 계정을 표시하면 〈표 5.2〉와 같다.

〈표 5.2〉 상품거래의 회계처리

상 품

1. 1	30,000		

매 입

1. 12	123,000		

매입에누리와 환출

		1. 25	5,000

매 출

		1. 20	80,000

매입할인

		1. 18	400

매출에누리와 환입		
1. 28	4,000	

매출할인		
1. 30	1,800	

3.2 매출원가 산출을 위한 결산수정분개

결산일에는 포괄손익계산서와 재무상태표를 작성하기 위하여 매출원가와 재고자산의 원가를 계산하여야 한다. 실지재고조사법으로 상품의 수량을 기록하는 경우에는 먼저 결산일 현재 창고에 남아 있는 상품재고를 조사하여 기말재고액을 파악해야 한다. 이때 작성하는 것이 재고조사표이다. 기말재고액이 파악되면 매출원가는 앞에서 설명한 바와 같이 다음과 같이 계산한다.

매출원가 = 기초재고액 + 당기 순매입액 − 기말재고액

이와 같은 방식으로 산출하는 매출원가 계산과정은 결산수정분개로서 분개장에 기록되어 원장에 전기된다. 이 과정을 〈예제 5-7〉에서 설명한다.

예제 5-7 매출원가 산출을 위한 수정분개

〈예제 5-6〉에서 순매입액은 ₩117,600(매입 ₩123,000 − 매입에누리와 환출 ₩5,000 − 매입할인 ₩400)이다. 회계연도말이 1월 31일이라고 가정하고 매출원가를 계산하면 ₩47,600(₩30,000 + ₩117,600 − ₩100,000)이다. 이러한 산출과정을 다음과 같이 수정분개(정리분개)의 형태로 분개장에 기입한 후 원장에 전기한다. 회계연도말에 매출원가계정을 사용하여 매출원가계산을 위한 수정분개를 하고 원장에 전기하면 〈표 5.3〉과 같다.

(1) 기초재고상품을 매출원가에 가산하기 위하여 매출원가계정의 차변에 대체

(차) 매출원가	30,000	(대) 상 품	30,000

(2) 매입에 관련된 계정을 매출원가계정에 가산하기 위하여 매출원가계정의 차변에 대체

① 매입에누리와 환출 및 매입할인을 매입계정의 대변에 대체

(차) 매입에누리와 환출	5,000	(대) 매 입	5,000
(차) 매입할인	400	(대) 매 입	400

② 매입에누리와 환출 및 매입할인을 매입계정에서 차감한 순매입액을 매출원가계정으로 대체

(차) 매출원가	117,600	(대) 매 입	117,600

이를 동시에 기록하면 다음과 같이 분개를 하나로 할 수 있다(원장에의 전기는 이 방법을 사용하였음).

(차) 매출원가	117,600	(대) 매 입	123,000
매입에누리와 환출	5,000		
매입할인	400		

(3) 기말재고액을 매출원가계정에서 차감하기 위하여 매출원가계정의 대변에 대체

(차) 상 품	100,000	(대) 매출원가	100,000

〈표 5.3〉 (주)강원상사의 매출원가산정을 위한 수정분개를 전기한 후의 원장

상 품

1. 1	30,000	1. 31	30,000
1. 31	100,000		

매 입

1. 12	123,000	1. 31	123,000

매 출

1. 31	4,000	1. 20	80,000
1. 31	1,800		

매출원가

1. 31	30,000	1. 31	100,000
1. 31	117,600		

매입에누리와 환출

1. 31	5,000	1. 25	5,000

매입할인

1. 31	400	1. 18	400

매출에누리와 환입

1. 28	4,000	1. 31	4,000

매출할인

1. 30	1,800	1. 31	1,800

매출원가산정을 위한 수정분개를 원장에 전기하면 상품계정의 잔액은 1월 31일 재고액(기말재고액) ₩100,000이 표시되고, 매출원가계정의 잔액은 ₩47,600이 표시된다. 나머지 매출원가계산에 관련된 계정은 잔액이 모두 매출원가계정으로 대체되어 제거된 것을 알 수 있다.

그 밖에 순매출액을 산출하기 위하여 매출에누리와 환입 ₩4,000과 매출할인 ₩1,800을 매출계정에 대체하고 원장에 전기한다. 따라서 순매출액은 ₩74,200이 된다.

1. 31	(차) 매 출	4,000	(대) 매출에누리와 환입	4,000
	매 출	1,800	매출할인	1,800

이상의 회계처리결과 (주)강원상사의 포괄손익계산서는 〈 표 5.4 〉와 같이 표시된다.

〈표 5.4〉 (주)강원상사의 포괄손익계산서(일부)

포괄손익계산서

매 출(순매출액)		74,200
매출원가		
기초재고액	₩30,000	
(+)순매입액	117,600	
판매가능액	147,600	
(−)기말재고액	(100,000)	47,600
매출총이익		₩26,600

수익과 비용계정을 마감하기 위한 마감분개과정에서는 매출계정은 집합손익의 대변에, 매출원가계정은 집합손익의 차변에 기록된다. 따라서 집합손익계정의 대변잔액에서 차변잔액을 차감하면 매출총이익이 ₩26,600으로 계산된다.

(차) 매　　출	74,200	(대) 집합손익	74,200
(차) 집합손익	47,600	(대) 매출원가	47,600

참고　매입계정을 이용한 매출원가의 계산

위와 같이 매출원가계정을 사용하여 매출원가를 계산하는 방법 외에도 매입계정에서 매출원가를 구하는 방법도 있다. 이 경우는 기초재고액을 매입계정의 차변에 기록하고 기말재고액을 매입계정의 대변에 기록하여 매출원가를 동일한 방법으로 구한다. 매입에누리와 매입환출 및 매입할인은 매입계정의 대변에 기록하여 순매입을 계산한다.

매　　입

1.12	123,000	1.31	100,000
1.31	30,000	1.31	5,000
		1.31	400

매입계정의 차변에서 대변을 차감하면 매출원가는 ₩47,600이 되어 매출원가계정을 사용하여 계산한 금액과 동일하다.

지금까지 설명한 상품거래에 관한 회계처리계정을 요약하면 〈표 5.5〉와 같다.

〈표 5.5〉 매출원가의 산출과 매출총이익의 계산절차

상　품

차변	대변
기초재고액 ④ 기말재고액	① 매출원가계정에 대체되고 제거

매　출

차변	대변
⑤ 매출에누리와 환입 ⑤ 매출할인 ⑦ 집합손익계정에 대체	당기 매출액

매출원가

차변	대변
① 기초재고액 ③ 당기 순매입액	④ 기말재고액 ⑥ 집합손익계정에 대체

매　입

차변	대변
당기 발생액	② 매입할인 ② 매입에누리와 환출 ③ 매출원가계정에 대체되고 제거

매입할인	
② 매입계정에 대체되고 제거	당기 발생액

매입에누리와 환출	
② 매입계정에 대체되고 제거	당기 발생액

매출에누리와 환입	
당기발생액	⑤ 매출계정에 대체되고 제거

매출할인	
당기발생액	⑤ 매출계정에 대체되고 제거

집합손익	
⑥ 매출원가	⑦ 순매출액

초점 매출원가산출을 위한 수정분개의 이해

회계원리를 처음 배우는 독자들은 〈예세 5-7〉의 매출원가산출을 위한 분개과정을 잘 이해하지 못하고 있는 듯하다. 먼저 기초재고상품 ₩30,000은 매출원가에 가산되므로 매출원가라는 비용계정의 차변에 대체된다. 또한 1월 31일 회계기말의 재무상태표의 재고자산은 1월 31일 기말재고액이 보고되므로 1월 1일의 기초재고액은 더 이상 의미가 없으므로 같은 금액을 상품계정의 대변에 기록함으로써 상품계정에서 제거한다.

매입계정에 표시된 매입액 ₩123,000은 매출원가에 가산되기 때문에 매입에누리와 환출 ₩5,000 및 매입할인 ₩400이 차감된 순매입액 ₩117,600이 매출원가의 차변에 기록된다. 또한 매입액은 매출원가에 이미 가산되었기 때문에 더 이상 필요가 없어 매입계정의 대변에 같은 금액을 기록하여 제거한다. 그리고 대변에 기록되어 있는 매입에누리와 환출액 ₩5,000 및 매입할인 ₩400은 매입계정의 차변잔액 ₩123,000에서 차감되어 순매입액 ₩117,600이 매출원가에 포함되었기 때문에 더 이상 필요가 없어 차변에 같은 금액을 기록하여 제거한다.

마지막으로 기말상품재고액 ₩100,000은 1월 31일 현재 재무상태표의 자산에 계상되기 때문에 상품계정의 차변에 기록하여 기말재고자산으로 보고하고, 매출원가계산시 차감되므로 매출원가계정의 대변에 기록된다. 이와 같은 일련의 분개는 기말에 매출원가를 계산하기 위하여 한 계정의 금액을 다른 계정으로 이동시키는 대체분개라고 할 수 있다.

매 출 원 가			
(1) 기초재고액	30,000	(3) 기말재고액	100,000
(2) 순 매 입 액	117,600	매출원가	47,600

종합예제 상기업의 회계순환과정

다음은 가전제품의 판매를 목적으로 설립된 K주식회사의 20×1년 3월 한달간의 거래를 기록한 것이다. 이를 회계순환과정에 의하여 회계처리하면 다음과 같다.

20×1년 3월

(1) 1일 K㈜는 다른 회사를 인수하여 설립되었다. 인수한 자산은 건물 ₩150,000, 상품 ₩350,000이었다. K㈜는 인수대금을 지급하고 운영자금을 확보하기 위하여 액면 ₩5,000의 주식 160주를 발행하였다.

(2) 3일 은행에 현금 ₩100,000을 당좌예금하였다.

(3) 4일 갑회사로부터 상품 ₩100,000을 매입하고 대금 중 ₩50,000은 수표발행하여 지급하고 잔액은 외상으로 하다.

(4) 5일 차량운반구 ₩10,000을 현금으로 구입하다.

(5) 6일 상품을 ₩40,000에 현금으로 판매하여 당좌예금하다.

(6) 8일 보험료 3개월분 ₩1,800을 현금으로 지급하다.

(7) 9일 사무용 소모품을 ₩800에 현금으로 구입하다.

(8) 10일 거래은행으로부터 현금 ₩200,000을 차입하였다. 만기일은 7월 10일이며 이율은 연 8%이다. 이자는 만기일에 지급한다.

(9) 12일 상품을 ₩80,000에 판매하고 이 중 ₩30,000은 현금으로 받아 당좌예금하고 잔액은 외상으로 하다.

(10) 15일 직원의 여비교통비로 ₩1,200을 현금을 지급하다.

(11) 19일 갑회사에 대한 외상매입금 중 ₩20,000을 현금을 지급하다.

(12) 20일 모신문에 광고를 하고 광고료 ₩1,000은 현금으로 지급하다.

(13) 21일 갑회사에게 현금 ₩6,000을 대여하다.

(14) 23일 상품을 ₩120,000에 현금으로 매입하다.

(15) 24일 상품을 ₩65,000에 현금으로 매출하다.

(16) 25일 직원에 대한 급여 ₩2,400을 수표발행하여 지급하다.

(17) 26일 운송회사에 운반비 ₩1,800을 현금으로 지급하였다.

(18) 27일 상품을 ₩8,000에 외상으로 판매하다.

(19) 28일 병회사로부터 상품을 ₩42,000에 현금으로 구입하다.

(20) 29일 건물에 대한 수선비로 현금 ₩10,000을 지급하였다.

(21) 30일 갑회사로부터 대여금 중 일부인 ₩2,000과 3월분 이자 ₩400을 현금으로 회수하다.

31일 결산수정사항

① 기말상품재고액 ₩480,000

② 건물감가상각비 ₩3,000, 차량감가상각비 ₩1,500

③ 보험료선급액 ₩1,200

④ 소모품재고액　　₩450
⑤ 은행차입금에 대한 이자 미지급액 ₩4,000
⑥ 광고료 미지급액 ₩500
⑦ 대여금에 대한 이자 미수액 ₩100
⑧ 외상매출금에 대한 회수불능액은 잔액의 1%
⑨ 3월중 법인세 추정액 ₩3,200

1. 분개장에 분개(분개장 양식 생략)

분 개 장 (단위 : 원)

차 변			대 변		
(1)	건 물	150,000	(1)	자 본 금	800,000
	상 품	350,000			
	현 금	300,000			
(2)	당 좌 예 금	100,000	(2)	현 금	100,000
(3)	매 입	100,000	(3)	당 좌 예 금	50,000
				매 입 채 무	50,000
(4)	차량운반구	10,000	(4)	현 금	10,000
(5)	당 좌 예 금	40,000	(5)	매 출	40,000
(6)	보 험 료	1,800	(6)	현 금	1,800
(7)	소 모 품	800	(7)	현 금	800
(8)	현 금	200,000	(8)	차 입 금	200,000
(9)	당 좌 예 금	30,000	(9)	매 출	80,000
	매 출 채 권	50,000			
(10)	여비교통비	1,200	(10)	현 금	1,200
(11)	매 입 채 무	20,000	(11)	현 금	20,000
(12)	광고선전비	1,000	(12)	현 금	1,000
(13)	대 여 금	6,000	(13)	현 금	6,000
(14)	매 입	120,000	(14)	현 금	120,000
(15)	현 금	65,000	(15)	매 출	65,000
(16)	급 여	2,400	(16)	당 좌 예 금	2,400
(17)	운 반 비	1,800	(17)	현 금	1,800
(18)	매 출 채 권	8,000	(18)	매 출	8,000
(19)	매 입	42,000	(19)	현 금	42,000
(20)	수선유지비	10,000	(20)	현 금	10,000
(21)	현 금	2,400	(21)	대 여 금	2,000
				이 자 수 익	400

2. 원장에 전기한 후 수정전시산표 작성

수정전시산표

K(주) 20×1년 3월 31일 현재 (단위 : 원)

계정과목	차 변	대 변
현 금	252,800	
당 좌 예 금	117,600	
상 품	350,000	
소 모 품	800	
매 출 채 권	58,000	
대 여 금	4,000	
차 량 운 반 구	10,000	
건 물	150,000	
매 입 채 무		30,000
차 입 금		200,000
자 본 금		800,000
매 출		193,000
이 자 수 익		400
매 입	262,000	
보 험 료	1,800	
여 비 교 통 비	1,200	
광 고 선 전 비	1,000	
급 여	2,400	
운 반 비	1,800	
수 선 유 지 비	10,000	
합 계	1,223,400	1,223,400

3. 결산수정분개

분 개 장

차 변		대 변	
① 매출원가	350,000	상 품	350,000
매출원가	262,000	매 입	262,000
상 품	480,000	매출원가	480,000
② 감가상각비	4,500	건물감가상각누계액	3,000
		차량감가상각누계액	1,500
③ 선급보험료	1,200	보 험 료	1,200
④ 소모품비	350	소 모 품	350
⑤ 이자비용	4,000	미지급이자	4,000
⑥ 광고선전비	500	미지급광고선전비	500
⑦ 미수이자	100	이자수익	100
⑧ 대손상각비	580	대손충당금	580
⑨ 법인세비용	3,200	미지급법인세	3,200

4. 수정분개를 원장에 전기하고 수정후시산표 작성

수정후시산표

K(주) 20×1년 3월 31일 현재 (단위 : 원)

계정과목	차 변	대 변
현 금	252,800	
당 좌 예 금	117,600	
상 품	480,000	
소 모 품	450	
매 출 채 권	58,000	
대 여 금	4,000	
선 급 보 험 료	1,200	
미 수 이 자	100	
차 량 운 반 구	10,000	
건 물	150,000	
매 입 채 무		30,000
미 지 급 이 자		4,000
미 지 급 광 고 선 전 비		500
미 지 급 법 인 세		3,200

계정과목	차변	대변
차 입 금		200,000
건 물 감 가 상 각 누계액		3,000
차 량 감 가 상 각 누계액		1,500
대 손 충 당 금		580
자 본 금		800,000
매 출		193,000
이 자 수 익		500
매 출 원 가	132,000	
보 험 료	600	
여 비 교 통 비	1,200	
광 고 선 전 비	1,500	
급 여	2,400	
운 반 비	1,800	
수 선 유 지 비	10,000	
이 자 비 용	4,000	
감 가 상 각 비	4,500	
대 손 상 각 비	580	
소 모 품 비	350	
법 인 세 비 용	3,200	
합 계	1,236,280	1,236,280

5. 정산표 작성

정산표상에도 수정기입란에 매출원가를 산정하기 위한 수정분개는 위에서 설명한 바와 같이 동일하게 기재한다.

정 산 표

K(주) 20×1년 3월 31일 현재 (단위 : 원)

적 요	시 산 표		수정분개		수정후시산표		포괄손익계산서		재무상태표	
	차변	대변	차변	대변	차변	대변	차변	대변	차변	대변
현 금	252,800				252,800				252,800	
당 좌 예 금	117,600				117,600				117,600	
상 품	350,000		① 480,000	① 350,000	480,000				480,000	
소 모 품	800			④ 350	450				450	
매 출 채 권	58,000				58,000				58,000	
대 여 금	4,000				4,000				4,000	
차 량 운 반 구	10,000				10,000				10,000	
건 물	150,000				150,000				150,000	
매 입 채 무		30,000				30,000				30,000
차 입 금		200,000				200,000				200,000
자 본 금		800,000				800,000				800,000
매 출		193,000				193,000		193,000		
이 자 수 익		400		⑦ 100		500		500		
매 입	262,000			① 262,000						
보 험 료	1,800			③ 1,200	600		600			
여 비 교 통 비	1,200				1,200		1,200			
광 고 선 전 비	1,000		⑥ 500		1,500		1,500			
급 여	2,400				2,400		2,400			
운 반 비	1,800				1,800		1,800			
수 선 유 지 비	10,000				10,000		10,000			
매 출 원 가			① 350,000 ① 262,000	① 480,000	132,000		132,000			
감 가 상 각 비			② 4,500		4,500		4,500			
건물감가상각누계액				② 3,000		3,000				3,000
차량감가상각누계액				② 1,500		1,500				1,500
선 급 보 험 료			③ 1,200		1,200				1,200	
소 모 품 비			④ 350		350		350			
이 자 비 용			⑤ 4,000		4,000		4,000			
미 지 급 이 자				⑤ 4,000		4,000				4,000
미 지 급 광 고 료				⑥ 500		500				500
미 수 이 자			⑦ 100		100				100	
대 손 상 각 비			⑧ 580		580		580			
대 손 충 당 금				⑧ 580		580				580
법 인 세 비 용			⑨ 3,200		3,200		3,200			
미 지 급 법 인 세				⑨ 3,200		3,200				3,200
당 기 순 이 익							31,370			31,370
합 계	1,223,400	1,223,400	1,106,430	1,106,430	1,236,280	1,236,280	193,500	193,500	1,074,150	1,074,150

6. 재무제표의 작성

포괄손익계산서

K주식회사	20×1년 3월 1일부터 20×1년 3월 31일까지		(단위 : 원)
수 익			
매 출		193,000	
이 자 수 익		500	193,500
비 용			
매 출 원 가			
기초재고액	350,000		
(+)매 입 액	262,000		
판매가능액	612,000		
(−)기말재고액	(480,000)	132,000	
감가상각비		4,500	
보 험 료		600	
소 모 품 비		350	
이 자 비 용		4,000	
광고선전비		1,500	
여비교통비		1,200	
급 여		2,400	
운 반 비		1,800	
수선유지비		10,000	
대손상각비		580	
법인세비용		3,200	162,130
당기순이익			31,370

재무상태표

K주식회사	20×1년 3월 31일 현재			(단위 : 원)
자 산			부 채	
현 금		252,800	매 입 채 무	30,000
당 좌 예 금		117,600	차 입 금	200,000
상 품		480,000	미 지 급 이 자	4,000
소 모 품		450	미지급광고선전비	500
매 출 채 권	58,000		미 지 급 법 인 세	3,200
대손충당금	(580)	57,420	부 채 합 계	237,700

대 여 금		4,000	자 본	
선급보험료		1,200	자 본 금	800,000
미 수 이 자		100	이익잉여금	31,370 *
차량운반구	10,000		자본합계	831,370
감가상각누계액	(1,500)	8,500		
건 물	150,000			
감가상각누계액	(3,000)	147,000		
자산총계		1,069,070	부채와 자본총계	1,069,070

* 이익잉여금의 계산 : 기초이익잉여금 ₩0 + 당기순이익 ₩31,370

7. 수익과 비용계정에 대한 마감분개

분 개 장

일 자	적 요	차 변	대 변
3. 31	매 출	193,000	
	이자수익	500	
	집합손익		193,500
	수익계정의 집합손익계정으로 대체		
31	집합손익	162,130	
	매 출 원 가		132,000
	감가상각비		4,500
	보 험 료		600
	소 모 품 비		350
	이 자 비 용		4,000
	광고선전비		1,500
	여비교통비		1,200
	급 여		2,400
	운 반 비		1,800
	수선유지비		10,000
	대손상각비		580
	법인세비용		3,200
	비용계정의 집합손익계정 대체		
31	집합손익	31,370	
	이익잉여금		31,370
	당기순이익의 이익잉여금으로 대체		

8. 회계장부 마감 후 이월시산표의 작성

이월시산표

K(주) 20×1년 3월 31일 현재 (단위 : 원)

계정과목	차 변	대 변
현금	252,800	
당좌예금	117,600	
상품	480,000	
소모품	450	
매출채권	58,000	
대여금	4,000	
선급보험료	1,200	
미수이자	100	
차량운반구	10,000	
건물	150,000	
매입채무		30,000
차입금		200,000
미지급이자		4,000
미지급 광고선전비		500
미지급법인세		3,200
대손충당금		580
차량감가상각누계액		1,500
건물감가상각누계액		3,000
자본금		800,000
이익잉여금		31,370
합계	1,074,150	1,074,150

객관식 연습문제

01 다음 계정과목 중에서 포괄손익계산서의 매출원가에 영향을 주지 않는 것은?

① 매입환출 ② 매입에누리
③ 매출할인 ④ 기말재고액

02 다음은 (주)삼일의 2010년 중 상품매입과 관련된 내역이다. 상품의 취득원가로 계상될 금액은 얼마인가? [회계관리 2급 주관처공개 기출문제]

(주)삼일의 2010년 중 상품매입관련자료

내 역	금액
총 외상매입액	25,000,000원
총 외상매입액 중 반품액	2,000,000원
총 외상매입액 중 조기 지급으로 인한 매입할인액	800,000원
상품 운송시 지불한 운임 및 보험료	300,000원

※ 상품운송시 지불한 운임 및 보험료는 총외상매입액에 포함되지 아니함

① 20,000,000원 ② 21,900,000원
③ 22,500,000원 ④ 28,100,000원

03 다음은 (주)삼일의 재고자산과 관련된 자료이다. 당기말 (주)삼일의 재고자산 금액은 얼마인가? [회계관리 2급 주관처공개 기출문제]

ㄱ 기초재고액 : 100,000원
ㄴ 당기 현금매입액 : 300,000원
ㄷ 당기 외상매입액 : 300,000원
ㄹ 당기 판매액 : 원가 300,000원에 해당하는 재고자산을 400,000원에 외상판매함

① 100,000원 ② 200,000원 ③ 300,000원 ④ 400,000원

※ 다음 자료를 이용하여 문제 4부터 문제 7까지 답하라.

다음은 어느 회사의 20×1년과 20×2년의 미완성된 매출원가를 계산한 보고서이다.

기초재고액	₩10,850	(3)
순매입액	(1)	₩9,900
판매가능액	50,640	20,500
기말재고액	10,600	(4)
매출원가	(2)	18,000

04 (1)에 순매입액으로 알맞은 것은?

① 61,490 ② 40,040
③ 39,790 ④ 61,240

05 (2)에 매출원가로 알맞은 것은?

① 32,050 ② 40,040
③ 40,640 ④ 61,440

06 (3)에 기초재고액으로 알맞은 것은?

① 10,600 ② 10,850
③ 11,600 ④ 30,400

07 (4)에 기말재고액으로 알맞은 것은?

① 2,500 ② 10,850
③ 12,500 ④ 70,600

08 다음 각 산식의 결과 중에서 매출원가가 산출되지 않는 것은? [22회 증권분석사]

① 매출액 − 매출총이익 ② 판매가능액 − 기말재고액
③ 기초재고액 + 당기매입액 − 기말재고액 ④ 판매가능액 + 매출총이익

09 양지상사는 20×1년 2월 5일에 ₩1,200의 상품을 외상으로 구입하였다. 상품의 구입조건은 2/10, n/20이었다. 양지상사는 2월 10일에 현금을 지급하였다. 현금지급에 따른 분개로 올바른 것은?

① (차)	매입채무	1,176	(대)	현　　금	1,176
② (차)	매입채무	1,176	(대)	현　　금	1,200
	매입할인	24			
③ (차)	매입채무	1,200	(대)	현　　금	1,176
				매입할인	24
④ (차)	매입채무	1,176	(대)	현　　금	1,200
	매출할인	124			

10 다음 중 매출원가에 대한 설명으로 가장 올바르지 않은 것은? [회계관리 2급 주관처공개 기출문제]

① 매출액과 직접 대응되는 원가로서 일정기간 동안 판매된 상품이나 제품에 대하여 배분된 원가를 말한다.
② 당기 매출액에 대응되는 매출원가는 차기에 인식한다.
③ 상품매매업의 매출원가는 기초상품재고액과 당기상품매입액의 합계액에서 기말상품재고액을 차감하여 계산한다.
④ 당기상품매입액이란 상품총매입액에서 매입에누리와 환출, 매입할인 등을 차감한 금액을 말한다.

11 다음 중에서 매출원가계산에는 포함되나 판매가능액의 계산에는 포함되지 않는 것은?

① 매입액　　② 매입운임
③ 기초재고액　　④ 기말재고액

※ 다음 자료를 이용하여 문제 12와 문제 13에 답하라.

다음은 감회사의 순매입액을 산정하기 위한 자료들이다.

매입액	W52,000	매입에누리와 환출	W1,000
매입할인	1,000	판매운임	3,800
매입운임	3,200	매출액	101,000
기말재고액	38,000	기초재고액	41,000

12 순매입액은 얼마인가?

① 52,000　　② 53,200
③ 54,200　　④ 58,000

13 매출원가는 얼마인가?

① 55,000　② 56,200
③ 57,200　④ 52,000

14 (주)강남의 20×2년 6월중 상품매매실적은 다음과 같다. 이 회사의 6월중 매출총이익은 얼마인가? ['92 감정평가사]

기초상품재고액	₩3,000	당기상품매입액	₩7,000
당기상품매출액	12,000	매입상품환출액	500
상품매출에누리액	2,000	기말상품재고액	2,500

① 2,500　② 3,000
③ 3,500　④ 4,000

15 2023년 (주)상록의 기초재고액은 50,000원, 매입계정 차변잔액은150,000원 결산일의 기말재고액은 60,000원이다. 매출원가계정을 사용한 수정분개에 해당하는 것은?

①	(차) 매 입	150,000	(대) 매출원가	150,000
	상 품	60,000	매출원가	60,000
②	(차) 매출원가	50,000	(대) 상 품	50,000
	상 품	60,000	매출원가	60,000
③	(차) 매출원가	50,000	(대) 상 품	50,000
	매출원가	150,000	매 입	150,000
	상 품	60,000	매출원가	60,000
④	(차) 매출원가	50,000	(대) 상 품	50,000
	매 입	150,000	매출원가	150,000
	상 품	60,000	매출원가	60,000

16 기업회계기준상 매출할인은 어떻게 분류되는가?

① 영업외수익　② 영업외비용
③ 매출액에서 차감　④ 매출원가에서 차감

17 경일상사는 실지재고조사법으로 상품거래를 기록하고 있다. 기초재고액은 ₩24,000이었고, 기말재고액은 ₩36,000이었다. 결산수정분개 후 재고자산계정의 잔액은 얼마인가?

① 차변잔액	24,000	② 대변잔액	24,000
③ 차변잔액	36,000	④ 대변잔액	36,000

18 **기초 상품재고액 ₩50,000, 당기 상품매입액 ₩200,000, 당기 매입에누리액 ₩20,000, 매입환출액 ₩30,000, 당기말 상품재고액 ₩30,000, 매출환입액이 ₩20,000이며 당기의 매출총이익은 ₩110,000이다. 당기의 상품 총매출액은 얼마인가?** [19회 증권분석사]

① 300,000　　② 320,000
③ 330,000　　④ 340,000

19 **상품매매를 영업으로 하는 회사의 정산표상에서 기말재고액은 어디에 기록되는가?**

① 수정분개란의 차변에, 재무상태표란의 대변에
② 포괄손익계산서란의 대변에, 재무상태표란의 대변에
③ 수정분개란의 차변에, 재무상태표란의 차변에
④ 포괄손익계산서란의 대변에, 재무상태표란의 차변에

20 **다음 중 수정 분개시표시되는 위치(차변 또는 대변)가 다른 것은?**

① 매입에누리　　② 매입할인
③ 매입환출　　④ 매입운임

주관식 연습문제

5-1 상품거래의 분개와 매출총이익의 계산

다음은 강남상회의 20×1년 중에 발생한 거래의 일부다. 강남상회는 실지재고조사법을 사용하고 있다.

(1) 1월 1일 상품의 기초재고액은 ₩210,000이다.
(2) 상품 ₩100,000을 외상으로 매입하다.
(3) 상품 매출하고 대금 ₩27,000은 현금으로 받다.
(4) 상품을 매입하고 대금 ₩20,000을 현금으로 지급하다.
(5) 상품을 매출하고 대금 ₩120,000은 외상으로 하다.
(6) 12월 31일 기말재고액은 ₩230,000이다.

요구사항

1. 거래를 분개하라.
2. 매출원가를 결정하기 위한 수정분개를 하라.
3. 매출총이익을 계산하라.

5-2 매출원가에 관한 수정분개와 매출총이익의 계산

다음은 오성상사의 상품거래에 관한 자료이다.

매 출	₩1,500,000	매 입	₩900,000	매출할인	₩22,500
매입에누리와 환출	65,000	기초재고액	100,000	매출에누리와 환입	75,000
기말재고액	90,000	매입운임	40,000		

요구사항

1. 매출원가를 산정하기 위한 수정분개를 하라.
2. 매출총이익을 계산하라.

5-3 상품거래의 분개

7월중에 발생한 다음과 같은 상품매매에 관한 거래를 분개하라.

(1) 1일 경기상사로부터 상품 ₩1,500을 2/20, n/30의 조건으로 외상매입하였다.
(2) 1일 상품의 매입시 운송대금으로 안성운수에 ₩75을 현금으로 지급하였다.
(3) 3일 ㈜안산에 2/20, n/60의 조건으로 상품을 ₩1,000에 외상매출하였다.
(4) 7일 서울상회로부터 상품을 1/20, n/30의 조건으로 ₩2,000에 외상매입하였다.
(5) 7일 상품의 판매시 운송비로 안성운수에 현금 ₩85을 지급하였다.
(6) 8일 반포상회로부터 상품 ₩800을 2/20, n/30의 조건으로 외상매입하였다.
(7) 10일 재창상사에 상품을 2/20, n/30의 조건으로 ₩800에 외상매출하였다.
(8) 11일 경기상사에 대한 외상매입대금을 지불하였다.
(9) 12일 7일의 서울상회에서 구입한 상품 중 일부가 파손되어 반품하였다. 반품한 상품의 원가는 ₩200이다.
(10) 13일 3일의 ㈜안산에 대한 외상매출대금을 현금으로 회수하였다.
(11) 17일 서울상회에 대한 7일과 12일 거래 후의 외상매입대금을 현금으로 지급하였다.
(12) 20일 10일의 재창상사에 대한 외상매출대금을 수령하였다.
(13) 23일 반포상회에 대한 외상매입대금을 지불하였다.
(14) 31일 상품을 ₩500에 현금으로 판매하였다.

5-4 상품매매기업에 대한 재무제표작성의 종합(1)

다음은 ㈜아현의 시산표이다. 요구사항에 답하라.

시 산 표

㈜ 아현　　　　20×3년 12월 31일 현재　　　　(단위 : 원)

계정과목	차 변	대 변
현금	2,376	
매출채권	14,647	
상품	37,842	
비품	22,200	
비품감가상각누계액		14,600
차량운반구	37,800	
차량감가상각누계액		1,000
매입채무		9,800
자본금		75,890
매출		199,300
매출에누리와 환입	2,300	
매출할인	980	
매입	101,386	
매입에누리와 환출		2,333

계정과목	차변	대변
매 입 할 인		2,144
매 입 운 임	786	
임 차 료	1,800	
급 여	52,600	
보 험 료	1,500	
소 모 품 비	3,300	
광 고 선 전 비	8,200	
수 도 광 열 비	15,000	
통 신 비	2,350	
합 계	305,067	305,067

요구사항

1. 다음과 같은 결산수정사항에 대하여 수정분개를 하고 정산표를 작성하라.
   (1) 기말상품재고액은 ₩42,660이다.
   (2) 소모품재고액은 ₩300이다.
   (3) 비품과 차량의 감가상각비는 각각 ₩2,000과 ₩1,000이다.
   (4) 미지급급여는 ₩560이다.
   (5) 지급한 보험료 중 ₩500은 내년에 해당하는 금액이다.
2. 포괄손익계산서와 재무상태표를 작성하라.

5-5 상품매매기업에 대한 재무제표작성의 종합(2)

다음은 12월 31일이 결산일인 ㈜안산의 정산표 자료이다. 자료를 이용하여 요구사항에 답하라.

정 산 표

20XX년 12월 31일

계정과목	수정전시산표		수정분개		수정후시산표		손익계산서		재무상태표	
	차 변	대 변	차 변	대 변	차 변	대 변	차 변	대 변	차 변	대 변
현 금	135,500									
매 출 채 권	200,000									
단 기 대 여 금	50,000									
미 수 금	50,000									
소 모 품	12,000									
상 품	80,000									
차 량	100,000									
차량감가상각누계액		10,000								
건 물	800,000									
건물감가상각누계액		50,000								
매 입 채 무		118,000								

미 지 급 금		90,000								
자 본 금		686,000								
이 익 잉 여 금		14,000								
매 출		970,000								
매출에누리와환입	5,000									
매 입	329,000									
매입에누리와환출		58,000								
급 여	89,000									
보 험 료	44,500									
광 고 선 전 비	65,000									
임 차 료	36,000									
합 계	1,996,000	1,996,000								

요구사항

1. 다음 사항에 대하여 수정분개를 하고 정산표를 완성하라.
   (1) 기말재고상품액은 ₩50,000이다.
   (2) 임차료는 6개월분이며, 기말 현재 3개월분은 미리 지급한 것이다.
   (3) 감가상각비는 차량운반구가 ₩10,000 건물이 ₩50,000이다..
   (4) 기말현재 급여 미지급액은 ₩10,000이다.
   (5) 소모품재고액은 ₩5,000이다.
   (6) 매출채권 잔액의 4%를 대손충당금으로 설정한다.
   (7) 단기대여금에 대한 발생이자는 ₩1,000이다.
2. 포괄손익계산서와 재무상태표를 작성하라.
3. 마감분개를 하라.

5-6 상품매매기업에 대한 재무제표작성의 종합(3)

시 산 표

(주) 가전상사　　　　20×4년 12월 31일 현재　　　　(단위 : 원)

계정과목	차 변	대 변
현 금	4,600	
매 출 채 권	35,800	
상 품	176,500	
선 급 임 차 료	1,200	
소 모 품	2,000	
비 품	135,000	
비 품 감 가 상 각 누 계 액		8,500

매 입 채 무		60,000
단 기 차 입 금		50,700
자 본 금		157,900
이 익 잉 여 금		12,000
매 출		496,000
매출에누리와 환입	12,000	
매 출 할 인	4,000	
매 입	218,300	
매입에누리와 환출		26,400
매 입 할 인		3,700
매 입 운 임	10,300	
접 대 비	14,200	
급 여	144,800	
보 험 료	2,800	
광 고 선 전 비	18,200	
수 도 광 열 비	18,000	
통 신 비	17,500	
합 계	815,200	815,200

요구사항

1. 다음 사항에 대하여 수정분개를 하고 정산표를 작성하라.
   (1) 기말상품재고액은 ₩182,600이다.
   (2) 창고에 남아 있는 소모품재고액은 ₩800이다.
   (3) 비품의 감가상각비는 ₩3,600이다.
   (4) 단기차입금에 대한 발생이자는 ₩2,500이다.
   (5) 급여 미지급액은 ₩1,200이다.
   (6) 보험료 중 ₩500은 내년도에 적용되는 부분이다.
2. 포괄손익계산서와 재무상태표를 작성하라.
3. 마감분개를 하라.

Chapter 6

K-IFRS

최신 회계의 이해

회계보고서 작성을 위한 이론

제1절 회계의 기본 가정
제2절 회계정보의 질적 특성
제3절 재무제표 작성원칙
제4절 수익과 비용 인식
제5절 주석

재무제표는 회계시스템에 의하여 산출되는 최종적인 회계보고서이다. 재무제표는 기업의 외부 이용자가 기업 내용을 파악하기 위하여 가장 많이 활용하는 회계정보이며, 그 내용은 투자나 대출결정 등 여러 가지 경제적인 의사결정에 많은 영향을 미친다. 이러한 중요성 때문에 일정 규모 이상의 기업은 정기적으로 재무제표를 작성하여 회계감사를 받은 후 감독기관에 일정한 기일 이내에 제출하도록 되어 있다. 앞 장에서 우리는 회계의 순환과정을 통하여 재무제표가 작성되는 절차에 대하여 공부하였다. 본 장에서는 재무제표의 작성에 관한 일반이론에 대하여 설명한다. 이러한 이론은 재무제표의 유용성과 신뢰성을 높이기 위해서 마련된 재무회계에 관한 기본개념이다. 그리고 재무제표 가운데 특히 중요한 재무상태표 및 포괄손익계산서 작성에 관한 내용들도 상세히 소개한다. 이러한 내용은 재무제표를 이해하는 데 매우 중요한 개념이다. 또한 포괄손익계산서와 관련된 수익과 비용의 인식기준과 주석에 관하여도 설명한다.

Chapter

6 회계보고서 작성을 위한 이론

제1절 회계의 기본 가정

재무제표의 작성은 몇 가지 기본가정을 필요로 한다. 재무제표의 기본가정(基本假定, basic assumptions)은 유용성 있는 재무제표의 작성을 위하여 필요한 기본적 전제조건을 의미하며, 회계공준(會計公準, accounting postulates)이라고도 한다. 재무제표의 기본가정은 오랫동안 회계기록을 하는 과정에서 자연스럽게 생성되었으며, 기업을 둘러싼 환경으로부터 도출되었다. 이는 회계시스템의 토대라고 할 수 있으며 회계원칙의 근간이 된다.

1.1 계속기업

계속기업(繼續企業, going concern)은 일반적으로 기업실체는 목적과 의무를 이행하기에 충분할 정도로 장기간 존속한다는 가정이다. 쉽게 설명하면 기업은 특별한 이유가 없는 한 기업 활동을 계속한다는 전제조건을 말한다.

재무제표는 일반적으로 기업이 계속기업이며, 예상가능한 기간 동안 영업을 중단하지 않을 것이라는 가정 하에 작성된다. 따라서 기업은 경영활동을 그만두거나 중요하게 축소할 의도나 필요성이 없다고 전제한다. 만일 경영활동을 그만 둘 의향이 있다면, 다른 회계기준을 적용하여 회계보고서를 작성하여야 한다. 예를 들어, 기업이 도산할 가능성이 매우 크면 계속기업의 가정이 더 이상 성립되지 않기 때문에 그 기업의 자산을 처분하여 확보할 수 있는 가격으로 표시하여야 타당할 것이다.

발생주의 회계의 주요한 원칙들은 계속기업의 가정에 근거하고 있다. 자산을 취득당시의 금액으로 재무상태표에 표시하는 역사적 원가원칙과 유형자산의 역사적 원가를 기준으로 감가상각을 하는 것은 기업이 최소한 유형자산의 내용연수동안 존속한다는 가정에 근거한다.

1.2 발생기준

발생기준(發生基準, accrual basis)은 거래나 그 밖의 사건의 영향을 현금이나 현금성자산의 수취나 지급 시점이 아니라 발생한 기간에 인식하여 해당기간의 장부에 기록하고 재무제표에 표시하는 개념이다. 발생기준을 적용하여 작성한 회계보고서는 현금의 수지를 수반한 과거의 거래 뿐 아니라 미래에 현금을 지급해야 하는 의무와 현금의 수취가 기대되는 자원에 대한 정보를 이용자에게 제공한다. 따라서 재무제표는 과거의 거래와 그 밖의 사건에 대해 이용자의 경제적 의사결정에 가장 유용한 형태의 정보를 제공한다. 발생기준은 회계이익결정의 근간이 되는 가장 중요한 개념이며, 현금기준(現金基準, cash basis)과 대조를 이룬다. 발생기준과 현금기준의 구체적인 개념은 제4장에서 이미 살펴보았다.

참고 일반기업회계기준에 따른 회계공준

일반기업회계기준에서는 회계의 기본가정으로

1. 기업실체의 가정
2. 계속기업의 가정
3. 기간별 보고 가정을 제시하고 있다.

기업실체의 가정이란 기업실체는 소유주와는 독립된 존재로 회계보고의 주체가 되며 기업단위의 경제활동에 대한 재무정보를 측정 보고하는 것을 말한다. 또한 기간별 보고의 가정이란 기업의 존속기간을 인위적으로 구분하여 회계 보고할 수 있다는 가정이다. 계속기업의 가정은 K-IFRS의 회계가정과 동일하다.

제2절 회계정보의 질적 특성

회계시스템에 의하여 산출된 재무제표를 통하여 제시되는 정보는 회계정보이용자의 의사결정에 잘 활용되어야 한다. 회계정보이용자의 의사결정 목적에 잘 활용되기 위하여 갖추어야 하는 속성을 회계정보의 질적 특성(質的特性, qualitative characteristics)이라 한다.

2.1 근본적 질적 특성

근본적 질적 특성(Fundamental qualitative characteristics)은 회계정보가 정보이용자의 의사결정에 유용하기 위하여 필요한 가장 기본적인 특성을 의미하며, 목적적합성과 충실한 표현으로 구성된다.

1) 목적적합성(Relevance)

목적적합성(目的適合性)이란 회계정보는 회계정보이용자의 정보이용목적에 적합하여야 함을 뜻한다. 예를 들어 집을 나서기 전 '우산을 들고 가야 하는가?' 라는 의사결정 문제 있어서 적합한 정보는 일기예보일 것이다. 그날의 주가정보나 교통정보는 의사결정 목적에는 적합하지 않다.

목적적합성은 예측가치와 확인가치, 중요성의 세부 속성으로 구성된다. 예측가치란 회계정보를 사용하여 회계정보이용자가 기업실체의 미래 재무상태나 경영성과 등을 예측하는데 도움이 되어야 함을 의미하며, 확인가치란 제공된 회계정보를 통하여 예측된 재무상태나 경영성과의 예측치를 확인 또는 수정함으로 의사결정에 미칠 수 있는 능력을 의미한다.

중요성이란 회계정보가 회계정보이용자의 의사결정에 영향을 줄 수 있는 정도를 의미한다. 만일 특정한 회계정보가 누락되거나 잘못표시되어 정보이용자가 잘못된 의사결정을 하게 될 수 있다면 그 정보는 중요한 정보이다.

2) 충실한 표현(Faithful representation)

충실한 표현(充實한 表現)이란 회계정보가 나타내고자 하는 대상을 회계정보이용자에게 회계정보 보고 대상에 대한 대부분의 내용이 포함되어야 하며, 중립적이고 오류가 없어야 한다는 것이다.

충실한 표현을 위해서는 완전한 서술, 중립적 서술, 오류 없는 서술의 세 가지 특징을 갖추고 있어야 한다. 완전한 서술이란 회계정보이용자가 기업실체를 이해하는 데 필요한 모든 정보를 포함하여야 한다는 것이다. 중립적 서술이란 재무정보의 선택이나 표시에 있어 특정방향으로 의사결정하도록 하는 의도가 없어야 한다는 것을 의미하며, 오류없는 서술이란 회계정보의 보고에 오류나 누락이 없고 보고 정보를 생산하는 데 사용되는 절차의 선택과 적용시 절차상 오류가 없음을 의미한다.

2.2 보강적 질적 특성

보강적 질적 특성(Enhancing qualitative characteristics)은 근본적 질적 특성을 더욱 강화해주는 속성으로 비교가능성, 검증가능성, 적시성 및 이해가능성이 있다.

1) 비교가능성(Comparability)

비교가능성(比較可能性)이란 회계정보는 회계정보이용자들이 어느 한 기업과 다른 기업을 비교하거나(기업간 비교가능성) 어느 한 기업의 과거와 현재를 비교(기간간 비교가능성)할 수 있어야 한다는 것을 의미한다. 회계정보의 기업간 비교는 비교대상 기업이 동일한 회계기준을 적용하여야만 확보될 수 있으며, 기간별 비교는 동일한 기업이 비교대상 기간동안 동일한 회계기준을 일관되게 적용하여야만 확보된다.

2) 검증가능성(Verifiability)

검증가능성(檢證可能性)이란 합리적이고 판단력 있는 독립적인 서로 다른 회계정보이용자가 회계정보를 이용하여 동일하거나 유사한 의사결정을 할 수 있어야 한다는 것을 의미한다.

3) 적시성(Timeliness)

적시성(適時性)이란 회계정보이용자가 의사결정에 필요한 시점에 정보가 이용가능한 것을 의미한다.

4) 이해가능성(Understandability)

이해가능성(理解可能性)이란 회계시스템을 통하여 산출된 정보를 회계정보이용자들이 이해할 수 있어야 함을 의미한다. 이는 아무리 좋은 정보라도 정보이용자가 그 정보의 내용을 알 수 없으면 정보는 아무런 가치가 없음을 의미한다.

2.3 회계정보 질적 특성의 제약요인

우리는 위에서 의사결정에 유용한 회계정보는 목적적합하고 충실한 표현이 있어야 함을 살펴보았다. 그러나 이러한 정보를 제공하는데 있어서 걸림돌이 되는 제약요인이 존재하는데, 여기에는 효익과 원가간의 균형, 질적 특성간의 균형이 있다.

효익과 원가 간의 균형이란 회계정보를 활용하여 기대할 수 있는 경제적 효익(效益, benefit)이 회계정보의 제공에 소요되는 비용(cost)을 초과해야 함을 의미한다. 회계정보는 정보이용자들이 합리적인 의사결정을 하는데 필요한 정보를 제공함으로써 사회 전체적으로 효율적인 자원의 배분을 가능하게 하여 경제적 효익을 초래한다. 그러나 회계정보의 제공과 이용에는 비용이 수반된다. 효익과 원가 간의 균형이란 회계정보로부터 기대할 수 있는 경제적 효익이 정보제공에 수반된 비용을 초과해야만 사회 전체적으로 경제적 타당성이 있음을 의미하는 포괄적인 제약 요인이다. 지금까지 설명한 회계정보의 질적 특성을 요약하면 [그림 6.1]과 같다.

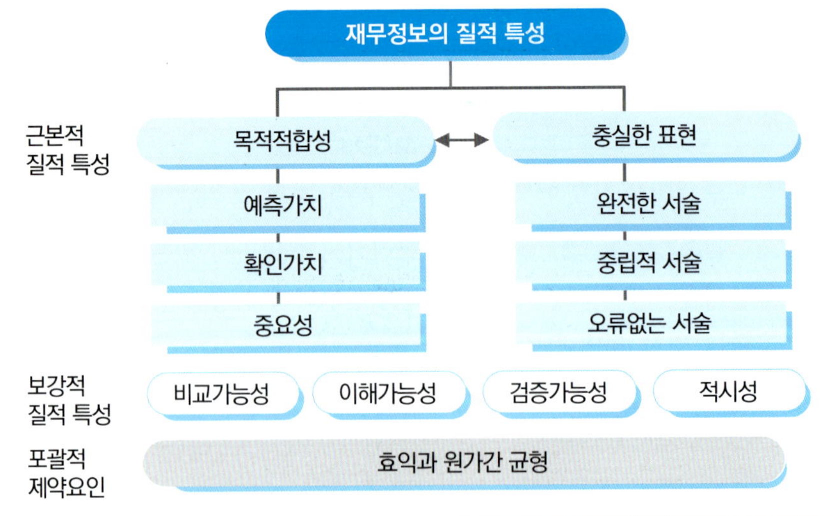

[그림 6.1] 회계정보의 질적 특성

참고 일반기업회계기준에 따른 회계정보의 질적 특성

일반기업회계기준에서의 회계정보의 질적 특성은 다음과 같다.

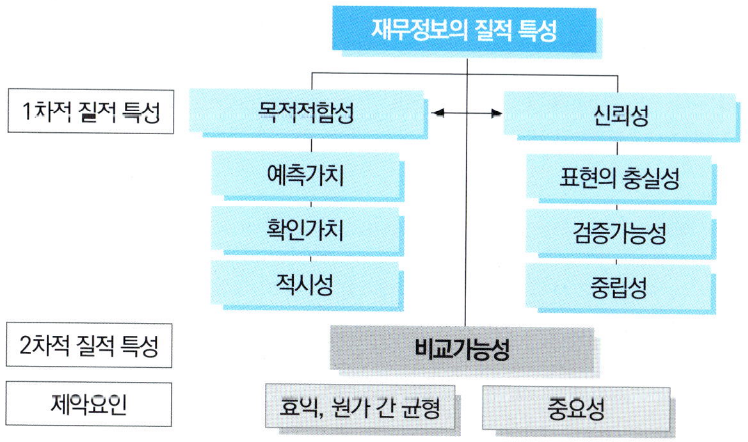

1차적 질적 특성은 K-IFRS의 근본적 질적 특성에 해당하는 것이며, 1차적 질적 특성의 하위속성은 보강적 질적 특성에 해당한다고 보면 된다.

목적적합성의 하위속성에는 예측가치, 확인가치 적시성이 있다. 예측가치와 확인가치, 적시성의 개념은 K-IFRS와 동일하다.

신뢰성은 회계정보는 믿을 수 있어야 한다는 것으로 하위속성에는 표현의 충실성, 검증가능성, 중립성이 있다. 여기에서 표현은 충실성은 충실한 표현과 동일한 의미로 보면 되며, 검증가능성이란 동일한 경제적 사건에 대하여 다수의 회계전문가들이 유사한 결론을 낼 수 있어야 한다는 것이다.

2차적 질적 특성으로 제시된 비교가능성, 제약요인인 효익과 원가간 균형, 중요성의 개념 모두 K-IFRS의 개념과 동일하다.

제3절 재무제표 작성원칙

3.1 재무제표작성의 일반원칙

한국채택국제회계기준에서는 재무제표 작성과 관련하여 다음과 같은 사항을 규정하고 있다.

1) 공정한 표시와 한국채택국제회계기준의 준수

재무제표는 기업의 재무상태, 경영성과 및 현금흐름을 공정하게 표시(fair presentation)해야 한다. 공정한 표시를 위해서는 자산, 부채, 자본, 수익 및 비용에 대한 정의와 인식요건에 따라 거래 또는 그 밖의 사건과 정황의 효과를 충실하게 표현하여야 한다. 일반적으로 한국채택국제회계기준에 따라 작성된 재무제표는 공정하게 표시된 재무제표로 간주한다.

2) 계속기업

경영진은 재무제표를 작성할 때 계속기업(going concern)으로서의 존속가능성을 평가하여야 한다. 경영진이 경영활동을 중단할 의도를 가지고 있지 않거나 청산 또는 경영활동의 중단 외에 다른 현실적 대안이 없는 경우가 아니면 계속기업을 전제로 재무제표를 작성한다.

3) 발생기준회계

기업은 현금흐름 정보를 제외하고는 발생기준 회계(accrual basis)를 사용하여 재무제표를 작성하며, 각 항목이 '재무회계개념체계'의 정의와 인식요건을 충족할 때 자산, 부채, 자본, 수익 및 비용으로 인식한다.

4) 중요성과 통합표시

유사한 항목은 중요성(materiality) 분류에 따라 재무제표에 구분하여 표시하고, 상이한 성격이나 기능을 가진 항목은 구분하여 표시한다. 다만 중요하지 않은 항목은 성격이나 기능이 유사한 항목과 통합하여 표시할 수 있다.

5) 상계

한국채택국제회계기준에서 요구하거나 허용하지 않는 한 자산과 부채 그리고 수익과 비용은 상계(相計, offsetting)하지 않는다. 이들 항목을 상계표시하면 발생한 거래, 그 밖의 사건과 상황을 이해하고 기업의 미래현금흐름을 분석할 수 있는 재무제표이용자의 능력을 저해할 수 있다.

6) 보고빈도

전체 재무제표(비교정보를 포함)는 적어도 1년마다 작성한다. 보고기간종료일을 변경하여 재무제표의 보고기간이 1년을 초과하거나 미달하는 경우 재무제표 해당 기간뿐만 아니라 보고기간이 1년을 초과하거나 미달하게 된 이유와 재무제표에 표시된 금액이 완전하게 비교가능하지 않다는 사실을 추가로 공시한다.

7) 비교정보

한국채택국제회계기준이 허용하거나 달리 요구하는 경우를 제외하고는 당기 재무제표에 보고되는 모든 금액에 대해 전기 비교정보를 공시한다. 당기 재무제표를 이해하는 데 목적적합하다면 서술형 정보의 경우에도 비교정보를 포함한다.

3.2 재무상태표의 양식

재무상태표(statement of financial position)는 일정시점에 있어서 기업의 재무상태(financial position)를 나타내는 재무제표이다. 다시 말하면, 재무상태표는 일정시점에 있어서 기업이 보유하고 있는 경제적 자원과 이에 대한 채권자와 소유주의 청구권, 즉 자산, 부채 및 자본의 내용을 나타내는 정태적 보고서(靜態的報告書, static statement)이다.

재무상태표의 작성양식에는 계정식(account form)과 보고식(report form)이 있다. 계정식은 왼쪽에 차변계정인 자산을 기록하고 오른쪽에 대변계정인 부채와 자본을 기록하는 형식으로 작성한다. 재무상태표의 등식에 의하여 왼쪽의 자산합계는 오른쪽의 부채와 자본합계와 일치한다. 보고식은 자산을 먼저 기재하고 부채와 자본을 다음에 기록하여 자산, 부채 및 자본을 종적으로 보고하는 형식이다. 한국채택국제회계기준은 구체적인 재무상태표의 양식을 제시하고 있지 않아서 계정식과 보고식 모두 허용된다고 볼 수 있다.

〈표 6.1〉 계정식에 의한 재무상태표 양식

재무상태표

××주식회사 20×1년 12월 31일 현재

자 산		부 채	
	·	자 본	·
	·		·
자산총계	×××	부채 및 자본총계	×××

〈표 6.2〉 보고식에 의한 재무상태표 양식

재무상태표

××주식회사	20×1년 3월 31일 현재
자 산	·
	·
	·
자산총계	×××
자 본	·
부 채	·
부채와 자본총계	×××

3.3 재무상태표의 작성원칙

1) 유동과 비유동의 구분

한국채택국제회계기준에서는 유동성순서에 따른 표시방법이 신뢰성있고 더욱 목적적합한 정보를 제공하는 경우를 제외하고는 유동자산과 비유동자산, 유동부채와 비유동부채로 재무상태표에 구분하여 표시한다.

유동자산(流動資産, current assets)은 다음의 어느 하나에 해당하는 경우를 말하여, 그 밖의 모든 경우에는 비유동자산(非流動資産, non-current assets)으로 분류한다.

① 기업의 정상영업주기 내에 실현될 것으로 예상하거나 판매 또는 소비할 의도가 있는 경우
② 주로 단기매매목적으로 보유한 경우
③ 보고기간 후 12개월 이내에 실현될 것으로 예상한 경우
④ 현금이나 현금성자산(단, 다른 자산과의 교환이나 부채상환을 위해 사용하는데 12개월 이상의 기간 동안 제한이 없는 경우)

이와같은 기준에 의하면, 유동자산은 정상영업주기 내 또는 보고기간 후 12개월 내에 실현되거나 결제될 것으로 기대되는 자산을 의미한다. 즉, 정상영업주기 내 또는 재무상태표 보고일 현재 1년내 현금으로 전환될 가능성이 높은 자산은 유동자산으로, 그렇지 않으면 비유동자산으로 구분한다.

한편, 유동부채(流動負債, current liabilities)는 다음의 어느 하나에 해당하는 경우

를 말하여, 그 밖의 모든 경우에는 비유동부채(非流動負債, non-current liabilities)로 분류한다.

① 정상영업주기 내에 결제될 것으로 예상된 경우
② 주로 단기매매목적으로 보유한 경우
③ 보고기간 후 12개월 이내에 결제될 것으로 예상한 경우
④ 보고기간 후 12개월 이상 결제를 무조건적으로 연기할 수 없는 경우

이 기준에 따르면, 정상영업주기 내 또는 재무상태표 보고일 현재 1년 이내에 갚아야 할 단기부채이면 유동부채로, 그렇지 않으면 비유동부채(非流動負債)로 분류한다.

유동자산은 주로 기업의 단기 및 장기부채를 상환하는 데 사용하며, 상품의 구입과 각종 비용의 지출에 대비하여 보유하는 자산이다. 유동자산이 많을수록 기업의 현금동원능력이 증가하여 유동성이 확보되지만 적정한 수준 이상의 과다한 보유는 불필요한 자금을 사장시켜 수익성을 저하시킨다.

유동자산에서 유동부채를 차감한 금액을 순운전자본(純運轉資本, net working capital)이라고 하는데, 이는 영업활동을 위하여 동원할 수 있는 가용자금(可用資金)을 의미한다.

2) 유동성 배열법

유동성 순서에 따른 표시방법을 적용할 경우 모든 자산과 부채는 유동성의 순서에 따라 표시한다. 한편, 신뢰성 있고 더욱 목적적합한 정보를 제공한다면 자산과 부채의 일부는 유동성/비유동성 구분법으로, 나머지는 유동성 순서에 따른 표시방법으로 혼합 표시하는 것이 허용된다. 이러한 혼합표시방법은 기업이 다양한 사업을 영위하는 경우에 필요할 수 있다.

〈표 6.3〉은 한국채택국제회계기준에 따라서 작성된 재무상태표의 양식을 제시하고 있다.

〈표 6.3〉 재무상태표의 양식

재무상태표

제×기 20×1년 12월 31일 현재
회사명　　　　제×기 20×2년 12월 31일 현재　　　　(단위: 원)

과 목	당 기		전 기	
자 산				
유동자산		×××		×××
현금및현금성자산	×××		×××	
수취채권	×××		×××	
기타금융자산	×××		×××	
재고자산	×××		×××	
기타자산	×××		×××	
· · ·	×××		×××	
비유동자산		×××		×××
수취채권	×××		×××	
기타금융자산	×××		×××	
투자부동산	×××		×××	
유형자산	×××		×××	
무형자산	×××		×××	
영업권	×××		×××	
기타자산	×××		×××	
자산총계	×××	×××	×××	×××
부 채				
유동부채		×××		×××
단기금융부채	×××		×××	
단기충당부채	×××		×××	
기타채무	×××		×××	
비유동부채		×××		×××
장기금융부채	×××		×××	
장기충당부채	×××		×××	
· · ·	×××		×××	
부채총계		×××		×××
자 본				
지배기업소유주지분		×××		×××
납입자본	×××		×××	
이익잉여금	×××		×××	
기타자본요소	×××		×××	
소수주주지분		×××		×××
자본총계		×××		×××
부채및자본총계		×××		×××

* 기타자본요소에는 자본잉여금과 자본조정항목 및 기타포괄손익누계액이 모두 포함되며 이들 항목에 대한 자세한 내용은 주석으로 공시되도록 규정되어 있다.

참고 일반기업회계기준에 따른 재무상태표작성원칙

① 구분표시원칙
재무상태표상에 자산, 부채 및 자본을 종류별, 성격별로 적절히 분류하여 일정한 체계하에 구분 표시함으로써 재무상태를 명확히 표시할 수 있도록 작성한다.

② 총액주의
자산항목과 부채 또는 자본은 총액으로 표시하여야 하며, 이들을 상계하여 순액만으로 나타나서는 아니된다

③ 1년기준
자산과 부채를 유동항목과 비유동항목으로 구분하는 것을 1년을 기준으로 구분한다.

④ 유동성배열법
재무상태표상 자산, 부채의 과목을 유동성이 높은 것부터 표시한다.

⑤ 잉여금구분의 원칙
자본거래에서 발생한 잉여금은 자본잉여금으로 기재하고, 손익거래에서 발생한 잉여금은 이익잉여금으로 구분표시한다.

⑥ 미결산항목 및 비망계정의 표시금지
일시적으로 처리하기 위하여 사용하는 미결산계정은 재무제표에 표시되어서는 아니된다.

3.4 포괄손익계산서 양식

포괄손익계산서(statement of comprehensive income)는 일정기간 동안의 기업의 경영성과를 나타내는 일람표이다. 포괄손익계산서에는 회계기간의 영업활동결과로 기업에 유입된 수익과 수익창출에 관련되어 유출된 모든 비용을 대응시킴으로써 나타나는 순이익이 보고된다. 포괄손익계산서는 순이익으로 측정한 경영성과를 보고하는 동태적 보고서(動態的 報告書, dynamic statement)라 할 수 있다.

포괄손익계산서에 보고되는 포괄이익은 과거 기업회계기준에 의해서 다음과 같이 결정된 당기순이익에 재무상태표의 자본의 구성요소로 직접 보고된 기타포괄손익누계액이 포함된 넓은 의미의 개념이다. 따라서 기타포괄손익은 당기순이익 계산에 제외된 손익으로서 주주와의 직접 거래(증자, 배당 등)에서 발생하는 것을 제외한 모든 자본의 증감을 초래하는 손익항목을 의미한다.

> 당기순이익(또는 순손실) = 수익 − 비용
> 총포괄손익 = 당기순이익 + 기타포괄이익

한국채택국제회계기준에서는 포괄손익계산서를 〈표 6.4〉와 같은 두 가지 형태 중 하나를 선택하여 작성하도록 규정하고 있다. 단일형 포괄손익계산서는 당기순손익과 포괄손익을 구분하지 않고 하나의 손익계산서를 작성한 형태이며, 분리형 포괄손익계산서는 당기순손익과 포괄손익을 구분하여 별도의 손익계산서를 작성한 형태를 의미한다. 단일형 포괄손익계산서가 보다 간편하기 때문에 회계실무에서 더 많이 사용될 것으로 예상된다.

〈표 6.4〉 포괄손익계산서의 형태

(1) 단일형 포괄손익계산서

포괄손익계산서

수 익	× × ×
비 용	(× × ×)
당기순손익	× × ×
기타포괄손익	× × ×
총포괄손익	× × ×

(2) 분리형 포괄손익계산서

손익계산서		**포괄손익계산서**	
수 익	× × ×	당기순손익	× × ×
비 용	(× × ×)	기타포괄손익	× × ×
당기순손익	× × ×	총포괄손익	× × ×

한국채택국제회계기준에서는 포괄손익계산서를 다음과 같은 기능별·성격별로 나누어 두 가지 양식으로 작성할 수 있도록 하고 있다. 한국채택국제회계기준에서는 특별히 구체적인 양식을 정하고 있지 않으나 현행 기업회계기준을 참조하여 두 가지 형태로 작성한 포괄손익계산서의 양식을 제시하면 〈표 6.5〉, 〈표 6.6〉과 같다.

〈표 6.5〉 단일 포괄손익계산서(기능별)

포괄손익계산서(기능별)

제×기 20×1년 1월 1일부터 20×1년 12월 31일까지

회사명　　제×기 20×2년 1월 1일부터 20×2년 12월 31일까지　　(단위: 원)

과 목	당 기		전 기	
매출액		×××		×××
매출원가		×××		×××
매출총손익		×××		×××
판매와관리비		×××		×××
물류원가		×××		×××
영업손익		×××		×××
금융수익		×××		×××
기타수익		×××		×××
금융비용		×××		×××
기타비용		×××		×××
…		×××		×××
법인세차감전순이익		×××		×××
법인세비용		×××		×××
당기순손익		×××		×××
기타포괄손익(법인세공제후)		×××		×××
기타포괄손익금융자산평가손익	×××		×××	
재평가잉여금	×××		×××	
총포괄손익		×××		×××
당기순손익의 귀속		×××		×××
지배기업소유주지분		×××		×××
소수주주지분		×××		×××
총포괄손익의 귀속		×××		×××
지배기업소유주지분		×××		×××
소수주주지분		×××		×××

〈표 6.6〉 단일 포괄손익계산서의 양식(성격별)

포괄손익계산서(성격별)

제×기 20×1년 1월 1일부터 20×1년 12월 31일까지
회사명 제×기 20×2년 1월 1일부터 20×2년 12월 31일까지 (단위 : 원)

과 목	당 기	전 기
수 익	×××	×××
기 타 수 익	×××	×××
상 품 의 변 동	(×××)	(×××)
상 품 의 매 입 액	(×××)	(×××)
종 업 원 급 여	(×××)	(×××)
감 가 상 각 비	(×××)	(×××)
이 자 비 용	(×××)	(×××)
기 타 비 용	(×××)	(×××)
법인세차감전손익	×××	×××
법 인 세 비 용	(×××)	(×××)
당 기 순 손 익	×××	×××
기타포괄손익(법인세공제후)	×××	×××
기타포괄손익인식금융자산평가이익	×××	×××
재 평 가 잉 여 금	×××	×××
총 포 괄 손 익	×××	×××
당기순손익의 귀속	×××	×××
지배기업소유주지분	×××	×××
소 수 주 주 지 분	×××	×××
총포괄손익의귀속	×××	×××
지배기업소유주지분	×××	×××
소 수 주 주 지 분	×××	×××

두 가지 양식의 포괄손익계산서는 비용을 표시하는 방법이 다르다. 기능별 포괄손익계산서는 비용을 매출원가, 물류원가 및 관리활동원가 등과 같이 기능별로 구분하여 작성한 형태이다. 기능별로 비용을 분류하면 반드시 매출원가는 다른 비용과 분리하고, 수익(매출액)에서 매출원가를 차감한 매출총손익을 표시하고, 매출총손익에서 판매비와 관리비 및 물류원가를 차감하여 영업손익을 표시하여야 한다.

성격별 포괄손익계산서는 비용을 상품매입액, 종업원급여, 감가상각비, 이자비용 및 기타비용 등으로 성격별로 구분하여 작성한 형태이다. 비용을 성격별로 표시하는 경우에는 매출원가를 따로 표기하지 않는 대신에 당기상품 매입액에 당기상품변동액을 가감하는 방법으로 표시한다. 당기상품변동액은 상품의 기초재고액과 기말재고액의 차이를 의미하며, 상품매입액과 당기상품변동액의 합계액은 매출원가와 반드시 일치하여야 한다.

포괄손익계산서 작성 시 만일 회계연도 중에 주요 사업부분을 중단한 경우에는 중단한 사업부분에서 발생한 중단영업손익과 중단사업부분에 속한 자산의 평가와 처분에 관한 손익의 합계를 중단영업손익으로 별도로 표시하여 계속영업손익과 구분한다. 중단영업손익은 법인세를 공제한 법인세공제후 금액으로 계상한다. 또한 지분법 적용대상인 관계기업과 조인트벤처가 있는 경우에는 해당기업의 당기순손익에 대한 지분액을 별도의 손익항목으로 표시한다.

참고 일반기업회계기준에 따른 손익계산서 작성원칙

① 발생주의
수익과 비용은 현금의 유입 또는 유출과는 관계없이 그 사건이 발생된 시기에 기록한다.

② 실현주의
수익은 수익을 획득하는 과정이 거의 완료되고 그로 인한 현금유입핵을 측정할 수 있을 때 기록한다.

③ 수익비용대응
수익을 획득하기 위하여 발생된 비용은 관련 수익이 인식되는 기간에 비용으로 인식한다.

④ 총액주의
수익과 비용항목을 상계하여 그 전부 또는 일부를 손익계산서에서 제외하지 않는다.

⑤ 구분표시
이익을 매출총손익, 영업손익, 법인세비용차감전손익, 당기순손익으로 손익을 구분하여 표시한다.

제4절 수익과 비용 인식

4.1 수익의 인식

수익의 인식(recognition)은 수익을 장부에 기록하는 시점을 결정하는 것을 의미한다. 수익은 자산의 증가나 부채의 감소와 관련하여 미래 경제적 효익이 증가하고 이를 신뢰성 있게 측정할 수 있을 때 인식한다. 이는 수익이 자산의 증가나 부채의 감소와 동시에 인식됨을 의미한다.

실제로 수익의 창출과정은 시간의 경과를 필요로 하기 때문에 수익을 장부에 기록하는 시점을 결정하는 것은 당기순손익의 크기에 중요한 영향을 미친다. 수익의 인식에 관한 일반기준은 다음과 같다.

1) 실현과 가득기준

일반적으로 제조기업의 이익창출활동은 다음과 같은 영업순환주기(營業循環週期, operating cycle)를 거쳐서 이루어진다. 제조기업의 영업순환주기는 제품생산을 위한 원료의 구입으로 시작된다. 원재료를 구입하여 제품을 생산하면 이를 현금으로 판매하거나 신용으로 판매한다. 신용판매대금은 판매 후에 대금회수과정을 통하여 회수된다. 회수한 현금으로 다시 원재료를 구입하고 똑같은 과정을 반복한다.

이러한 일련의 영업순환주기에서 수익금액의 크기와 창출시기를 결정하여 회계장부에 기록하여 보고하는 것을 수익의 인식(認識)이라고 한다. 수익의 인식은 이러한 영업순환주기 중에서 어느 시점에 수익이 창출되었는가 하는 수익의 실현시기를 결정하는 것을 의미한다.

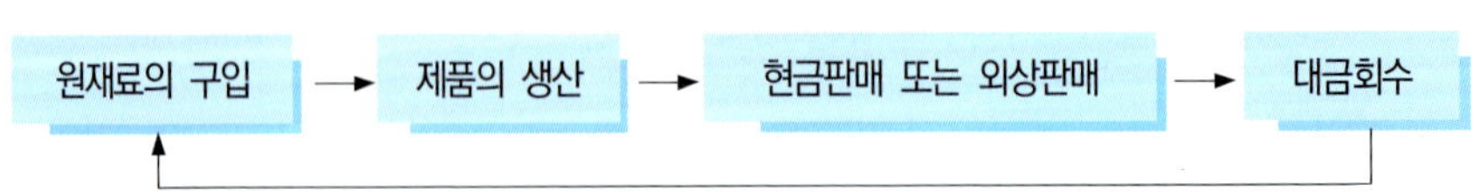

[그림 6.2] 제조기업의 영업순환주기

수익의 인식에 관한 예를 들어보자. 어느 회사가 20×1년 10월에 제품생산을 완료하여 20×2년 2월에 ₩10,000에 외상으로 판매하고 20×3년 1월에 대금을 회수하였다고 가정하자. 이때 매출수익 ₩10,000을 어느 연도의 매출수익으로 기록할 것인가? 이론적으로 가장 이상적인 수익의 인식방법은 일련의 영업순환주기 중에서 수익이 창출되는 단계마다 부분적으로 인식하는 것이다. 그러나 현실적으로 수익창출과정별로 수익을 측정하기는 매우 어렵고 비효율적이다. 따라서 수익 및 이득은 다음과 같은 두 가지 요건이 충족되었을 때 인식하도록 하고 있다.

(1) 실현기준

수익과 이득은 실현(實現, realized)되었거나 또는 실현가능한(realizable) 시점에서 인식된다. 수익 및 이득은 제품, 상품 또는 기타 자산이 현금 또는 현금청구권과 교환되는 시점에서 실현된다. 수익 및 이득이 실현가능하다 함은 수익과 이득의 발생과정에서 수취 또는 보유한 자산이 일정액의 현금 또는 현금청구권으로 즉시 전환될 수 있음을 의미한다.

(2) 가득기준

수익은 그 가득과정(稼得過程, earning process)이 완료되어야 인식된다. 기업의 수익 가득활동은 당해 기업이 영위하는 주요 영업활동을 구성하는 재화의 생산 또는 인도, 용역의 제공 등을 수반하며 이러한 일련의 활동에 대한 경제적 효익에 대한 권리를 주장하기에 충분한 정도의 의무를 수행하였을 때 당해 수익은 가득된 것으로 본다. 이는 기업이 수익의 획득과정에서 수익을 얻기 위하여 필요한 의무를 실질적으로 이행했을 때를 의미한다. 이득은 일반적으로 가득과정을 수반하지 않는 거래나 사건으로부터 발생하므로 이득을 인식함에 있어서는 가득기준은 적용되지 않을 수 있다.

보통 이러한 두 가지 기준을 적용하여 수익을 인식하는 시기는 영업주기에서 가장 중요한 사건(critical events)이 발생하였을 때가 된다.

2) 한국채택국제회계기준의 수익인식

2018년 1월 1일 이후 최초로 시작하는 회계연도부터 의무 적용되는 한국채택국제회계기준 제1115호에서는 고객과의 계약에서 생기는 현금흐름의 특성, 금액, 시기, 불확실성에 대한 유용한 정보를 재무제표이용자들에게 보고하기 위하여 적용할 원칙을 정하는데 이를 위한 핵심원칙은 아래와 같다.

K-IFRS 제1115호의 핵심원칙
고객에게 약속한 재화나 용역을 이전하고 그 대가로 받을 권리가 예상되는 금액으로 수익을 인식

핵심원칙에 따라 수익을 인식하기 위해서는 5단계 수익인식모형[1단계(고객과의 계약 식별) → 2단계(수행의무 식별) → 3단계(거래가격 산정) → 4단계(거래 가격을 계약 내 수행의무에 배분) → 5단계(수행의무 이행 시 수익 인식)]을 적용해야 한다.

5단계 수익인식모형의 구체적인 적용은 본서의 범위를 벗어나므로 중급회계 교재를 참고하기 바란다.

4.2 비용의 인식

비용은 특정 회계기간 중에 발생한 경제적 효익의 소비나 미래 경제적 효익의 감소를 인식하는 것이다. 기업실체가 경영활동을 영위하는 과정에서 경제적 효익이 소비되는 시점이나, 자산에 내재된 경제적 효익의 감소가 발생하였다고 판단되는 시점에서 인식된다. 그 구체적인 기준은 다음과 같다.

1) 수익과 비용의 직접대응

재화를 생산하기 위하여 소요되는 매출원가는 당해 재화의 판매로부터 얻는 수익, 즉 매출액이 인식되는 시점에 비용으로 인식된다. 즉 동일한 거래나 사건과 직접적으로 결부되어 발생하는 수익과 비용은 동일한 회계기간에 인식된다. 이는 특정 수익과 비용이 서로 직접적인 인과관계(因果關係, cause-and-effect relationship)가 있는 때에는 수익과 관련된 비용을 동일한 시기에 대응시켜 순손익을 결정하는 것을 의미한다. 이를 수익비용대응의 원칙(matching principle)이라고 한다.

2) 즉시 인식

취득과 동시에 또는 취득 후 즉시 소비되는 재화 및 용역의 취득과 관련하여 발생하는 관리비 등의 비용은 현금이 지출되거나 부채가 발생하는 회계기간에 인식된다.

3) 배분 인식

유형자산과 무형자산 등 상각대상자산을 사용함에 따라 발생하는 감가상각비와 여러 회계기간에 걸쳐 소비되는 보험료 등과 같은 비용은 체계적이고 합리적인 배분절차에 따라 당해 비용으로부터 효익이 기대되는 여러 기간에 걸쳐 인식된다.

제5절 주석

기업과 관련된 모든 재무정보를 재무제표의 본문에 표현하는 데는 한계가 있고 또한 화폐로 측정할 수 없는 경우도 있다. 이러한 때에는 재무제표에 본문에 추가하여 주석사항을 보충적으로 기재하도록 하고 있다. 주석(註釋, footnotes)은 일반적으로 재무제표 이용자가 재무제표를 이해하고 다른 기업의 재무제표와 비교하는 데 도움이 될 수 있도록 재무제표 본문 하단에 공시하는 설명 또는 부속명세서를 말한다.

주석은 일반적으로 다음의 순서로 표시한다.

① 한국채택국제회계기준을 준수하였다는 사실
② 적용한 중요한 회계정책의 요약
③ 재무상태표, 포괄손익계산서, 별개의 손익계산서(표시하는 경우), 자본변동표 및 현금흐름표에 표시된 항목에 대한 보충정보, 재무제표 배열 및 각 재무제표에 표시된 개별 항목의 순서에 따라 표시
④ 다음을 포함한 기타공시
  ㉠ 우발부채와 재무제표에서 인식하지 아니한 계약 약정사항
  ㉡ 비재무적 공시항목, 예를 들어 기업의 재무위험관리 목적과 정책

주석사항에 포함되는 부속명세서(supporting schedules)는 재무제표의 계정과목 중에서 중요한 항목을 구체적으로 나타내기 위한 설명서 및 계산근거를 말한다. 부속명세서에는 제조원가명세서, 단기금융자산명세서 및 재고자산명세서, 현금과 예금명세서 및 유형자산처분명세서 등이 있다.

재무제표 정보의 한계점

① 재무제표는 주로 화폐단위로 측정된 정보를 제공한다.
② 재무제표는 과거에 발생한 거래나 사건에 대한 정보를 나타낸다.
③ 재무제표는 추정에 의한 측정치를 포함하고 있다.
④ 재무제표는 특정기업실체에 관한 정보를 제공하며, 산업 또는 경제 전반에 관한 정보를 제공하지 않는다.

재미있는 회계 이야기 6 — 전문직 사업소득 의사 · 변호사 · 회계사 순

의사와 한의사 등이 한 해 평균 2억 2,000여만원의 사업소득을 올려 전문직 중에서 많이 버는 것으로 나타났다.

20일 국세청이 국회 기획재정위원회에 제출한 전문직 개인사업자의 업종별 종합소득 신고 자료를 보면 의사(의원), 치과의사(치과의원), 한의사(한의원) 등 의료업의 2018년 귀속분 신고한 사업소득은 16조 4,639억원, 신고 인원은 7만 2,715명으로 집계됐다. 1인당 평균 사업소득이 2억 2,640만원으로, 전문직 중에서 가장 많다.

의료업 다음으로 1인당 사업소득이 많은 전문직은 변호사로 평균 1억 1,580만원을 신고했다. 이어 회계사 9,830만원, 변리사 7,920만원, 세무사 7,230만원, 관세사 5,360만원, 건축사 3,870만원, 법무사 3,810만원, 감정평가사 2,480만원 등으로 나타났다.

1인당 사업소득은 2015~2018년 귀속분을 기준으로 2016년을 제외하고는 의료업, 변호사, 회계사, 변리사 등의 순서로 많았다. 2016년에는 변리사의 사업소득이 회계사를 앞섰다.

〈출처 : 2020.10.20., 경향신문〉

객관식 연습문제

01 **다음 중에서 재무제표 작성시 미지급비용이나, 선급비용, 각종 충당금설정 등에 대한 수정분개를 정당화시키는 회계개념과 가장 가까운 개념은?** ['08 36회 전산회계 1급]

① 계속기업의 전제(공준)　　② 회계기간의 전제(공준)
③ 비교가능성　　④ 기업실체의 공준

02 **다음은 일반기업회계기준상 재무제표의 기본가정에 대한 설명이다. 아래의 (가) 안에 들어갈 내용으로 알맞은 것은?** ['22 71회 기업회계 2급]

> 기업실체의 경영활동에 있어 청산이나 사업축소 등을 가정하지 않고, 그 목적을 수행하기에 충분할 정도로 장기간 존속한다는 가정을 계속기업의 가정이라고 한다. 이 가정은 재무제표를 (가)로 평가하는 근거를 제공한다.

① 순실현가능가치　　② 청산가치
③ 역사적원가　　④ 현행대체원가

03 **평창이 20x6년 동계올림픽을 유치함에 따라 평창 소재 부동산의 가치가 급상승하여 이를 보유한 기업들의 주가 역시 크게 상승하고 있다. 하지만 특정 회사의 경우 20년 전에 취득한 토지의 금액이 그대로 20x2년 재무제표의 토지금액으로 기록되어 있고, 취득 후의 토지 가치 상승분은 재무제표에 반영되지 않고 있다. 이러한 회계처리 방법이 강조하는 회계정보의 질적 특성으로 가장 타당한 것은?** [회계관리 1급 주관처공개 기출문제]

① 확인가치(피드백가치)　　② 목적적합성
③ 신뢰성　　④ 적시성

04 **다음 중 회계정보가 갖추어야 할 질적 특성에 대한 설명으로 적절하지 못한 것은?** [회계관리 1급 주관처공개 기출문제]

① 회계정보가 갖추어야 할 가장 중요한 질적 특성은 비용과 효익 그리고 중요성이다
② 회계정보가 목적적합성을 가지기 위해서는 예측가치와 피드백가치를 가져야 한다

③ 회계정보는 기간별 비교가 가능해야 하고 기업실체간의 비교가능성이 있어야 한다
④ 상충되는 질적 특성 간의 선택은 재무보고의 목적을 최대한 달성할 수 있는 방향으로 이루어져야 한다

05 **다음 중 재무상태표의 작성기준에 대한 올바른 설명으로 보기 어려운 것은?**

[회계관리 1급 주관처공개 기출문제]

① 재무상태표상 자산의 유동계정과 비유동계정은 일반적으로 1년 기준으로 구분한다.
② 재고자산, 매출채권 및 매입채무 등 운전자본과 관련된 항목들에 대하여는 1년을 초과하더라도 정상적인 영업주기내에 실현 혹은 결재되리라는 예상되는 부분에 대해서는 유동항목으로 분류한다.
③ 동일 거래처에 대한 채권과 채무가 동시에 존재하는 경우에는 이를 상계하여 표시한다.
④ 재무상태표상 부채도 유동성을 기준으로 구분하여 기재한다.

06 **다음 중 재무상태표에 관한 설명으로 가장 올바르지 않은 것은?** [회계관리 2급 주관처공개 기출문제]

① 재무상태표의 자산과 부채는 유동성이 작은 항목부터 배열하는 것을 원칙으로 한다.
② 재무상태표는 회사의 자산 및 이에 대한 채권자의 몫과 주주의 몫을 구분하여 표시한다.
③ 재무상태표의 차변과 대변의 합계는 항상 일치한다.
④ 재무상태표의 유동자산은 당좌자산과 재고자산으로 구분된다.

07 **다음의 재무제표에 대한 설명으로 옳지 않은 것은?**

① 재무상태표는 일정시점의 기업의 경제적 자원과 이에 대한 청구권을 표시하고 있다.
② 포괄손익계산서는 일정시점의 기업의 경영성과를 나타내는 일람표이다.
③ 자본변동표는 일정기간의 기업의 소유주의 청구권과 포괄손익의 변동을 표시한다.
④ 현금흐름표는 일정기간의 기업의 현금흐름을 표기한다.
⑤ 주석은 재무제표를 이해하는데 도움이 되는 정보를 보충적으로 기재하는 것이다.

08 **다음 중 재무제표에 관한 설명으로 가장 올바르지 않은 것은?** [회계관리 1급 주관처공개 기출문제]

① 손익계산서는 기업의 경영성과를 보고하기 위하여 일정기간 동안 발생한 수익과 비용을 나타내는 동태적보고서이다.
② 재무상태표를 작성할 때 자산, 부채는 유동성이 높은 것부터 먼저 표시하고 유동성이 낮은 것은 나중에 표시하는 것이 원칙이다.
③ 재무상태표는 기업의 재무상태를 명확히 보고하기 위하여 보고기간 종료일 현재의 모든 자산, 부채 및 자본을 나타내는 정태적 보고서이다
④ 손익계산서상 수익과 비용은 순액으로 기재함을 원칙으로 한다.

09 **다음은 재무제표 기본요소의 인식에 대한 설명이다. 빈칸에 알맞은 기본요소가 순서대로 올바르게 나열된 것은?** [제12회 기업회계 2급]

> 가. (　　)은(는) 실현되었거나 또는 실현가능한 시점에서 인식한다.
> 나. (　　)은(는) 기업실체가 현재의 의무를 미래에 이행할 때 경제적 효익이 유출될 가능성이 매우 높고 그 금액을 신뢰성 있게 측정할 수 있을 때 인식한다.
> 다. (　　)은(는) 경제적 효익이 사용 또는 유출됨으로써 자산이 감소하거나 부채가 증가하고 그 금액을 신뢰성 있게 측정할 수 있을 때 인식한다.
> 라. (　　)은(는) 당해 항목에 내재된 미래의 경제적 효익이 기업실체에 유입될 가능성이 매우 높고 또한 그 측정속성에 대한 가액이 신뢰성 있게 측정될 수 있을 때 인식한다.

① 수익 － 부채 － 비용 － 자산　　② 수익 － 자산 － 비용 － 부채
③ 자산 － 비용 － 부채 － 수익　　④ 자산 － 부채 － 비용 － 수익

10 **다음 중 한국채택국제회계기준에서 재무제표 작성의 일반사항으로 규정하는 것이 아닌 것은?**

① 공정한 표시와 한국국제회계기준의 준수
② 잉여금의 구분표시
③ 발생기준회계를 사용
④ 중요성 분류에 따라 구분표시 및 통합표시

11 **한국채택국제회계기준에 따른 재무회계개념체계에서 언급하고 있는 재무제표요소와 관련하여 다음 중 그 설명이 틀린 것은?** [24회 기업회계 2급]

① 재무제표요소는 크게 재무상태표요소와 포괄손익계산서요소로 구분되며, 자본변동표 및 현금흐름표 등 재무상태변동표에 대하여는 그 구성요소를 별도로 식별하지 않는다.
② 재무상태표요소는 자산, 부채 및 자본으로 구성되며, 각 요소는 각각의 인식기준에 따라 그 기준을 충족할 때 재무상태표에 반영된다.
③ 포괄손익계산서요소를 인식할 때 기업에 대한 지분참여자의 출연 및 지분참여자에 대한 분배와 관련된 항목은 제외된다.
④ 재무제표요소를 인식하기 위하여는 재무제표요소의 정의에 부합하고, 미래경제적 효익의 발생가능성이 높으며 그 금액은 신뢰성 있게 측정할 수 있어야 한다.

12 **한국채택국제회계기준에 따른 다음 설명으로 잘못된 것은?** [25회 기업회계 2급]

① 기타포괄손익은 다른 한국채택국제회계기준서에서 요구하거나 허용하여 당기손익으로 인식하지 않은 수익과 비용 항목을 포함한다.
② 총포괄손익이란 당기순손익과 기타포괄손익의 모든 구성요소를 포함한다.

③ 순이익이라는 용어로 기타포괄손익, 당기순손익, 총포괄손익의 합계를 표시하여서는 안된다.
④ 당기순손익이란 수익에서 비용을 차감한 금액으로 기타포괄손익의 구성요소는 제외된다.

13 수익의 인식을 가장 적절하게 해석한 것은?

['94 감정평가사]

① 한 회계기간 중에 수익으로 기록되어야 할 거래를 식별하는 과정
② 수익의 실현을 가져오는 이익창출과정을 식별하는 과정
③ 한 회계기간 중에 수익과 비용을 측정하고 이를 대응시키는 과정
④ 고객으로부터의 자산유입을 가져오는 거래를 식별하는 과정

14 다음 중에서 비용의 인식방법이 아닌 것은?

① 인과관계에 의하여 수익과 직접 대응
② 합리적이고 체계적인 원가배분
③ 기간경과에 따른 발생
④ 불확실성 때문에 발생 즉시 인식

15 다음의 자료에서 당기순손익은 얼마인가?

['06 제1회 기업회계 2급 수정]

기초상품재고액	200,000원	기말상품재고액	100,000원
당기상품매입액	1,000,000원	급 여	200,000원
이자비용	50,000원	매출액	2,000,000원
접대비	100,000원	기부금	100,000원
이자수익	50,000원	자산수증이익	300,000원
재평가잉여금증가	20,000원	법인세비용	10,000원

① 640,000원 ② 790,000원 ③ 970,000원 ④ 990,000원

16 다음 중 비용에 대한 설명으로 가장 올바르지 않은 것은?

[회계관리 1급 주관처공개 기출문제]

① 광고선전비는 불특정다수인을 대상으로 지출하는 비용인 반면 접대비는 특정인을 대상으로 지출하는 비용이다.
② 복리후생비는 급여, 상여, 퇴직금과는 달리 종업원에게 직접 지급되지 아니하고 근로의욕의 향상 등을 위하여 지출하는 노무비적 성격의 비용이다
③ 재고자산감모손실은 원가성 여부와 관계없이 비정상적으로 발생한 것도 매출원가 또는 제조원가에 부담시키는 비용이다.
④ 임차료란 토지, 건물 등 부동산이나 기계장치, 운반구 등 동산을 타인으로부터 임차하고 그 소유자에게 지급하는 비용이다.

17 **주석에 대한 설명으로 가장 적당한 것은?** ['92 주택관리사]

① 주석은 재무제표의 일부이다.
② 주석은 재무제표와는 별개의 것이다.
③ 주석은 감사보고서에만 포함되는 것이다.
④ 주석은 재무제표 본문 안에 괄호로 간단하게 어떤 내용을 표시하는 방법이다.

주관식 연습문제

6-1 재무상태표 항목의 분류

다음 각각의 계정을 해당 항목으로 구분하라.

① 유동자산　② 투자자산
③ 유형자산　④ 무형자산
⑤ 유동부채　⑥ 비유동부채
⑦ 자본금　⑧ 자본잉여금
⑨ 이익잉여금　⑩ 자본조정
⑪ 기타포괄손익누계액

(1) 산업재산권
(2) 판매용으로 부동산회사가 보유하는 건물
(3) 선급임차료
(4) 미지급임금
(5) 공장건물
(6) 상각후원가측정금융자산(만기보유증권)
(7) 당기손익인식금융자산(단기매매증권)
(8) 개발비
(9) 3년 만기사채
(10) 재고자산
(11) 주식발행초과금
(12) 선수수익
(13) 감자차익
(14) 자기주식
(15) 이익준비금
(16) 유동성장기부채

6-2 손익계산서 항목의 분류

다음 각각의 계정을 적절한 항목으로 분류하라.

① 영업수익　② 매출원가
③ 관리비　④ 기타원가
⑤ 기타수익　⑥ 물류원가

(1) 광고선전비
(2) 소모품비
(3) 판매운임
(4) 통신비

(5) 급여

(6) 임차료

(7) 매입운임

(8) 매출할인

(9) 매입할인

(10) 감가상각비

(11) 이자비용

(12) 유형자산처분이익

(13) 단기투자자산평가손실

(14) 배당금수익

6-3 보고식 손익계산서의 작성

다음은 부림상사가 작성한 20×1년 12월 31일 현재 수정후시산표의 일부 항목을 나타낸 것이다. 이 자료에 의하여 비용을 성격별로 분류하여 보고식 손익계산서를 작성하라.

계정과목	차변	대변
매출		₩224,600
매출할인	2,600	
매출에누리와 환입	9,400	
매입	111,100	
매입할인		1,900
매입에누리와 환출		4,100
급여	31,080	
소모품비	800	
대손상각비	600	
수도광열비	3,600	
통신비	1,400	
광고선전비	8,400	
감가상각비	2,500	
보험료	1,300	
임차료	21,000	
법인세비용	3,000	
이자비용	2,800	
이자수익		1,530

상품의 기초재고액은 ₩37,600이고, 기말재고액은 ₩42,300이다.

6-4 재무상태표의 작성

다음은 20×3년말 현재 유진상사의 정산표에 있는 재무상태표 계정을 나타낸 것이다. 한국채택국제회계기준에 의거 각 계정을 항목별로 구분하여 재무상태표를 작성하라.

계정과목	차변	대변
현금	₩7,200	
단기투자자산	7,800	
매출채권	71,000	
대여금	2,200	
상품	37,600	
선급보험료	800	
선급임차료	1,200	
소모품	450	
산업재산권	1,400	
장기투자자산	12,500	
토지	15,600	
차량	10,300	
감가상각누계액		₩5,600
영업권	1,000	
매입채무		26,800
미지급급여		1,400
미지급이자		800
사채		20,000
자본금		104,000
이익잉여금		2,600
당기순이익		7,850
합계	169,050	169,050

회계정보산출과정의 이해(Ⅱ): 계정별 회계처리

제2부에서는 주로 거래가 발생한 후 재무제표가 작성되기까지의 일련의 회계처리과정을 의미하는 회계순환과정에 대하여 살펴보았다. 회계순환과정은 거래발생 후 분개, 전기, 시산표 작성, 재무제표작성, 그리고 회계장부의 마감 순으로 이루어져 있고 매 회계연도마다 반복된다. 우리는 회계순환과정을 공부함으로써 회계정보의 전반적인 산출과정을 파악할 수 있었다.

제3부에서는 기업이 작성하여 제공하는 회계보고서인 재무제표를 더욱 정확히 이해하기 위하여 계정별 회계처리과정을 살펴본다. 재무상태표에 보고되는 자산, 부채 및 자본에 속하는 각종 계정과목에 대하여 구체적인 회계처리절차를 공부함으로써 거래를 기록하고 산출된 회계정보를 해석하는 능력이 한층 높아질 것이다.

재무상태표에 보고되는 자산과 부채에 관하여는 먼저 단기간에 현금화할 수 있는 유동자산과 단기간에 상환해야 하는 단기부채인 유동부채에 대하여 설명한다. 이어서 영업활동을 위하여 장기간 보유하는 유형자산과 무형자산에 대하여 살펴보고, 대표적인 금융부채인 사채와 우발부채 및 충당부채에 관련된 회계처리를 설명한다. 그리고 마지막으로 자본계정에 대하여 소개한다.

Chapter 7

K-IFRS

당좌자산과 현금 및 현금성자산

금융자산은 현금과 금융상품을 의미한다. 현금은 기업의 영업활동에 있어서 없어서는 안 될 중요한 결제 수단이다. 기업이 이익을 내면서도 상환기일이 돌아오는 부채를 상환하지 못하면 부도가 발생하여 경영상의 어려움이 초래된다. 따라서 현금은 기업을 움직이는 혈액과 같은 역할을 수행한다. 현금은 유동성이 매우 높기 때문에 회계기록과 보관을 철저히 하여야 한다. 현금은 횡령이나 도난 등을 방지하기 위한 여러 가지 회계제도 및 기타 내부통제제도에 의하여 관리되고 있다. 본 장에서는 먼저 현금과 현금을 관리하기 위한 여러 가지 회계제도에 관련한 회계처리과정에 대하여 살펴본다. 또한 현금과 같이 중요한 결제수단으로 활용되고 있는 당좌예금에 대한 회계처리도 소개한다.

기업은 다른 회사가 발행한 주식, 사채 및 국공채 등 유가증권에 투자하여 투자수익을 얻거나 다른 회사를 지배하게 된다. 이러한 유가증권은 그 평가손익을 인식하는 방식에 따라 당기손익인식금융자산, 기타포괄손익금융자산으로 분류된다. 본 장에서는 이러한 여러 가지 금융자산의 취득과 평가와 관련된 회계처리에 대해서 설명한다. 또한 회계기말에 기록하는 금융자산의 손상차손에 대해서도 기술한다.

Chapter

7 당좌자산과 현금 및 현금성자산

제1절 당좌자산

1.1 당좌자산의 의의

당좌자산(當座資産, quick assets)은 현금 또는 현금화 할 수 있는 성질을 가진 것으로 판매과정을 거치지 않고 신속히 현금화 할 수 있는 자산을 말한다. 당좌자산에는 현금, 예금, 유가증권, 매출채권, 단기 대여금, 미수금, 미수수익 등이 이에 속한다.

1.2 당좌자산의 종류

앞에서 언급하였듯이 당좌자산에는 현금, 예금, 유가증권, 매출채권, 단기대여금, 미수금 및 미수수익 등이 있다. 한국채택국제회계기준에서는 현금 및 현금성자산을 다른 당좌자산과 구분하여 표기하도록 하고 있으므로 현금과 현금성자산을 구분한다. 또한 다른 사람이나 기업으로부터 현금 등을 받을 권리인 수취채권(미수금, 매출채권)과 대여금, 일시적 자금 활용을 위한 정기예금이나 정기적금 및 주식과 사채 등도 당좌자산에 포함된다.

제2절 현금 및 현금성자산

2.1 현금 및 현금성자산의 의의

회계에서의 현금(Cash)은 일상에서 사용되는 동전과 지폐 뿐만 아니라 지급의 수단으로 현금을 대신할 수 있는 수표와 같은 통화대용증권(通貨代用證券)과 요구불예금(要求拂預金)이 포함된다. 또한 현금으로 쉽게 전환될 수 있는 유가증권이나 정기적금 혹은 예금과 같은 단기금융상품을 현금성자산(現金性資産, cash equivalents)으로 표기하는데, 회계기준에서는 현금과 현금성자산을 같은 계정으로 재무상태표에 표기하도록 하고 있다.

현금은 회사 내 금고에 보관되어 있는 현금(cash on hand)과 당좌예금 및 보통예금과 같이 은행에 예금형태로 보관되어 있는 현금(cash in bank)을 모두 포함한다.

현금성자산은 ① 큰 거래비용 없이 현금으로 전환이 용이하고 ② 이자율변동에 따른 가치변동의 위험이 크지 않은 유가증권 및 단기금융상품으로서 ③ 취득당시 만기 또는 상환일이 3개월 이내에 도래하는 것을 의미한다. 현금성자산에는 취득당시 3개월 이내에 만기가 도래하는 채권, 상환우선주, 환매체, 양도성예금증서 및 수익증권 등이 있다.

그러나 사용목적이 제한되어 있거나 인출이 제한되어 있는 예금(restricted cash)이나 자금차입에 대한 담보로서 바로 인출할 수 없는 보상예금(補償預金, compensating balance) 등은 현금 및 현금성자산에 포함시키지 않고 비유동자산의 기타금융자산으로 분류한다. 그리고 자기 회사가 발행한 당좌수표를 받은 경우에는 현금으로 분류하지 않고 당좌예금으로 분류한다. 또한 우표나 수입인지는 소모품 또는 선급비용으로 분류하며, 수표의 발행일이 미래인 선일자수표는 수취채권으로 분류한다.

〈표 7.1〉 현금 및 현금성 자산의 범위

구 분		종 류
현금	통화	동전, 지폐
	통화대용증권	타인발행당좌수표, 가계수표, 자기앞수표, 송금환, 우편환증서, 만기도래 공사채이자표, 배당금지급통지서
	단기금융상품	당좌예금, 보통예금, 저축예금
현금성자산		3개월 이내 만기도래 채권, 환매채, 만기 3개월 이내의 단기수익증권/양도성예금증서

예제 7-1 현금 및 현금성자산의 분류

㈜ 안산의 금고 실사결과 아래와 같은 자산이 있었다.

현 금	₩1,580,000	양도성예금증서	₩7,000,000
보통예금	680,000	정기적금	1,000,000
당좌예금	6,500,000	자기앞수표	500,000
정기예금	2,000,000	우편환증서	500,000
수입인지	50,000	선일자수표	160,000

단, 정기예금은 만기가 9개월이며, 정기적금은 만기가 6개월이고 양도성예금증서는 취득당시 만기가 2개월이다.

위 자산을 재무상태표에 표시할 현금 및 현금성자산으로 분류하면 다음과 같다.

현금 및 현금성자산 ₩16,760,000
= 현금 ₩1,580,000 + 보통예금 ₩680,000 + 당좌예금 ₩6,500,000
+ 양도성예금증서 ₩7,000,000 + 자기앞수표 ₩500,000
+ 우편환증서 ₩500,000

한편, 만기 9개월의 정기예금과 만기 6개월의 정기적금은 금융자산이며, 선일자수표는 매출채권으로, 수입인지는 소모품 또는 선급비용으로 분류한다.

한편, 현금 및 현금성자산은 재무상태표에 하나의 계정으로 통합되어 보고된다. 그러나 현금 및 현금성자산에 포함되는 항목들은 기업의 입장에서는 매우 거래가 빈번하고 관리가 중요한 항목들이기 때문에, 현금계정, 당좌예금계정 및 현금성자산계정 등으로 세분하여 거래기록을 하다가 결산시에 이들 계정잔액을 통합하여 재무상태표에 표시하는 것이 일반적이다.

2.2 당좌예금과 당좌차월

1) 당좌예금과 당좌수표

당좌예금(當座預金)은 기업이 현금보관과 거래에 따른 위험과 불편함을 덜기 위하여 은행과 사전에 당좌거래약정을 맺어 예금계좌를 개설하고 그 예금한도 내에서 당좌수표를 발행하여 현금을 지급하기 위한 것이다. 즉, 당좌예금은 다른 기업과의 거래시 일일이 현금으로 지급하면 도난이나 분실의 위험이 있고, 금액이 많은 경우 매우 불편하기 때문에 현금대신에 수표를 발행하여 대금지급 수단으로 이용하기 위한 요구불(要求拂)예금이다. 기업회계기준상 당좌예금은 현금 및 현금성자산으로 분류한다.

회사가 현금이나 다른 회사가 발행한 어음 및 수표를 당좌예금하면 당좌예금이 증가하고, 대금을 지급하기 위하여 수표를 발행하면 반대로 당좌예금이 감소한다. 만일에 회사가 입금한 다른 회사의 수표나 어음이 예금잔고 부족으로 결제되지 않으면 부도수표(不渡手票, dishonored checks)로서 은행이 예금한 회사에 반환한다. 반환된 부도수표에 대해서는 발행한 회사에 대금지급을 청구한다.

수표가 부도처리되어 되돌아오면 차변에 부도수표, 대변에 당좌예금을 기록하여 당좌예금을 감소시킨다. 부도수표는 별도의 자산항목으로 따로 분류하지는 않고 결산시점에 회수가능성을 고려하여 대손회계처리한다. 만일에 상품을 판매한 대금으로 수표를 받은 경우에는 차변에 부도수표 대신에 매출채권계정을 기록한다.

현금으로 당좌예금을 하는 경우

(차) 당좌예금	×××	(대) 현　　금	×××

당좌수표를 발행하여 현금을 인출하는 경우

(차) 현　　금	×××	(대) 당좌예금	×××

당좌예금한 다른 기업의 수표가 부도로 인하여 반환된 경우

(차) 매출채권 (또는 부도수표)	×××	(대) 당좌예금	×××

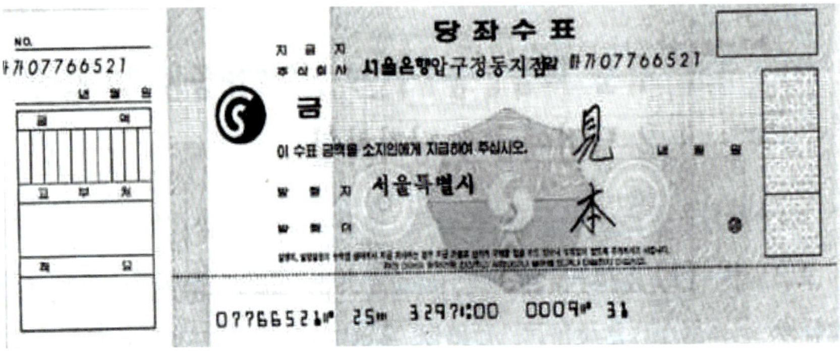

[그림 7.2] 당좌수표

예제 7-2 당좌예금거래에 대한 분개

(1) 은행과 당좌거래약정을 맺고 현금 ₩50,000을 예금하다.

(차) 당좌예금	50,000	(대) 현 금	50,000

(2) 상품을 ₩20,000에 판매하고 대금은 당좌수표로 받아 예금하다.

(차) 당좌예금	20,000	(대) 매 출	20,000

(3) 상품 ₩30,000을 구입하고 그 대금 ₩30,000을 당좌수표를 발행하여 지급하다.

(차) 매 입	30,000	(대) 당좌예금	30,000

(4) 상품을 판매한 대금으로 받은 수표 ₩20,000이 부도처리 되었음을 은행으로부터 통보 받다.

(차) 매출채권	20,000	(대) 당좌예금	20,000

2) 당좌차월

회사는 당좌예금의 한도 내에서 당좌수표를 발행하지만 은행과 사전에 약정을 맺어 일정한도 내에서는 예금잔액이 없더라도 수표를 발행할 수 있는 제도가 당좌차월(當座借越)이다. 당좌차월의 한도 내에서 수표를 발행하면 당좌예금계정의 대변에 기록한다. 당좌차월은 당좌예금의 잔액이 없이 수표를 발행하기 때문에 당좌예금계정의 대변에 기록한다.

당좌차월은 그 금액만큼 은행에서 차입하는 것으로 앞으로 상환해야 할 부채이다. 따라서 결산일까지 추가로 예금하지 않아서 당좌예금계정의 대변에 남아 있는 당좌차월 금액은 은행으로부터의 단기차입금으로 분류한다.

예제 7-3 당좌차월거래의 분개

(1) 상품 ₩90,000을 매입하고 대금을 당좌수표를 발행하여 지급하다. 당좌예금의 잔액은 ₩10,000이다. 단, 은행과 ₩100,000의 당좌차월 계약을 맺고 있다.

(차) 매 입	90,000	(대) 당 좌 예 금	10,000
		당 좌 차 월	80,000

(2) 상품 ₩60,000을 매출하고 대금은 수표를 받아 예금하다.

(차) 당좌차월	60,000	(대) 매 출	60,000

(3) 결산일 현재 당좌예금계정의 대변잔액은 ₩20,000이다.

(차) 당좌차월	20,000	(대) 단기차입금	20,000

2.3 현금을 통제하기 위한 회계제도

현금은 입금과 출금이 자주 발생하는 동시에 여러 가지 용도로 사용될 수 있기 때문에 장부상의 금액과 실제 보유하고 있는 현금잔액이 서로 다른 경우가 발생할 수 있다. 따라서 기업은 현금을 관리하기 위한 적절한 내부통제제도(internal control system)의 운영을 통하여 현금계정에 대한 철저한 관리를 하여야 한다. 회계에서는 장부상 금액과 현금 잔액이 다른 경우에 대하여 현금과부족 계정을 사용하여 현금계정에 대한 통제를 하며, 자주 사용되는 현금에 대한 관리를 위하여 소액현금제도를 운영하기도 한다.

1) 현금과부족계정

현금과부족계정(現金過不足計定, cash over and short account)은 현금의 장부잔액과 실제 금액이 일치하지 않을 때, 그 원인이 아직 밝혀지지 않은 경우에 이를 조정하기 위하여 기록하는 임시계정이다. 이 계정은 현금잔액이 장부잔액보다 부족한 경우에는 차변에, 초과하는 경우에는 대변에 기록된다. 그리고 회계연도말까지 원인이 밝혀지지 않으면, 부족액은 잡손실(雜損失)로, 초과액은 잡이익(雜利益)이라는 기타손익항목으로 대체하여야 한다.

장부상 현금잔액 〉 실제 현금잔액 :

(차) 현금과부족	×××	(대) 현 금	×××

장부상 현금잔액 〈 실제 현금잔액 :

(차) 현 금	×××	(대) 현금과부족	×××

예제 7-4 현금과부족의 기록

(1) 금고의 현금 잔액이 장부상 잔액보다 ₩1,000 부족함을 발견하였다.

(차) 현금과부족	1,000	(대) 현 금	1,000

(2) 부족액 ₩1,000 중에서 ₩400에 대하여는 종업원 출장여비 지급의 기록누락으로 인되었다.

(차) 여비교통비	400	(대) 현금과부족	400

(3) 잔액에 대하여는 결산일까지 원인을 찾을 수 없었다.

(차) 잡손실	600	(대) 현금과부족	600

2) 소액현금제도

현금거래는 항상 위험이 따르므로 현금보유금액을 최소로 하고 불필요한 금액은 은행에 예금하여 회사가 지급할 필요가 있을 때마다 수표를 발행하여 현금결제를 대신하게 된다. 그러나 간단한 사무용품의 구입이나 통신료 지급 또는 사원의 시내출장에 대한 여비지급과 같이 자주 발생하는 적은 금액의 지출을 위하여 일일이 수표를 발행하면 불편하다.

이러한 적은 금액의 현금지출에 대비하기 위하여 미리 수표를 발행하여 당좌예금에서 현금을 인출하여 소액현금기금을 설정한다. 그리고 현금을 지출할 필요가 있을 때마다 이 기금에서 필요한 금액을 지출한다. 그 후 지출한 비용에 대한 영수증을 이용하여 사용내역에 따라서 비용을 기록하고 사용한 현금을 다시 수표 발행하여 정기적으로 보충하는 제도가 소액현금제도(少額現金制度, petty cash system)이다. 이 제도는 보통 일정한 기금을 설정하여 운용하는 정액기금전도제도(定額基金前渡制度, imprest fund system)의 형태로 이용된다.

예제 7-5 정액기금전도제도

(1) 소액현금의 지출에 대비하여 ₩100,000의 기금을 설정하기 위하여 수표를 발행하다.

(차) 소액현금 100,000 (대) 당좌예금 100,000

(2) 10일 동안의 사무실에서의 소액현금 사용 내역은 다음과 같다.

소모품비	₩20,000
통신비	10,000
여비교통비	30,000

(3) 회계담당자는 사무실 소액현금담당자가 제출한 영수증으로 소액현금 사용액에 대하여 회계처리를 하다.

(차) 소 모 품 비	20,000	(대) 소액현금	60,000
여비교통비	30,000		
통신비	10,000		

(3) 소액현금 설정액을 보충해 주기 위하여 수표를 발행하다.

(차) 소액현금 60,000 (대) 당좌예금 60,000

3) 은행계정조정표

(1) 은행계정조정표의 의의

은행은 당좌예금을 하고 있는 회사에 정기적으로 또는 회사의 요청에 의하여 당좌예금의 입금과 출금내역 그리고 잔액에 관한 은행계정명세서(bank statement)를 회사에 보내 준다. 이 명세서상에 표시되어 있는 예금잔액은 회사의 예금계정잔액과 불일치하는 경우가 있다. 두 잔액이 불일치하는 이유는 은행과 회사에서 특정 항목을 기록하는 시점이 다르기 때문이며, 때로는 은행이나 회사에서 기록상 오류를 범하는 경우에도 두 잔액이 일치하지 않는다.

그러나 이와 같은 이유 외에도 도난이나 회사원이 부당하게 예금을 인출하여 사용하는 횡령 등으로 인하여 발생할 수도 있다. 그런 가능성 여부를 확인하기 위하여 두 금액이 일치하지 않는 원인을 찾아서 두 금액을 일치시키고 정확한 예금금액을 재무상태표상에 계상할 필요가 있다. 이런 목적을 위하여 작성하는 표가 은행계정조정표(statement of bank reconciliation)이다.

(2) 은행계정조정표의 작성

은행계정조정표를 작성하는 방법은 다음과 같은 세 가지가 있다.

첫째는 〈표 7.2〉에서 보는 바와 같이 은행의 예금잔액에 관련항목을 가산하거나 차감하여 수정후잔액(修正後殘額, adjusted cash balance)을 구하는 방법이다. 둘째는 회사의 장부잔액을 기준으로 하여 관련항목을 가산하거나 차감하여 수정후잔액을 계산하는 방법이다. 셋째는 두 방법을 모두 사용하여 각각 계산한 수정후잔액이 서로 일치하는가를 확인하는 방법이다. 보통 마지막 방법이 은행계정조정표를 작성하는 데서 발생할 수 있는 오류를 확인할 수 있기 때문에 가장 많이 이용된다.

은행의 잔액과 회사의 장부잔액이 일치하지 않는 원인이 되는 항목으로는 〈표 7.2〉와 같은 것이 있다.

〈표 7.2〉 은행계정조정표의 항목

은행의 예금잔액 → 수정후 잔액 ← 회사의 장부 예금잔액

은행잔액의 불일치 원인	회사잔액의 불일치 원인
− ① 미인출수표	+ ③ 미통지예금
+ ② 미기록예금	− ④ 은행수수료
± ⑦ 은행의 기장오류	+ ⑤ 예금이자
	− ⑥ 부도수표
	± ⑦ 회사의 기장오류
	(이 항목들에 대해서는 수정분개 필요)

① 미인출수표(未引出手票, outstanding checks)

회사는 수표를 발행하여 대금을 지급하였으나 수취인이 아직 은행에 지급청구하지 않은 수표이다. 은행의 당좌예금계좌가 실제보다 많게 기록되어 있기 때문에 수정후잔액을 계산하기 위하여 은행의 장부잔액에서 차감한다.

② 미기록예금(未記錄預金, deposit in transit)

회사가 은행에 예금하여 회사장부에는 입금으로 기록하였으나 은행이 회사의 예금구좌에 아직 입금으로 기록하지 않은 예금이다. 흔히 예금을 우편으로 입금시키거나 마감시간 이후에 입금한 금액이 이에 해당한다. 이 항목은 은행잔액에 반영되지 않았으므로 수정후잔액을 계산하기 위하여 은행잔액에 더한다.

③ 미통지예금

거래처가 온라인으로 회사의 예금계좌에 입금하였으나 그 사실을 아직 통보

하지 않은 예금이다. 따라서 은행의 잔액에는 이미 가산되었으나 회사장부에는 기록되지 않았으므로, 수정후잔액을 계산하기 위하여 회사의 장부잔액에 더한다.

④ 은행수수료(service charges)

은행이 제공한 각종 서비스에 대한 수수료 명목으로 회사의 예금계좌에서 직접 차감하였으나 이를 회사에 통보하지 않은 경우에 발생한다. 따라서 회사의 장부에 기록되지 않았으므로 이 항목을 회사잔액에서 차감하여 수정후잔액을 계산한다.

⑤ 예금이자(interest income)

은행에서 예금에 대한 이자를 예금구좌에 직접 입금처리하여 발생한다. 이 항목은 회사의 장부잔액에 포함되지 않았으므로 회사잔액에 더하여 수정후잔액을 계산한다.

⑥ 부도수표(dishonored 또는 NSF checks)

거래처인 다른 회사가 발행한 수표를 입금하였으나 잔고부족으로 부도가 나서 되돌려 받은 수표이다. 부도수표는 은행에서 이미 예금한 금액의 입금을 취소하고 부도처리하였기 때문에, 은행의 잔액은 감소하였으나 회사장부에는 기록하지 않은 것이다. 따라서 부도수표금액을 회사잔액에서 차감하여 수정후잔액을 계산한다. 부도수표가 발생하면 부도수표로 기록하였다가 회수가 불가능하면 상각한다.

⑦ 기장오류(記帳誤謬, recording errors)

은행이나 회사가 특정 항목을 기록할 때 발생한 오류이다. 수정후잔액을 구하려면 오류의 성격에 따라서 가산하거나 차감한다. 기장오류의 예를 들자. 회사가 광고비를 지급하기 위하여 ₩1,000의 당좌수표를 발행한 때 회사직원의 실수로 ₩1,100으로 기록한 경우에는 회사잔액에 ₩100을 가산한다. 또한 은행의 실수로 다른 회사가 발행한 당좌수표를 회사의 예금계좌에서 인출한 경우에는 은행잔액에 그 금액을 가산한다.

(3) 은행계정조정표 작성 후의 수정분개

결산기말에 보고되는 대차대조표상의 예금계정은 은행계정조정표에 의하여 계산한 수정후잔액을 계상하여야 한다. 따라서 회사잔액이 수정후잔액과 불일치하는 원인에 관한 항목에 대하여는 수정분개를 하여 서로의 금액을 일치시킬 필요가 있다. 수정분개의 대상이 되는 항목은 회사측 잔액이 수정후잔액과 불일치하는 원인이 되는 항목으로서, 미통지예금, 은행수수료, 예금이자, 부도수표 및 회사의 기장오류 등의 항목이 해당된다. 은행잔액이 수정후잔액과 일치하지 않는 원인에 관련된 항목은 회사장부에 이미 기록되었거나 관련이 없기 때문에 수정분개를 할 필요가 없다.

예제 7-6 은행계정조정표의 작성

경기상회의 20×1년 12월 31일 현재 당좌예금계정에 관련된 자료는 다음과 같다. 관련자료를 이용하여 은행계정조정표를 작성하고 수정분개를 하면 다음과 같다.

은행계정명세서상의 잔액	₩40,000
회사장부상의 예금잔액	₩41,700

회계담당자는 두 금액의 차액 ₩1,700이 발생한 원인을 조사하는 과정에서 다음과 같은 사실을 발견하였다.

① 회사가 안성상회에 발행하여 지급한 수표 ₩3,000이 아직 인출되지 않았다.
② 12월 31일 회사가 은행에 예금한 ₩2,400을 은행에서 아직 기록하지 않았다.
③ 충남상회로부터 상품매출대금으로 받아 예금한 수표 중에서 ₩4,500이 잔고부족으로 부도되었다.
④ 부여상회로부터 온라인으로 ₩2,800이 입금되었다. 문의한 결과, 이 대금이 외상으로 매출한 상품대금으로 입금되었다는 사실을 확인하였다.
⑤ 한국통신이 청구한 통신료 ₩2,000을 지급하기 위하여 수표를 발행하였으나 회계담당자의 실수로 ₩2,200으로 기록되었다.
⑥ 은행측에서 회사의 차입금에 대한 이자 ₩500과 수수료 ₩300을 당좌예금계좌에서 직접 공제하고 회사에 통보하지 않았다.

(1) 위 사실에 근거하여 은행계정조정표를 작성하면 <표 7.3>과 같다.
(2) 회사장부잔액이 수정후잔액과 불일치하는 원인이 되는 다음 항목에 대하여 수정분개하여 회사장부잔액을 수정후잔액과 일치시킨다.

③	(차) 매출채권	4,500	(대) 당좌예금	4,500
④	(차) 당좌예금	2,800	(대) 매출채권	2,800
⑤	(차) 당좌예금	200	(대) 통신비	200
⑥	(차) 이자비용	500	(대) 당좌예금	800
	수수료비용	300		

〈표 7.3〉 은행계정조정표의 작성

은행계정조정표

경기상회 20×1년 12월 31일 현재 (단위 : 원)

은행계정명세서상의 잔액	₩40,000	회사장부상의 잔액	₩41,700
가산 : ② 미기록예금	2,400	가산 : ④ 미통지예금	2,800
차감 : ① 미인출예금	3,000	⑤ 기장오류	200
		차감 : ③ 부도수표	4,500
		⑥ 은행수수료	300
		⑥ 차입금이자	500
수정후잔액	₩39,400	수정후잔액	₩39,400

제3절 단기금융상품과 기타 당좌자산

3.1 단기금융상품

금융상품(金融商品, Finanacial instrument)은 금융기관이 취급하는 정기예금, 정기적금 등 돈을 융통하기 위한 상품을 의미한다. 이 중에서 금융자산은 현금을 포함하여 주식이나 채권, 예금 등 상품의 보유자가 미래에 현금을 받을 수 있는 상품을 금융자산(金融子山, Financial Asset)이라고 한다. 따라서 금융자산의 범위에는 현금 뿐만 아니라 빌려준 돈인 대여금과 받을 돈인 채권, 금융기관에 예금한 예금 및 주식과 사채와 같은 유가증권 등도 포함이 된다.

금융상품 중에서 단기금융상품이란 1년 이내에 현금으로 전환되는 금융상품으로서 유동자산으로 분류되며 아래와 같은 것이 있다. 만일 금융상품 중 현금으로 전환되는 시기가 1년을 초과하면 비유동자산인 투자자산으로 분류하여야 한다.

〈표 7.4〉 단기금융상품의 종류

명 칭	내 용
1년 미만의 정기예금과 적금	특정한 금액을 일정기간 은행에 예금한 후 이자와 함께 원금을 찾는 정기예금과 일정기간 동안 계속 적립한 후 이자와 함께 원금을 찾는 적금 중 만기가 1년 이내인 것
어음관리계좌(CMA)	고객의 예금을 어음이나 단기채권에 투자하는 금융상품
신종기업어음(CP)	신용도가 높은 우량기업이 발행한 어음 중 금융기관이 일반고객에게 판매한 것
양도성예금증서(CD)	제3자에게 양도가 가능한 정기예금증서
환매채(RP)	일정기간이 지난 후 발행기관이 다시 매입하는 조건의 채권

3.2 기타의 당좌자산

현금 및 현금성자산과 금융상품에 포함되지 않는 기타의 당좌자산으로는 미수금, 미수수익, 선급금, 선급비용, 이연법인세자산이 있다.

1) 미수금과 미수수익

미수금(未收金, account receivables)이란 상품이나 제품 이외의 자산(비품이나 토지, 건물 등)을 처분하였을 경우 그 대금 중 아직 받지 못한 금액을 의미한다. 통상 미수금은 매출을 통한 수익을 획득하기 위한 일상적인 상거래가 아닌 비경상적 활동에서 발생하는 채권이라고 할 수 있다.

미수수익(未收收益, accrued income)은 외부에 의무(서비스)를 제공하였지만 그 대가를 아직 받지 못한 경우 그 수익액을 의미하는 것으로 미수이자, 미수임대료 등이 있다. 미수수익에 대해서는 제4장에서 이미 언급하였다.

2) 선급금과 선급비용

선급금(先給金, advanced payment)은 상품, 원재료 등의 매입을 위하여 미리 지급한 금액을 말한다. 통상적으로 상품 등의 구매계약을 확실하기 위해서 대금의 일부를 미리 지급하거나, 공사를 착수하거나 완성하기 전에 지급하는 계약금이나 착수금 등도 이에 해당한다. 선급금은 상품 등의 구입이 완료되는 경우 매입계정으로 대체된다.

선급비용(先給費用, prepaid expenses)은 이미 비용에 대한 대가는 지급되었으나, 지급된 대가에 대한 서비스(용역)의 제공이 완료되지 않아 다음 회계연도로 이월시켜야 할 비용이다. 선급비용에 대해서는 제4장에서 이미 설명되었다.

재미있는 회계 이야기 7 — 우리나라 대기업연봉순위

국내 주요 상장사 중 지난해 직원 평균연봉이 1억원을 넘긴 회사(금융 · 증권사 제외)는 20곳 이상인 것으로 나타났다. 26일 금융감독원 전자공시시스템에 이날까지 공시된 주요 대기업들의 사업보고서를 종합하면 지난해 직원 평균 연봉이 1억원이 넘은 회사는 총 24곳이었다. 상위 1위부터 6위까지는 포털 · 전자 · 통신 등 IT 업계에서 나왔고, 화학 분야에서도 3개의 기업이 순위권에 오르며 강세를 보였다.

카카오는 지난해 직원 평균 연봉이 1억7200만원으로 국내 기업 중 가장 높았다. 2020년까지만 해도 평균연봉이 1억800만원에 불과했던 카카오는 지난해 59%나 오르며 삼성전자, SK텔레콤 등 고연봉 회사들을 모두 제쳤다.

포털 경쟁사인 네이버 역시 지난해 평균 연봉이 1억2900만원을 기록하며 전체에서 4위에 랭크됐다. 네이버는 2020년 직원 평균연봉 1억200만원을 기록, 처음으로 1억원대에 진입한 바 있다.

<table>
<tr><th>순위</th><th>기업</th><th>평균연봉</th><th>순위</th><th>기업</th><th>평균연봉</th></tr>
<tr><td>1</td><td>카카오</td><td>1억7200만원</td><td rowspan="2">11</td><td>삼성전기</td><td>1억1000만원</td></tr>
<tr><td>2</td><td>SK텔레콤</td><td>1억6200만원</td><td>삼성SDI</td><td>1억1000만원</td></tr>
<tr><td>3</td><td>삼성전자</td><td>1억4400만원</td><td>12</td><td>포스코</td><td>1억900만원</td></tr>
<tr><td>4</td><td>네이버</td><td>1억2900만원</td><td>13</td><td>E1</td><td>1억800만원</td></tr>
<tr><td>5</td><td>삼성SDS</td><td>1억1900만원</td><td rowspan="2">14</td><td>롯데케미칼</td><td>1억700만원</td></tr>
<tr><td>6</td><td>SK하이닉스</td><td>1억1520만원</td><td>SK(주)</td><td>1억700만원</td></tr>
<tr><td>7</td><td>에쓰오일</td><td>1억1500만원</td><td>15</td><td>엔씨소프트</td><td>1억600만원</td></tr>
<tr><td>8</td><td>삼성물산</td><td>1억1300만원</td><td>16</td><td>HMM</td><td>1억400만원</td></tr>
<tr><td>9</td><td>대한유화</td><td>1억1200만원</td><td rowspan="2">17</td><td>포스코인터내셔널</td><td>1억300만원</td></tr>
<tr><td rowspan="3">10</td><td>삼성엔지니어링</td><td>1억1100만원</td><td>LG화학</td><td>1억300만원</td></tr>
<tr><td>금호화하석유</td><td>1억1100만원</td><td>18</td><td>기아</td><td>1억100만원</td></tr>
<tr><td>LX인터내셜</td><td>1억1100만원</td><td>19</td><td>팬오션</td><td>1억</td></tr>
</table>

〈출처 : 2022.3.27., 매일경제 일부 발췌〉

객관식 연습문제

01 **다음 중 당좌자산에 해당하는 계정과목으로 가장 올바르지 않은 것은?**

[회계관리 2급 주관처공개 기출문제]

① 당좌예금 ② 외상매출금
③ 보통예금 ④ 지분법적용투자주식(관계회사지분)

02 **다음 중 기업회계기준상 현금및현금성자산의 범위에 포함되지 않는 것은?**

[회계관리 2급 주관처공개 기출문제]

① 취득시 만기가 6개월 이내에 도래하는 정기예금
② 취득시 만기가 3개월 이내에 도래하는 채권
③ 자기앞수표
④ 당좌예금

03 **다음은 제조업을 운영하고 있는 (주)지원이 20×9년 결산일 현재 보유하고 있는 항목들이다. 이 자료에 근거한 현금 및 현금성자산은 얼마인가?** ['09 CPA 1차 수정]

· 통　　화	₩450,000	· 수입인지	₩20,000
· 당좌예금	720,000	· 타인발행수표	250,000
· 우편환증서	50,000	· 보통예금	730,000
· 양도성예금증서(최초 취득일로부터 60일 만기)			300,000
· 선일자수표			320,000

① ₩2,460,000 ② ₩2,500,000 ③ ₩2,520,000 ④ ₩2,820,000

04 (주)삼일의 자산은 다음과 같이 구성되어 있다. 이때 재무상태표상에 현금및현금성자산으로 표시하여야 하는 금액은 얼마인가? [회계관리 2급 주관처공개 기출문제]

현금시재액	120,000원	D 상사 발행수표	200,000원
C 사 주식	130,000원	제품	450,000원

① 120,000 ② 200,000
③ 320,000 ④ 500,000

05 다음 자료를 이용하여 계산한 기말 당좌차월 금액은 얼마인가? [회계관리 2급 주관처공개 기출문제]

가. 회사는 은행과 1,000,000원을 한도로 당좌차월 계약을 맺었다.
나. 기초 당좌예금 잔액은 500,000원이다.
다. 기중 재료의 매입대금으로 1,000,000원의 수표를 발행하여 지급하였다.
라. 기중 상품 판매대금 200,000원을 당좌계좌에 입금하였다.

① 1,500,000원 ② 500,000원
③ 1,000,000원 ④ 300,000원

06 다음 분개를 바르게 설명하고 있는 것은?

(차) 잡손실	1,000	(대) 현금과부족	1,000

① 현금이 장부잔액보다 ₩1,000이 부족한 사실을 알았다.
② 현금이 장부잔액보다 ₩1,000이 많은 사실을 알았다.
③ 현금이 장부잔액보다 ₩1,000이 부족한 원인을 발견할 수 없었다.
④ 현금이 장부잔액보다 ₩1,000이 많은 원인을 발견할 수 없었다.
⑤ 현금이 장부잔액보다 ₩1,000이 많은 원인을 발견하였다.

07 경리담당자는 현금시재액이 장부잔액보다 50,000원 많은 것을 발견하였으나 그 원인을 알 수 없어서 현금과부족 계정을 이용하여 차이를 조정하였다. 그러나 1주일 후 현금불일치의 원인이 매출채권을 회수하고 이에 대한 기록을 누락하여 발생하였음을 발견하였다. 현금불일치의 원인이 발견된 시점에서 필요한 분개는? [회계관리 2급 주관처공개 기출문제]

① (차) 매출채권 50,000원 (대) 현금과부족 50,000원
② (차) 현금과부족 50,000원 (대) 매출채권 50,000원
③ (차) 잡손실 50,000원 (대) 현금과부족 50,000원
④ (차) 현금과부족 50,000원 (대) 잡이익 50,000원

08 대진상사는 소액현금제도를 운영하고 있다. 기금은 ₩10,000이며, 10일간의 소액현금내역은 소모품비 ₩5,500, 우편요금 ₩1,500이었다. 이의 사용을 기록하고 보충하기 위한 분개는?

① (차)	소모품비	5,500	(대) 현 금	7,000
	통신비	1,500		
② (차)	소모품비	5,500	(대) 소액현금	7,000
	통신비	1,500		
③ (차)	소액현금	7,000	(대) 현 금	7,000
④ (차)	소모품비	5,500	(대) 소액현금	10,000
	통신비	1,500		
	현 금	3,000		
⑤ (차)	소모품비	5,500	(대) 현 금	10,000
	통신비	1,500		
	소액현금	3,000		

09 정액기금전도제에 의하여 소액현금을 운영할 때, 차변에 소액현금 계정을 기록하는 경우는?

① 소액현금기금을 사용하고 보충할 때
② 소액현금기금을 설정할 때
③ 소액현금기금을 증액할 때
④ 소액현금기금을 설정하거나 보충할 때

10 은행계정조정표의 목적에 대한 설명으로 가장 적합한 것은?

① 은행계정명세서의 잔액을 늘리기 위하여 ② 은행계정명세서의 잔액을 줄이기 위하여
③ 회사장부의 잔액을 늘리기 위하여 ④ 현금예금의 정확한 금액을 알기 위하여

※ 아래 자료에 의하여 문제 11과 문제 12에 답하라.

다음은 20×1년 12월 31일 현재 영남상사의 은행계정조정표에 기록되어 있는 사항이다.

회사의 장부잔액	₩10,000	은행수수료	₩100
미인출수표	4,000	미기록예금	2,600
미통지예금	500	부도수표	100
회사의 기장오류	수표번호 #3 ₩300을 ₩30으로 기록함		
	수표번호 #7 ₩400을 ₩200으로 기록함		

11 20×1년 12월 31일 현금의 정확한 잔액은 얼마인가?

① 9,830 ② 10,333
③ 11,270 ④ 12,330
⑤ 12,930

12 20×1년 12월 31일 은행의 잔액은 얼마인가?

① 10,730 ② 11,230
③ 11,730 ④ 12,670
⑤ 13,830

13 광주상회는 은행계정조정표를 작성하기 위하여 다음과 같은 자료를 수집하였다. 회사측의 수정후 잔액은? ['96 7급 세무직]

회사의 수정전잔액	₩127,450
은행측 미기입예금	12,230
기발행 미지급수표	6,500
당좌차월이자 및 수수료(광주상회 미기록)	2,130
예금 ₩8,600을 은행측에서 ₩6,000으로 오기	

① 113,000 ② 125,320 ③ 120,580 ④ 131,820

14 2002년 6월 30일 현재 은행계정잔액을 확정하기 위해 파악된 자료는 다음과 같다. 6월 30일 현재 은행계정의 정확한 잔액은? ['01 7급 세무직]

거래은행으로부터 확인된 6월 30일 은행 잔액	₩900,000
6월 30일 현재 은행 미기입예금	45,000
6월 30일 현재 은행이 확인한 부도수표	33,000
6월 30일 현재 기발행 미지급수표	20,000
6월 30일 현재 은행이 확인한 은행 수수료	1,200

① 890,800 ② 912,000 ③ 925,000 ④ 945,000

주관식 연습문제

7-1 당좌예금거래의 분개

다음 거래를 분개하라.

(1) 안국은행과 당좌거래를 개설하고 현금 ₩600,000을 예금하다. 당좌거래 약정시에 당좌차월계약을 동시에 체결하고 ₩400,000의 한도를 설정하다.

(2) 한성상회로부터 상품을 매입하고 대금 ₩80,000은 수표발행하여 지급하다.

(3) 신우상사에 상품을 매출하고 대금 ₩120,000은 약속어음을 받아 예금하다.

(4) 성북상사에 대한 외상매입금 ₩320,000을 수표발행하여 지급하다.

(5) 사무용 비품 ₩200,000을 구입하고 대금은 수표발행하여 지급하다.

(6) 은행으로부터 차입금 ₩80,000과 이자 ₩10,000을 수표발행하여 상환하다.

(7) 한성상회에 상품을 매출하고 대금 ₩90,000 중 ₩40,000은 현금으로 받고 나머지는 수표로 받아 예금하다.

(8) 안국은행으로부터 신우상사의 약속어음이 기일에 입금되었다는 통보를 받다.

(9) 신우상사로부터 상품을 매입하고 대금 ₩240,000은 수표발행하여 지급하다.

(10) 결산일까지 당좌거래는 없었고 은행으로부터 당좌차월에 대한 이자 ₩20,000을 예금계좌에서 차감하였다는 통보를 받다.

7-2 현금과부족에 대한 회계처리

다음 거래를 분개하라.

(1) 현금의 정기검사일에 금고의 현금시재액을 조사한 결과 장부재고액보다 ₩53,000이 부족한 것을 발견하다.

(2) 위의 원인을 조사한 결과 소모품의 구입대금 ₩50,000의 지불이 기록되지 않은 것을 확인하였다

(3) 나머지 ₩3,000 부족에 대해서는 원인불명으로 처리하다.

(4) 월말에 현금시재액을 파악한 결과 장부재고액보다 ₩20,000이 많은 것을 확인하다.

(5) 위의 원인을 조사한 결과 거래처에 대한 매출채권의 회수금액 ₩15,000이 기장누락된

사실을 발견하다.

(6) 나머지 초과액 ₩5,000은 원인불명으로 적절한 회계처리를 하다.

7-3 소액현금제도

서해㈜는 정액기금전도제에 의하여 소액현금지출을 관리하고 있다. 다음의 거래를 분개하라.

(1) 소액현금기금 ₩400,000을 설정하기 위하여 당좌수표를 발행하다.

(2) 현금출납담당자는 소액현금의 사용내역을 다음과 같이 집계하다.
그러나 금고의 소액현금잔액은 ₩100,000으로 장부잔액보다 ₩20,000이 부족한 사실을 발견하다. 부족한 원인은 아직 파악하지 못하여 ₩300,000을 수표발행하여 보충하다.

통신비	₩20,000	교통비	₩140,000
판매운임	30,000	소모품비	90,000

(3) 부족한 현금시재액 ₩20,000은 직원에게 교통비 ₩20,000을 지급하고 영수증처리가 되지 않은 것을 확인하다.

7-4 은행계정조정표 항목의 구분

다음은 은행계정조정표 양식이다. 다음 항목에 대하여 은행계정조정표에 기입되는 위치를 구분하여 그 번호를 기입하라.

은행계정명세상의 잔액 ⟶	수정후 잔액	⟵ 회사장부상의 잔액
가산 ①		가산 ③
차감 ②		차감 ④

(1) 은행이 부과한 수수료

(2) 은행에 의한 거래처매출대금의 회수

(3) 거래처로부터 회수하여 입금한 어음의 부도

(4) 은행예금에 대한 이자

(5) 기발행미인출수표

(6) 발행한 수표금액을 회사에서 실제보다 과대표기

(7) 발행한 수표에 대하여 은행에서 회사의 예금계좌에서 과소인출

(8) 미기록예금

7-5 은행계정조정표의 작성(1)

전주상사의 20×2년 12월 31일 현재 회계장부상 현금잔액은 ₩472,100이다. 그러나 거래은행의 은행계정명세서상 잔액은 ₩460,900이었다. 두 금액이 불일치하는 원인을 조사한

결과 다음과 같은 사실을 발견하였다.

(1) 거래처에서 수령한 매출대금 ₩72,000을 입금하였으나 은행에서 아직 기록하지 않았다.

(2) 은행에서 덕진상사가 발행한 수표 ₩12,500을 전주상사의 예금계좌에서 인출하였다.

(3) 전주상사가 발행한 다음의 수표를 거래처에서 은행에 제시하지 않았다.

수표번호	금액
107	₩2,700
110	102,000
114	6,000
	110,700

(4) 은행에 추심의뢰한 거래처에 대한 약속어음 ₩4,000이 입금되었으나 회사에 통지하지 않았다.

(5) 거래처에 대한 외상매입대금 ₩85,000을 지급하기 위하여 수표를 발행하였으나 경리직원의 실수로 당좌예금계정의 대변에 ₩58,000으로 기록하였다.

(6) 은행에서 어음추심에 대한 수수료로 ₩2,500을 부과하였다.

(7) 은행에 입금한 거래처의 약속어음 ₩11,900이 부도되어 은행으로부터 반환되었다.

요구사항

1. 은행계정조정표를 작성하라.
2. 필요한 수정분개를 하라.

7-6 은행계정조정표의 작성(2)

다음은 20×5년 11월 30일 현재 은행계정조정표를 작성하기 위한 자료이다.

(1) 은행계정명세서상 잔액 ₩124,000

(2) 회사장부상 잔액 ₩120,700

(3) 회사에 통보없이 회수된 거래처 약속어음 ₩30,000

(4) 회사가 발행한 수표중 미인출금액

수표번호	금액
298	₩6,000
299	1,500
301	4,000
	11,500

(5) 은행에서 부과한 각종 수수료 ₩150

(6) 기록하는 과정에서 발생한 오류

① 광고비를 지급하기 위하여 ₩9,600의 수표를 발행하였으나 회사의 현금계정에는

₩6,900으로 기록

② 은행에서 잘못하여 회사의 예금계좌에서 인출한 금액 ₩1,000

③ 거래처에서 회수하여 입금한 약속어음 ₩2,100이 회사의 현금계정에 ₩1,200으로 기록

(7) 거래처에서 회수하여 입금한 약속어음 ₩250이 부도처리되어 은행으로부터 반환됨

(8) 화재보험료 ₩15,000이 은행계좌에서 인출되어 화재보험회사에 자동납부되었으나 회사장부상에는 미기록

(9) 11월 30일 회사가 은행에 입금한 ₩20,000이 은행에서는 12월 1일자로 입금처리함

요구사항

1. 은행계정조정표를 작성하고 정확한 현금잔액을 계산하라.
2. 필요한 수정분개를 하라.

Chapter 8

수취채권과 지급채무

제1절 채권과 채무
제2절 채권의 손상(대손회계)
제3절 기타의 채권과 채무계정
보 론 부가가치세 회계

오늘날 상거래는 현금거래보다는 신용거래가 더 많이 발생한다. 수취채권과 지급채무는 기업의 영업활동과정에서 발생하는 신용거래로 인한 단기채권 및 채무계정이다. 그 중에서 가장 대표적인 것은 상품이나 원재료의 외상거래로 발생하는 매출채권 또는 매입채무이다. 또한 자금의 단기간의 대여 또는 차입 등으로 발생하는 기타 수취채권 및 지급채무가 있다. 본 장에서는 매출채권과 매입채무에 대한 회계처리에 대하여 중점적으로 설명한다. 매출채권 중에서는 특히 회수가 의문시되는 불량채권에 대한 회계처리가 매우 중요하기 때문에 매출채권의 손상차손(대손)에 대한 회계처리방법을 자세히 소개한다.

마지막으로 기타의 수취채권 및 지급채무계정과 기타 채권 및 채무계정에 관한 회계처리에 대하여 설명한다.

Chapter

8 수취채권과 지급채무

제1절 채권과 채무

1.1 채권과 채무

채권(債權, Credit)은 다른 사람으로부터 무엇인가를 받을 수 있는 권리를 의미한다. 반면, 채무(債務, Debt)은 다른 사람에게 무엇인가를 제공하여야 할 의무를 의미한다. 회계에서는 이러한 채권과 채무에 대하여 무엇인가를 받을 권리를 타인으로부터 받은 것이므로 수취채권으로, 반면 채무는 타인에게 지급하여야 할 의무로 지급채무라 칭한다.

기업이 수행하는 경영활동에서 발생하는 수취채권과 지급채무는 수익을 획득하기 위한 영업활동에서 발생하는 채권과 채무에 대해서는 매출채권과 매입채무라 하며, 기타의 채권과 채무는 비매출채권과 비매입채무로 구분한다.

〈표 8.1〉 채권과 채무의 구분

구 분	계정과목
매출채권	외상매출금, 받을어음
비매출채권	미수금, 대여금, 선급금, 가지급금, 미수수익, 선급비용
매입채무	외상매입금, 지급어음
비매입채무	미지급금, 차입금, 선수금, 가수금, 예수금, 미지급비용, 선수수익

매출채권은 상품이나 서비스를 외상으로 판매하거나 제공한 것으로 그 대가를 외상으로 제공한 경우에는 외상매출금(accounts receivable)계정을 사용하고 거래처

로부터 지급을 약속하는 증서인 어음을 받은 경우에는 받을어음(notes receivable)계정을 사용한다. 매입채무는 상품을 외상으로 구입하는 경우로 그 댓가를 순수한 외상으로 한 경우에는 외상매입금(accounts payable)계정을 사용하고, 그 댓가에 대한 지급을 약속하는 어음을 발행한 경우에는 지급어음(notes payable) 계정을 사용한다.

> 매출채권 = 외상매출금 + 받을어음
> 매입채무 = 외상매입금 + 지급어음

1.2 외상매출금과 외상매입금의 기록

외상매출금은 주요 영업활동인 재화나 용역을 신용으로 판매함에 따라서 발생하는 매출채권(trade receivables)이다. 반면, 외상매출금은 주요 영업활동에 필요한 상품 등을 외상으로 구매하였을 때 기록되는 매입채무이다. 상품 이외의 자산을 외상으로 매각하였을 때는 외상매출금계정에 기록하지 않고 미수금이란 수취채권계정에 기록한다.

예제 8-1 **외상매출금과 외상매입금의 회계처리**

강남회사는 영동회사에 상품 ₩100,000을 외상으로 매출하다.

강남회사	(차) 외상매출금	100,000	(대) 매　출	100,000
영동회사	(차) 매　입	100,000	(대) 외상매입금	100,000

1.3 신용카드결재를 통한 매출채권의 기록

상품 매매거래에서 고객이 신용카드로 물품 대금을 지급하는 경우 물품 판매대금은 고객이 직접 회사에게 지급하지 않고 일정한 기간이 경과된 후에 신용카드회사로부터 매출대금이 회사로 들어오게 된다.

신용카드 매출이 발생하면 고객의 입장에서는 물품대금을 신용카드회사에 지급하게 되고, 회사 입장에서는 물품대금을 현금으로 받지 않는 대신 신용카드회사가 대신 지급하게 되는 금융거래로 거래의 형태가 전환된다. 따라서 신용카드사로부터 신용카드 매출대금이 입금이 되기 전까지의 판매대금은 미수금으로 처리한다. 마찬가지로 신용카드로 매입을 하는 경우에는 미지급금 계정을 사용하여 회계처리 한다.

또한 신용카드사가 결제대금의 지급시 공제하는 신용카드 결제수수료는 "수수료비용"으로 처리한다.

예제 8-2 신용카드 매출거래 회계처리

(주)상록은 3월 5일 상품을 ₩300,000원에 판매하고 그 대금은 신용카드로 결제를 받았다. 판매대금은 3월 30일에 신용카드결제수수료 ₩1,200을 제외하고 보통예금 통장으로 입금 되었다.

3월 5일	(차) 외상매출금	300,000	(대) 매　　출	300,000
	(차) 미수금	300,000	(대) 외상매출금	300,000
3월 30일	(차) 보통예금	298,800	(대) 미수금	300,000
	수수료비용	1,200		

1.4 받을어음과 지급어음 회계

1) 어음과 어음의 구분

어음(bill)은 상품이나 용역을 제공받은 대가에 대한 금액을 일정한 시기에 일정한 장소에서 지급을 하겠다고 약속하는 증서이다. 이러한 어음의 종류에는 약속어음(promissory note)과 환어음(bill of exchange)이 있다. 약속어음은 발행인이 특정 수취인 또는 소지인에게 일정한 기일에 어음에 표시된 액면금액을 지급할 것을 약속한 증서이다.

환어음은 지급인으로 하여금 수취인(지명인)에게 일정한 기일에 액면금액을 지급하도록 발행인이 지급인에게 지급을 위탁한 증서이다. 환어음의 경우에는 수취인이 지급인에게 지급승락을 받기 위하여 제시하고 지급인이 어음의 인수란에 서명함으로써 지급채무를 지게 된다.

이와 같은 행위를 어음의 인수(引受, acceptance)라고 한다.

[그림 8.1] 약속어음의 예

상품 등의 매매거래에서 어음을 수취하거나 발행하는 경우 어음의 발행인은 매입채무 중 지급어음 계정을 사용하여 자산으로 기록하는 반면, 어음의 수취인은 매출채권 중 받을어음 계정을 사용하여 부채로 기록한다.

보통 어음은 일반적인 상거래 이외에 돈을 빌리는 금융거래에서도 발행되거나 수취되기도 한다. 이러한 어음은 금융어음이라고도 하며 회계에서는 어음의 계정을 사용하지 않고 어음을 수취한 경우에는 단기대여금으로, 어음을 발행한 경우에는 단기차입금으로 처리한다.

〈표 8.2〉 어음의 구분

거래구분	어음발행인	어음수취인
상거래	지급어음	받을어음
금융거래	단기차입금	단기대여금

2) 받을어음과 지급어음의 회계처리

일반적으로 어음은 어음권면에 표기된 만기일에 내금을 지급하기 때문에 어음의 발행일로부터 어음의 만기일까지 이자가 발생할 수 있다. 이러한 이자에 대하여 어음에는 권면에 이자율이 표시되어 있는 이자부(利子附)어음(interest bearing notes)과 이자율이 표시되어 있지 않는 무이자부(無利子附)어음(non-interest bearing notes)이 있다. 이자부이음은 지급인이 만기일에 액면금액과는 별도로 표시된 이자를 지급하기로 약정한 어음이다. 무이자부어음은 이자를 별도로 지급하지 않는다. 따라서 이자에 해당하는 금액이 액면금액에 포함되어 있는 것이 일반적이다.

어음에 관한 회계에서는 약속어음과 환어음, 그리고 이자부어음과 무이자부 어음을 구별하지 않고 어음거래와 관련하여 발생한 채권은 받을어음(notes receivable)계정에, 어음상의 채무는 지급어음(notes payable)계정에 기록한다. 받을어음은 기간에 따라서 1년 이내인 유동자산과 1년 이상인 비유동자산으로 분류된다. 지급어음 역시 어음의 기간에 따라서 유동부채와 비유동부채로 분류된다. 받을어음계정의 발생과 소멸원인을 보면 〈표 8.3〉과 같다.

〈표 8.3〉 받을어음계정의 증가와 감소

받을어음	
(채권의 발생)	(채권의 소멸)
약속어음 또는 환어음의 수취	어음대금의 회수
	어음의 배서양도 및 할인
	어음의 부도

어음의 부도는 어음의 만기일에 어음의 지급인이 어음대금을 지급하지 못하는 경우에 발생하는 것인데, 어음이 부도가 되면 받을어음 계정에서 차감하여 외상매출금이나 부도어음으로 옮기는 분개를 한다.

예제 8-3 받을어음과 지급어음의 회계처리

(1) K회사는 H회사에 상품 ₩20,000을 매출하고 대금은 동 회사가 발행한 3개월 만기의 약속어음을 받았다. 이율은 연 12%이다.

K회사	(차) 받을어음	20,000	(대) 매 출	20,000
H회사	(차) 매 입	20,000	(대) 지급어음	20,000

(2) K회사는 P회사에 대한 외상매입금 ₩4,000을 지급하기 위하여 매출채권이 있는 거래처 H회사앞 환어음을 발행하고 H회사는 이를 인수하다.

K회사	(차) 외상매입금	4,000	(대) 외상매출금	4,000
H회사	(차) 외상매입금	4,000	(대) 지급어음	4,000

(3) K회사는 H회사로부터 어음대금 ₩10,000과 이자 ₩300을 3개월 후 회수하다.

K회사 (차) 현 금 10,300 (대) 받을어음 10,000
(대) 이자수익 300

₩10,000×0.12×3/12 = ₩300

H회사 (차) 지급어음 10,000 (대) 현 금 10,300
이자비용 300

(4) K회사는 H회사의 어음(어음액면 ₩10,000)이 부도처리되었음을 확인하다.

K회사 (차) 외상매출금 10,000 (대) 받을어음 10,000
(부도어음)

3) 어음의 배서양도 및 할인

어음의 배서(背書, endorsement)는 어음의 소지인이 만기일 이전에 어음상의 권리를 타인에게 양도하기 위하여 어음의 뒷면에 양도의사를 표시하고 기명날인하는 것을 말한다. 이때 양도인을 배서인(背書人, endorser), 양수인을 피배서인(被背書人, endorsee)이라고 한다. 어음을 타인에게 배서양도했을 때, 만기일에 어음대금을 지급하지 않으면 배서인이 어음소지인인 피배서인에게 상환할 의무가 발생한다. 이러한 의무를 상환의무라고 하며, 피배서인이 배서인에 대금지급을 청구할 수 있는 권리를 상환청구권 또는 소구권(遡求權, recourse)이라고 한다.

어음의 할인(割引, discounting)은 어음소지인이 만기일 이전에 은행 등의 금융기관에 어음을 양도하고 만기일까지의 이자(할인료)를 차감한 금액을 현금으로 융통하는 것을 말한다. 따라서 이것은 자금을 융통할 목적으로 어음을 금융기관에 배서양도(背書讓渡)하는 것이다.

어음의 할인료는 이자비용으로서 금융비용으로 볼 수 있으나 일정한 조건(금융자산의 제거조건)이 충족되는 경우 금융자산처분손실계정으로 기록한다.

예제 8-4 어음의 할인과 배서양도

(1) C회사에 외상으로 상품을 매출하고 대금 ₩30,000에 대하여 만기일 3개월 후의 약속어음을 받다.

(차) 받을어음 30,000 (대) 매 출 30,000

(2) 한 달 후에 C회사 약속어음을 은행에서 할인받다. 할인료는 ₩900이며 금융자산제거조건을 충족한다.

(차) 현　금	29,100	(대) 받을어음	30,000
금융자산처분손실	900		

(3) C회사는 A회사로부터 상품을 구입하고 보유중인 B사 발행 약속어음 ₩30,000을 배서양도하였다.

(차) 매　입	30,000	(대) 받을어음	30,000

제2절 수취채권의 손상(대손상각)

2.1 손상차손(대손상각)의 의미

매출채권은 상거래에서 발생하는 수취채권으로서 금융자산의 일종이다. 금융자산은 매 회계연도 말 손상(損傷, impairment)이 있다는 객관적 증거를 검토하여 손상이 있다는 증거를 발견하면 손상차손(損傷差損)을 계상하여야 한다. 여기에서 손상이란 자산의 가치가 심각하게 하락하여 회복불가능 한 경우를 의미한다.

매출채권의 손상은 주로 거래상대방의 지급불능에서 발생한다. 따라서 매출채권의 손상차손은 거래회사에 상품이나 용역을 외상으로 판매한 경우에 발생하며, 거래처가 부도나거나 기타 여러 가지 이유로 대금회수가 불가능하다는 증거가 있는 경우에 기록하는 비용이다.

매출채권의 회수가 불가능하여 발생하는 손실을 대손(貸損)이라고 하며, 매출채권의 손상차손은 일반 금융자산의 손상차손과 구별하여 대손상각비(貸損償却費, bad debt expense)라는 용어를 사용한다. 매출채권의 대손상각비 인식은 회계기말 현재 매출채권 잔액 중 앞으로 발생할 것으로 예상되는 회수불능금액을 추정하여 대손상각비용을 계상한다.

2.2 수취채권의 손상회계 -대손회계

매 회계연도말에 매출채권의 회수가능성을 예측하여 회수불가능하다고 예측되는 금액에 대하여 수정분개를 실시하여 손상차손을 인식하는데, 이에 대한 회계처리방법에는 차변에 대손상각비를 계상하고 대변에 대손충당금(貸損充當金, allowance for uncollectable accounts)을 설정한다. 구체적인 회계처리절차는 다음과 같다.

1) 대손상각비의 계상

한국채택국제회계기준(K-IFRS 제1109호)에서는 기말 외상채권에 대하여 향후 발생될 것으로 예상되는 신용손실(회수불가능예측액)에 대하여 대손충당금을 설정하도록 하고 있다. 이때의 대손충당금 설정시 차변에 대손상각비 계정을 기록하고 대변에는 대손충당금계정을 기록한다. 대손상각비는 불량채권이 매출채권에 관한 것은 관리비로 분류하고, 기타 수취채권에 관한 것은 기타의 대손상각비의 계정으로 기록하고 기타비용으로 분류한다. 대손충당금은 자산의 평가계정(valuation account)으로서 외상매출금의 차감계정(差減計定, contra account)이다.

(차) 대손상각비 ××× (대) 대손충당금 ×××

만일, 결산 전 대손충당금잔액이 손상차손 추정금액보다 많은 경우에는 그 차액을 환입한다. 일반기업회계기준에서는 대손충당금환입을 판매와관리비의 차감항목으로 정의하고 있다.

(차) 대손충당금 ××× (대) 대손충당금환입 ×××

2) 손상의 발생 - 대손확정

대손충당금을 설정한 다음 해에 실제로 특정 채권이 회수 불가능한 것으로 판명되었을 때, 차변에 대손충당금을 기록하고 대변에는 해당 매출채권을 기록한다. 만일 대손충당금잔액이 회수불가능한 금액보다 적을 때는 추가로 대손상각비를 차변에 기록한다.

(차) 대손충당금 ××× (대) 매출채권 ×××
(부족할 경우 대손상각비 ×××)

4) 손상차손을 초래한 사건이 해결된 경우

매출채권의 손상차손을 기록한 이후 손상을 초래한 사건이 해결되었다는 객관적 증거(예, 거래처의 부도사건 해결)가 있는 경우에는 손상회복을 기록하여야 한다. 회계처리는 차변에 수취채권 계정을 기록하고 대변에는 대손충당금을 기록한다.

〈손상을 초래한 사건의 해결〉

(차) 매 출 채 권	×××	(대) 대손충당금	×××

〈손상 처리된 채권이 현금으로 회수된 경우〉

(차) 현 금	×××	(대) 대손충당금	×××

대손충당금계정을 사용할 때에 재무상태표상의 매출채권과 대손충당금은 〈표 8.4〉와 같이 보고된다.

〈표 8.4〉 재무상태표상의 대손충당금 표시

부분재무상태표

××(주)	20×1년 12월 31일 현재	
자산(일부)		
매출채권	×××	
대손충당금	(××)	×××

예제 8-5 대손회계

경북주식회사는 대손충당금을 설정하여 매출채권에 대한 대손을 처리하고 있다. 이러한 방법으로 불량채권에 대한 회계처리를 하고 20×2년도의 포괄손익계산서와 재무상태표상의 매출채권과 관련된 계정을 표시하면 〈표 8.6〉과 같다.

(1) 20×1년 6월 5일, 경남(주)에 대한 외상매출금 ₩30,000이 회사의 부도로 회수불가능으로 확정되었다. 현재 대손충당금 잔액은 ₩25,000이다.

(차) 대손충당금	25,000	(대) 매출채권	30,000
대손상각비	5,000		

(2) 20×1년 12월 31일, 현재 외상매출금 잔액 ₩500,000에 대하여 부산(주)의 재무상태가 극히 불량하여 ₩35,000을 회수불가능한 금액(손상차손 발생액)으로 인식하였다.

(차) 대손상각비	35,000	(대) 대손충당금	35,000

(3) 20×2년 4월 1일, 20×1년에 회수불능으로 상각하였던 경남(주)에 대한 외상매출금 중 ₩10,000을 현금으로 회수하였다.

(차) 현 금	10,000	(대) 대손충당금	10,000

(4) 20×2년 8월 1일, 부산(주)이 파산하여 부산(주)에 대한 외상매출금 ₩50,000을 장부에서 제거하였다.

(차) 대손충당금	45,000	(대) 매출채권	50,000
대손상각비	5,000		

(5) 20×2년 11월 1일, 8월 1일에 손상차손을 인식한 부산(주)의 외상매출금 중 ₩10,000이 현금으로 회수되었다.

(차) 현 금	10,000	(대) 대손충당금	10,000

(6) 20×2년 12월 31일 현재 매출채권 잔액은 ₩600,000이며 이중 신용위험이 발생될 것으로 예측되는 금액은 ₩16,000이다. 손상차손을 계상하기 전의 대손충당금잔액은 ₩10,000이다.

(차) 대손상각비	6,000*1)	(대) 대손충당금	6,000

* 1) 16,000(기말손상차손액) − 10,000(결산전 대손충당금 잔액) = 6,000

〈표 8.5〉 20×2년도 재무상태표와 포괄손익계산서상의 표시

재무상태표(일부)			포괄손익계산서(일부)	
자 산			판매와관리비	
매출채권	₩600,000		대손상각비	₩11,000
대손충당금	(16,000)	584,000	기타수익	

제3절 기타 채권 및 채무세칭

상거래에서 발생한 수취채권과 지급채무 외에도 다음과 같은 채권 및 채무가 있다. 이들은 그 대가의 수취 또는 지급이 금융상품으로 이루어지는지의 여부에 따라 금융자산 또는 부채에 포함되거나 구분되어 보고된다.

3.1 대여금과 차입금

차용증서나 어음(금융어음)을 받고 현금을 대여한 경우는 대여금계정에 기록하고 차입한 경우는 차입금계정에 기록한다. 이때 결산일로부터 대여기간이 1년 이내인 경우에는 단기대여금으로 분류하고 1년 이상인 경우에는 장기대여금으로 분류한다.

예제 8-6 단기대여금과 단기차입금의 회계처리

(1) 만기 1개월의 어음을 받고 ₩40,000을 수표발행하여 대여하다.

(차) 단기대여금	40,000	(대) 당 좌 예 금	40,000

(2) 만기 3개월의 어음을 발행하여 주고 현금 ₩60,000을 차입하다. 어음의 이자율은 연 12%이다.

(차) 현 금	60,000	(대) 단기차입금	60,000

(3) 3개월 경과 후 위의 어음을 이자와 함께 현금으로 지급하다.

(차) 단기차입금	60,000	(대) 현 금	61,800
이 자 비 용	1,800		

₩60,000 × 0.12 × 3/12 = ₩1,800

3.2 미수금과 미지급금

미수금(未收金)과 미지급금(未支給金)은 상품이나 원재료 또는 용역의 제공과 같은 상거래 이외의 거래에서 발생하는 채권 및 채무계정이다. 이는 상거래에서 발생하는 외상매출금과 외상매입금계정과 구별된다.

대표적인 경우로 비품 등과 같은 유형자산을 외상으로 취득하거나 처분할 때 이 계정에 기록한다.

예제 8-7 미수금과 미지급금의 회계처리

(1) 사무용 비품 ₩5,000을 구입하고 대금은 나중에 갚기로 하다.

(차) 비 품	5,000	(대) 미 지 급 금	5,000

(2) 장부잔액 ₩80,000의 영업용 차량을 ₩100,000에 매각하고 대금은 나중에 받기로 하다.

(차)	미수금	100,000	(대) 차량운반구	80,000
			유형자산처분이익	20,000

3.3 예수금

예수금(預受金)은 세무서나 보험회사 등의 기관에게 납부하여야 할 세금이나 보험료를 종업원이나 다른 기업으로부터 수령하여 일시적으로 보관하였다가 대신 지급할 때 기록하는 부채계정이다. 예수금의 대표적인 경우로서 종업원의 급료에서 공제하는 소득세, 각종 보험료, 조합비 및 연금 등을 들 수 있다.

예제 8-8 예수금의 회계처리

(1) 종업원의 급여 ₩200,000에서 의료보험료 ₩2,000, 소득세 원천징수액 ₩3,000과 대여금 ₩50,000을 공제한 잔액 ₩145,000을 수표발행하여 지급하다.

(차)	급 여	200,000	(대) 당좌예금	50,000
			보험료예수금	2,000
			소득세예수금	3,000
			당 좌 예 금	145,000

(2) 회사는 의료보험공단과 세무서에 각각 보험료와 소득세를 납부하다.

(차)	보험료예수금	2,000	(대) 현 금	5,000
	소득세예수금	3,000		

3.4 선급금과 선수금

선급금(先給金)과 선수금(先受金)은 상품이나 원재료 등의 매매에 있어서 매매를 확실하게 하기 위하여 미리 대금의 일부를 지급하거나 수취할 때 기록하는 계정이다. 또한 공사의 계약금 또는 착수금으로 현금을 지급하거나 수취한 때도 이 계정에 기록한다.

예제 8-9 선급금과 선수금의 회계처리

(1) 마포상사는 도화상사에 상품 ₩60,000을 주문하고 계약금으로 ₩3,000을 지급하다.

마포상사	(차) 선급금	3,000	(대) 현 금		3,000
도화상사	(차) 현 금	3,000	(대) 선수금		3,000

(2) 마포상사는 도화상사로부터 상품을 인수하고 잔액 ₩57,000은 어음을 발행하여 지급하다.

마포상사	(차) 매 입	60,000	(대) 선급금		3,000
			지급어음		57,000
도화상사	(차) 선수금	3,000	(대) 매 출		60,000
	받을어음	57,000			

3.5 가지급금과 가수금

가지급금(假支給金)은 현금은 지급되었지만 정확한 지급원인이나 금액을 알 수가 없어 일시적으로 처리하는 채권계정이다.

예를 들면, 사원에 대한 출장여비로 현금을 미리 지급한 경우가 이에 해당한다. 가수금(假受金)은 현금을 수령하였지만 계정과목이나 금액을 확정할 수 없는 경우에 일시적으로 기록하는 부채계정이다.

가지급금과 가수금은 계정과목이나 금액이 확정된 경우에는 해당 계정과목과 금액으로 지체없이 대체하여야 하고 결산일까지 처리하여 재무상태표에 표시하지 않아야 한다.

예제 8-10 가지급금과 가수금의 회계처리

(1) 영업부 사원을 인천에 출장을 보내면서 대략 계산하여 ₩100,000을 여비로 지급하다.

(차) 가 지 급 금 100,000 (대) 현 금 100,000

(2) 출장중인 사원으로부터 원인을 알 수 없는 ₩50,000이 당좌예금계좌에 온라인으로 송금되어왔다.

(차) 당 좌 예 금 50,000 (대) 가수금 50,000

(3) 출장갔던 사원이 돌아와서 여비가 ₩80,000이 소요되었음을 알리고 잔액 ₩20,000은 회사에 반납하였다. 아울러 송금한 ₩50,000은 거래처로부터의 외상대금 회수로 밝혀졌다.

(차)	여비교통비	80,000	(대) 가지급금	100,000
	현 금	20,000		
(차)	가수금	50,000	(대) 매출채권	50,000

3.6 이연법인세자산과 이연법인세부채

종업원이 근로소득에 대하여 소득세를 납부하는 것과 마찬가지로 기업은 영업활동의 결과로 얻은 기업소득에 관하여 법인세를 납부하여야 한다. 그러나 실제로 납부하는 법인세는 포괄손익계산서상의 법인세공제전순이익을 기준으로 계산되지 않는다. 법인세는 법인세공제전순이익에 세법에 따라서 특정한 항목의 수익과 비용을 가산하거나 차감(세무조정)하여 결정된 과세소득을 기준으로 계산된다. 따라서 회계기준에 의한 순이익과 세법에 의한 과세소득에는 차이가 있다. 예컨대 제품의 판매보증비의 경우 회계기준에서는 상품판매시 비용으로 인정하지만 세법에서는 나중에 실제로 제품을 수리했을 때 비용으로 인정한다.

포괄손익계산서에 보고되는 법인세비용은 기업회계기준에 의하여 결정된 순이익을 근거로 하여 계산한다. 따라서 이러한 법인세비용은 과세소득을 기준으로 계산한 법인세와는 차이가 있다. 이연법인세자산(移延法人稅資産)은 법인세비용이 법인세보다 많은 경우에 발생하는 자산계정이고, 이연법인세부채(移延法人稅負債)는 반대로 법인세비용이 법인세보다 적은 경우에 발생하는 부채계정이다.

예제 8-11 이연법인세자산과 이연법인세부채의 회계처리

(1) 금년도 손익계산서상의 법인세공제전순이익은 ₩100,000이다. 그러나 세법에 의한 과세소득은 ₩120,000이다. 법인세율은 40%이다. 법인세는 아직 납부하지 않았다.

(차)	법 인 세 비 용	40,000	(대) 미지급법인세	48,000
	이연법인세자산	8,000		

(2) 세무서에 위의 법인세를 납부하다.

(차)	미지급법인세	48,000	(대) 현 금	48,000

재미있는 회계 이야기 8 — 밤의 황제, 제위를 앗아간 '세금'

1920년대 미국의 경제상황은 제1차 세계대전의 '특수'를 누려 풍요와 번영을 구가했다. 경제가 성큼성큼 발전하는 만큼 '밤의 경제' 규모도 덩달아 성장가도를 내달렸다. 당시 미국의 밤의 경제를 지배했던 사람이 얼굴에 난 흉터로 인해 '스카페이스'란 별칭을 얻은 갱두목 알 카포네였다.

알 카포네는 1920년 금주법이 발효되자 주활동무대를 뉴욕에서 시카고로 옮겨 밀주와 밀수, 매춘과 도박 등 온갖 불법 수단으로 소위 '떼돈'을 벌어들였다.

투철한 범죄정신에 경영수완까지 갖춘 알 카포네는 누구도 건드릴 수 없는 진정한 밤의 황제로 군림하며 지역의 이권을 둘러싼 갱단간 '전쟁'을 통해(성 발렌타인 데이 대학살 등) 수십 명을 살해, 전세계에 악명을 떨치기도 했다. 그러나 알 카포네가 날뛸수록 정부당국의 고민은 더욱 깊어졌다. 알 카포네를 잡고 싶었지만 알 카포네로부터 뇌물을 받은 정치인들의 영향으로 검찰기소도 할 수 없는 처지에 놓여있었기 때문이다.

솜털하나 건드리지 못할 것 같았던 알 카포네를 잡아들이는데 동원된 최후의 수단은 '세금'이었다. 그리고 그 길로 알 카포네는 내리막으로 접어들었다.

매춘, 도박 등 불법만 골라가며 막대한 수익을 낸 알 카포네가 세금을 제대로 낼 턱이 없었다. 미국 재무성의 세무정보팀은 그가 도박, 밀주, 공갈협박 등으로 벌어들인 돈을 신고하지 않는 점에 착안, 알 카포네의 밀주거래 비밀장부를 압수해 그를 검찰기소했다.

저항은 대단했다. 조사 과정에 동원됐던 세무조사원들이 갱들에 의해 살해되는 등 수난을 겪은 끝에 알 카포네를 법정에 출두시킬 수 있었다.

알 카포네는 법정에서 소득세법 위반혐의와 함께 그 동안의 어두운 행적을 심판받아 연방교도소에서 10년의 감옥형, 쿡 카운티 교도소에서 1년의 형기와 함께 5만 달러의 벌금을 선고받았다. 영원할 것 같았던 밤의 황제의 결코 아름답지 못한 권세는 투옥과 함께 완전 '종'을 쳤고 1939년 교도소를 나올 당시 이미 폐인이나 다름 없었던 알 카포네는 1947년 매독과 폐렴합병증으로 비참한 최후를 맞았다.

알 카포네의 부귀영화도 결국 화무십일홍(花無十日紅)에 지나지 않았다. '탈세로 흥한 자 탈세로 망한다', 전세계에 악명을 떨친 알 카포네가 과연 자신의 이 말의 의미를 몸소 보여준 대표적 사례가 될 줄 꿈이나 꿨겠는가. 〈출처 : 2006.6.15., 조세일보〉

보론 – 부가가치세 회계

일반적인 상거래에서는 상품의 판매와 구입시 판매대금과 구입대금에 부가가치세가 부과된다. 부가가치세는 상품의 종류나 사업자의 특성에 따라 과세, 영세, 면세 등으로 구분될 수 있는데, 각 거래의 특성에 따라 부가가치세 대급금과 예수금을 인식하여야 한다.

1. 부가가치세 매출거래

1) 부가가치세 과세매출의 경우

부가가치세 과세매출의 경우 상품매출액(공급가액)의 10%에 해당하는 부가가치세를 구매자에게 수령하여야 하므로 아래와 같이 회계처리한다.

(차) 현 금	×××	(대) 매 출	×××
		부가가치세예수금	×××

2) 부가가치세 영세율매출과 면세 매출의 경우

영세율매출이란 과세거래이나 조세정책상 세율을 0%로 하는 것으로 매출시 부가가치세예수금을 인식하지 않는다. 또한 부가가치세 면세란 농수산물 등 기초생활필수품을 판매하는 사업자에게 부가가치세납부 의무를 면제시키는 것으로서 면세 매출 시에도 부가가치세예수금을 인식하지 않는다.

(차) 현 금	×××	(대) 매 출	×××

2. 부가가치세 매입거래

1) 부가가치세 과세매입

부가가치세가 과세되는 사업자가 부가가치세가 포함된 금액으로 상품 등을 매입하는 경우이다. 이때 구매가격(공급가액)에는 10%의 부가가치세가 포함되었기 때문에 부가가치세 대급금을 인식한다.

(차) 원 재 료	×××	(대) 현 금	×××
부가가치세대급금	×××		

2) 부가가치세 영세, 면세, 불공 매입

부가가치세 납부의무가 없는 면세사업자나, 영세율거래 및 매입세액이 공제되지 않는 자산(비영업용 소형승용차 등)을 취득한 경우에는 취득한 자산가액에 부가가치세 상당액이 포함되어 있다 하더라도 부가가치세 대급금을 인식하지 않는다.

3. 부가가치세 신고와 납부

부가가치세는 그 과세기간과 납부기한이 법령으로 규정되어 있다. 따라서 부가가치세 납부의무가 있는 경우에는 과세기간이 종료되는 날에 부가가치세 납부의무가 자동으로 생성된다. 한편, 부가가치세는 매출세액에서 매입세액을 차감하여 납세액을 결정하는 구조를 가지고 있으므로 부가가치세 신고·납부 시에는 부가가치세 대급금에서 예수금을 차감한 차액을 납부하면 된다. 다만, 과세기간 종료일과 납부기한은 최대 25일의 차이가 있으므로 과세기간 종료시에는 부가가치세예수금과 대급금을 상계하되, 예수금이 대급금을 초과하는 경우에는 미지급금을 반대의 경우에는 미수금을 기록하였다가 실제납부일에 납부 또는 환급 회계처리를 한다.

〈부가가치세 과세기간 종료시〉

(차) 부가가치세예수금	×××	(대) 부가가치세대급금	×××
		미지급금	×××

〈부가가치세 신고·납부시〉

(차) 미지급금	×××	(대) 현 금	×××

예제 보-1 부가가치세 거래

(1) (주)안산은 (주)시화에 상품(공급가액 30,000,000원, 부가가치세별도)을 판매하고 세금계산서를 교부하다. 판매대금 중 10,000,000원은 현금으로 받고 나머지는 외상으로 하다.

(차) 매출채권	23,000,000	(대) 상품매출	30,000,000
현 금	10,000,000	부가가치세예수금	3,000,000

(2) 수출업자인 (주)반월은 제품을 2,730,000원에 매출하고 영세율세금계산서를 교부하였다. 매출대금은 전액 30일만기 약속어음을 받았다. (영세율매출)

(차) 매출채권	2,730,000	(대) 상품매출	2,730,000

(3) (주)시흥은 (주)시화조력발전에 면세가 적용되는 제품 2,000,000원을 판매하고 계산서를 발행하였다. 판매대금은 전액 현금으로 수령하였다. (면세매출)

(차) 현 금	2,000,000	(대) 상품매출	2,000,000

(4) (주)안산은 (주)화성으로부터 원재료 20,000,000원(부가가치세 별도)를 현금으로 매입하고 세금계산서를 수령하였다.

(차) 매입(원재료)	20,000,000	(대) 현 금	22,000,000
부가가치세대급금	2,000,000		

(5) (주)안산은 (주)반월로부터 원재료 15,000,000원을 local L/C에 의하여 구입하고 영세율이 적용되는 세금계산서를 교부받았다. 대금은 전액현금으로 지급하였다. (영세율매입)

(차) 원재료	15,000,000	(대) 현 금	15,000,000

(6) (주)안산은 거래처에 명절선물을 증정하기 위해 사과(10박스 공급가액 600,000원)을 외상으로 구입하고 세금계산서를 교부받았다. (면세매입)

(차) 접대비	600,000	(대) 미지급금	600,000

(7) (주)안산은 업무용 소형승용차(1500cc)를 (주)동방자동차로부터 18,000,000원에 외상으로 세금계산서를 교부받았다. (매입세액 불공제 매입)

(차) 차량운반구	18,000,000	(대) 현 금	18,000,000

(8) (주)안산의 20×2년도 부가가치세 신고기간이 종료되었다. (주)안산의 부가가치세 예수금총액은 3,000,000원이며 부가가치세대급금총액은 2,000,000원이다.

(차) 부가가치세예수금	3,000,000	(대) 부가가치세대급금	2,000,000
		미지급금	1,000,000

(9) (주)안산은 부가가치세를 현금으로 신고 · 납부하였다.

(차) 미지급금	1,000,000	(대) 현 금	1,000,000

객관식 연습문제

01 **매출채권의 개념은?**

① 종업원과 임원에 대한 채권이다.
② 금융거래에서 발생한 채권이다.
③ 상거래로 인하여 발생한 채권이다.
④ 비유동자산을 외상으로 매각하여 발생한 채권이다.

02 **특수한 경우를 제외하고는 매출수익과 고객으로부터의 수취채권은 언제 인식되는가?**

① 상품이 생산되었을 때
② 고객이 상품대금을 지불하였을 때
③ 상품이 고객에게 인도되었을 때
④ 할인기간이 경과되었을 때
⑤ 대손충당금을 설정할 때

03 **다음은 (주)삼일의 회계장부의 일부이다. 20X1년 말 (주)삼일의 재무상태표에 계상될 매출채권잔액은 얼마인가?** [회계관리 2급 주관처공개 기출문제]

20X1년 외상매출금 기초잔액	21,000원
20X1년 중 외상매출액	439,000원
20X1년 중 매출채권 회수액	300,000원

① 139,000원　　② 160,000원
③ 300,000원　　④ 439,000원

※ 다음 자료에 의해 문제 4과 문제 5에 답하라.

동작상사의 20×1년 12월 31일의 시산표의 일부이다. 동작상사는 충당금설정법에 의하여 대손회계를 처리하고 있다.

	차 변	대 변
외상매출금	₩150,000	
대손충당금		₩1,000
매출(전액 외상매출임)		300,000

04 동작상사는 20×1년 12월 31일에 외상매출금 잔액의 1%가 신용위험발생액으로 추정되었다. 충당금설정분개로 옳은 것은 어느 것인가?

①	(차) 대손상각비	500	(대) 대손충당금	500
②	(차) 대손충당금	500	(대) 외상매출금	500
③	(차) 대손충당금	500	(대) 대손상각비	500
④	(차) 외상매출금	500	(대) 대손충당금	500
⑤	(차) 대손상각비	500	(대) 외상매출금	500

05 동작상사는 20×2년 외상매출금 중 ₩1,800이 대손확정되어 회계처리하였다. 올바른 회계처리는 어느 것인가?

①	(차) 대손상각비	1,800	(대) 대손충당금	1,800
②	(차) 대손충당금	1,800	(대) 외상매출금	1,800
③	(차) 대손충당금	1,500	(대) 외상매출금	1,500
④	(차) 대손충당금	1,500	(대) 외상매출금	1,800
	대손상각비	300		
⑤	(차) 대손상각비	1,800	(대) 외상매출금	1,800

06 2008년에 대손처리하였던 (주)고잔의 외상매출금 ₩3,000이 2009년에 현금으로 회수되었다. 다만, 대손처리 시에 대손충당금잔액이 ₩2,500이 있었다고 한다고 할 때 다음 중 옳은 것은?

① 현금회수액 3,000원 모두 대손충당금환입으로 기록한다.
② 현금회수액 3,000원 모두 대손충당금을 증가시킨다.
③ 현금회수액 중 2,500원만 대손충당금환입으로 기록한다.
④ 현금회수액 중 500원은 대손상각비를 감소시킨다.

07 평택상사의 매출채권과 관련된 자료가 다음과 같을 때, 올해의 대손상각비는 얼마인가?

대손충당금 기초잔액	₩300,000
대손충당금 기말잔액(수정분개전)	200,000
대손 발생액	400,000
외상매출금잔액	10,000,000

① 50,000
② 100,000
③ 200,000
④ 500,000
⑤ 300,000

08 (주)삼일의 결산일 현재 외상매출금 잔액이 5,000,000원이고, 이 중 실제 회수가능가액이 4,950,000원으로 추정할 때 이에 대한 결산수정분개로 가장 옳은 것은? 단, 기초대손충당금잔액은 없다.

[회계관리 2급 주관처공개 기출문제]

① (차) 대손상각비 50,000원 (대) 매출 50,000원
② (차) 대손상각비 50,000원 (대) 대손충당금 50,000원
③ (차) 대손충당금 50,000원 (대) 외상매출금 50,000원
④ (차) 외상매출금 50,000원 (대) 대손상각비 50,000원

09 다음의 거래를 분개할 때, 빈 칸에 알맞은 계정과목으로 가장 옳은 것은?

[회계관리 2급 주관처공개 기출문제]

급여 지급일에 총 급여 1,500,000원 중에서 근로소득세 8,000원, 주민세 800원, 건강보험료 25,000원, 국민연금 50,000원을 차감한 잔액을 현금으로 지급하였다.

(차) 급 여	1,500,000원	(대) 현 금	1,416,200
		( )	83,800

① 선수금
② 선급금
③ 미지급금
④ 예수금

10 다음은 회게 사건별로 채권자와 채무자 각각의 재무상태표 계정을 연결한 것이다. 가장 올바르지 않은 것은? [회계관리 2급 주관처공개 기출문제]

	회계사건	채권자계정	채무자계정
①	상품의 인수·인도 전에 상품대금을 지급 또는 수령한 경우	미수금	미지급금
②	1년치 임차료를 선지급 또는 임대료를 선수한 경우	선급비용	선수수익
③	차용증서에 의해 금전을 빌려주거나 빌려온 경우	대여금	차입금
④	제품을 판매하거나 매입하고 대가를 나중에 수령 또는 지급하는 경우	매출채권	매입채무

11 강남주식회사의 금년도 손익계산서상 법인세비용차감전순이익 ₩100,000이다. 그러나 법인세법상 과세소득은 ₩90,000이었다. 법인세율이 40%라고 가정할 때, 적절한 분개는 어느 것인가? 단 세금은 바로 현금으로 납부하였다.

	차변	금액	대변	금액
①	(차) 법인세비용	40,000	(대) 현 금	40,000
②	(차) 법인세비용	36,000	(대) 현 금	36,000
③	(차) 법인세비용	40,000	(대) 현 금	36,000
			이연법인세부채	4,000
④	(차) 법인세비용	36,000	(대) 현 금	40,000
	이연법인세자산	4,000		

12 강남상점은 2006년 7월 25일 제1기 부가가치세 확정신고를 하고 부가가치세를 현금으로 납부하였다. 부가가치세 관련계정이 다음과 같을 때 7월 25일 부가가치세 납부와 관련된 분개로 적절한 것은? (단, 예정신고를 하지 않았다고 가정한다.) ['06 제3회 전산회계운용사 2급]

부가가치세 대급금

차변		대변	
3/10	30,000		
6/10	20,000		
7/3	10,000		

부가가치세 예수금

차변		대변	
		2/10	40,000
		6/15	50,000

	차변	금액	대변	금액
①	(차)부가가치세예수금	₩90,000	(대) 부가가치세대급금	₩60,000
			현 금	30,000
②	(차)부가가치세예수금	₩90,000	(대) 부가가치세대급금	₩50,000
			현 금	40,000
③	(차) 세금과공과	₩30,000	(대) 현 금	₩30,000
④	(차) 세금과공과	₩40,000	(대) 현 금	₩40,000

주관식 연습문제

8-1 받을어음의 회계(매각거래)

다음은 강동상사의 어음에 관련된 거래이다. 이를 분개하라. 단, 어음의 할인은 금융자산의 제거조건을 충족하는 것으로 간주한다.

(1) 2월 10일 : 하남상사에 상품 ₩142,000을 매출하다.

(2) 2월 18일 : 하남상사에 대한 매출대금 중 ₩42,000은 현금으로 회수하고 잔액 ₩100,000에 대하여는 90일 만기, 연 8%의 약속어음을 받다.

(3) 2월 28일 : 위의 약속어음을 은행에서 연 10%의 이자율로 할인하다.

(4) 5월 18일 : 은행으로부터 하남상사가 약속어음을 상환하였다는 통보를 받다.

(5) 5월 20일 : 양평상사로부터 상품에 대한 매출대금 ₩60,000에 대하여 60일 만기, 연 6%의 약속어음을 받다.

(6) 5월 30일 : 위 어음을 은행에서 연 9%로 할인하다.

(7) 7월 19일 : 은행으로부터 양평상사가 발행한 어음이 부도되었다는 통보를 받고 어음대금 ₩60,000과 수수료 ₩3,000을 현금으로 은행에 지급하다.

(8) 8월 19일 : 양평상사로부터 부도어음 대금 ₩60,000과 수수료 ₩3,000, 경과이자 ₩2,000을 현금으로 회수하다.

(9) 8월 31일 : 천호상사에 상품 ₩50,000을 매출하고 60일간의 이자 ₩3,000을 포함한 액면금액 ₩53,000의 약속어음을 받다.

(10) 9월 20일 : 위의 어음을 연 10%로 은행에서 할인하다.

(11) 10월 30일 : 천호상사가 발행한 어음이 부도되어 대금청구를 받고 어음 대금을 지급하는 동시에 지급거절증서 작성비 ₩2,000과 함께 천호상사에 상환청구를 하다.

(12) 12월 5일 : 천호상사의 부도로 부도어음을 상각처리하다.

8-2 수취채권에 대한 회계처리

20×3년 7월 1일에 설립된 신우상사는 충당금설정법으로 대손처리하고 있다. 다음의 거래를 분개하라.

20×3년의 거래

(1) 7월 1일 : 경희상사에 상품 ₩10,000을 외상으로 매출하다.

(2) 8월 5일 : 신설상사에 상품 ₩50,000을 외상으로 매출하고 대금은 3개월 만기 약속어음을 받다.

(3) 9월 10일 : 휘경상사에 상품 ₩40,000을 외상으로 매출하다. 판매운임 ₩4,000은 현금으로 지급하다.

(4) 9월 30일 : 경희상사에 대한 외상매출금 ₩10,000을 현금으로 회수하여 당좌예금하다.

(5) 10월 10일 : 신설상사에 상품 ₩84,000을 외상으로 매입하다. 매입운임 ₩3,000은 현금으로 지급하다.

(6) 12월 5일 : 신설상사에 대한 외상매입대금 ₩84,000을 지급하기 위하여 3개월 만기 약속어음을 발행하다.

(7) 12월 31일 : 외상매출금 잔액 ₩90,000 중 ₩9,000이 손상될 것이라는 객관적 사실이 발생하여 충당금으로 설정하다.

20×4년의 거래

(8) 1월 5일 : 휘경상사에 대한 상품매출대금 ₩40,000에 대하여 ₩35,000을 현금으로 회수하다.

(9) 2월 7일 : 경희상사에 대한 상품 ₩60,000을 외상으로 매출하다.

(10) 6월 23일 : 휘경상사에 대한 매출채권 잔액 ₩5,000은 휘경상사의 부도로 인하여 회수불능으로 판단되어 매출채권을 상각하다. 대손충당금 현재 잔액은 ₩9,000이다.

(11) 10월 5일 : 휘경상사에 대하여 상각한 매출채권 ₩5,000 중에서 ₩3,000을 현금으로 회수하다.

(12) 12월 31일 : 매출채권잔액 ₩110,000 중 ₩10,000이 손상될 것이라는 객관적 사실이 발생하여 충당금으로 설정하다. 대손충당금 현재잔액은 ₩7,000이다.

20×5년의 거래

(13) 2월 7일 : 경희상사에 대한 외상매출금 ₩6,000을 회수불능으로 대손처리하다.

(14) 4월 8일 : 휘경상사에 대하여 상각처리한 매출채권 ₩2,000을 현금으로 회수하다.

8-3 대손회계

다음에 예시된 대손과 관련된 거래를 회계처리하라.

(1) 한남상사의 20×3년 12월 31일 현재 수정전시산표는 다음과 같은 자료가 나타나 있다.

	차 변	대 변
외상매출금	₩500,000	
매출(외상)		₩920,000
매출에누리와 환입	20,000	
대손충당금		3,000

회수가능성의 검토결과 외상매출금 기말잔액의 5%가 손상차손되었다는 증거가 있다.

(2) 한남상사는 개포상사에 대한 외상매출금 중 ₩30,000의 회수가 불가능하다고 판명되어 대손처리하였다.

(3) 한남상사는 신수상사에 대한 외상매출금 ₩15,000의 회수가 불가능하다고 판명되어 대손처리하였다.

(4) 한남상사는 작년도에 상각처리한 강남상사에 대한 외상매출금 ₩20,000을 회수하였다.

(5) 한남상사는 금년도에 상각처리한 신수상사에 대한 외상매출금 중 ₩15,000을 회수하였다.

(6) 한남상사는 외상매출금 기말잔액에 대하여 손상차손액을 다음과 같이 분석하였다.

경 과 기 일	잔 액	회수율(%)	손상차손액
1개월 이내	₩200,000	98	4,000
1개월 이상 2개월 이내	120,000	95	6,000
2개월 이상 3개월 이내	84,000	90	8,400
3개월 이상	96,000	80	19,200
합 계	₩500,000		₩37,600

8-4 기타 단기채권 및 채무의 회계

다음의 일련의 거래를 분개하라. 다만, 상품의 구입과 판매 대금에 부가가치세가 포함되었다고 가정한다. 부가가치세율은 10%이다. (상품이외의 자산 취득과 처분에는 부가가치세를 고려하지 않는다.)

(1) 은행에서 현금 ₩100,000을 차입하기 위하여 약속어음을 발행하다. 어음의 기간은 6개월이며, 이율은 연 10%이다.

(2) 만기일에 위의 어음을 이자와 함께 현금으로 상환하다.

(3) 비품 ₩300,000을 구입하고 대금 ₩100,000은 현금으로 지급하고 잔액은 외상으로 하다.

(4) 장부가액 ₩150,000의 사무용 구형컴퓨터를 ₩200,000에 처분하고 대금은 10일 후에 받기로 하다.

(5) 비품에 대한 구입대금 ₩200,000을 수표발행하여 지급하다.
(6) 직원을 출장보내고 출장여비로 ₩100,000을 지급하다.
(7) 출장중인 직원으로부터 ₩120,000이 온라인으로 송금되어 오다.
(8) 출장중인 직원이 돌아와서 여비를 정산한 결과 ₩20,000이 남아서 회사에 반환하고, 송금한 현금은 거래처가 상품을 주문하고 계약금으로 지급한 것으로 판명되다.
(9) 상품을 ₩110,000을 주문하고 계약금으로 ₩10,000을 지급하다.
(10) 주문한 상품이 도착하여 대금잔액을 약속어음을 발행하여 지급하다. 매입운임 ₩5,000은 현금으로 지급하다.
(11) 직원에게 급여액 중에서 ₩50,000을 대여하다.
(12) 상품을 ₩ 99,000에 외상으로 판매하다.
(13) 직원에 대한 급료 ₩300,000 중에서 소득세 ₩20,000과 의료보험료 ₩12,000, 대여금 ₩50,000을 제외한 잔액을 현금으로 지급하다.
(14) 세무서와 의료보험공단에 세금과 보험료를 현금으로 납부하다.
(15) 부가가치세예수금과 대급금을 정산하여 세무서에 현금으로 신고납부하다.

Chapter 9

K-IFRS

재고자산

상품매매를 주된 영업활동으로 하는 기업은 회계기말에 보유하고 있는 상품의 원가를 재무상태표에 자산으로 보고하고 판매한 상품의 구입원가를 포괄손익계산서에 매출원가라는 비용으로 보고하여 당기순이익을 계산한다. 상품거래에 대한 회계처리는 제5장에서 설명한 바 있다. 제5장은 상품의 판매와 매입에 관련된 회계처리와 매출원가를 산출하여 매출총이익을 계산하는 과정이 주된 내용이었다. 재고자산의 원가결정은 회계상으로 매우 중요하다. 왜냐하면 재고자산의 원가는 회계기말에 자산으로 보고되며 그 금액에 따라서 매출원가와 당기순이익이 달라지기 때문이다.

재고자산의 원가는 상품의 재고수량에 구입단가를 곱하여 계산한다. 회계기록에 의하여 상품의 수량을 파악하는 방법에는 실지재고조사법과 계속기록법이 있다. 본 장에서는 각각의 방법에 따른 회계처리를 설명한다. 또한 상품의 구입원가가 구입 시마다 달라질 때에 기말재고액과 매출원가를 계산하려면 원가흐름에 대한 일정한 전제조건이 필요하다. 본 장에서는 재고수량을 파악하는 두 가지 방법 하에서의 상품의 단가결정방법에 관하여 소개한다. 그리고 기말재고액을 실제 수량과 원가로 계산하지 않고 추정에 의하여 파악하는 방법도 살펴본다. 마지막으로 회계기말에 재고자산의 시가가 원가와 다를 때 발생하는 평가문제에 대하여 설명한다.

Chapter

9 재고자산

제1절 재고자산의 개념

1.1 재고자산의 의의

재고자산(在庫資産, inventories)은 기업의 정상적인 영업활동과정에서 판매를 목적으로 보유하거나 제품을 생산하는 데 사용하기 위하여 보유하고 있는 자산을 말한다. 재고자산은 통상 1년 이내에 판매되어 현금으로 전환가능한 유동자산이다.

재고자산의 종류는 기업의 형태에 따라서 다르다. 백화점과 같은 상품매매기업은 다른 회사가 제조한 제품을 구입하여 판매하기 때문에 상품이 재고자산의 전부이다. 그러나 제조회사는 원재료를 구입하여 제품을 생산하기 때문에 제품, 반제품, 재공품 및 원재료 등이 있다.

한국채택국제회계기준에서는 재고자산을 정상적인 영업과정에서 판매를 위하여 보유중인 자산, 정상적인 영업과정에서 판매를 위하여 생산중인 자산 및 생산이나 용역제공에 사용될 원재료나 소모품으로 정의하고 있다.

재고자산의 분류는 보유하는 목적에 따라서 결정된다. 같은 차량이라도 자동차 판매회사가 판매를 목적으로 보유하고 있는 것은 재고자산이지만 운송회사가 영업활동을 목적으로 보유하는 것은 유형자산으로 분류한다. 제조기업의 재고자산의 종류에는 다음과 같은 것이 있다.

1) 상품

판매를 목적으로 구입한 상품, 미착상품 및 적송품 등을 말한다. 부동산매매업에 있어서 판매를 목적으로 소유하는 토지, 건물 및 기타 이와 유사한 부동산은 상품에 포함된다.

2) 제품

판매를 목적으로 제조한 생산품과 부산물 등을 의미한다.

3) 반제품(半製品)

자가제조(自家製造)한 중간제품과 부분품 등을 의미한다.

4) 재공품(在工品)

제품 또는 반제품의 제조를 위하여 제조과정에 있는 아직 완성되지 않은 제품을 의미한다. 반제품과의 차이는 반제품은 미완성품으로 판매할 수 있으나, 재공품은 판매할 수 없다는 점이다.

5) 원재료

제품을 생산하는 데 필요한 원료, 재료, 부품 및 미착원재료 등을 뜻한다.

6) 저장품(貯藏品)

소모품, 소모공구기구비품, 수선용 부분품 및 기타 저장품을 의미한다.

1.2 재고자산 원가결정의 중요성

재고자산은 자산 중에서 차지하는 비중이 크다. 그러므로 재고자산을 적절히 관리하여 재고에 따른 비용을 최소화하는 것이 효율적인 기업경영을 위하여 매우 중요하다. 재고자산의 정확한 원가결정은 이러한 경영관리측면에서 뿐만 아니라 회계측면에 있어서도 중요하다. 기말의 재고자산원가는 재무상태표에 자산으로 계상될 뿐만 아니라 당기순이익 결정에 직접적인 영향을 미친다. 왜냐하면, 연도초에 보유한 기초재고액에 당기에 추가로 매입한 상품의 원가를 더한 판매가능액은 매출원가(賣出原價, cost of goods sold)와 재고자산으로 배분되고, 기말의 재고자산 금액이 바로 매출원가를 결정하기 때문이다.

〈표 9.1〉 재고자산과 매출원가의 결정

기초재고액	×××	
(+)당기매입액	×××	기말재고액 : 재고자산(재무상태표에 반영)
판매가능액	×××	기중 판매원가 : 매출원가(포괄손익계산서에 반영)

매출원가는 비용의 대부분을 차지하기 때문에 가장 비중이 큰 비용이며, 매출액에서 매출원가를 차감하면 매출총이익(賣出總利益, gross profit)이 산출된다. 따라서 정확한 재고자산의 원가결정은 재무상태표에 보고되는 자산과 포괄손익계산서에 보고되는 당기순이익의 정확한 계상과 직결된다.

기말재고자산의 원가결정에 있어서 오류가 있으면 바로 매출원가가 잘못 계상되기 때문에 당기순이익에 오류가 발생한다. 예를 들어, 20×1년도 기말재고액이 실제보다 ₩2,000 많게 계상되면 매출원가가 ₩2,000 적게 계상되기 때문에 20×1년도의 당기순이익은 ₩2,000 많게 된다.

또한 20×1년도 기말재고액의 오류는 20×2년 기초재고액의 오류로 이어져 기초재고액이 ₩2,000 많게 계상된다. 따라서 매출원가는 ₩2,000 많게 되고 당기순이익은 ₩2,000 적게 계상된다.

결과적으로 20×1년도 기말재고자산의 오류로 인하여 20×1년도 당기순이익은 ₩2,000 많게 계상되며, 20×2년도 당기순이익은 반대로 ₩2,000 적게 계상된다. 따라서 이러한 오류가 2개년도의 당기순이익에 미치는 영향은 시간이 지나면 상쇄되지만 그 오류로 인하여 연도별 당기순이익은 달라진다.

이와 같이 재고자산의 원가결정은 기간별 당기순이익의 결정에 직접적인 영향을 미치기 때문에 정확한 재고자산의 파악이 중요한 회계문제라고 할 수 있다.

〈표 9.2〉 재고자산오류가 당기순이익에 미치는 영향

	20×1년	20×2년	2년 후
기초재고액		+₩2,000	
(+)당기매입액			
판매가능액		+2,000	
(−)기말재고액	+₩2,000		
매 출 원 가	− 2,000	+2,000	영향없음
당기순이익	+ 2,000	−2,000	영향없음

1.3 재고자산의 취득원가의 결정

재고자산을 취득하여 장부상에 기록하는 경우 그 금액은 모두 매입원가, 전환원가 및 재고자산을 현재 장소에 현재의 상태로 이르게 하는데 발생한 기타 원가를 포함한다.

1) 매입원가(cost of purchase)

매입원가는 매입가격에 재고자산의 취득과 관련하여 직접적으로 발생된 모든 경비를 포함한 가격이다. 이 경우 재고자산의 취득과 관련하여 지출되는 세금, 운임 등이 포함된다.

> 매입원가 = 매입가격 + 수입관세, 제세금, 매입운임, 하역비,
> 기타 취득과정에 직접 관련된 기타원가

2) 전환원가(제조원가, cost of conversion)

재고자산을 외부에서 구매하지 않고 직접 제조하는 경우에 재고자산의 생산과 관련하여 발생된 원가중 원재료 매입원가를 제외한 나머지 원가를 의미한다. 이에 대한 자세한 내용은 원가회계를 통하여 학습하기 바란다.

3) 기타원가(other costs)

재고자산을 현재의 장소에, 현재의 상태로 이르게 하는데 발생한 원가로서 재고자산의 생산원가와 관련하여 비정상적으로 낭비된 부분과 보관비용 및 관리간접원가, 판매원가는 기타원가에 포함되지 않는다.

제2절 재고자산의 포함항목 결정(소유권 확인)

회계기말의 재무상태표에 보고되는 재고자산의 원가는 재고수량을 파악하고 이에 단가를 곱하여 계산한다. 따라서 정확한 재고자산원가를 계산하려면 먼저 수량을 정확히 파악하여야 한다. 특히 회계연도말에 상품거래가 있을 때, 어떤 항목을 재고자산에 포함시키느냐에 따라서 재고수량이 달라진다. 일반적으로 창고에 남아 있는 수량이 재고자산에 포함되나 다음과 같은 특수한 경우에는 상품에 대한 소유권과 위험부담의 정도에 따라서 결정된다.

2.1 미착상품

미착상품(未着商品, goods in transit)은 주문한 상품이 결산일까지 도착하지 않고 운송중에 있는 상품이다. 특히 해외에 주문한 상품은 운송기간이 길기 때문에 구입회사에 도착하기까지는 많은 시일이 걸린다. 이 경우는 운송중에 있는 상품에 대한 위험과 책임을 누가 부담하고 있느냐로 재고수량의 포함 여부가 결정된다. 만일 판매조건이 선적지인도기준(船積地引導基準, free on board ; F.O.B., shipping point)이면, 구입회사가 모든 위험부담을 지고 있기 때문에, 운송중의 상품을 구입회사의 재고자산에 포함시킨다. 그러나 판매조건이 도착지인도기준(到着地引導基準, F.O.B. destination)이면 상품이 도착할 때까지는 판매회사가 위험을 부담하기 때문에 구입회사의 재고자산에 포함시키지 않는다.

2.2 위탁판매

위탁상품(委託商品, consigned goods)은 위탁자가 수탁자(受託者)에게 판매를 위탁한 상품으로서 이를 적송품(積送品)이라고 한다. 적송품은 단지 수탁자가 판매를 위하여 자기의 창고에 일시로 보관하고 있는 상품이기 때문에 소유권은 위탁자에게 있다. 따라서 위탁상품은 수탁자가 판매완료사실을 통보해 올 때까지는 창고에 없더라도 위탁자의 재고자산에 포함시켜야 한다.

2.3 시용판매

시용판매(試用販賣, sales on approval)는 판매자가 구매자에게 상품을 판매할 때, 일정기간 사용해 본 후에 구입여부를 결정하도록 하는 판매이다. 따라서 시용품은 구매자가 일정한 기일 내에는 언제든지 반환할 가능성이 있기 때문에 일정기일이 지나거나 구입의사를 표시한 때에 판매한 것으로 간주하여 재고자산에서 제외시킨다.

2.4 할부판매

할부판매(installment sales)는 대금을 여러 기간에 걸쳐서 분할하여 납부하는 조건으로 상품을 판매하는 경우다. 따라서 구매자가 최종적으로 판매대금을 납부할 때까지는 상품에 대한 소유권이 판매회사에 있다. 그러나 할부판매의 경우에 구입자가 상품을 소유하여 사용하고 있기 때문에 반환할 수 없다. 따라서 구입자가 상품에 관련된 경제적 효익을 실질적으로 누리고 있고, 관련된 위험을 부담하고 있기 때문에 판매시에 판매회사의 재고자산에서 제외한다.

제3절 재고자산의 수량기록방법

3.1 실지재고조사법

실지재고조사법(實地在庫調査法, periodic inventory method)은 상품의 매입과 매출시마다 수불수량을 기록하지 않고 기말재고수량을 재고조사에 의하여 실제로 파악하는 방법이다. 따라서 이 방법을 사용하면 매출원가와 기말재고액을 계산하기 위해서 결산일에 반드시 재고조사를 실시하여야 한다. 파악된 재고수량을 기조로 하여 매출원가는 다음과 같은 공식에 의하여 산출된다.

기초재고액 + 순매입액 − 기말재고액 = 매출원가

따라서 제5장에서 상품거래시 설명한 바와 같이 다음과 같은 매출원가산정을 위한 결산수정분개가 필요하다. 자세한 것은 제 5 장을 참고하기 바란다.

(1) 기초재고액을 매출원가계정에 가산하기 위하여 매출원가계정의 차변에 대체
(차) 매출원가 ××× (대) 재고자산 ×××

(2) 매입을 매출원가에 가산하기 위하여 매출원가계정의 차변에 대체
(차) 매출원가 ××× (대) 매입 ×××

(3) 기말재고액을 매출원가에서 차감하기 위하여 매출원가계정의 대변에 대체
(차) 재고자산 ××× (대) 매출원가 ×××

매출원가

기초재고액	×××	기말재고액	×××
당기매입액	×××	매출원가	×××
	×××		×××

이 방법은 상품의 매입과 매출시마다 수량을 기록하지 않기 때문에 간편하고 장부기록비용이 적게 드는 장점이 있다. 그러나 장부상으로 재고수량을 알 수 없기 때문에 실지재고수량과의 비교가 불가능하다. 따라서 도난이나 분실 또는 파손 등으로 발생하는 재고손실의 파악이 불가능하기 때문에 재고자산을 효과적으로 통제하고 관리할 수 없는 단점이 있다. 실지재고조사법을 사용하면 재고자산의 도난 등에서 발생하는 손실은 매출원가에 포함된다. 따라서 이 방법은 저가의 다품종상품을 취급하는 업종(예를 들면, 편의점 등)에 적절하다.

3.2 계속기록법

계속기록법(繼續記錄法, perpetual inventory method)은 상품을 매입하거나 매출하여 수량이 변동할 때마다 장부에 기록하여 장부상으로 기말재고수량을 파악하는 방법이다. 따라서 기말에 재고조사를 하지 않고도 재고수량을 알 수 있다.

그러나 보통 재고조사를 실시하여 장부재고수량과 실지재고수량과의 차이를 파악하여 도난, 분실, 파손 또는 증발 등으로 발생한 손실을 조사한다. 이러한 손실을 재고자산감모손실(在庫資産減耗損失)이라고 한다.

만일 재고손실이 발생했을 때는 다음과 같은 수정분개로 장부재고와 실제재

고를 일치시킨다.

(차) 재고자산감모손실 ××× (대) 재고자산 ×××

재고자산감모손실의 분류방법에 대하여 국제회계기준은 특별히 언급하고 있지 않으나 판매과정에서 정상적으로 발생하여 원가성이 있는 경우에는 매출원가에 포함하고, 그렇지 않은 경우에는 기타비용으로 분류하는 것이 타당할 것이다.

이 방법은 재고자산의 매입과 매출수량을 계속 기록하기 때문에, 많은 장부기장 비용이 소요되나 재고자산의 통제가 가능하다는 장점이 있어, 고가의 소품종을 취급하는 업종(예를 들면, 귀금속 보석상 등)에 적당하다. 그러나 오늘날 모든 상품의 판매가 전산화되어 있기 때문에 장부기록비용은 별로 문제되지 않는다. 따라서 상품주문과 재고관리면에서 보다 바람직한 방법이라고 할 수 있다.

3.3 실지재고조사법과 계속기록법하의 상품거래에 대한 회계처리

상품매매에 관하여 두 방법의 회계처리방법과 특성을 비교하면 〈표 9.3〉과 같다.

〈표 9.3〉 실지재고조사법과 계속기록법의 비교

비교기준		실지재고조사법	계속기록법
회계처리	상품구입시	(차) 매 입 ××× (대) 현 금 ×××	(차) 재고자산 ××× (대) 현 금 ×××
	매출시	(차) 현금 ××× (대) 매 출 ×××	(차) 현 금 ××× (대) 매 출 ××× (차) 매출원가 ××× (대) 재고자산 ×××
	기말결산 수정분개	(차) 매출원가 ××× 매출원가 ××× 재고자산 ××× (대) 재고자산 ××× 매 입 ××× 매출원가 ×××	분개 없음
장부기록비용		적은 비용소요	많은 비용소요
재고자산의 통제정도		통제불가능	통제가능
적용업종		저가 다품종	고가 소품종

두 방법에 의한 상품거래 회계처리의 예를 〈 예제 9-1 〉에서 들고 있다.

예제 9-1 실지재고조사법과 계속기록법의 회계처리

샛별상사의 금년도 상품거래에 관한 자료는 다음과 같다.

	수 량	단 가	금 액
기초재고(1월 1일)	300개	₩500(구입가격)	₩150,000
당기매입	460	500(구입가격)	230,000
당기매출	350	700(판매가격)	245,000
기말재고수량	410	500(구입가격)	205,000

(1) 두 방법에 의한 회계처리는 다음과 같다.

	실지재고조사법			계속기록법		
상품매입시	(차) 매 입	230,000		(차) 상 품	230,000	
	(대) 현 금		230,000	(대) 현 금		230,000
매출시	(차) 현금	245,000		(차) 현 금	245,000	
	(대) 매 출		245,000	매출원가	175,000	
				(대) 매 출		245,000
				상 품		175,000
결산시	(차) 매출원가	150,000				
	매출원가	230,000				
	재고자산	205,000		분개없음		
	(대) 재고자산		150,000	(매출원가는 장부에		
	매 입		230,000	이미 기록됨)		
	매출원가		205,000			

(매출원가 : ₩150,000 + 230,000 − 205,000 = ₩175,000으로서 계속기록법과 동일함)

(2) 만일 창고재고를 조사한 결과 기말재고수량이 400개로서 10개가 부족하다면 결산시 분개는 다음과 같다.

	실지재고조사법			계속기록법		
결산시	(차) 매출원가	150,000		(차) 재고자산감모손실	5,000	
	(대) 재고자산		150,000	(대) 재고자산		5,000
	(차) 매출원가	230,000				
	(대) 매입		230,000			

(차) 재고자산　　　　200,000
　　(대) 매출원가　　　　200,000

실지재고조사법에 의한 매출원가는 ₩180,000(₩150,000 + ₩230,000 - ₩200,000)으로서 계속기록법하의 ₩175,000보다 ₩5,000이 많다. 그 이유는 기말의 창고재고가 10개 부족하여 장부재고 ₩205,000보다 ₩5,000 적은 ₩200,000이 기말재고액이 되기 때문이다. 이렇게 실지재고조사법에서는 창고재고 10개 부족에 따른 감모손실이 매출원가에 포함되나 계속기록법에서는 부족분 10개에 대하여 별도의 수정분개를 통하여 재고자산감모손실 ₩5,000이 기록된다.

제4절 재고자산 원가흐름의 가정

기말재고수량이 결정되면 수량에 단가(單價, unit price)를 곱하여 기말재고자산의 원가를 결정한다. 매입한 상품의 단가는 구입시점의 단가로 결정된다. 그러나 물가가 상승하거나 하락하는 경우에 구입시점에 따라서 여러 가지 단가로 구입금액이 기록된다. 이와 같은 상황에서 상품을 판매했을 때 여러 단가 중에서 어느 구입시점의 단가를 적용할 것인가?

예를 들어, 〈 예제 9-2 〉에 있는 (주)강상유통의 경우를 보자. 1월 1일 재고상품의 단가는 ₩80이고 3월에 매입한 상품의 단가는 ₩90이다. 이때 4월에 판매한 상품 60개와 나머지 재고 90개의 단가를 얼마로 결정할 것인가? 이렇게 구입가격이 변동하는 경우에는 단가적용에 있어서 일정한 전제조건, 즉 가정(假定)이 필요하다. 이러한 가정을 **원가흐름에 대한 가정**(cost flow assumptions)이라고 한다. 개별법은 실제로 판매한 상품의 단가를 일일이 확인하여 매출원가와 재고자산의 원가를 결정하기 때문에 원가흐름에 대한 가정이 필요 없다. 그러나 다음에 설명하는 나머지 방법은 원가흐름에 대하여 일정한 가정을 하고 있다.

이와 같은 단가결정방법을 〈 예제 9-2 〉의 자료에 의하여 설명하기로 한다.

예제 9-2 재고자산의 단가결정을 위한 자료

다음은 (주)강상유통의 상품거래내용이다. 기말재고액과 매출원가를 계산하기 위한 원가결정방법에 대하여 살펴보자.

	수 량	단 가	금 액
기초재고(1월 1일)	100개	₩80	₩8,000
3월 매입	50	90	4,500
4월 판매	60	200	12,000
6월 매입	50	100	5,000
10월 매입	50	120	6,000
11월 판매	120	200	24,000
12월 매입	50	130	6,500
기말재고(12월 31일)	120	?	?

기초재고액	100개	₩8,000
(+)매 입	200	22,000
판매가능액	300	30,000
(−)매 출	180	?
기말재고액	120	?

4.1 개별법

개별법(specific identification)은 개별상품에 대하여 일일이 가격표를 부착하여 판매한 상품과 보유한 상품의 단가를 가격표에 의하여 개별적으로 결정하는 방법이다. 따라서 이 방법은 상품의 실제흐름에 따라서 매출시마다 실제 구입원가를 추적하여 매출원가와 기말재고액을 계산하기 때문에 원가흐름에 관한 가정을 필요로 하지 않는다. 개별법은 재고상품의 실제 실물흐름에 따라서 가장 정확하게 재고자산원가를 파악하는 방법이다. 따라서 수익과 비용이 정확히 대응되어 정확한 이익계산이 가능하고 이해하기 쉽다는 장점이 있다.

그러나 개별법은 상품의 구입단가를 일일이 추적하여야 하므로 실무적으로 매우 번거롭다. 그러므로 많은 종류의 상품을 취급할 때는 적용할 수 없으며, 또한 가능하다 해도 많은 비용이 든다. 따라서 취급상품의 품목이 적고 고가품의 경우에만 사용된다. 또한 개별법은 경영자의 의도에 따라서 이익을 조작하는 데 악용될 가능성이 있다. 예컨대 이익이 적게 날 것으로 예상되면 이익을 늘리기 위하여 매출한 상품에 대하여 의도적으로 낮은 단가만을 적용할 가능성이 있다. ㈜강상유통의 경우, 판매한 상품의 단가를 가격표에 의해서 개별적으로 다음과 같이 파악하였다고 가정하자.

	판매수량	구입일자	수량(개)	단가(₩)	매출원가 (수량×단가)
4월 판매분	60	1월	재고분 40	80	3,200
		3월	매입분 20	90	1,800
11월 판매분	120	1월	매입분 60	80	4,800
		6월	매입분 40	100	4,000
		10월	매입분 20	120	2,400
					₩16,200

기말재고액 : 판매가능액 ₩30,000 − 매출원가 16,200 = ₩13,800

상품의 단가결정방법은 실지재고조사법과 계속기록법에 따라서 달라진다. 이 방법들은 〈표 9.4〉와 같이 서로 결합하여 사용할 수 있다. 개별법은 원가흐름에 대한 가정을 하지 않기 때문에 어떤 수량기록법을 사용하더라도 재고자산원가와 매출원가가 달라지지 않는다.

다음에서는 먼저 실지재고조사법에 의하여 수량을 파악한다고 가정하고 〈예제 9-2〉의 자료를 이용하여 단가결정방법에 대하여 설명한다.

〈표 9.4〉 수량기록법과 재고자산원가 결정방법의 결합

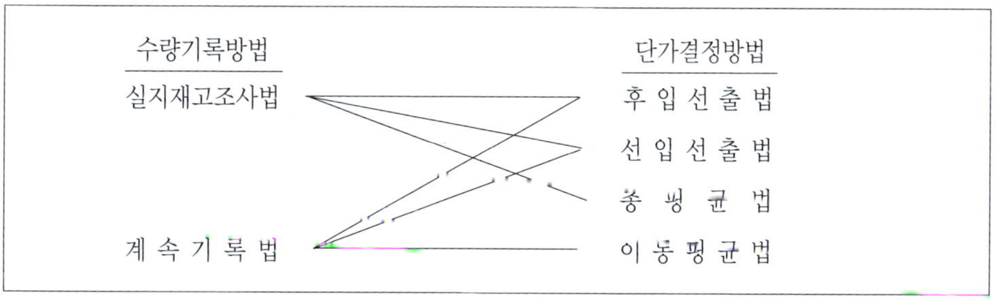

4.2 실지재고조사법에서의 재고자산원가 결정

실지재고조사법은 상품의 매입과 매출시마다 변동하는 상품의 수량을 기록하지 않고 기말재고수량을 실제로 조사하여 기말재고액과 매출원가를 파악하는 방법이다. 이러한 방법을 사용하는 경우에 있어서 재고자산원가와 매출원가를 계산하는 방법에는 원가흐름에 대한 가정에 따라서 다음과 같은 방법들이 있다.

1) 선입선출법

선입선출법(先入先出法, First-in First-out : FIFO method)은 먼저 구입한 상품을 먼저 판매하는 것으로 가정(假定)하고 재고자산원가를 결정하는 방법이다. 이 방법을 사용하면 기말재고자산은 가장 최근에 구입한 상품의 순서대로 재고층(在庫層, inventory layers)이 형성되기 때문에 단가는 비교적 최근 시장가격을 반영하게 된다. 그러나 매출원가는 먼저 구입한 상품의 순서대로 단가를 적용하기 때문에 과거의 원가를 반영한다. 이러한 원가흐름은 많은 경우에 있어서 상품의 실제흐름과 일치한다.

㈜강상유통의 경우, 기말재고액과 매출원가는 다음과 같이 결정될 것이다. 즉, 선입선출법은 먼저 구입한 상품이 먼저 매출되는 것으로 가정하기 때문에, 기말재고수량 120개의 단가는 가장 최근에 구입한 상품의 순서대로 적용된다. 따라서 50개는 12월의 매입원가 ₩130, 50개는 10월의 매입원가 ₩120, 그리고 나머지 20개는 6월의 매입원가 ₩100이 적용된다.

그러므로 기말재고액과 매출원가는 다음과 같이 계산된다.

기말재고액 :	50개	×	₩130	=	₩6,500
	50	×	120	=	6,000
	20	×	100	=	2,000
					₩14,500

매 출 원 가 : ₩30,000 − ₩14,500 = ₩15,500

매출총이익 : ₩36,000 − ₩15,500 = ₩20,500

선입선출법으로 기말재고액을 계산하면 기말재고자산이 비교적 현행원가(現行原價, current cost) 또는 시가(market price)로 평가된다. 따라서 자산의 평가에 있어서 현재의 경제여건이 반영되기 때문에 우수한 방법이라고 할 수 있다. 그러나 가격변동이 심할 때는 매출원가가 과거의 구입가격으로 계산되기 때문에 현행판매가격에 의한 수익과의 적절한 대응이 되지 않는 단점이 있다. 따라서 인플레이션이 계속될 때에는 매출이 현행가격을 반영하는 반면에, 매출원가는 과거의 낮은 금액으로 결정되기 때문에 상대적으로 많은 순이익을 보고하게 되어 세금부담이 많아진다.

2) 평균법

평균원가법(平均原價法, average cost method)은 구입한 상품의 평균단가를 구하여 매출원가와 재고자산을 계산하는 방법이다. 평균단가는 결산일에 파악한 판매가능액을 판매가능수량으로 나누어 계산한다. 실지재고조사법에서 이 방법을 적용할 때는 기말에 평균단가를 한번만 계산하기 때문에 총평균법(總平均法, weighted average method)이라고 한다.

$$\text{평균단가} = \frac{\text{판매가능액(기초재고액 + 매입액)}}{\text{판매가능수량(기초재고수량 + 매입수량)}}$$

(주)강상유통의 경우, 연말시점에서 파악한 판매가능액을 판매가능수량으로 나누면 평균단가는 ₩100이 된다. 이 금액으로 기말재고액과 매출원가를 구하면 각각 ₩12,000과 ₩18,000이 된다.

$$\text{평균원가} = \frac{\text{판매가능액 ₩30,000}}{\text{판매가능수량 300개}} = \text{₩100}$$

기말재고액 : 120개 × ₩100 = ₩12,000
매 출 원 가 : 180개 × ₩100 = ₩18,000
매출총이익 : ₩36,000 − ₩18,000 = ₩18,000

3) 후입선출법

후입선출법(後入先出法, Last-in First-out : LIFO method)은 선입선출법과는 정반대로 가장 최근에 매입한 상품을 먼저 매출한 것으로 가정하고 기말재고액을 계산하는 방법이다. 따라서 기말재고자산은 가장 옛날에 구입한 상품의 순서대로 재고층이 구성되어 난가는 과거의 구입가격을 반영한다. 그러나 매출원가는 나중에 구입한 상품의 순서대로 단가를 적용하기 때문에 비교적 현행원가를 반영한다. 이 방법은 실제 물량흐름(physical flows)과는 일치하지 않는 경우가 대부분이다.

(주)강상유통의 경우, 기말재고액과 매출원가는 다음과 같이 결정된다. 즉, 후입선출법에서는 먼저 구입한 상품을 먼저 판매하는 것으로 가정하기 때문에, 기말재고수량 120개의 단가는 가장 오래 전에 구입한 상품의 순서대로 적용된다 따라서 100개는 기초재고상품의 단가 ₩80이 적용되고 나머지 20개는 3월 매입분 ₩90이 적용된다. 따라서 기말재고액과 매출원가는 다음과 같이 계산된다.

기말재고액 : 100개 × ₩80 = ₩8,000
20 × 90 = 1,800
₩9,800

매 출 원 가 : ₩30,000 − ₩ 9,800 = ₩20,200

매출총이익 : ₩36,000 − ₩20,200 = ₩15,800

후입선출법으로 결정된 재고자산의 원가는 과거의 구입가격을 반영하기 때문에 현행원가와는 거리가 멀다. 따라서 자산의 평가에 있어서는 현재의 경제여건이 반영되지 않기 때문에 바람직하지 않다. 따라서 한국채택국제회계기준서 제1002호 '재고자산'에서는 이런 점을 감안하여 후입선출법에 의하여 재고자산을 평가하는 방법을 인정하지 않고 있다.

후입선출법을 적용하면 매출원가는 비교적 현행가격으로 표시되기 때문에 현행수익(現行收益)과 현행비용(現行費用)의 적절한 대응이 가능하다. 특히, 인플레이션이 진행되고 있을 때에는 이 방법을 사용하면 당기순이익이 적어지기 때문에, 세금부담이 줄어들어 절세수단(節稅手段)으로 많이 활용된다.

4.3 계속기록법에서의 재고자산원가 결정

계속기록법에 의하여 수량을 파악하는 경우에는 다음과 같은 상품재고장에 의하여 상품을 매입하고, 판매할 때마다 수량을 기록하여 기말재고액과 매출원가를 장부에 의하여 파악한다. 계속기록법으로 수량을 파악하는 경우, 원가흐름에 대한 가정에 따라서 다음과 같은 방법에 의하여 기말재고액과 매출원가를 파악할 수 있다.

1) 선입선출법

계속기록법으로 수량을 파악할 때에 선입선출법을 적용하면 매입할 때마다 단가가 다른 경우 단가별로 상품의 재고수량을 파악하여야 한다. 이 방법에 의한 기말재고액과 매출원가의 계산과정은 〈표 9.5〉에 나타나 있다.

〈표 9.5〉 계속기록법하에서의 선입선출법의 적용

상품재고장

일 자	적 요	입 고			출 고			재 고		
		수량	단가	금액	수량	단가	금액	수량	단가	금액
1.1	기초재고	100개	₩80	₩8,000				100개	₩80	₩8,000
3월	매입	50	90	4,500				100 50	80 90	8,000 4,500
4월	판매				60개	₩80	₩4,800	40 50	80 90	3,200 4,500
6월	매입	50	100	5,000				40 50 50	80 90 100	3,200 4,500 5,000
10월	매입	50	120	6,000				40 50 50 50	80 90 100 120	3,200 4,500 5,000 6,000
11월	판매				40 50 30	80 90 100	3,200 4,500 3,000	20 50	100 120	2,000 6,000
12월	매입	50	130	6,500				20 50 50	100 120 130	2,000 6,000 6,500
합 계		300		30,000	180		15,500	120		14,500

(주)강상유통의 경우, 3월 매입분 50개의 단가가 ₩90이므로 기초재고와 구별하여 매입순서대로 기재하여 단가 ₩80과 ₩90인 두 개의 재고층이 형성된다. 4월 판매분 60개에 대하여는 기초재고상품을 먼저 판매한 것으로 가정하기 때문에, 매출상품의 단가를 ₩80으로 적용하고 남은 상품은 기초재고분 40개(단가 ₩80)와 3월 매입분 50개(단가 ₩90)로 구성된다. 이어서 6월 매입분 50개의 단가가 ₩100이므로 현재 재고상품과 구별하여 별도로 단가를 기재한다. 이어서 10월 매입분 50개(단가 ₩120)도 구입단가가 다르므로 같은 방법으로 단가를 기재한다. 11월 판매수량은 120개이므로 현재 재고층 중에서 매입순서대로 단가를 적용하여 매출원가를 기재한다.

이와 같은 방법으로 매출상품에 대하여 매출원가를 기록하면 회계연도말에 매출원가는 ₩15,500으로 계산되고 기말재고액은 ₩14,500으로 산출된다. 이 금액은 실지재고조사법으로 수량을 파악하고 선입선출법으로 단가결정을 할 때와 일치한다. 그 이유는 어느 방법에 의하여 수량을 파악하든지 매출할 때 항상 먼저 구입한 상품을 먼저 매출한 것으로 가정하므로 최근에 구입한 상품이 기말재고로 남기 때문이다.

2) 평균법

계속기록법하에서 평균법을 적용하면 상품을 매입할 때마다 판매가능액을 판매가능수량으로 나누어 평균단가를 구한다. 따라서 구입가격이 달라질 때마다 여러 금액의 평균가격이 계산되기 때문에 이를 이동평균법(moving average method)이라고 부른다.

(주)강상유통의 경우, 3월 매입시 평균단가는 판매가능액 ₩12,500(₩8,000+₩4,500)을 판매가능수량 150개(100개+50개)로 나누어 ₩83.33으로 계산된다. 이 평균단가를 4월의 상품판매시에 매출원가와 재고금액의 산출에 적용한다. 6월 매입시에도 같은 방법으로 평균단가를 구하면 ₩89.29로 계산된다. 이와 같은 방법을 사용하면 매출원가는 ₩16,684, 기말재고액은 ₩13,316으로 계산된다.

실지재고조사법하에서 평균법을 사용하면 매출원가와 기말재고액이 각각 ₩18,000과 ₩12,000으로 계산되어 실지재고조사법과는 ₩1,316의 차이가 있다. 그 이유는 다음과 같다. 즉, 계속기록법하에서는 매입단가가 달라질 때마다 평균단가를 구하기 때문에 여러 금액의 평균단가가 적용된다. 그 반면에, 실지재고조사법에서는 회계연도말에 평균단가를 한번만 산출하여 매출원가와 기말재고액의 계산에 적용하기 때문이다.

〈표 9.6〉 계속기록법하에서의 평균법(이동평균법)의 적용

상품재고장

일 자	적 요	입 고			출 고			재 고		
		수량	단가	금액	수량	단가	금액	수량	단가	금액
1. 1	기초재고	100개	₩80	₩8,000				100개	₩80	₩8,000
3월	매 입	50	90	4,500				150	83.33	12,500
4월	판 매				60개	₩83.33	₩5,000	90	83.33	7,500
6월	매 입	50	100	5,000				140	89.29	12,500
10월	매 입	50	120	6,000				190	97.37	18,500
11월	판 매				120	97.37	11,684	70	97.37	6,816
12월	매 입	50	130	6,500				120	110.97	13,316
합 계		300		30,000	180		16,684	120	110.97	13,316

3) 후입선출법

계속기록법하에서 선입선출법을 사용하여 단가를 결정하는 경우 상품을 매입할 때마다 단가별로 상품의 재고수량을 파악하여 재고층을 기록하여야 한다고 앞에서 기술하였다. 이와 마찬가지로 계속기록법하에서 후입선출법을 사용하여 단가를 결정하는 경우에도 단가별로 상품의 재고수량을 파악하여 재고층을 기록하여야 한다. 이 방법에 의한 기말재고액과 매출원가계산 과정은 〈표 9.7〉에 나타나 있다.

(주)강상유통의 경우 3월 매입분 50개의 단가가 ₩90이므로 기초재고와 구별하여 매입순서대로 기재한다. 4월 판매분 60개에 대하여는 최근에 매입한 상품을 먼저 판매한 것으로 가정하기 때문에 단가결정에 있어서 50개는 3월 매입분 ₩90을 적용하고 나머지 10개는 기초재고분 ₩80을 적용한다. 따라서 남은 재고는 모두 기초재고분으로 구성된다. 이어서 6월 매입분 50개의 단가는 ₩100이므로 기초재고 상품과 구별하여 별도로 단가를 기재한다.

〈표 9.7〉 계속기록법하의 후입선출법의 적용

상품재고장

일 자	적 요	입 고			출 고			재 고		
		수량	단가	금액	수량	단가	금액	수량	단가	금액
1. 1	기초재고	100개	₩80	₩8,000				100개	₩80	₩8,000
3월	매 입	50	90	4,500				100 50	80 90	8,000 4,500
4월	판 매				50개 10개	₩90 80	₩4,500 800	90	80	7,200
6월	매 입	50	100	5,000				90 50	80 100	7,200 5,000
10월	매 입	50	120	6,000				90 50 50	80 100 120	7,200 5,000 6,000
11월	판 매				50 50 20	120 100 80	6,000 5,000 1,600	70	80	5,600
12월	매 입	50	130	6,500				70 50	80 130	5,600 6,500
합 계		300		30,000	180		17,900	120		12,100

그러므로 재고층은 기초재고분 90개(단가 ₩80)와 6월 매입분 50개(단가 ₩100)로 형성된다.

이어서 10월 매입분 50개(단가 ₩120)도 구입단가가 다르므로 같은 방법으로 재고층을 기록한다. 11월 판매수량은 120개이므로 현재 재고층 중에서 최근에 매입한 순서대로 단가를 적용하여 매출원가를 기재한다. 이와 같은 방법으로 매출상품에 대하여 매출원가를 기록하면 회계연도말에 매출원가는 ₩17,900으로 계산되고 기말재고액은 ₩12,100으로 산출된다.

앞에서 실지재고조사법하에서 후입선출법을 사용하는 경우에는 매출원가가 ₩20,200 그리고 기말재고액이 ₩9,800으로 산출되었다. 따라서 동일한 후입선출법을 적용하는 경우 수량기록법에 따라서 매출원가와 기말재고액에서 ₩2,300의 차이가 나는 이유는 무엇일까? 계속기록법하에서는 회계기간중에 상품을 판매할 때마다 그 시점을 기준으로 가장 최근에 구입한 상품을 먼저 판매한 것으로 가정한다.

그러나 실지재고조사법을 적용하면 회계연도말의 시점에서 볼 때 계속기록법하에서 판매된 것으로 기록한 상품이 가장 최근에 구입한 상품이 아니어서 매출로 기록되지 않는 경우가 있다. 결국, 계속기록법에서는 판매된 것으로 기록된 상품이 실지재고조사법에서는 판매되지 않고 기말재고에 포함될 수 있다. 따라서 두 수량기록방법에서 기말재고액과 매출원가가 달라질 수 있다.

〈표 9.7〉을 보면, 계속기록법을 사용할 경우에 3월 매입분 50개(단가 ₩90)는 4월 판매시 최근에 구입한 상품으로 모두 판매한 것으로 가정하여 기말재고에 포함되지 않는다. 그러나 실지재고조사법하에서는 기말시점에서 볼 때 그 상품은 최근에 구입한 상품이 아니기 때문에 그 중에서 20개가 기말재고에 포함되어 있는 것을 알 수 있다(실지재고조사법하의 기말재고액 계산을 참조).

4.4 재고자산원가 결정방법의 상호비교

상품을 매입할 때마다 매입가격이 변동하면 매출원가와 기말재고액의 계산을 위하여는 원가흐름에 대한 일정한 가정이 필요하다. 우리는 앞에서 원가흐름과 수량기록방법에 따라서 기말재고액과 매출원가계산이 달라지는 것을 알았다.

원가흐름에 의한 구입상품의 단가결정방법이 기말재고자산평가와 이익결정에 미치는 효과를 비교하기 위하여 앞에서 예로 든 (주)강상유통의 경우를 보자.

〈표 9.8〉은 실지재고조사법으로 수량을 파악할 경우 선입선출법, 후입선출

법 및 평균법을 사용했을 때 계산된 재고자산원가, 매출원가 및 매출총이익을 비교한 것이다. 이 표에서 보는 바와 같이 상품의 구입원가가 계속적으로 상승하는 인플레이션 상황하에서는 매출총이익, 즉 당기순이익은 후입선출법이 가장 적고 선입선출법이 가장 많다. 그 이유는 다음과 같다. 후입선출법에서는 가격이 상승한 최근의 매입상품을 먼저 매출하는 것으로 가정한다. 따라서 매출원가가 가장 많이 계상되고 선입선출법에서는 그 반대가 되기 때문이다.

〈표 9.8〉 재고자산평가방법과 재고자산 및 매출총이익의 비교

평가방법	기말재고자산	매출원가	매출총이익
선입선출법	₩14,500	₩15,500	₩20,500
후입선출법	9,800	20,200	15,800
총평균법	12,000	18,000	18,000

기말재고자산원가는 매출총이익과는 정반대가 된다. 즉, 후입선출법에서는 가장 오래 전에 낮은 가격으로 구입한 상품이 기말재고로 남기 때문에 가장 적은 금액의 기말재고액이 보고된다. 그러나 선입선출법하에서는 가장 최근에 구입한 높은 가격으로 기말재고자산이 평가되기 때문에 가장 많은 기말재고액이 보고된다. 평균법하에서의 재고자산과 매출총이익은 선입선출법과 후입선출법의 사이에서 금액이 결정된다([그림 9.1]).

이와 같이 구입상품의 가격이 변동할 때는 재고자산의 원가결정방법에 따라서 기말재고액과 회계이익이 달라지기 때문에 합리적인 방법을 선택하여 사용하여야 한다. 한국채택국제회계기준에서는 상호 교환될 수 없는 제품이나 특정 프로

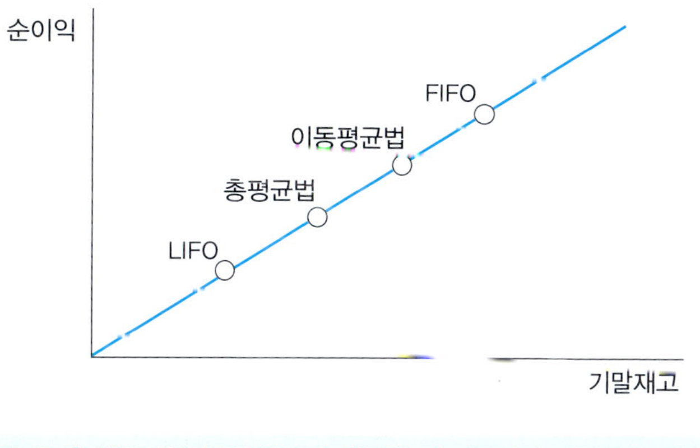

[그림 9.1] 재고자산평가방법과 순이익의 비교(물가가 상승하는 경우)

젝트별로 생산되는 제품 또는 서비스의 원가는 우선적으로 개별법을 사용하여 결정하도록 규정하고 있다. 그러나 상호교환이 가능한 대량의 동질적인 제품의 원가는 선입선출법, 평균법 중 하나를 선택하여 사용하도록 규정하고 있다.

초점

선입선출법과 후입선출법의 비교

재고자산 평가방법 중 후입선출법(Last in First Out, LIFO)은 가장 최근에 매입한 상품이 먼저 판매된다고 가정하는 원가흐름의 가정이다. 후입선출법에서는 가장 최근에 매입한 상품을 먼저 판매한 것으로 가정하기 때문에 물가가 상승하는 경우 매출원가는 가격이 상승한 최근의 매입가격으로 계산된다. 따라서 선입선출법을 사용하는 경우보다 순이익이 적게 계상되고 이에 따른 법인세 부담이 줄어드는 효과가 있다. 그러나 후입선출법을 사용할 경우, 기말재고자산의 평가에 있어서는 선입선출법과 정반대로 과거의 낮은 가격이 반영되기 때문에 기말재고자산금액의 평가가 왜곡되며, 원가흐름이 실제 물량흐름(physical flows)과 일치하지 않는다. 이와 같은 문제로 인하여 한국채택국제회계기준은 후입선출법을 인정하지 않고 있다.

재고자산은 기업의 자산 중에서 차지하는 비중이 매우 크며, 매출원가는 비용의 대부분을 차지하고 있다. 따라서 재고자산원가를 결정하기 위한 방법의 선택은 매우 중요한 회계정책결정이라고 할 수 있다. 상품의 구입가격이 상승할 경우에는 선입선출법이 가장 많은 이익을 본다고하나, 어느 방법을 선택하든 후입선출법에 의한 세금절약효과를 제외하고는 실제적인 현금흐름은 동일하다. 그 이유는 어느 방법을 택하든지 회계기간 중에 현금으로 매출한 상품금액과 현금으로 구입한 상품금액은 동일하고, 다만 후입선출법을 선택하면 순이익이 적게 계상되어 현금으로 납부하는 세금이 줄어들기 때문이다.

기업이 재고자산의 원가결정방법을 선택할 때는 정보의 유용성과 기업경영상의 여건을 충분히 고려하여 가장 합리적으로 결정하여야 한다. 재고자산의 원가결정방법을 이익을 조작하기 위한 수단으로 활용하기 위하여 임의로 변경해서는 안된다. 정당한 사유가 발생하여 부득이 변경할 때는 반드시 그 내용을 공시(公示)하여 정보이용자를 오도(誤導)하지 않도록 해야 한다.

<표 9.9>에서는 선입선출법과 후입선출법을 비교하고 있다.

〈표 9.9〉 선입선출법과 후입선출법의 비교

비교기준	선입선출법	후입선출법
실물흐름	일치	불일치
기말재고자산평가	현행원가로 평가	과거원가로 평가
수익과 비용의 대응	현행수익과 과거비용의 부적절한 대응	현행수익과 현행비용의 적절한 대응
인플레이션하의 순이익계상	과대계상	적절한 계상
인플레이션하의 절세효과	이익의 과대계상으로 높은 법인세 부담	이익의 적절한 계상으로 법인세 절감

제5절 재고자산의 추정

재고자산원가의 결정방법에는 위에서 설명한 방법과 같이 실제 구입수량과 구입원가를 사용하여 계산하는 방법 외에도 다음과 같이 추정에 의하여 결정하는 방법이 있다. 이 방법은 재고자산원가를 상품의 수량과 실제 구입원가를 바탕으로 결정하지 않고 회계자료를 근거로 하여 추정하는 방법이다. 이 방법은 재고수량이 너무 많아서 수량을 파악할 수 없거나 화재손실로 인하여 재고파악이 불가능한 경우, 보험회사에 손실을 청구할 목적으로 이용된다. 또한 회계연도 중간에 재무제표를 임시로 작성하는 데 이용되기도 한다.

5.1 매출총이익률법

매출총이익률법(gross profit method)은 과거의 평균이익률을 기초로 하여 기말재고자산원가를 추정하는 방법이다. 이 방법은 매출총이익률이 기간별로 변하지 않고 일정하다는 가정을 전제로 사용된다.

재고자산원가를 추정하기 위해서는 먼저 매출액을 기준으로 결정된 매출총이익률로 추정매출원가를 계산한다. 그 다음 기말재고자산원가는 기초재고액에 매입액을 더한 판매가능액에서 매출원가를 차감하여 계산한다.

> 추정매출원가 = 매출액 × (1 − 매출총이익률)
> 기말재고액 = 기초재고액 + 매입액 − 추정매출원가
> ※ 매입원가에 대한 이익률이 제시된 경우 매출원가 추정
> 추정매출원가 = 매출액 ÷ (1+이익률)

예제 9-3 매출총이익률법에 의한 기말재고액 추정

다음은 한성기업의 상품거래와 관련된 자료이다.

기초재고액	₩5,100
당기매입액	18,500
당기매출액	22,000
매출총이익률	25%

매출총이익률법에 의하여 기말재고액을 구하면 다음과 같다.

매출총이익 = ₩22,000 × 25% = ₩5,500
매 출 원 가 = ₩22,000 − ₩ 5,500 = ₩16,500
기말재고액 = ₩ 5,100 + ₩18,500 − ₩16,500 = ₩7,100

5.2 매출가격환원법

매출가격환원법(賣出價格還元法, retail method)은 백화점과 같이 많은 상품을 취급하고 있는 경우에 상품의 구입원가와 판매가(소매가, retail price)의 비율을 이용하여 기말재고액을 추정하는 방법으로서 소매재고법(小賣在庫法)이라고도 한다.

계산방법은 기초재고액에 매입을 더한 판매가능액의 원가를 소매가로 나누어 원가율(cost-to-retail ratio)을 구하고, 판매가격으로 표시된 기말재고액에 원가율을 곱하여 기말재고자산의 원가를 계산하는 방식이다.

매출가격환원법은 상품의 구입원가와 판매가격의 비례관계를 나타내는 원가율을 계산하고 그 비례관계를 이용하여 판매가격으로 표시된 기말재고액을 근거로 하여 그 원가를 추정하는 방법이다.

〈표 9.10〉은 이 과정을 설명하고 있다. 이 방법은 재고상품의 원가를 일일이 파악하는 데 필요한 시간을 절약할 수 있는 장점이 있다. 따라서 백화점같이 많은 수량의 상품을 취급하여 재고자산 파악이 곤란하거나 도난에 의한 손실을 추정하기 위하여 활용된다.

이 방법에서는 무엇보다도 합리적인 원가율의 산정과 기말재고액의 정확한 소매가격의 책정이 중요하다. 기업회계기준에서는 재고자산이나 업종의 특성상 다른 방법을 사용하는 것보다 합리적인 경우에 한하여 이 방법을 허용하고 있다.

〈표 9.10〉 매출가격환원법에 의한 기말재고액 계산과정

	원가	판매가격	
기초재고액	c	s	
(+)매 입	c	s	
판매가능액	cc	ss	cc ÷ ss = 원가율
(−)매 출		s	
기말재고액	? = s × 원가율	s	

예제 9-4 매출가격환원법에 의한 기말재고액의 추정

다음은 가자백화점의 총계정원장에서 작성한 자료이다. 매출가격환원법으로 기말재고액을 추정하면 다음과 같다.

	원가	판매가격기준
기초재고액	₩1,600	₩2,200
(+)매 입	10,500	19,000
(+)매 입 운 임	620	
판매가능액	12,720	21,200
(-)매 출		16,800
기말재고액	?	₩4,400

매출가격환원법으로 기말재고액을 계산하면 다음과 같다.

원가율 = ₩12,720 ÷ ₩21,200 = 60%
기말재고액 = ₩ 4,400 × 0.6 = ₩2,640

제6절 재고자산의 평가

6.1 재고자산 수량차이

재고자산의 평가란 재무상태표에 기록할 기말재고자산 금액을 결정하는 것을 말한다. 기말재고자산금액은 보유하고 있는 재고자산의 수량에 단가를 곱하여 그 금액을 산출하게 되는데 결산시점에 기업에서는 기말에 보유하고 있는 재고자산의 수량을 실사(實査)하여 정확한 재고수량을 파악한다. 이때 장부상의 재고수량과 실세 재고수량의 차이가 발생하는 경우 이에 대한 조정이 필요하다.

재고자산의 실재수량이 장부상수량보다 감소한 경우 재고자산감모손실을 인식한다. 재고자산감모손실은 수량기록방법을 계속기록법을 적용하는 경우에 발생한다.

재고자산감모손실 = (장부상수량 - 실재수량) × 장부상단가

(차) 매출원가	×××	(대) 재고자산	×××
재고자산감모손실	×××		

이때 수량의 감소분이 재고자산의 생산 유통과정에서 회피불가피한 원가성이 있는 경우에는 매출원가로 기록하고 회피가능하고 비정상적으로 발생한 수량차이로 인한 손실은 재고자산감모손실 계정으로 영업외비용으로 기록한다.

예제 9-5 재고자산감모손실

(주)안산이 결산일에 창고를 조사한 결과는 다음과 같다.

구 분	장부상수량(원)	실제수량(원)	단가(원)
A	100	100	100
B	200	180	200
C	500	400	500

회사는 계속기록법에 의하여 회계처리 하며, 종목 C의 수량차이는 원가성이 있다.

(차) 매출원가	50,000	(대) 재고자산	54,000
재고자산감모손실	4,000		

* 매출원가 : 종목 C (500−400) × 500원 = 50,000원
재고자산감모손실 : 종목 B (200−180) × 200원 = 4,000원

6.2 저가주의에 의한 평가

앞에서 설명한 상품의 구입수량과 단가를 적용하여 계산한 재고자산의 평가는 모두 취득원가를 기준으로 논의된 것이다. 만일 결산시점에 있어서 재고자산의 시가가 취득원가와 다를 때, 재무상태표상에 보고하는 재고자산을 어느 금액으로 기재할 것인가 하는 문제가 발생한다. 재고자산의 평가(inventory valuation)는 시가가 원가보다 하락했을 때는 시가를 기준으로 하는 저가주의(低價主義, LCM basis)에 의한다. 이는 보수주의 개념에 입각한 것이다

한국채택국제회계기준에서는 ① 재고자산이 물리적으로 손상되었거나, ② 완전히 또는 부분적으로 진부화되거나, ③ 판매가격이 하락하거나, ④ 완성하거나 판매하는데 필요한 원가가 상승한 경우 재고자산의 원가가 아닌 순실현가능가치에 의한 감액여부를 검토하도록 하고 있다.

여기에서 순실현가능가치(純實現可能價值, net realizable value)란 재고자산의 추정판매가격에서 판매할 때까지 정상적으로 발생하는 추정판매비용을 차감한 금

액이다. 보유중인 재고자산의 순실현가능가치가 원가보다 하락한 경우에는 다음과 같이 그 차액을 차변에 재고자산평가손실로 기록하고 대변에는 재고자산의 원가를 차감하기 위해서 재고자산평가충당금을 기록한다.

(차) 재고자산평가손실 ××× (대) 재고자산평가충당금 ×××

저가주의에 의하여 평가손실을 계상하면 재고자산은 시가로 평가되고 시가가 장부가액이 된다. 만일 이후에 재고자산가격이 상승한 경우에는 최초의 장부가액을 초과하지 않는 범위 내에서 평가손실의 환입을 기록한다. 이때 평가손실의 환입 한도액은 재고자산평가충당금계정의 잔액이 되며, 이 금액을 초과할 수 없다. 그 이유는 만일 재고자산평가충당금계정의 잔액을 초과하는 시가회복을 인정하면 시가에 의한 평가금액이 최초의 취득원가를 초과하는 결과를 초래하여 저가주의에 어긋나기 때문이다.

(차) 재고자산평가충당금 ××× (대) 재고자산평가손실환입 ×××

재고자산평가손실환입은 매출원가에서 차감하여야 되기 때문에 재고자산평가손실은 매출원가에 가산한다.

6.3 저가주의의 적용

저가주의의 적용은 종목별 기준(種目別基準) 또는 조별 기준(組別基準)으로 한다. 종목별 기준(individual item basis)은 상품의 종목별로 원가와 시가를 비교하여 낮은 금액으로 평가한다. 조별 기준(major category basis)은 상품을 유사한 종목끼리 구분한다. 기업회계기준서에서는 원칙적으로 종목별 기준을 적용하도록 하고 있으나, 재고항목이 서로 유사하거나 관련되어 있는 경우에는 조별 기준의 적용을 허용하고 있다. 저가기준을 종목별로 적용하면 조별기준을 적용할 때보다 더 많은 금액의 평가손실을 기록하게 된다.

예제 9-6 기말재고자산의 평가

다음은 어느 회사의 기말상품에 관한 자료이다. 기말의 재고자산을 평가하고 이에 대한 분개를 하면 다음과 같다.

상 품	취득원가	예상판매 가 격	예 상 판매비용	순실현 가능액	저가 (조별)	저가 (종목별)
AA	₩10,000	₩16,000	₩3,000	₩13,000		₩10,000
AB	36,000	34,000	2,000	32,000		32,000
소 계	46,000			45,000	45,000	
C	24,000	23,000	1,500	21,500	21,500	21,500
	₩70,000			₩66,500	₩66,500	₩63,500

조별 기준을 적용하면 유사한 상품끼리 구분한 후 그룹별로 상품의 취득원가와 순실현가능가액을 비교하여 낮은 가격으로 평가한다. 따라서 유사한 상품 AA와 AB의 경우 취득원가 ₩46,000과 순실현가능가액 ₩45,000을 비교하여 낮은 금액인 ₩45,000이 평가금액이 된다. C그룹 상품은 취득원가 ₩24,000과 순실현가능가액 ₩21,500을 비교하여 낮은 금액인 ₩21,500이 평가금액이 된다. 따라서 두 그룹 상품의 취득원가 ₩70,000와 순실현가능가액 ₩66,5000을 비교하여 ₩3,500의 평가손실을 계상한다. 그러나 종목별 기준을 적용하면 각 종목별로 취득원가와 순실현가능액을 비교하여 저가로 평가한다. 종목별로 결정된 저가의 합계금액 ₩63,500과 취득원가의 합계금액 ₩70,000과 비교하여 ₩6,500의 평가손실을 계상한다. 따라서 종목별 기준을 적용하면 총계기준보다 평가손실이 ₩3,000 더 많이 계상된다.

그 이유를 설명하면 다음과 같다. AA 상품의 순실현가능액 ₩13,000이 취득원가보다 ₩3,000 높고 조별 기준을 적용할 때는 ₩13,000이 순실현가능액의 합계금액에 포함된다. 그러나 종목별 기준을 적용하면 저가의 합계금액에 ₩13,000이 포함되지 않고 이보다 낮은 가격인 취득원가 ₩10,000이 포함된다. 결국, 조별 기준을 적용하면 개별상품의 시가가 취득원가보다 높은 경우에는 그 차액만큼 다른 상품가격의 하락폭이 줄어든다. 그러나 종목별 기준에서는 그 차액이 전혀 반영되지 않고 저가로 평가되기 때문에 평가손실이 그 차액만큼 조별 기준을 적용할 때보다 더 계상된다.

6.4 재고자산감모손실과 평가손실

재고자산은 장부상 수량과 실지재고수량을 비교하면 감모손실이 발생하고, 장부상 금액과 순실현가능가치를 비교하면 평가손실이 발생한다. 그러나 때로는 이러한 감모손실과 평가손실이 동시에 나타날 수 있다. 이 경우 장부재고수량과 실지재고수량의 차이에 대한 회계처리를 먼저 한 후 재고자산 가격차이에 대한 회계처리를 한다.

예제 9-7 재고자산감모손실과 평가손실

(주)안산상사의 20×2년도 기초상품재고액은 ₩200,000이고 당기매입액은 ₩800,000이다. (주)안산상사가 창고실사를 통하여 수집한 자료는 아래와 같다. 단, 상품의 단위당 취득원가는 @₩800이며, 당기중 원가의 변동은 없었으며, 재고감모분 중 40개는 원가성이 없다(회사는 계속기록법으로 상품기록을 한다).

	장부상 재고수량	실지재고수량	판매가격(단위당)	판매비용(단위당)
상품	200개	120개	@₩700	@₩100

먼저 기말상품재고액의 감모손실에 대한 회계처리를 한다

(차) 매출원가	32,000	(대) 재고자산	64,000
재고자산감모손실	32,000		

(40개 × @₩800) = 32,000

* 원가성이 없는 재고자산감모손실은 기타비용으로 포괄손익계산서에 기록된다.

다음으로 재고자산 평가손실은 실제 재고수량을 기준으로 인식한다.

(차) 재고자산평가손실 (매출원가)	24,000	(대) 재고자산평가충당금	24,000

[120개 × (₩800 − (₩700 − ₩100))] = ₩24,000

* 이때 순실현가능가치는 판매가격에서 판매비용을 차감한 금액이 된다.

재미있는 회계 이야기 9 — 영화 속의 회계 – 쇼생크 탈출

1995년 1월 28일 국내 개봉한 영화 쇼생크 탈출(The Shawshank Redemption)은 팀 로빈손과 모건 프리만의 열정적 연기와 감동적인 스토리로 인해 많은 사람들의 기억에 명작으로 남겨지고 있다. 영화의 대략적 줄거리는 팀 로빈슨이 역한 주인공 '앤디'가 아내 살해누명을 쓰고 쇼생크감옥에 복역 중 삶의 목표를 얻어 19년만에 탈출에 성공한다는 단순한 구조다. 그런데 이 영화에서 주인공의 복역생활에 극적인 변화를 가져오게 한 사건이 있었다. 바로 간수의 상속세문제를 해결해 준 것인데, 이로 인하여 '앤디'는 교도소장의 이중장부 기장을 맡게 되고, 이것이 바탕이 되어 탈옥할 수 있는 기반이 형성된다. 영화는 한 사람의 자유와 희망을 찾는 휴먼드라마이지만 그 전환점에 회계지식이 있었다는 사실은 우리가 회계학을 공부하는 데 많은 용기를 선사한다. 아직 못 본 독자들은 한번 볼 것을 권한다.

객관식 연습문제

01 **다음 중 재고자산의 취득원가에 가산될 수 없는 항목은?** [회계관리 2급 주관처공개 기출문제]

① 매입 시 발생한 운송운임 ② 수입관세
③ 매입에누리 ④ 매입수수료

02 **다음 중 재고자산에 대한 설명으로 가장 옳지 않은 것은?** [회계관리 2급 주관처공개 기출문제]

① 재고자산이란 영업활동 과정에서 판매목적으로 보유하고 있는 자산이다.
② 재고자산의 종류에는 상품, 제품, 재공품 뿐만 아니라 아직 생산에 투입하지 않은 원재료도 포함된다.
③ 선적지인도조건인 경우에는 상품이 목적지에 도착하여 매입자가 인수한 시점에 소유권이 매입자에게 인전된다.
④ 재고자산의 취득원가에는 매입가액 뿐만 아니라 매입부대비용까지 포함한다.

03 **다음의 항목 중 회사의 기말재고에 포함되지 않는 것은?**

① 회사가 주문한 상품에 대해 송장은 수령하였으며, 상품은 FOB 선적지 인도기준으로 이미 선적되었으나 아직 도착되지 않았다.
② 3년간의 할부조건으로 상품을 판매하였다.
③ 회사는 미국에 상품을 수출하기 위하여 상품을 12월 31일에 선적하였다. 송장은 선적일에 발송하였으며, 상품은 FOB 도착지인도기준으로 아직 운송중이다.
④ 시용판매조건으로 상품을 판매하였으나 아직 제품의 구입을 하겠다는 통보가 없었다.
⑤ 상품판매를 위탁하고 상품을 적송하였으나 아직 판매보고서가 도착하지 않았다.

04 다음은 회계기간 말 재고자산 관련 자료이다. 기말 재고자산평가금액으로 올바른 금액은 얼마인가? [회계관리 2급 주관처공개 기출문제]

> ㄱ. 선적지 인도조건으로 구입하여 운송중인 재고자산 : 200 개, @ 800 원
> ㄴ. 도착지 인도조건으로 구입하여 운송중인 재고자산 : 100 개, @ 700 원
> ㄷ. 선적지 인도조건으로 판매하여 운송중인 재고자산 : 50 개, @ 1,000 원
> ㄹ. 도착지 인도조건으로 판매하여 운송중인 재고자산 : 150 개, @ 900 원

① 120,000원 ② 295,000원 ③ 365,000원 ④ 415,000원

05 어느 회사의 20×1년도 기말재고액이 ₩200만큼 적게 계상되었다. 이러한 오류가 20×2년말까지 발견되지 않을 때, 20×1년과 20×2년에 미치는 영향은 다음 중 어느 것인가?

	20×1년	20×2년
①	순이익 200 과대	순이익 200 과대
②	순이익 200 과소	순이익 200 과소
③	순이익 200 과대	순이익 200 과소
④	순이익 200 과소	순이익 200 과대
⑤	순이익 200 과소	영향 없음

06 다음 중 재고자산의 평가방법에 관한 설명으로 가장 올바르지 않은 것은? [회계관리 2급 주관처공개 기출문제]

① 선입선출법을 적용시 기말재고는 최근에 구입한 상품의 원가로 구성된다.
② 물가가 상승하고 있을 때 선입선출법을 적용하면 평균법에 비해 일반적으로 매출원가가 적게 계상된다.
③ 개별법은 백화점과 같이 재고자산의 종류가 많고 거래가 빈번한 경우 널리 사용되는 방법이다.
④ 평균법에는 기말에 일괄하여 단가를 구하는 총평균법과 상품이 들어오고 나갈 때마다 단가를 구하는 이동평균법이 있다

※ 아래의 자료를 이용하여 문제 7부터 문제 8까지 답하라.

경기상사의 5월 한달 동안의 상품거래는 다음과 같고, 매출수량은 1,500개이다.

		수량	금액
5월 1일	기초재고	500개	₩4,500
5월 3일	매 입	400	4,000
5월 10일	매 입	800	8,800
5월 20일	매 입	300	3,600
5월 31일	기말재고	500	

07 FIFO에 의한 기말재고자산은 얼마인가?

① 5,800　② 14,000
③ 15,675　④ 16,400
⑤ 10,800

08 평균법에 의한 매출원가는 얼마인가?

① 5,800　② 14,000
③ 15,675　④ 16,400
⑤ 12,000

09 물가가 상승하고 재고가 지속적으로 증가하는 기간에 당기순이익을 가장 높게 보고하는 재고자산 평가방법은?

① FIFO　② LIFO
③ 이동평균법　④ 총평균법

10 20×7년 4월 15일의 화재로 인하여 판매용 상품이 전소되었다. 이용가능한 자료는 다음과 같다. 화재로 인한 재고자산손실액은 얼마인가?

1월 1일부터 4월 15일까지의 매출	₩72,000
1월 1일 재고자산	10,000
1월 1일부터 4월 15일까지의 매입	70,000
매출총이익률	20%

① 8,000　② 24,000　③ 22,400　④ 20,000

11 2005년 10월 15일 미래상사에 화재가 발생하여 상품이 모두 소실되었다. 상품 재고에 관한 자료는 아래와 같다. 미래상사는 매입원가에 20%의 이익을 가산한 금액으로 상품을 판매한다면 화재로 인하여 입은 상품피해액은 얼마인가? ['06 제1회 기업회계 2급]

* 매출액(2005년 1월 1일 – 2005년 10월 15일)	120,000원
* 기초상품재고액(2005년 1월 1일)	30,000원
* 매입액(2005년 1월 1일 – 2005년 10월 15일)	110,000원

① 20,000원 ② 30,000원 ③ 40,000원 ④ 44,000원

12 (주)삼일은 20X1년 중 최초로 영업을 개시하였다. 20X1년말 (주)삼일이 상품을 평가한 결과 상품 100개의 가치가 크게 하락하여 단위당 시가가 500원(취득원가는 단위당 800원)이라고 할 때 이와 관련하여 기말에 수행할 분개로 옳은 것은? [회계관리 2급 주관처공개 기출문제]

① 분개없음
② (차) 재고자산평가손실(영업외비용) 50,000 (대) 재고자산 50,000
③ (차) 재고자산평가손실(영업외비용) 50,000 (대) 재고자산감모손실충당금 50,000
④ (차) 재고자산평가손실(매출원가) 50,000 (대) 재고자산평가손실충당금 50,000

13 (주)명인의 2022년 기말재고자산내역이 다음과 같을 때 2022년 당기손익에 미치는 영향은 얼마인가? ['22 제72회 기업회계 2급]

· 장부상 재고자산 : 1,000개	· 조사에 의한 실제 재고수량 : 800개
· 단위당 원가 : 1,000원	· 단위당 시가 : 900원

① 당기순이익 80,000원 감소 ② 당기순이익 200,000원 감소
③ 당기순이익 240,000원 감소 ④ 당기순이익 280,000원 감소

14 다음은 상품매매업을 영위하는 (주)삼일의 20X1년 말 결산 전 재고자산 관련 부분재무상태표이다. 다음 자료에 의해 결산수정분개를 하였을 경우, 재무상태표와 손익계산서에 미치는 영향으로 가장 옳은 것은? [회계관리 2급 주관처공개 기출문제]

부분재무상태표

20×1년 12월 31일	(단위: 원)
재고자산	
상 품	25,000,000
재고자산평가손실충당금	(4,000,000)
	21,000,000

〈결산수정관련 사항〉

20X1년말 현재 위 상품의 시가는 18,000,000원 임

	손익계산서	재무상태표
①	순이익 3,000,000원 감소	자산감소, 이익잉여금 감소
②	순이익 3,000,000원 감소	부채감소, 이익잉여금 감소
③	순이익 7,000,000원 감소	자산감소, 이익잉여금 감소
④	순이익 7,000,000원 감소	부채감소, 이익잉여금 감소

주관식 연습문제

9-1 실지재고조사법과 계속기록법

다음은 한빛상사의 상품에 관련된 거래이다. 매입과 매출은 모두 현금거래이다.

	수 량	단 가
1월 1일 기초재고액	120개	₩10
매 입	500개	10
매 출	350개	16
12월 31일 기말재고액	270개	10

요구사항

1. 실지재고조사법에 의하여 매입과 매출을 분개하라.
2. 실지재고조사법에 의하여 매출원가를 산정하기 위한 수정분개를 하라.
3. 계속기록법에 의하여 매입과 매출을 분개하라.
4. 실지재고조사법과 계속기록법하에서 매출총이익을 계산하여 비교하라.
5. 만일 창고 실지재고가 250개라고 가정할 때, 실지재고조사법과 계속기록법하에서 필요한 결산수정분개를 하라.

9-2 상품재고의 결정

다음은 서울에 있는 은하상사의 상품거래내역이다. 각 거래에 대하여 은하상사의 기말재고상품에 포함시켜야 되는지를 결정하라.

(1) 뉴욕의 거래처에 상품을 주문하였으나 현재 운송중에 있어 아직 도착하지 않았다. 판매조건은 FOB 뉴욕이다.

(2) 도쿄의 거래처에 상품을 주문하였으나 현재 운송중에 있어 아직 도착하지 않았다. 판매조건은 FOB 서울이다.

(3) 고객에게 36개월 할부조건으로 상품을 판매하기로 계약하고, 계약금을 받고 상품을 인도하였다.

(4) 고객에게 상품을 사용해 보고 마음에 들면 구입한다는 조건으로 판매하였다. 최종 의사

결정기간은 구입 후 10일 이내이며 아직 기일이 경과되지 않았고 고객이 아직 구입하겠다는 의사표시를 하지 않고 있다.

(5) 부산에 있는 거래처에게 상품판매를 위탁하고 상품을 송부하였다. 결산일 현재까지 거래처로부터 상품이 판매되었다는 통보를 받지 못하고 있다.

9-3 수량기록방법과 원가결정방법

다음은 한솔상사의 20×4년 9월 한달 동안의 상품거래 내용이다.

		수 량	단 가
9월 1일	재고	50개	₩60
4일	매입	20	65
8일	매출	35	100
9일	매입	40	68
20일	매출	60	100
25일	매입	40	70
30일	매출	10	110

요구사항

1. 계속기록법하에서 다음과 같은 원가결정방법에 의하여 매출원가와 기말재고액을 계산하라.
   (1) 선입선출법 (2) 이동평균법 (3) 후입선출법
2. 실지재고조사법하에서 다음과 같은 원가결정방법에 의하여 매출원가와 기말재고액을 계산하라.
   (1) 선입선출법 (2) 총평균법 (3) 후입선출법
3. 계속기록법과 실지재고조사법하에서 기말재고액에 차이가 있는 원가결정 방법은 어느 것이며 그 이유는 무엇인가?

9-4 매출총이익률법

(주)시화는 2022년 8월 1일 상품보관 창고에 화재가 발생하였다. 회사는 상품의 손실액과 관련한 자료를 다음과 같이 수집하였다고 할 때 요구사항에 답하라.

• 2022년 1월 1일 창고 보관 상품재고액	2,000,000
• 2022년 1월 1일 ~ 7월 31일까지 상품 입고액	28,000,000
• 2022년 1월 1일 ~ 7월 31일까지 매출액(창고보관상품 매출액)	34,000,000
• 화재로 인하여 창고의 상품은 모두 전소되었다	

요구사항

(주)시화의 평균매출총이익률이 25%라고 할 때, 화재로 인한 손실액을 계산하라.

9-5 매출가격환원법

중앙상사는 올해에 ₩210,000의 매출을 기록하였다. 다음은 상품에 대한 추가 정보이다.

	원 가	매 가
기초재고	₩19,600	₩32,600
순 매 입	₩127,100	₩217,400
운 임	4,300	

요구사항

1. 매출가격환원법에 의한 기말재고자산의 원가를 계산하라.
2. 실제로 남아 있는 기말재고자산의 매가가 ₩38,000이라면, 재고자산 감소(도난, 파손 등)의 원가는 얼마인가?

9-6 재고자산 감모손실과 저가평가

(주)고잔은 실지재고조사법으로 재고자산을 기록하고 있다. (주)고잔의 재고자산과 관련된 자료가 아래와 같을 때, 요구사항에 답하라.

종 목	수 량	실제수량	단위당 원가	예상판매가격	예상판매비용
AA	100개	100개	₩30	₩40	₩5
AB	200개	150개	25	25	10
BA	300	300	50	60	10
BB	150	100	40	55	5
C	400	390	100	120	10

요구사항

1. 재고자산감모손실을 계산하고 분개하라. 단, 종목 C의 감모손실은 원가성이 있으며, 매출원가산정을 위한 결산수정분개는 이루어졌다고 가정한다.
2. 종목별기준에 의하여 기말재고자산을 평가하고 분개하라. 단, 회사는 재고자산평가충당금계정을 사용한다.

Chapter 10

K-IFRS

유가증권

기업들은 일시적으로 여유자금을 활용하여 추가적인 수익을 얻거나 다른 기업의 경영권을 지배하는 등의 목적을 위하여 다른 기업이 발행한 주식이나 채권을 구입하기도 한다. 이렇게 다른 기업이 발행한 주식이나 채권을 유가증권이라고 한다. 유가증권은 재산적 가치가 표시되어 있는 증서를 의미하는데 이러한 유가증권을 기업이 취득한 경우 그 취득목적에 따라 재무상태표에 기록할 유가증권의 종류와 금액이 달라지게 된다. 본 장에서는 유가증권 중 지분증권(주식)의 종류와 분류기준 그리고 유가증권의 종류에 따른 유가증권의 평가방법에 대하여 살펴본다.

Chapter

10 유가증권

제1절 유가증권의 개념

1.1 유가증권의 의의와 종류

유가증권(有價證券, securities)은 일정한 금전 등을 청구할 수 있는 권리가 표시된 증서로 주식·공채·사채 등을 말한다. 본서에서는 주식과 사채 중심으로 설명한다.

1) 유가증권의 종류

유가증권에는 크게 지분증권과 채무증권이 있다. 지분증권이란 회사, 조합 또는 기금 등의 순자산에 대한 소유지분을 나타내는 증권으로 그 대표적인 것이 주식이다. 채무증권은 확정된 금액을 특정한 만기에 갚기로 하고 자금을 차입하는데 사용되는 증권으로 그 대표적인 것이 사채이다. 지분증권 중 주식의 발행 등에 관련한 사항은 본서 제13장에서 다루어지며, 채무증권 중 사채의 발행 등에 관련한 사항은 본서 제12장에서 언급할 예정이다.

2) 유가증권의 분류

한국채택국제회계기준서 제1109호에서 유가증권을 포함하는 모든 금융자산에 대하여 상각후원가측정 금융자산(AC), 기타포괄손익-공정가치측정 금융자산(FVOCI), 당기손익-공정가치측정 금융자산(FVPL)으로 분류하고 있다.

여기에서 공정가치측정 금융자산이란 유가증권을 취득한 후 회계기말에 그 금액을 공정한 가치로 평가하여 재무상태표에 보고하는 유가증권을 의미한다.

이때 장부상 금액과 공정한 가치와의 차이인 평가손익을 손익계산서에 포함하는 당기손익에 포함하는 경우와 재무상태표의 기타포괄손익으로 보고하는가에 따라 다시 당기손익인식금융자산(FVPL)과 기타포괄손익인식금융자산(FVOCI)으로 구분된다.

① **상각후원가측정 금융자산**(AC) : 금융자산 중에서 원금과 이자를 받을 목적으로 보유하고 있는 금융자산으로서 대여금, 만기까지 보유하려는 사채가 이에 해당한다.

② **기타포괄손익-공정가치측정 금융자산**(FVOCI) : 금융자산을 회계기말에 평가하는 경우 그 평가손익을 기타포괄손익으로 기록하는 금융자산으로 장기투자수익을 획득할 목적으로 보유하는 사채나 주식이 이에 해당한다.

③ **당기손익-공정가치측정 금융자산**(FVPL) : 금융자산을 회계기말에 평가하는 경우 그 평가손익을 손익계산서의 당기손익으로 보고하는 금융자산으로 단기 시세차익을 획득할 목적으로 보유하는 주식이나 사채가 이에 해당한다.

〈표 10.1〉 유가증권(증권형금융자산)의 분류

구 분		분 류	
		원금과 이자로 구성	예
사업모형	현금흐름 수취목적	상각후원가측정 금융자산	만기보유목적 사채
	현금흐름수취 및 매도목적	기타포괄손익공정가치측정 금융자산	장기투자목적 주식, 사채
	매도목적 및 기타	당기손익공정가치측정 금융자산	시세차익목적 주식, 사채

한국채택국제회계기준서 제1109호에서의 금융자산의 분류기준 및 기타 자세한 사항은 중급회계 교재를 참조하기 바란다.

참고 일반기업회계기준에서의 유가증권의 분류

한국채택국제회계기준과 달리 일반기업회계기준에서는 유가증권을 보유목적에 따라 분류하며, 단기매매증권, 만기보유증권과 매도가능증권의 명칭을 사용한다. 한국채택국제회계기준에 따른 금융자산의 분류와 대비한 일반기업회계기준에서의 유가증권의 분류를 표시하면 다음과 같다.

한국채택국제회계기준 분류	일반기업회계기준 분류
상각후원가측정 금융자산	만기보유증권(만기가 있고 지급금액이 확정되어 있으며, 만기까지 보유할 목적이 있는 채권)
기타포괄손익공정가치측정 금융자산(FVOCI)	매도가능증권(장기투자목적 주식, 사채)
당기손익공정가치측정 금융자산(FVPL)	단기매매증권(단기 내 매매를 목적으로 하는 주식, 사채)

제2절 당기손익-공정가치측정 금융자산

2.1 당기손익-공정가치측정 금융자산(FVPL)

당기손익-공정가치측정 금융자산은 상각후원가 또는 기타포괄손익-공정가치측정 금융자산으로 분류되지 않는 금융자산으로 주로 기업이 발행한 보통주식이나 전환 또는 상환우선주가 이에 해당한다. 당기손익-공정가치측정 금융자산은 자산의 성격상 주로 공정가치의 변동에 따른 차익을 획득할 목적으로 취득하기 때문에 공정가치의 변동을 회계보고서상에 반영하는 것이 중요한 문제이다.

2.2 당기손익-공정가치측정 금융자산 회계

1) 당기손익-공정가치측정 금융자산의 취득

당기손익-공정가치측정 금융자산을 취득하는 경우 금융자산은 취득시점의 공정가치로 측정하여 인식한다. 이때의 공정가치는 일반적으로 취득시점에 거래 상대방에게 지불한 대가가 공정가치가 되며, 금융자산의 취득을 위하여 지급한 수수료, 등록세 등 부수적으로 발생한 비용은 취득원가에 포함하지 않고 당기 비용으로 처리하여야 한다.

2) 이자 및 배당금 수익

당기손익-공정가치측정 금융자산을 보유함에 있어 사채를 보유하는 경우에는 현금이자를, 주식을 보유하는 경우에는 배당금을 수령하는 경우가 발생한다. 이때 현금으로 받은 이자나 배당금은 당기 수익으로 기록한다.

3) 당기손익-공정가치측정 금융자산의 평가

당기손익-공정가치측정 금융자산을 기말 재무상태표에 표시할 때는 재무상태표 일의 공정한 가치로 기록한다. 이때 금융자산의 공정가치평가액이 장부금액보다 크면 그 차이는 금융자산평가이익의 계정으로 계상하고 금융자산의 공정가치평가액이 장부금액보다 작으면 금융자산평가손실로 기록한다. 이때 발생하는 금융자산평가손익은 손익계산서상 당기손익에 반영한다.

장부상 금액 〈 공정한 가치
(차) FVPL금융자산 ××× (대) FVPL금융자산평가이익 ×××

장부상 금액 〉 공정한 가치
(차) FVPL금융자산평가이익손실 ××× (대) FVPL금융자산 ×××

〈표 10.2〉 당기손익-공정가치금융자산 회계

구 분		회계처리
취득시		취득일의 공정한 가치로 기록 (거래수수료 등 부대비용 포함 ×)
이자/배당금 수령시		당기 수익으로 기록
평가시	장부상 금액 〈 공정한 가치	금융자산평가이익 기록(당기손익)
	장부상 금액 〉 공정한 가치	금융자산평가손실 기록(당기손익)

4) 당기손익-공정가치측정 금융자산의 처분

당기손익-공정가치측정 금융자산을 처분하는 경우에는 처분으로 수령하는 처분금액과 장부가액과의 차이를 금융자산처분손익의 계정으로 손익계산서상의 당기손익으로 회계처리한다. 이때의 장부가액은 처음 취득시점의 금액이 아니라 당기손익-공정가치금융자산의 직전평가액이 된다.

이때 주의할 점은 금융자산 처분과 관련하여 증권회사 수수료 등이 발생한 경우 별도의 비용으로 기록하는 것이 아니라 금융자산처분손익에서 가감하여야 한다.

예제 10-1 당기손익-공정가치측정 금융자산의 회계

(1) (주)상록은 (주)안산이 발행한 주식 100주를 단기시세차익을 얻을 목적으로 1주당 @₩2,000에 구입하고, 주식의 거래와 관련한 거래수수료 ₩20,000을 주식의 구입대금과 함께 현금으로 지급하다.

(차) FVPL금융자산	200,000	(대) 현 금	220,000
수수료비용	20,000		

(2) (주)안산이 1주당 ₩100의 배당을 실시하여 현금으로 받다.

(차) 현 금	10,000	(대) 배당금수익	10,000

(3) (주)상록의 보유중인 (주)안산의 20X2년 12월 31일의 공정한 가치는 다음과 같다.

case1 : 1주당 공정한 가치가 @₩2,500인 경우

(차) FVPL금융자산	50,000	(대) FVPL금융자산평가이익	50,000

case2 : 1주당 공정한 가치가 @₩1,800인 경우

(차) FVPL금융자산평가손실	20,000	(대) FVPL금융자산	20,000

(4) (주)상록은 보유중인 (주)안산의 주식 50주를 1주당 @₩3,000에 현금을 받고 처분하였으며, 처분수수료 ₩10,000은 현금 지급하였다. (Case1을 가정함)

(차) 현 금	140,000	(대) FVPL금융자산	125,000*1)
		금융자산처분이익	15,000*2)

*1): 50주 ×@₩2,500(직전평가액) = 125,000
*2): [처분액(50주 × @₩3,000) − 거래수수료(₩10,000)] − 125,000 = 15,000

제3절 기타포괄손익-공정가치측정 금융자산

3.1 기타포괄손익-공정가치측정 금융자산(FVOCI)

기타포괄손익-공정가치측정 금융자산은 장기투자목적으로 보유하는 금융상품이다. 기타포괄손익-공정가치측정 금융자산은 원칙적으로 유가증권의 형태 중 채무증권만이 분류가 가능하나, 한국채택국제회계기준에서는 주식 등의 지분증권을 최초 취득시 선택적으로 기타포괄손익-공정가치측정 금융자산으로 분류할 수 있도록 하고 있다. 본서에는 지분증권 중 기타포괄손익-공정가치측정 금융자산으로 분류된 경우의 회계처리에 대하여 설명한다.

3.2 기타포괄손익-공정가치측정 금융자산의 회계처리

1) 취득 및 배당금수익

기타포괄손익-공정가치측정 금융자산으로 분류되는 지분증권은 단기간의 매매를 통한 시세차익을 목적으로 하는 당기손익-공정가치측정 금융자산과는 달리 최초의 취득원가 취득과 직접적으로 관련된 모든 거래 비용이 포함된다.

또한 기타포괄손익-공정가치측정 금융자산으로 분류되는 지분증권의 보유로 인하여 받은 현금배당금은 당기손익-공정가치측정 금융자산과 마찬가지로 배당금 수익으로 기록한다.

2) 평가

기타포괄손익-공정가치측정 금융자산으로 분류되는 지분증권은 공정가치로 평가하는데 공성가치의 측정은 활성시장의 유무에 따라 달라진다. 활성시장이 있고 공정가치를 신뢰성 있게 측정할 수 있는 지분증권은 당기손익-공정가치측정 금융자산과 마찬가지로 회계연도 말에 시장가격으로 평가한다. 이와같이 지분증권을 공정가치로 평가하는 이유는 과거의 취득원가보다는 결산일 현재의 공정가치가 회계정보이용자들의 의사결정에 유용한 정보가 된다고 보기 때문이다. 기타포괄손익-공정가치측정 금융자산에 속하는 지분증권의 장부상 금액과 공정가치와의 차액은 기타포괄손익공정가치측정 금융자산평가손익의 계정과목으로 재무상태표상 자본 중 기타포괄손익으로 보고한다.

예제 10-2 기타포괄손익-공정가치측정 금융자산의 회계평가

(주)반월은 2001년 10월 15일에 (주)단원의 주식 200주를 1주당 @₩2,800에 구입하였다. (주)반월은 (주)단원의 주식을 기타포괄손익-공정가치측정 금융자산으로 분류하고 있으며 주식의 취득시 거래수수료를 포함하여 현금 ₩600,000을 시급하였다

2001년 10월 15일 주식취득

(차) FVOCI금융자산	600,000	(대) 현 금	600,000

(주)반월이 보유한 (주)단원 주식의 2001년 12월 31일의 공정가치는 1주당 @₩2,900이며, 2002년 12월 31일의 공정한 가치는 @₩3,050이다. 2002년 중 (주)단원은 1주당 ₩50의 현금배당이 있었다.

2001년 12월 31일 공정가치 평가

(차) FVOCI금융자산 평가손실	20,000	(대) FVOCI금융자산	20,000

재무상태표

2001.12.31

FVOCI금융자산	580,000	금융자산평가손실	(20,000)

* 금융자산장부금액 = 580,000 + 20,000 = 600,000 (취득원가)

2002년 배당금 수령

(차) 현 금	10,000	(대) 배당금 수익	10,000

2002년 12월 31일 공정가치 평가

(차) FVOCI금융자산	30,000	(대) FVOCI금융자산 평가손실	20,000
		FVOCI금융자산 평가이익	10,000

재무상태표

2002.12.31

FVOCI금융자산	610,000	금융자산평가이익	10,000

* 금융자산장부금액 = 610,000 − 10,000 = 600,000 (취득원가)

3) 처분

기타포괄손익인식-공정가치측정 금융자산을 처분하는 경우에는 처분당일의 공정한 가치로 금융자산을 평가한 후 처분의 회계처리를 하여야 한다. 이는 기타포괄손익인식-공정가치측정 금융자산의 성격이 공정가치의 변동에 따른 시세차익을 목적으로 하지 않기 때문에 공정가치 변동에 따른 차익을 당기손익에 반영하지 않기 위함이다.

따라서 기타포괄손익인식-공정가치측정 금융자산을 처분하는 경우는 다음과 같은 절차를 따른다.

① 금융자산 처분일의 공정한 가치로 재평가한다.

장부상 금액 〈 공정한 가치

(차) FVOCI금융자산	×××	(대) FVOCI금융자산평가이익	×××
		FVOCI금융자산평가손실	×××

* 이때 기타포괄손익공정가치측정 금융자산 평가손실이 재무상태표에 있는 경우 이를 먼저 제거한 후 평가이익을 기록한다.

장부상 금액 〉 공정한 가치

(차) FVOCI금융자산평가손실 ××× (대) FVOCI금융자산 ×××
FVOCI금융자산평가이익 ×××

* 기타포괄손익공정가치측정 금융자산 평가이익이 있는 경우 이를 제거한 후 평가손실을 기록한다.

② 금융자산 처분의 회계처리를 한다.

이때 금융자산은 처분일의 공정한 가치로 평가되어 있으므로 금융자산의 처분으로 인한 처분손익은 발생하지 않는다.

(차) 현 금 ××× (대) FVOCI금융자산 ×××

금융자산평가손익은 금융자산의 처분 후에도 재무상태표에 그대로 존속하게 된다.

예제 10-3 기타포괄손익-공정가치측정 금융자산의 처분(양도)

[예제10-2]에서 (주)반월은 2003년 6월 중 보유하고 있던 (주)단원의 주식 200주 전부를 현금을 받고 처분하였다. 주식의 처분가격은 1주당 @₩3,100이며, 처분당일의 공정가치와 동일하였다.

먼저 처분당일의 공정가치로 (주)단원의 주식을 재평가하면 다음과 같다.

(차) FVOCI금융자산 10,000 (대) FVOCI금융자산평가이익 10,000

다음으로 금융자산의 양도거래 분개를 한다.

(차) 현 금 620,000 (대) FVOCI금융자산 620,000

* 2003년 6월 현재 재무상태표에는 기타포괄손익공정가치측정 금융자산평가이익 20,000원이 그대로 남아있게 된다.

참고 일반기업회계기준에서의 매도가능증권의 회계

한국채택국제회계기준에서의 기타포괄손익-공정가치측정 금융자산과 유사한 유가증권을 일반기업회계기준에서는 매도가능증권으로 분류한다. 매도가능증권의 회계처리는 기타포괄손익-공정가치측정 금융자산의 회계처리와 대부분 일치하나 유가증권의 처분시 기타포괄손익에 있던 매도가능증권평가손익을 처분시 제거하는 점이 다르다.

따라서 매도가능증권을 처분하면 평가손익은 재무상태표상에서 제거되고, 유가증권의 처분손익이 발생하게 되며 이때 발생하는 유가증권처분손익은 매도가능증권의 처분가격에서 취득원가를 차감한 금액이 된다.

[예제10-2]에서 (주)반월은 2003년 6월 중 보유하고 있던 (주)단원의 주식 200주 전부를 현금을 받고 처분하였다. 주식의 처분가격은 1주당 @₩3,200이며, 처분당일의 공정가치와 동일하였으며, (주)반월은 (주)단원의 주식을 매도가능증권으로 분류하였다

(차) 현 금	640,000	(대) 매도가능증권	610,000
매도가능증권평가이익	10,000	매도가능증권처분이익	40,000

* 매도가능증권평가이익이 함께 제거되므로 매도가능증권처분이익은 결국 처분가격(640,000) - 취득원가(600,000) = 40,000이 기록되게 된다.

기타포괄손익-공정가치측정 금융자산 회계와는 다르게 처분후 평가이익의 잔액이 남지 않는 점이 차이점이다.

〈표 10.3〉 기타포괄손익-공정가치금융자산 회계

구 분		회계처리
취득시		취득일의 공정한 가치로 기록 (거래수수료 등 부대비용이 취득원가에 포함)
배당금 수령시		당기 수익으로 기록
평가시	장부상 금액〈공정한 가치	금융자산평가이익 기록(기타포괄손익) 평가손실이 있는 경우 먼저 상계
	장부상 금액〉공정한 가치	금융자산평가손실 기록(기타포괄손익) 평가이익이 있는 경우 먼저 상계
양도(처분)시		처분일의 공정가치로 금융자산 평가 후 처분 금융자산 양도(처분)으로 인한 손익발생× 금융자산평가손익의 잔액이 재무상태표에 남음

3.3 포트폴리오를 구성한 금융자산평가

당기손익-공정가치측정 금융자산(FVPL)과 기타포괄손익-공정가치측정 금융자산(FVOCI)은 시세차익을 획득할 목적이거나 투자수익을 얻을 목적으로 한 종목이 아니라 여러 종목을 취득하여 분산투자(포트폴리오)하는 경우가 있다. 이렇게 여러 종목의 주식을 보유하여 평가손익이 발생하는 경우 평가손익을 나누어 기록하지 않고 하나의 금액으로 기록한다.

예제 10-4 당기손익-공정가치측정 금융자산의 포트폴리오 구성시의 평가

(1) (주)안산의 20×1년 12월 31일 현재 당기손익-공정가치측정 금융자산에 대한 자료는 다음과 같다.

종 목	종목수	총취득원가	시 가
A주식	200	₩600,000	600,000
B사채	100	1,200,000	1,300,00
C주식	50	400,000	430,000
계		2,200,000	2,330,000

(차) FVPL금융자산 130,000 (대) 금융자산평가이익 130,000

(2) 20×2년 12월 31일 현재 각 증권에 대한 자료는 다음과 같다.

종 목	종목수	직전평가액	시 가
A주식	200	600,000	720,000
B사채	100	1,300,00	1,280,00
C주식	50	430,000	280,000
계		2,330,000	2,280,000

(차) 금융자산평가손실 50,000 (대) FVPL금융자산 50,000

제4절 기타 유가증권과 비유동자산

4.1 관계기업투자주식

1) 관계기업 공동기업의 의의

주식은 보유 목적에 따라 여러 명칭으로 분류 가능하다. 매매나 배당수익을 목적으로 할 경우에는 당기손익인식-공정가치측정 금융자산이나 기타포괄손익-공정가치측정 금융자산이라 불린다.

주식을 취득하는 투자자는 피투자회사에 대해 영향력(significant influence)이나 지배력(control)을 행사하기 위해 주식을 보유하기도 한다. 영향력을 행사하기 위해 보유하는 주식을 관계기업투자주식이라 하고, 지배력은 그 정도에 따라 공동기업 투자주식이나 종속기업 투자주식이라 불린다.

2) 지분법

지분법(equity method)이란 투자주식을 취득한 시점에는 취득원가로 기록하지만 그 이후에는 관계기업의 순자산 변동을 투자주식계정에 직접 반영하는 방법이다. 이는 투자기업과 관계기업을 하나의 경제적 실체로 간주하기 때문이다. 즉 법률적으로는 별개의 기업(법적 실체)이지만 경제적 관점에서는 하나의 통합된 기업(경제적 실체)으로 보는 것이 지분법이다. 정확하게 표현하면 투자기업과 관계기업 중 투자기업 지분을 통합한 부분을 하나의 경제적 실체로 본다. 이 방법은 관계기업에 대한 경제적 관련성을 중시하여 관계기업의 경제적 실질을 나타낼 수 있으며 투자기업의 부당한 내부거래와 배당정책을 통한 이익조작 행위를 방지할 수 있다는 장점이 있다.

투자기업은 유의적인 관계기업과 공동기업에 대한 투자를 대상으로 지분법을 적용한다. 이때 지분법의 적용대상은 유의적인 영향력을 행사할 수 있는 경우인데 이를 결정하는 기준은 투자기업이 피투자기업의 의결권있는 주식의 20% 이상을 소유하거나 실질적 영향력을 행사할 수 있는 경우에 지분법을 적용한다.

3) 관계기업투자주식의 회계

투자기업은 지분법적용대상이 되는 관계기업투자주식을 취득하는 경우 취득시점의 공정한 가치로 기록한다. 다만, 관계기업투자주식을 보유 중인 경우에는 관계기업의 자본가치의 변동에 따라 주식의 가치를 평가하는 지분법을 적용한다. 즉 관계기업의 자본이 증가하는 당기순이익이 기록되면 투자기업이 보유하고 있는 투자주식의 가치가 상승하고 그 반대의 경우에는 가치가 하락하는 것으로 회계처리하며 이때 지분법에 의한 평가손익은 손익계산서의 당기손익으로 기록한다. 관계기업투자주식의 회계처리의 자세한 내용은 중급회계 교재를 참고하기 바란다.

4.2 기타 투자자산

기타 투자자산으로 장기금융상품, 장기대여금, 투자부동산 등이 있다. 장기금융상품은 금융기관이 취급하는 금융상품 중 만기가 1년 이후인 금융상품으로 정기예금이나 정기적금이 이에 해당한다. 장기대여금은 대여금 중 만기가 1년 이후인 경우를 말한다.

투자부동산은 토지나 건물 중 영업활동과 관련없이 투자수익을 획득할 목적으로 보유하고 있는 것을 의미한다.

4.3 기타비유동자산

비유동자산 중 투자자산, 유형자산, 무형자산에 속하지 않는 비유동자산으로는 장기성매출채권, 보증금, 장기미수금이 있다. 장기성매출채권과 장기미수금의 경우에는 채권의 총액과 장기간 자금대여로 인한 이자수익의 발생부분으로 구분하여 회계처리하여야 하는데 자세한 사항은 중급회계 교재를 참조하기 바란다.

한편 기타비유동자산 속에는 유동자산에 포함되지 않는 이연법인세자산도 있다. 이연법인세에 대하여는 앞에서 설명한 바 있다.

객관식 연습문제

01 다음 중 지분형금융자산에 대한 언급으로 바르지 않은 것은?

① 단기간 내에 매각하거나 재매입할 목적으로 취득한 주식은 일반적으로 당기손익-공정가치측정 금융자산으로 분류한다.
② 당기손익-공정가치측정 금융자산과 기타포괄손익-공정가치측정 금융자산 모두 기말에 공정가치로 측정하는 것을 원칙으로 한다.
③ 지분형 금융자산은 모두 당기손익-공정가치측정 금융자산으로 분류하는 것이 원칙이다.
④ 모든 지분형 금융자산의 취득원가는 취득당시 제공된 경제적 자원의 공정가치로 측정하며, 거래원가는 취득원가에 포함하지 않는다.

02 전기말 현재 장부가액이 ₩950,000(취득원가 ₩1,000,000)이던 A주식의 당기말 현재의 시가가 ₩1,200,000이 되었다. A주식은 당기손익-공정가치측정 금융자산으로 분류된다. 시가주의에 의하여 평가할 경우 당기말 현재 A주식의 장부가액을 얼마로 하면 되는가? ['93 7급 세무직 수정]

① 1,000,000 ② 1,200,000
③ 1,100,000 ④ 950,000

03 다음은 (주)제주가 단기간 보유할 목적으로 취득한 주식과 관련된 거래내역이며, 모든 거래는 보통예금을 통해 이뤄졌다. 동 거래 이외의 거래는 없다고 할 때, 2018년 기말의 보통예금 잔액은?
[제48회 기업회계 2급]

· 2018년 1월 1일 : 보통예금의 기초잔액은 2,000,000원이다.
· 2018년 5월 10일 : (주)서귀포의 주식 100주를 주당 10,000원에 취득하고, 20,000원을 수수료로 지급하였다.
· 2018년 9월 20일 : (주)서귀포의 주식 60주를 주당 12,000원에 매각하였다.
· 2018년 10월 31일 : (주)서귀포는 1주당 200원의 중간배당을 했으며, (주)제주는 보유중인 (주)서귀포의 주식에 대한 중간배당을 전액 보통예금으로 받았다.

① 720,000원 ② 1,020,000원 ③ 1,708,000원 ④ 1,728,000원

04 (주)갑을은 2005년 11월에 당기손익-공정가치측정 금융자산으로 분류되는 A주식 500주(주당 ₩1,000)를 취득하고 2006년 2월에 A주식 200주를 ₩260,000(주당 ₩1,300)에 처분하였다. 2005년 12월 31일 A주식의 공정가액이 주당 ₩1,200일 경우 A주식 처분에 따른 손익은?

① 당기손익공정가치측정 금융자산처분손실 20,000
② 당기손익공정가치측정 금융자산처분손실 40,000
③ 당기손익공정가치측정 금융자산처분이익 20,000
④ 당기손익공정가치측정 금융자산처분이익 40,000

05 (주)강북산업은 2008년 6월 30일에 15,000,000원의 N사 주식을 현금으로 취득하여 당기손익공정가치측정 금융자산으로 보유하고 있다. 회계기간은 1월 1일~12월 31일까지이다. (주)강북산업이 2008년 말과 2009년말에 인식할 손익은 각각 얼마인가? [제12회 기업회계 2급 수정]

> (ㄱ) 2008년도말 보유하고 있는 N사 주식의 시장가치가 16,500,000원임
> (ㄴ) 2009년도 7월 1일 60%를 12,000,000원에 처분하였다.
> (ㄷ) 2009년 12월 31일에 N사 주식의 시장가치는 7,000,000원이었다.

	2008년말 이익	2009년말 이익
①	1,200,000원	2,100,000원
②	1,200,000원	2,400,000원
③	1,500,000원	2,100,000원
④	1,500,000원	2,500,000원

06 당기손익－공정가치측정 금융자산과 기타포괄손익-공정가치측정 금융자산 간의 회계상의 가장 큰 차이는?

① 배당금수입에 대한 회계처리
② 평가손실을 계산하는 방법
③ 평가이익을 계산하는 방법
④ 평가손실이나 이익을 재무제표에 보고하는 방법

07 다음의 기타포괄손익-공정가치측정 금융자산(지분증권)에 대한 설명 중 옳지 않은 것은?

① 금융자산의 취득원가는 공정가치에 거래원가를 가산하여 측정한다.
② 금융자산의 처분손익은 처분가액과 직전평가액의 차이로 계산된다.
③ 금융자산은 기말에 공정한 가치로 측정되어 재무상태표에 기록된다.
④ 금융자산의 평가로 인한 평가손익은 기타포괄손익으로 기록된다.

08 20×1년 1월 1일 (주)밀양은 (주)부산의 주식을 ₩23,500에 매입하였다. 20×1년 12월 31일 이 주식은 ₩25,000에 거래되었다. (주)밀양은 20×2년에 (주)부산의 주식을 ₩24,000에 처분하였다. (주)밀양이 (주)부산의 주식을 기타포괄손익－공정가치측정 금융자산으로 분류할 때 처분시의 분개는?

	차변	금액	대변	금액
①	(차) 현 금	24,000	(대) 기타포괄손익금융자산	23,500
			기타포괄손익금융자산처분이익	500
②	(차) 현 금	24,000	(대) 기타포괄손익금융자산	24,000
③	(차) 현 금	24,000	(대) 기타포괄손익금융자산	23,500
	기타포괄손익금융자산처분손실	1,000	기타포괄손익금융자산평가이익	1,500
④	(차) 현 금	24,000	(대) 기타포괄손익금융자산	23,500
			기타포괄손익금융자산처분이익	1,500
⑤	(차) 기타포괄손익금융자산평가이익	1,000	(대) 기타포괄손익금융자산	25,000
	현 금	24,000		

09 (주)광주는 2005년초에 (주)대구 주식을 ₩1,000,000에 취득하였으며 기타포괄손익–공정가치측정 금융자산으로 분류하였다. (주)대구 주식의 공정가액은 2005년말과 2006년말에 각각 ₩800,000과 ₩500,000이다. 2007년말 (주)대구의 주식을 ₩900,000에 모두 처분하였다고 하면 2006년과 2007년 (주)광주가 재무상태표에 표시할 금융자산 평가손익은 얼마인가? ['07 CPA 1차 수정]

	2006년 금융자산평가손익	2007년 금융자산평가손익
①	₩200,000 손실	₩ 0
②	₩200,000 손실	₩400,000 이익
③	₩500,000 손실	₩100,000 손실
④	₩500,000 손실	₩400,000 이익

※ 10번부터 12번은 일반기업회계기준에 의하여 풀이한다.

10 다음 자료에 의한 유가증권의 취득원가는 얼마인가 [회계관리 2급 주관처공개 기출문제]

> 매도가능증권으로 분류되는 시장성 있는 주식 100 주를 주당 30,000 원에 구입하면서 수수료로 증권회사에 20,000 원을 지급하고, 거래세로 5,000 원을 지급하였다.

① 3,000,000원 ② 3,005,000원 ③ 3,020,000원 ④ 3,025,000원

11 다음은 중소기업을 운영하는 사장들의 대화이다. (ㄱ)과 (ㄴ)에 들어갈 내용으로 올바른 것은 무엇인가? [회계관리 2급 주관처공개 기출문제]

> 김사장 : 요새 경기가 너무 안 좋아서 큰일이야.
> 박사장 : 그러게 말이야. 올해 우리회사는 또 적자가 날 것 같아 걱정이야. 자네 회사는 어떤가?
> 김사장 : 우리회사도 올해 적자가 날 뻔했지. 그나마 다행인 것이 몇 달전에 매입한 지분증권의 평가금액이 많이 올라서 올해는 다행히 적자를 면할 것 같아.
> 박사장 : 그게 무슨 소리인가? 지분증권의 평가금액이 올라서 적자를 면하다니? 우리회사도 얼마 전에 매입한 지분증권의 평가금액이 많이 오른 걸로 알고 있는데 우리회사 재무팀장은 아무런 이야기가 없던데?
> 김사장 : 아 그거 말인가? 우리회사는 매입한 지분증권이 (ㄱ)에 해당되서 평가이익을 당기손익으로 인식하였기 때문이네. 자네 회사는 아마 매입한 지분증권이 (ㄴ)에 해당하기 때문에 평가이익이 당기 손익에 영향을 주지 못한 것 같은데?

	(ㄱ)	(ㄴ)
①	단기매매증권	매도가능증권
②	단기매매증권	만기보유증권
③	매도가능증권	만기보유증권
④	매도가능증권	단기매매증권

12 다음은 (주)삼일이 20X2 년 10 월 1 일에 매입한 매도가능증권 관련 자료이다. 해당 날짜 별 회계처리 중 옳지 않은 것은? [회계관리 2급 주관처공개 기출문제]

> (1) 20×2 년 10 월 1 일 ㈜용산의 주식 100 주를 5,000,000원에 취득
> (2) 20×2 년 12 월 31 일 ㈜용산의 주식 1 주당 공정가치 : 52,000원
> (3) 20×3 년 12 월 31 일 ㈜용산의 주식 1 주당 공정가치 : 55,000원
> (4) 20×4 년 3 월 31 일 ㈜용산의 주식 100 주를 5,300,000원에 처분

	날짜		차변	금액		대변	금액
①	20×2년 10월 1일	(차)	매도가능증권	5,000,000	(대)	현 금	5,000,000
②	20×2년 12월 31일	(차)	매도가능증권	200,000	(대)	매도가능증권평가이익	200,000
③	20×3년 12월 31일	(차)	매도가능증권	500,000	(대)	매도가능증권평가이익	500,000
④	20×4년 3월 31일	(차)	현 금	5,300,000	(대)	매도가능증권	5,500,000
			매도가능증권평가이익	500,000		매도가능증권처분이익	300,000

주관식 연습문제

10-1 당기손익－공정가치측정 금융자산의 매입

오성(주)는 당기손익인식 금융자산으로 분류되는 유가증권에 대한 투자를 경영정책으로 삼고 있다. 20×3년 중에 발생한 다음 거래를 분개하라.

(1) 2월 1일 : 한음(주)가 발행한 주식 10주를 주당 ₩6,000에 구입하였다. 구입대금과 증권회사에 대한 수수료 ₩5,000을 수표발행하여 지급하다.
(2) 2월 12일 : 정부가 발행한 액면 ₩10,000의 국채 2좌를 ₩20,000에 구입하였다.
(3) 4월 1일 : 새한(주) 회사가 발행한 액면 ₩200,000, 이율 연 10%의 사채 10좌를 매입하고 대금은 수수료 ₩40,000을 포함한 ₩240,000을 수표발행하여 지급하였다. 이자지급일은 매년 3월 31일이다.
(4) 9월 5일 : 한음(주)로부터 배당금 ₩6,000을 현금으로 수령하였다.
(5) 9월 15일 : 정부가 발행한 국채에 대한 이자 ₩1,000을 현금으로 수령하였다.
(6) 10월 20일 : 대한(주)가 발행한 주식 20주를 주당 ₩4,000에 현금으로 매입하였다.
(7) 11월 25일 : 대한(주)로부터 배당금으로 ₩3,000을 현금으로 수령하였다.
(8) 12월 31일 : 새한(주)의 사채에 대한 미수이자 ₩5,000을 계상하다.

10-2 당기손익－공정가치측정 금융자산의 평가와 처분(1)

다음은 문제 10-1과 관련하여 20×4년에 발생한 거래내용이다. 당기손익인식 금융자산의 평가와 거래에 대한 분개를 하라. 당기손익인식 금융자산의 평가는 시가로 한다.

(1) 20×3년 12월 31일 당기손익인식 금융자산의 시가는 다음과 같다.

		취득원가	시 가
한음(주) 주식	10주	₩60,000	₩70,000
대한(주) 주식	20주	80,000	76,000
국　　채	2좌	20,000	18,000
새한(주) 사채	10좌	200,000	260,000
	계	₩360,000	₩424,000

(2) 3월 10일 : 한음(주)의 주식 5주를 ₩40,000에 처분하다.
(3) 3월 31일 : 새한(주)의 사채에 대한 이자 ₩20,000을 현금으로 수령하다.
(4) 6월 5일 : 대한(주)로부터 배당금 ₩5,000을 현금으로 수령하다.
(5) 9월 15일 : 국채에 대한 이자 ₩1,000을 현금으로 수령하다.
(6) 10월 20일 : 대한(주) 주식 10주를 주당 ₩3,000에 처분하고 수수료 ₩2,000을 제외한 잔액을 수표로 받아 당좌예입하다.
(7) 10월 30일 : 국채를 ₩25,000에 처분하다.
(8) 12월 31일 : 새한(주)의 사채에 대한 미수이자를 계상하다.
(9) 12월 31일 : 당기손익인식 금융자산의 시가는 다음과 같다.

		시 가
한음(주) 주식	5주	₩32,000
대한(주) 주식	10주	45,000
새한(주) 사채	10좌	240,000

10-3 당기손익－공정가치측정 금융자산의 평가와 처분(2)

(주)시화는 20×1년 7월 1일에 당기손익인식 금융자산으로 분류되는 (주)대부의 주식 100주를 1주당 ₩15,000에 현금으로 지급하고 증권거래수수료 ₩10,000을 현금으로 지급하였다. 20×1년 12월 31일 (주)대부 주식의 시가는 1주당 ₩16,000으로 상승하였으며, (주)시화는 20×2년 6월 30일에 (주)대부의 주식 50주를 1주당 ₩15,500에 처분하였다. 20×2년 12월 31일 (주)대부 주식의 시가는 ₩15,300이다. (주)시화가 (주)대부의 주식과 관련하여 해야 할 일자별 회계처리를 하라.

10-4 기타포괄손익－공정가치측정 금융자산의 평가와 처분

(주)안산은 2010년 7월 1일에 기타포괄손익-공정가치측정 금융자산으로 분류되는 (주)시흥의 주식 100주를 1주당 ₩5,000에 현금으로 구입하였다. 2010년 12월 31일 (주)시흥의 주식의 시가는 1주당 ₩6,000으로 상승하였으며, (주)안산은 2011년 6월 30일에 (주)시흥의 주식 50주를 1주당 ₩5,500에 처분하였다. 2011년 12월 31일 (주)시흥 주식의 시가는 ₩5,300이다. (주)안산이 (주)시흥의 주식과 관련하여 하여야 할 일자별 회계처리를 하라.

Chapter 11

K-IFRS

유형자산과 무형자산

기업이 수익을 창출하기 위해서는 유동자산 외에도 생산과 경영관리에 필요한 공장시설, 사무실, 비품 및 차량 등 여러 가지 자산을 보유하여야 한다. 이러한 자산은 즉시 현금화되지 않고 제품이나 서비스의 생산과 판매활동을 통하여 수익창출에 기여함으로써 현금화되는 자산이다. 따라서 이러한 자산은 판매목적이 아닌 장기간 사용을 위하여 취득한다. 이렇게 1년 이내에 현금으로 전환되지 않는 자산을 총칭하여 비유동자산(非流動資産, non-current assets)이라고 한다. 유형자산은 기업의 영업활동에 필요한 가장 비중이 큰 비유동자산이다.

유형자산에 관해서는 취득에 따른 기록과 시세변동에 따른 재평가와 손상, 감가상각, 취득 후에 발생하는 후속원가, 그리고 처분에 따른 회계처리가 주요과제이다. 본 장에서는 이와 같은 문제에 관련된 회계처리를 설명한다. 무형자산은 유형자산과는 달리 물리적 형태가 존재하지 않기 때문에 우리 눈으로는 관찰할 수 없다. 그러나 무형자산은 유형자산과 마찬가지로 기업의 수익창출에 장기간 기여하는 비유동자산으로서, 특정 기업이 배타적 · 독점적으로 사용할 수 있는 법률상 특권 또는 계약상의 권리를 의미한다. 본 장에서는 이러한 무형자산의 회계처리에 대하여 살펴본다.

Chapter 11 유형자산과 무형자산

제1절 유형자산의 취득

1.1 유형자산의 의의

유형자산(有形資産, tangible assets)은 기업이 생산이나 판매 등의 고유한 영업활동을 위하여 사용할 목적으로 장기간 보유하는 자산으로서, 실물이 존재하여 눈으로 관찰할 수 있는 자산을 말한다. 유형자산은 물리적 실체(物理的 實體, physical substance)가 있다는 점에서 무형자산(無形資産)과 구별되며, 판매목적을 위하여 보유하는 재고자산과 구별된다.

유형자산과 재고자산의 구분은 취득목적에 따라서 달라진다. 예컨대 같은 토지라고 하더라도 제품생산을 위한 공장부지는 유형자산으로 분류되지만 부동산회사가 판매목적으로 소유하고 있는 토지는 재고자산에 포함된다.

유형자산의 과목으로서 토지, 건물, 구축물, 기계장치, 건설중인 자산, 기타의 유형자산 등이 있다. 이러한 자산은 관련법규에 의하여 등기 또는 등록함으로써 소유권이 확보되는 경우가 대부분이다. 기타의 유형자산에는 차량운반구, 선박, 비품, 공구 및 기구 등이 포함된다. 구축물은 건물과는 별개로 건설되어 영업활동에 장기간 사용되는 부대시설로서, 정원설비, 저수지, 갱도, 궤도 및 교량과 같은 토목설비나 공작물을 말한다. 건설중인 자산은 건물을 스스로 신축하거나 기계를 자체 제작하는 데 지출된 재료비, 노무비 및 경비 등을 말한다. 건설중인 자산은 공사가 완료되면 해당 자산으로 대체되어 장부에서 삭제되는 임시계정이다. 유형자산에는 이 밖에도 광산과 유전과 같은 광물자원(mineral resources)이 있다.

1.2 유형자산 최초원가 결정원칙

재무제표에 인식하는 유형자산은 취득원가(cost)로 회계장부에 기록한다. 한국채택국제회계기준서 제1016호에서 원가는 '자산을 취득하기 위하여 자산의 취득시점이나 건설시점에서 지급한 현금 또는 현금성자산이나 제공한 기타 대가의 공정가치'로 정의하고 있다. 이와 같은 원가는 다음과 같은 3가지 요소를 포함한다.

① 관세 및 환급불가능한 취득 관련 세금을 가산하고 매입할인과 리베이트 등을 차감한 구입가격

② 경영진이 의도하는 방식으로 자산을 가동하는데 필요한 장소와 상태에 이르게 하는데 직접 관련되는 원가

③ 자산을 해체, 제거하거나 부지를 복구하는데 소요될 것으로 최초에 추정되는 원가

이때 경영진이 의도하는 방식으로 자산을 가동하는 데 필요한 장소와 상태에 이르게 하는데 직접 관련되는 원가의 예는 다음과 같다.

- 유형자산의 매입 또는 건설과 직접적으로 관련되어 발생한 종업원급여
- 설치장소 준비 원가
- 최초의 운송 및 취급 관련원가
- 설치원가 및 조립원가
- 유형자산이 정상적으로 작동되는지 여부를 시험하는 과정에서 발생하는 원가. 단, 시험과정에서 생산된 재화(시제품 등)의 순매각금액은 당해 원가에서 차감
- 전문가에게 지급하는 수수료(부동산 매매수수료, 건설관련 설계용역 수수료 등)

일반적으로 유형자산의 최초원가는 다음과 같이 구성된다.

최초원가 = 제공하는 현금(공정가치) + 제공하는 기타자산(공정가치)
+ 부담하는 부채(공정가치)

1.3 유형자산의 취득유형별 원가 측정

유형자산을 취득하는 방법은 현금구입 이외에도 매우 다양하다. 어느 방법에 의하더라도 취득시 지급한 구입원가가 취득시점에 있어서 공정한 평가금액이 되기 때문에 유형자산을 기록하는 기준이 된다. 만일 현금지급이 아닌 다른 방법

으로 취득한 경우에는 취득자산과 지급한 대가를 공정하게 평가한 후 두 금액을 비교하여, 보다 객관성 있는 금액으로 기록한다.

1) 현금구입에 의한 취득

유형자산을 외부에서 구입하는 경우에는 현금할인을 제외한 실제구입가격인 취득원가로 기록한다. 취득원가는 자산의 구입금액 외에도 경영진이 의도하는 방식으로 자산을 가동하는 데 필요한 장소와 상태에 이르게 하는데 직접 관련되는 원가를 포함한다. 유형자산의 유형별로 취득과 직접 관련된 원가를 제시하면 아래와 같다.

(1) 토지

구입가격, 취득세, 등록세, 부동산중개수수료, 정지(整地)비용 등이 포함된다. 만일 구입한 토지에 있는 건물을 구입즉시 철거한 경우 건물철거비용도 토지의 원가에 포함되며, 건물철거로 인한 폐자재를 처분한 경우 그 금액만큼 철거비에서 제외한다.

만일 토지 구입시 함께 구매된 건물을 사용하다가 철거한 후 새 건물을 신축한 경우에는 철거비용은 신축건물의 원가가 된다.

(2) 건물

건물구입비, 세금, 중계수수료 및 건물을 리모델링한 비용도 건물의 원가에 포함된다. 만일 건물을 직접 건설하는 경우에는 신축건설비용, 설계비, 준공 검사비 및 등록세를 비롯한 각종 세금 등이 포함된다

(3) 설비자산(기계장치, 사무용가구 및 비품 등)

구입가격, 관세를 비롯한 각종 세금, 운송료, 운송중 보험료, 설치비 및 시운전비, 조립비 등이 포함된다.

참고 토지와 건물의 일괄구입의 구분

사례 1. 건물이 부속된 토지를 구입 후 건물을 즉시 철거
=> 토지의 구입 (건물철거비용 토지 취득원가에 포함)

사례 2. 건물이 부속된 토지를 구입 후 건물을 일정기간 사용 후 철거
=> 토지와 건물의 일괄구입(건물 철거비용 철거연도 비용처리)

2) 일괄구입

여러 종류의 유형자산을 한꺼번에 일괄하여 구입(一括購入, lump-sum purchase)하는 경우에는 개별자산의 취득원가가 표시되어 있지 않으므로 취득한 각 자산의 공정한 가격에 비례하여 일괄구입가격을 각 자산에 배분하여 취득원가를 결정한다.

토지와 건물을 일괄구입하는 경우 건물을 사용할 목적이면 이들은 분리가능한 자산이므로 각 자산의 공정가치를 기준으로 안분계산하나, 건물을 사용하지 않고 구입즉시 철거할 경우 건물을 사용할 목적으로 구입한 것이 아니므로 건물의 철거비용도 토지의 원가에 가산한다. 다만, 철거과정에서 수거된 철근 등 폐자재를 처분하여 수익이 발생하는 경우 이는 토지의 원가에서 차감한다.

3) 장기할부구입

유형고정자산을 장기할부로 구입한 경우에는 상환기간까지의 이자가 할부금액에 포함되기 때문에 할부금총액에서 이자 상당액을 차감한 현가(現價)로 취득원가를 기록한다. 이때의 취득원가는 현금으로 구입할 때 지불하여야 할 현금등가액(現金等價額, cash equivalent price)을 반영한다. 현금등가액과 할부총액의 차액은 현재가치할인차금(現在價値割引差金)으로 기록하고 결산시마다 상각하여 이자비용으로 계상한다.

(차) 유형자산	×××(현금가격)	(대) 장기미지급금	×××(할부총액)
현재가치할인차금	×××		

(차) 이자비용	×××	(대) 현재가치할인차금	×××

4) 현물출자와 증여에 의한 취득

현물출자(現物出資)는 기업이 주식을 발행하여 교부하고 유형자산을 취득하는 경우를 말하는데 이 경우 한국채택국제회계기준에서는 유형자산의 취득원가를 취득한 자산의 공정가치로 하도록 하고 있다.

(차) 유형자산	×××(공정가치)	(대) 보통주사본금	×××(액면가액)
		주식발행초과금	×××

한편, 주주나 기타 기관에 의하여 유형자산을 증여(贈與) 또는 무상(無償)으로 기증받은 경우에는 증여받을 당시 지급한 대가가 없기 때문에 유형자산의 취득원가는 없다. 그러나 유형자산을 이와 같은 방법으로 취득한 경우에는 취득당시의 공정가치로 기록하고 대변은 자산수증이익계정으로 회계처리하는 것이 일반적이다.

(차) 유형자산 ×××(공정가치) (대) 자산수증이익 ×××

5) 교환에 의한 취득

한국채택국제회계기준에서는 유형자산을 교환의 방법으로 취득한 경우에는 원칙적으로 공정가치로 취득원가를 기록하도록 요구하고 있다. 이때 제공한 자산의 공정가치가 우선적으로 적용되나 취득한 자산의 공정가치가 더 명백한 경우에는 그 금액을 적용한다.

그러나 유형자산의 교환거래에 있어서 상업적 실질(commercial substance)이 존재하지 않거나 취득하거나 제공한 자산의 공정가치를 합리적으로 측정할 수 없는 경우에는 예외적으로 제공한 자산의 장부금액으로 취득한 자산의 취득원가를 기록하도록 하고 있다.

상업적 실질이 존재한다는 것은 유형자산의 구입자와 판매자 간에 정상적인 거래가 있다는 것을 의미하며, 교환된 유형자산에 관련된 현금흐름의 금액, 시기 및 위험과 같은 구성요소가 서로 다른 경우가 이에 해당한다.

〈표 11.1〉 유형자산 교환거래의 원가측정

판단기준		취득자산의 원가
상업적 실질 결여		제공 자산의 장부금액
상업적 실질 존재	취득 또는 제공한 자산 공정가치의 신뢰성 있는 측정불가	제공 자산의 장부금액
	취득한 자산의 공정가치가 명백	취득 자산의 공정가치
	제공한 자산의 공정가치가 명백	제공 자산의 공정가치

참고 일반기업회계기준에서의 교환취득

일반기업회계기준에서는 유형자산의 교환거래를 동종자산의 교환과 이종자산의 교환으로 구분하고 있다. 동종자산이란 성격과 형태가 유사한 자산을 의미한다. 동종자산과 이종자산의 원가측정은 아래와 같다.

구 분	취득자산의 원가
동종자산	제공자산의 장부가액
이종자산	제공자산의 공정가치

예제 11-1 여러 가지 형태의 유형자산취득

(1) 기계장치 ₩100,000을 현금으로 구입하고 대금을 지급하기 위하여 어음을 발행하다. 그 외에 운반비 ₩2,000, 등록세 ₩3,000, 설치비 ₩1,000은 현금으로 지급하다.

(차) 기계장치	106,000	(대) 미지급금	100,000
		현　금	6,000

(2) 토지 200평을 구입하고 대금은 매월 ₩5,000씩 60개월간 지급하기로 하다. 토지의 현금구입가격은 ₩240,000이다.

(차) 토　지	240,000	(대) 장기미지급금	300,000
현재가치할인차금	60,000		

현재가치할인차금은 60개월 동안 상각하여 이자비용으로 기록한다.

(3) 건물을 취득하고 액면 ₩1,000의 주식 300주를 교부하다. 취득자산의 공정한 가치는 ₩420,0000이다.

(차) 건　물	420,000	(대) 자본금	300,000
		주식발행초과금	120,000

(4) 건물과 토지 영업활동에 사용할 목적으로 ₩240,000에 일괄구입하다. 두 자산의 감정가격은 다음과 같다

건물 ₩270,000　　　토지 ₩90,000

(차) 건　물	180,000	(대) 현　금	240,000
토　지	60,000		

건물　₩240,000 × ₩270,000 / (₩270,000 + ₩90,000) = ₩180,000
토지　₩240,000 × ₩ 90,000 / (₩270,000 + ₩90,000) = ₩60,000

(5) 보유하고 있는 트럭(취득원가에서 감가상각누계액을 차감한 장부가액 ₩8,000)을 자동차판매회사에 제공하고 신형승용차를 교환 구입하였다. 신형차량의 시장판매가격은 ₩10,000이며, 트럭의 시장판매가격은 ₩9,000이다.

① 승용차의 시장가격이 더 명백한 경우

(차) 승용차	10,000	(대) 트　럭	8,000
		유형자산처분이익	2,000

② 트럭의 시장판매가격이 더 명백한 경우

(차) 승용차	9,000	(대) 트　럭	8,000
		유형자산처분이익	1,000

③ 상업적실질이 결여되거나 공정가치 측정이 불가능한 경우

(차) 승용차	8,000	(대) 트　럭	8,000

(6) 주주가 시가 ₩100,000으로 평가되는 건물을 증여하였다.

(차) 건　물	100,000	(대) 자산수증이익	100,000

1.4 후속원가

유형자산의 모든 원가는 그 발생시점에 인식원칙을 적용하여 평가한다. 이러한 원가에는 유형자산을 매입하거나 건설할 때 최초로 발생하는 원가뿐만 아니라 취득 이후 증설, 대체 또는 수선·유지와 관련하여 발생하는 원가를 포함한다.

1) 자본적 지출

자본적 지출(Capital expenditure)이란 유형자산의 취득 이후 유형자산에 대하여 추가적으로 발생된 지출 중 금액적 중요성이 크고 지출의 효과가 자산의 경제적 효익을 증가시키는 지출을 의미한다. 자본적 지출로 처리된다는 것은 지출금액을 자산의 원가에 가산한다는 것으로 감가상각에 영향을 주게 된다.

통상 지출의 효과가 자산의 내용연수가 증가하거나 잔존가치가 증가, 원가절감 또는 품질의 향상, 생산능력의 증대가 되는 경우 자본적 지출로 처리한다.

2) 수익적 지출

유형자산의 인식기준에 따르면, 일상적인 수선·유지와 관련하여 발생하는 원가는 미래경제적 효익을 기대하기 곤란하므로 유형자산의 장부금액에 포함하여 인식하지 않고 발생시점에 당기손익으로 인식하는데, 이를 수익적 지출(income expenditure) 이라 한다.

그러나 다음의 〈표 11.2〉와 같은 특별한 상황에서 발생하는 원가는 유형자산의 장부금액에 포함(자본화/자본적 지출)한다.

〈표 11.2〉 유형자산의 교체 및 대체에 대한 회계처리

상 황	회계처리
① 주요 부품이나 구성요소의 정기적 교체가 필요한 경우 ② 반복적이지만 비교적 적은 빈도로 대체되거나, 비반복적으로 대체되는 경우	유형자산의 일부 대체시 발생하는 원가가 인식기준을 충족하면 해당 유형자산의 장부금액에 포함 (용광로 내화벽돌, 항공기 좌석 교체 등)
유형자산의 계속 가동을 위해서 유형자산의 일부 대체에 관계없이 결함에 대한 정기적인 종합검사가 필요한 경우	정기적인 종합검사과정에서 발생하는 원가가 인식기준을 충족하는 경우 유형자산의 일부 대체로 보고 유형자산의 장부금액에 포함. 이 경우 직전에 이루어진 종합검사에서의 원가와 관련되어 남아있는 장부금액 제거

예제 11-2 **후속원가의 인식(자본적 지출과 수익적 지출)**

(주)신수의 건물과 관련하여 발생한 후속원가에 대한 거래에 대한 각각의 회계처리는 아래와 같다.

5월 10일 사용 중인 본사 사옥의 중앙냉난방공사를 위하여 공사비용으로 현금 2,000,000원을 지급하였다.

(차) 건 물	2,000,000	(대) 현 금	2,000,000

8월 9일 건물의 옥상 방수공사를 위하여 방수공사비 200,000원을 현금으로 지출하였다.

(차) 수선유지비	200,000	(대) 현 금	200,000

제2절 감가상각

2.1 감가상각의 의의

토지를 제외한 유형자산은 영업활동을 위하여 사용됨에 따라서 그 가치가 감소한다. 이렇게 유형자산의 가치가 감소하는 원인은 아래와 같이 크게 2가지로 제시할 수 있다.

1) 물리적 손상(마모)

물리적 손상은 시간의 경과나 유형자산을 사용함에 따라서 물리적으로 손상되거나 마모(磨耗, physical deterioration)되는 것을 말한다. 기계나 차량운반구의 가치가 하락하는 주요 원인이다.

2) 기능적 진부화

기능적 진부화(機能的 陳腐化, obsolescence)는 새로운 발명이나 기술의 진보로 기존의 유형자산이 물리적으로는 사용이 가능하나 경제적 가치가 하락하여 경제성을 상실하는 것을 말한다. 컴퓨터의 기능향상으로 구형이 신형으로 대체되는 경우를 예로 들 수 있다.

위와 같은 유형자산의 가치감소분에 대하여는 가치의 정확한 감소정도를 화폐액으로 측정이 불가능하기 때문에 회계에서는 반영하지 않고 있다. 반면 유형자산의 취득원가는 취득 후 수익이 창출되는 기간 동안 수익을 획득하는데 사용되어지고 있으므로 수익-비용 대응의 관점에서 일정한 방법으로 취득원가를 비용으로 계상하여야 하는 데 이렇게 자산의 취득원가를 경제적 효익이 제공되는 기간(내용연수) 동안 합리적이고 체계적 방법으로 배분하는 것을 감가상각(減價償却, depreciation)이라 한다.

여기서 유의하여야 할 점은 감가상각은 어디까지나 원가배분과정(原價配分過程, process of cost allocation)이지 결코 자산의 가치를 시가로 평가하기 위한 평가과정(process of valuation)이 아니라는 점이다. 그 이유는 감가상각비가 취득원가에 의하여 결정되며, 감가상각비를 계상한 후의 장부가격이 자산의 시장가치를 나타낸다고는 볼 수 없기 때문이다.

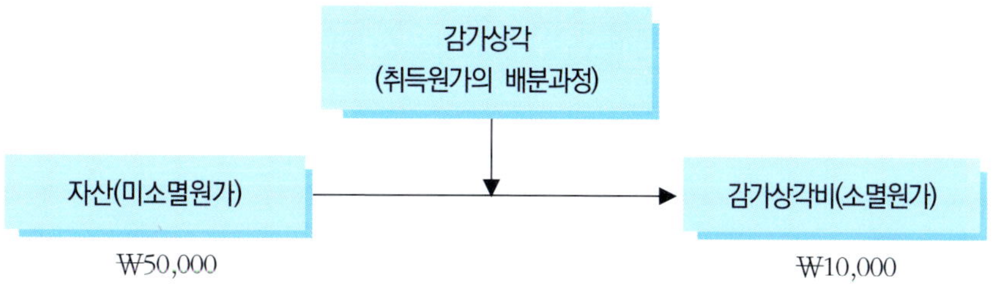

[그림 11.1] 감가상각의 의미

2.2 감가상각비의 기록

감가상각비(depreciation expense)는 매년 결산일에 수정분개의 일부로서 기록된다. 감가상각비는 관리비 또는 제조원가로 계상되기 때문에 시설투자가 많은 철강이나 기계와 같은 중화학공업에서는 전체 비용에서 차지하는 비중이 매우 크다. 따라서 이와 같은 업종에서는 감가상각비의 계상이 당기순이익의 결정에 큰 영향을 미친다.

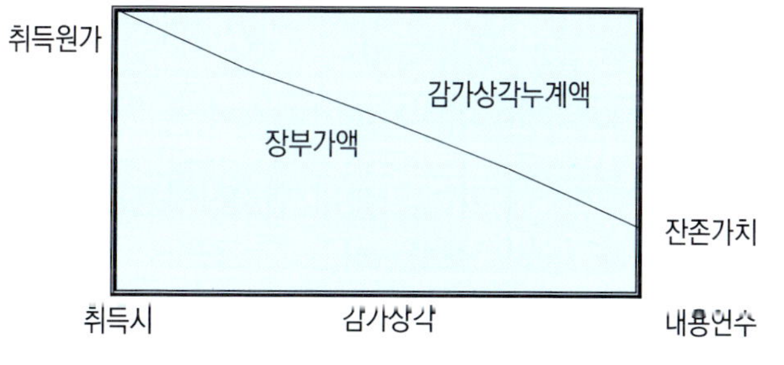

[그림 11.2] 감가상각과 장부가액의 관계

감가상각비를 기록할 때는 차변에 감가상각비계정을 기록하고 대변에는 유형자산을 기록하지 않고 감가상각누계액계정을 기록한다. 감가상각누계액(減價償却累計額, accumulated depreciation)은 자산의 평가계정으로서 자산을 차감하는 형식으로 재무상태표에 기재된다.

유형자산의 취득원가에서 감가상각누계액을 차감한 잔액을 유형자산의 장부가액(帳簿價額, book value 또는 carrying value)이라고 한다.

(차) 감가상각비	×××	(대) 감가상각누계액	×××

예제 11-3 감가상각비의 기록

취득원가 ₩400,000의 기계에 대하여 금년도 감가상각비 ₩40,000을 기록하다. 기계는 3년 전에 취득한 것이고 매년 감가상각비는 동일하다.

(차) 감가상각비	40,000	(대) 감가상각누계액	40,000

금년도 재무상태표에 기계장치는 다음과 같이 표시된다.

유형자산		
기계장치	₩400,000	
감가상각누계액	(120,000)	₩280,000(3차 연도말 장부가액)

2.3 감가상각의 요소

감가상각을 기록하려면 다음 항목을 결정하여야 한다.

1) 취득원가(acquisition cost)

감가상각의 기준이 되는 자산의 취득시에 지출한 역사적 원가이며 취득 후에 지출한 자본적 지출도 포함한다.

2) 잔존가치(殘存價値, residual or salvage vaule)

자산을 폐기처분할 때 회수되리라고 예상되는 추정액을 말한다. 이는 내용연수가 종료된 자산의 예상처분가격부터 처분시까지 예상처분비용을 차감한 것이다. 자산의 취득원가에서 잔존가치를 차감한 금액을 감가상각대상액이라고 한다. 잔존가치가 감가상각대상이 되지 않는 이유는 내용연수가 모두 경과하여 유형자산을 처분하였을 때 그 금액이 현금으로 회수되기 때문이다.

3) 내용연수(耐用年數, useful life)

자산을 취득하여 폐기할 때까지의 예상 사용기간을 말한다. 내용연수를 추정하는데 있어서 고려해야 할 점은 과거의 경험, 자산의 현재 상태, 회사의 수선 및 유지정책, 기술수준과 업계의 현황, 기후조건 등이다. 세법에서는 자산의 형태별로 내용연수를 규정하고 있다.

감가상각의 방법에는 여러 가지가 있지만 기업회계기준에서 인정한 방법을 중심으로 다음과 같은 방법에 대하여 설명한다.

2.4 감가상각의 방법

회계기말에 기록하는 감가상각의 방법에는 여러 가지 방법이 있다. 가장 흔히 사용하는 상각방법은 정액법, 체감상각법 및 생산량비례법이 있다. 〈 예제 11-4 〉의 자료에 의하여 각 방법을 설명하기로 한다.

예제 11-4 감가상각방법에 관한 기본자료

남도통운(주)는 20×1년 1월 1일에 트럭을 ₩400,000에 구입하였다. 트럭의 내용연수는 4년이며 잔존가치는 ₩40,000이다. 트럭의 운행거리는 총 200,000 km로 예상되며 20×1년과 20×2년의 실제 운행거리는 각각 60,000km와 56,000km였다. 또한 20×3년과 20×4년의 운행거리는 각각 62,000km와 22,000km로 예상된다.

1) 정액법

정액법(定額法)은 매 기간마다 동일한 금액을 상각하는 방법으로서 직선법(straight-line method)이라고도 하며, 가장 단순한 방법이다. 정액법은 매년 동일한 감가상각비를 계상하므로 감가상각누계액도 매년 동일한 상각액만큼 증가한다. 연간 감가상각비를 표에 그리면 수평선의 형태가 된다. 정액법에 의하여 상각을 하면 감가상각비가 매년 일정하기 때문에, 장부가액도 매년 일정한 금액만큼 감소하여 내용연수가 모두 경과하면 장부가액은 잔존가치와 같아진다.

이 방법은 건물 등과 같이 유형자산의 가치가 시간이 경과함에 비례하여 감소하는 경우에 적당한 상각방법이 된다. 회계실무에서는 간편하기 때문에 많이 이용하고 있다.

$$\text{연간 감가상각비} = \frac{\text{취득원가} - \text{잔존가치}}{\text{내용연수}}$$

〈 예제 11-4 〉에 있는 남도통운(주)의 상각비는 다음과 같이 계산된다. 매년 감가상각비를 기록한 결과는 〈 표 11.3 〉과 같다. 매년 감가상각비는 ₩90,000으로 계상되며 해마다 이 금액이 누적된다. 내용연수가 경과하면 트럭의 장부가액은 ₩40,000으로 잔존가치와 일치한다.

$$\text{매년상각비} = \frac{₩400,000 - ₩40,000}{4} = ₩90,000$$

〈표 11.3〉 정액법에 의한 감가상각

상각연도	감가상각비	감가상각누계액	장부가액
1년	₩90,000	₩90,000	₩310,000
2년	90,000	180,000	220,000
3년	90,000	270,000	130,000
4년	90,000	360,000	40,000
합 계	360,000		

2) 체감상각법

체감상각법(遞減償却法, accelerated depreciation method)은 내용연수 초기에 많은 금액을 상각하고 시간이 경과할수록 상각액을 적게 계산하는 방법이다. 이 방법은 자산의 취득초기에는 생산능률이나 제품의 품질이 높기 때문에 그 만큼 감가상각비를 많이 계상하고, 능률이 저하되면 적게 계상함으로써 수익과 비용의 대응이 적절하게 이루어진다는 관점에서 타당하다. 또한 이 방법은 이익을 기간별로 평준화(平準化, income smoothing)시키는 효과가 있다.

이 방법에는 다음과 같은 대표적인 두 가지 방법이 있다.

(1) 정률법

유형자산의 장부가액에 매년 동일한 상각률을 적용하는 방법이다. 주의할 점은 상각기준액은 취득원가에서 감가상각누계액을 차감한 장부가액이며 잔존가치는 고려하지 않는다는 점이다. 그 이유는 상각률의 계산시에 이미 잔존가치가 감안되기 때문이다. 만일 잔존가치가 없으면 상각률이 영(0)이 되지 않도록 1로 계산한다.

$$\text{연간 감가상각비} = \text{장부가액}(\text{취득원가} - \text{감가상각누계액}) \times \text{상각률}$$

$$\text{단, 상각률} = 1 - \sqrt[n]{\frac{\text{잔존가치}}{\text{취득원가}}}$$

n : 내용연수

남도통운(주)의 감가상각비는 다음과 같이 계산되며 매년 감가상각 결과는 〈표 11.4〉와 같다. 이 표를 보면 내용연수가 경과할수록 감가상각비가 급격히 감소하는 것을 알 수 있다. 매년 감가상각비를 표에 그리면 우하향(右下向)의 오목한 곡선으로 나타난다. 매년 감가상각비는 전년도말의 장부가액을 기준으로 계산하고 잔존가치는 고려되지 않았다.

$$\text{상각률} = 1 - \sqrt[4]{\frac{₩40,000}{₩400,000}} = 0.438$$

정률법(定率法, fixed percentage of declining balance method)에 의하여 감가상각비를 기록하면 초기에는 많은 금액이 계상되고, 기간이 경과하면 상각비가 급격히 감소한다. 미국에서는 정률법과 비슷한 방법으로서 이중체감잔액법(二重遞減殘額法, double declining balance method)이 있다. 이 방법의 상각방법은 정률법과 동일하나 상각률이 정액법에 의한 상각률의 2배가 된다는 점에서 차이가 있다.

〈표 11.4〉 정률법에 의한 감가상각

상각연도	감가상각비	감가상각누계액	장부가액
1년	₩400,000×0.438＝₩175,200	₩175,200	₩224,800
2년	224,800×0.438＝ 98,462	273,662	126,338
3년	126,338×0.438＝ 55,336	328,998	71,002
4년	71,003×0.438＝ 31,002 *	360,000	40,000
합계	360,000		

* 잔존가치가 ₩40,000이 되도록 조정하였음. 이와 같은 차이는 대략 계산한 상각률을 적용하였기 때문에 발생되었음.

(2) 연수합계법

연수합계법(年數合計法, sum-of-the-years' -digits method)은 상각대상액에 내용연수를 기준으로 계산한 상각률을 적용하여 계산한다. 상각률의 계산에 있어서 분모는 내용연수의 합계가 되며 분자는 상각하기 전의 잔존(殘存) 내용연수가 된다. 내용연수의 합계는 n(n+1)/2 의 공식을 이용하여 계산한다.

$$\text{연간 감가상각비} = (\text{취득원가} - \text{잔존가치}) \times \frac{\text{잔존 내용연수}}{\text{내용연수 합계}}$$

남도통운(주)의 감가상각비는 다음과 같이 계산된다. 연도별 상각비 계산결과는 〈표 11.5〉와 같다. 연수합계법에 의한 상각도 내용연수 초기에는 상각금액이 많다가 기간이 경과하면 상각액이 점점 감소하지만, 정률법보다는 체감속도가 완만하다.

$$\text{내용연수의 합계} : 4\times(4+1)/2 = 10$$

$$\text{상각률} : \quad 1\text{년도} : \frac{4}{10} = 0.4$$

$$2\text{년도} : \frac{3}{10} = 0.3$$

$$3\text{년도} : \frac{2}{10} = 0.2$$

$$4\text{년도} : \frac{1}{10} = 0.1$$

〈표 11.5〉 연수합계법에 의한 감가상각

상각연도	감가상각비	감가상각누계액	장부가액
1년	₩360,000×0.4 = ₩144,000	₩144,000	₩256,000
2년	360,000×0.3 = 108,000	252,000	148,000
3년	360,000×0.2 = 72,000	324,000	76,000
4년	360,000×0.1 = 36,000	360,000	40,000
합계	360,000		

3) 생산량비례법

생산량비례법(production method)은 내용연수를 기준으로 하지 않고 회계기간 동안의 생산량 또는 사용량에 비례하여 감가상각을 하는 방법이다. 산림이나 유전 또는 광산 등과 같은 천연자원의 경우에는 가치가 생산량에 비례하여 감소되므로 이 방법이 합리적이다.

생산량비례법은 감가상각대상액을 총예정생산량으로 나누어 생산단위당 감가상각률을 계산하고 상각률을 당기생산량에 곱하여 감가상각비를 계산하는 방법이다.

운송산업의 경우 생산량은 운행거리가 되며, 감가상각비는 차량의 운행거리에 따라서 계상된다. 제조기업에서는 기계장치가 상각대상이라면 기계작업시간이 생산량의 기준이 될 것이다.

$$\text{연간 감가상삭비} = \frac{\text{취득원가} - \text{잔존가치}}{\text{추정총생산량}} \times \text{당기생산량}$$

남도통운의 경우는 다음과 같이 계산되며 그 결과는 〈표 11.6〉과 같다. 감가상각비는 연간 운행거리에 비례하여 계산된 것을 알 수 있다.

km당 상각률 = (₩400,000 − ₩40,000) / 200,000km = ₩1.8

〈표 11.6〉 생산량비례법에 의한 감가상각

상각연도	감가상각비	감가상각누계액	장부가액
1년	60,000km × 1.8 = ₩108,000	₩108,000	₩292,000
2년	56,000 × 1.8 = 100,800	208,800	191,200
3년	62,000 × 1.8 = 111,600	320,400	79,600
4년	22,000 × 1.8 = 39,600	360,000	40,000
합계	360,000		

2.5 회계기간 중 취득한 유형자산 감가상각

앞에서 살펴본 감가상각비의 기록은 유형자산을 1월 1일부터 12월 31일까지 1년간 보유하고 있는 것으로 가정하고 있다. 그러나 유형자산의 취득은 1월 1일이 아닌 회계연도 중에 주로 발생하게 되는데 이때 유형자산을 취득한 연도에는 유형자산을 보유한 기간만큼 감가상각을 하여야 한다. 통상 회계실무에서는 회계기간 중 취득한 유형자산에 대하여는 매월 초에 취득한 것을 가정하여 감가상각비를 기록하는데 이를 월할상각이라고 한다. 〈예제 11-5〉에서 이에 관한 예를 다루고 있다.

예제 11-5 회계기간 중에 취득한 유형자산에 대한 감가상각

무지개운송회사는 20×1년 5월 1일 영업용차량을 ₩600,000에 구입하였다. 내용연수는 4년, 잔존가치는 취득원가의 10%이다. 정액법과 연수합계법에 의하여 20×1년과 20×2년의 감가상각비를 계산하면 다음과 같다. 감가상각비는 월할계산한다.

① 정액법

20×1년

$$\frac{(₩600{,}000 - ₩60{,}000)}{4} \times \frac{8}{12} = ₩90{,}000$$

20×2년

$$\frac{(₩600{,}000 - ₩60{,}000)}{4} \times \frac{12}{12} = ₩135{,}000$$

② 연수합계법

내용연수의 합계 : 10년, 20×1년도 상각률 : 4/10, 20×2년도 상각률 : 3/10

20×1년

$$(₩600{,}000 - ₩60{,}000) \times \frac{4}{10} = ₩216{,}000$$

$$₩216{,}000 \times \frac{8}{12} = ₩144{,}000$$

20×2년

$$₩216{,}000 \times \frac{4}{12} = ₩72{,}000$$

$$(₩600{,}000 - ₩60{,}000) \times \frac{3}{10} \times \frac{8}{12} = ₩108{,}000$$

$$₩72{,}000 + ₩108{,}000 = ₩180{,}000$$

2.6 감가상각방법의 비교

기업의 당기순이익은 선택하는 감가상각방법에 따라서 달라진다. 정액법은 매년 동일한 금액의 감가상각비를 계상한다. 생산량비례법을 사용하면 감가상각비는 생산수량에 따라서 달라진다. 체감상각법을 사용하면 [그림 11.3]에서 보는 바와 같이 내용연수 초기에는 감가상각비가 많이 계상되나 내용연수가 경과함에 따라서 점차 줄어들게 된다. 따라서 내용연수 초기에는 체감상각법을 사용하는 것이 정액법을 사용하는 것보다 감가상각비가 많이 계상되어 당기순이익이 적게 계상된다.

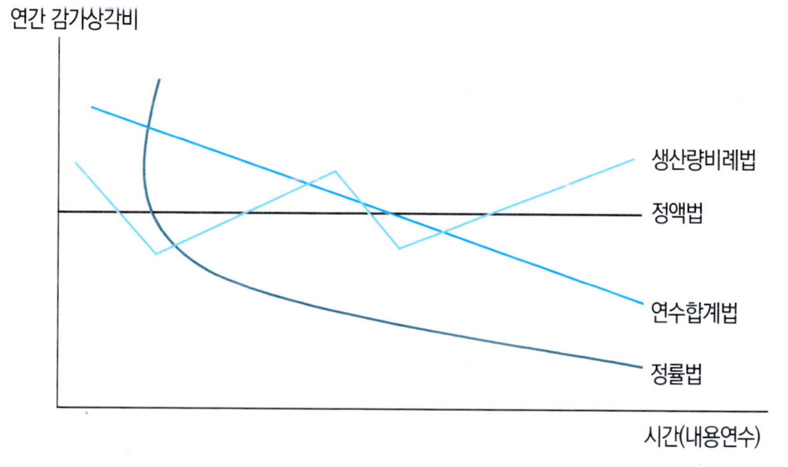

[그림 11.3] 상각방법별 감가상각비

감가상각비는 세무보고상 비용으로 인정되지만 현금지출을 수반하지 않는 비현금비용(非現金費用, non-cash outlays)이다. 따라서 감가상각비는 법인세를 절약하는 효과가 있다. 내용연수 초기에 감가상각비를 많이 계상하는 체감상각법을 사용하면 정액법에 비하여 당기순이익이 적게 계상되기 때문에 세금부담금액이 줄어든다.

그러나 내용연수가 경과함에 따라서 그 반대의 현상이 초래되어 체감상각법하에서 오히려 세금이 많아진다. 따라서 내용연수 전체 기간에 계상되는 감가상각비의 합계금액은 어느 방법을 사용하든 상각대상액과 같기 때문에, 세금이

절약되는 금액도 동일하다. 그러나 화폐의 시간가치(이자)를 생각하면 내용연수 초기에 세금부담이 적은 체감상각법이 현금흐름면에서 유리하기 때문에 많은 기업이 선호하고 있다.

기업회계기준에서는 정액법, 정률법, 기타 합리적인 방법을 모두 허용하고 있다. 따라서 경영자가 감가상각방법을 임의로 선택할 수 있다. 그러나 한번 선택한 방법을 매 연도에 계속하여 적용하고 정당한 사유 없이 변경해서는 안 된다고 규정하고 있다. 이익을 늘리기 위하여 체감상각법을 정액법으로 변경하면 회계정보의 기간별 비교가 불가능하고 신뢰성이 저하될 것이다.

〈표 11.7〉 감가상각법의 비교

비교기준	정액법	체감상각법	생산량비례법
연도별 감가상각비의 계상	매년 일정함	내용연수 초기에는 상각금액이 많으나 점차 감소함	연도별 생산량에 비례
당기순이익에 미치는 효과	매년 동일한 당기순이익이 계산됨	내용연수 초기에는 당기순이익이 감소하나 갈수록 증가함	당기순이익의 감소액은 생산량에 비례함
세금절약효과	매년 동일함	내용연수 초기에는 세금절약효과가 크나 점차 감소함	생산량에 비례하여 세금절약효과가 있음
적절한 상각대상자산	건물, 비품, 무형자산	기계장치 등	기계장치, 차량운반구, 광업권 등

제3절 유형자산의 평가와 처분

3.1 유형자산의 평가

지금까지 유형자산의 회계처리에 대한 설명은 취득원가를 중심으로 이루어졌다. 그러나 유형자산도 다른 금융자산과 마찬가지로 취득 이후에 공정가치 또는 사용가치가 상승하거나 하락할 수 있다.

한국채택국제회계기준에서는 유형자산의 취득 이후에 공정가치를 신뢰성 있게 측정할 수 있는 경우에는 원가모형(cost model)이나 재평가모형(revaluation model) 중에서 하나를 선택하여 유형자산을 평가하도록 허용함으로써 시가주의를 도입하였다. 이와 같이 유형자산을 공정가치로 재평가할 수 있도록 허용한 것은 과거에 강조되어 왔던 회계정보의 신뢰성 측면보다는 목적적합성을 더욱 강조하고 있는 국제회계기준의 입장을 반영하는 것으로 볼 수 있다.

유형자산을 시가로 재평가하는 경우에는 유형자산을 다음과 같은 항목별로 분류하여 모두 동일하게 재평가를 실시하도록 하고 있다.

① 토지　② 토지와 건물　③ 기계장치　④ 선박
⑤ 항공기　⑥ 차량운반구　⑦ 집기　⑧ 사무용비품

이와 같은 이유는 유형자산 항목을 선택적으로 재평가함으로서 초래될 수 있는 재무제표의 왜곡을 방지하기 위함이다.

유형자산의 공정가치로 재평가하여 장부금액이 증가되는 경우에는 증가금액을 자산재평가이익으로 기록하고 재무상태표의 기타포괄손익누계액으로 분류한다. 만약, 공정가치가 하락하면 장부가액과 공정가치와의 차액을 자산재평가이익이 있는 경우 이와 먼저 상계하고, 자산재평가이익을 초과하는 경우 자산재평가손실로 기록한다. 자산재평가손실은 당기손익에 반영한다.

한편, 유형자산의 취득 이후에 경제적 가치를 심각하게 훼손하는 사건이 발생하는 경우가 있다. 예컨대 공장부지 인근에 공해를 유발하거나 혐오시설이 건립되어 공장부지의 공시지가가 하락하는 손상이 발생한다. 유형자산에 대해서는 매 회계연도말에 유형자산의 손상을 나타내는 징후가 발생하였는지를 검토하여야 한다. 만일 손상이 발생한 징후가 있다면 회수가능액을 추정하고 그 금액이 장부금액에 미달하면 손상차손을 인식하고 당기손실로 처리한다. 여기에서 회수가능금액(recoverable amount)은 순공정가치와 사용가치 중에서 큰 금액을 의미한다.

손상차손을 기록한 다음 회계연도에 회수가능액이 회복하여 장부금액을 초과한 경우에는 손상차손을 기록하기 전의 장부금액을 한도로 손상차손환입으로 기록하여 당기이익으로 인식한다.

예제 11-6 유형자산의 재평가와 손상

(주)황룡은 20×1년에 지방소재 토지를 공장부지로 사용하기 위해서 ₩2,000,000에 취득하였으나, 20×2년말 공장 부지가 최근 부동산가격의 폭등으로 인하여 공인감정사에 의해서 ₩2,500,000으로 평가되었다.

(차) 토　지	500,000	(대) 자산재평가이익 (기타포괄손익누계액)	500,000

(주)천룡은 20×2년초에 토지를 ₩1,000,000에 취득하였다. 그러나 20×3년 말 근처에 쓰레기매립장이 건설되어 가치가 현저히 하락하여 순공정가치가 ₩400,000으로 평가되었다. 그러나 사용가치는 이보다 많은 ₩500,000으로 평가되었다. 한편, 20×6년 말 주민들의 민원제기로 인하여 쓰레기매립장이 복구되고 다른 곳으로 이전하여 순공정가치와 사용가치가 ₩1,200,000으로 회복되었다.

〈20×2년 말〉

(차) 손상차손	500,000	(대) 토　　지	500,000*1)

*1) 손상차손 = 1,000,000 − Max[400,000, 500,000]

〈20×6년 말〉

(차) 토　　지	500,000	(대) 손상차손환입	500,000*2)

*2) 손상차손 환입 = Min[(1,200,000 - 500,000), 500,000]

3.2 유형자산의 처분

유형자산은 생산이나 영업활동에 사용하기 위하여 보유하지만 내용연수가 모두 경과하거나 또는 경과되기 이전에 여러 가지 이유로 처분하는 경우가 있다. 유형자산을 내용연수가 끝나기 이전에 현금을 받고 처분하거나 상각이 완료되어 제각(除却, write-off)할 때는 취득원가와 감가상각누계액을 제거하여야 한다.

회계기간 중에 처분하였을 때는 결산일부터 처분시까지 감가상각을 추가로 기록한 후 장부가액을 조정하고 처분가격과 장부가액과의 차액은 유형자산처분손익으로 기록한다.

예제 11-7 유형자산의 처분 회계

(1) 20×1년 1월 1일에 취득한 원가 ₩120,000, 잔존가치 ₩20,000, 내용연수 5년의 기계를 20×3년 4월 1일에 현금 ₩56,000을 받고 처분하다. 감가상각은 정액법에 의한다.

(차) 감가상각비	5,000*1)	(대) 감가상각누계액	5,000

*1) $\frac{(₩120,000 - ₩20,000)}{5} \times \frac{3}{12}$

(차) 현 금	56,000	(대) 기 계	120,000
감가상각누계액	45,000[*2)]		
유형자산처분손실	19,000		

* 2) ₩20,000(연간 상각비) × 2년 + ₩5,000

(2) 감가상각누계액 ₩300,000, 취득원가 ₩320,000의 상각 완료된 건물이 노후하여 폐기하다. 철거물의 판매대금 ₩15,000을 제외한 ₩33,000을 철거비용으로 지급하다.

(차) 감가상각누계액	300,000	(대) 건 물	320,000
유형자산처분손실	53,000	현 금	33,000

〈참고〉 유형자산의 처분손익계산
유형자산처분손익 = 유형자산 처분가액 − 유형자산장부가액
유형자산장부가액 = 유형자산원가 − 감가상각누계액 − 손상차손누계액

제4절 무형자산

4.1 무형자산의 의의

무형자산(無形資産, intangible assets)은 재화의 생산이나 용역의 제공, 타인에 대한 임대 또는 관리에 사용할 목적으로 보유하고 있는 물리적 형태가 없는 자산이다. 무형자산은 물리적 형태가 존재하지 않지만 식별가능하고, 기업이 소유하거나 통제하고 있는 자산이다. 무형자산의 특징을 정리하면 아래 〈표 11.8〉과 같다.

〈표 11.8〉 무형자산의 특징

구 분	
일반 자산과 동일한 특징	식별가능성 : 기업실체나 다른 자산으로부터 분리될 수 있거나 법적권리를 창출할 수 있다. 통제 : 미래 경제적 효익을 확보할 수 있고, 그 효익에 대하여 제3자의 접근을 제한 할 수 있다 미래경제적 효익 : 자산의 사용 또는 보유를 통하여 미래 경제적 효익이 발생한다.
무형자산만의 특징	물리적 실체가 없다. 경제적효익의 발생가능성이 타 자산에 비하여 낮다. 법적 권리 등이 대부분이다.

4.2 무형자산의 회계처리

무형자산의 계상은 취득을 위하여 외부에 비용을 지출한 경우에 한하고, 내부에서 개발하였거나 무상으로 취득한 경우에는 계상할 수 없다. 취득원가에는 해당자산의 구입가격 외에도 등록비와 수수료와 같은 비용도 포함된다.

(차) 무형자산	×××	(대) 현 금	×××

무형자산의 상각(amortization)은 정액법이나 생산량비례법 등 합리적인 방법으로 기록한다. 무형자산의 상각도 유형자산에 대한 감가상각과 마찬가지로 무형자산의 취득원가를 내용연수 기간에 배분하는 원가배분과정이다. 무형자산은 형태가 없고 내용연수가 전부 경과하면 모든 가치를 상실하기 때문에 잔존가치는 없는 것으로 간주한다. 상각시에 대변에는 회계관습상 다음과 같이 상각누계액을 기록하지 않고 직접 해당 자산을 기록하는 직접상각법(direct charge method)으로 기록한다.

(차) 무형자산상각비	×××	(대) 무형자산	×××

무형자산의 내용연수는 일반적으로 법령에서 정한 연수를 사용하지만, 경제적 효력이 짧으면 짧은 내용연수를 사용한다.

4.3 무형자산의 종류

1) 영업권

영업권(營業權, goodwill)은 동종 기업보다 초과수익을 올릴 수 있는 능력을 화폐로 평가한 금액을 의미하며, 가장 대표적인 무형자산이다. 영업권을 발생시키는 요인으로는 고객과의 원만한 관계, 지리적으로 유리한 점포위치, 높은 신용도, 우수한 경영진, 경영상의 비법(秘法) 또는 독과점 등이 있다. 영업권에 관한 개념을 보다 쉽게 이해하기 위하여 예를 들기로 하자.

원산면옥과 강변면옥이라는 두 냉면 음식점이 있다고 가정하자. 원산면옥은 맛있는 육수를 만드는 비법(know-how) 때문에 항상 손님이 많아서 예약을 하지 않고는 냉면을 먹을 수 없다고 가정하자. 이와는 대조적으로, 강변면옥은 평범한 육수를 사용하기 때문에 냉면 맛이 없어서 항상 자리가 남아도는 경우, 만일 두 음식점을 다른 사람에게 처분할 때는 원산면옥의 매매가격이 훨씬 높을 것이다. 그 이유는 원산면옥이 다른 집보다 이익을 더 많이 낼 수 있는 능력을 화폐로 측정한 금액이 무형의 가치로서 매매가격에 포함되기 때문이다. 이러한 무형의 가치는 흔히 권리금(權利金)으로 불리며, 이 개념이 곧 영업권이라고 할 수 있다.

앞에서 예를 든 바와 같이 영업권의 가치는 이론적으로는 특정 기업이 동종(同種)의 기업보다 이익을 초과하여 올릴 수 있는 능력, 즉 초과수익력(超過收益力, excess earning power)을 화폐로 평가한 금액으로 결정된다. 그러나 한국채택국제회계기준에 의하면 영업권의 장부상 계상은 다른 기업을 양수하거나 합병, 또는 전세권 취득 등의 경우에 있어서 유상으로 취득한 영업권인 '매입영업권(purchased goodwill)'만 인정하고 있다. 이때 영업권의 가치는 피합병 또는 양수한 회사의 순자산의 공정가치를 초과하여 지불한 금액으로 결정된다. 따라서 기업의 영업활동과정에서 내부적으로 창출된 자가창출(自家創出) 영업권은 장부에 계상할 수 없다.

예제 11-8 영업권의 회계처리

20×1년 1월 1일 P회사는 S회사를 인수하기로 하다. 인수금액은 ₩2,800,000이었다. 인수 당시의 S회사의 요약재무상태표는 다음과 같다. 자산은 장부가액과 공정가치는 동일하다고 가정한다.

재무상태표

자산	32,000,000	부채	30,000,000
		자본	2,000,000

1월 1일 P회사의 분개

(차) 자 산	32,000,000	(대) 부 채	30,000,000
영업권	800,000	현 금	2,800,000

위의 예제에서 만일 인수금액이 순자산가액(純資産價額, 자산 - 부채) 보다 적었다면 염가매수(bargain purchase)로서 부(負)의 영업권(negative goodwill)이 발생한다. 부의 영업권이 발생하면 취득자산이 과소평가되었거나 인수부채의 누락 여부를 검토하여 적절히 반영하고 초과한 금액은 염가매수차익으로 하여 당기손익으로 인식한다.

한국채택국제회계기준에서는 사업결합으로 취득한 영업권은 상각하지 않고, 매년 또는 손상을 시사하는 징후가 있을 때마다 손상검사를 하도록 규정하고 있다.

2) 산업재산권

산업재산권은 법률에 의하여 일정기간 독점적, 배타적으로 이용할 수 있는 권리로 특허청에 등록함으로써 확보된다. 취득원가에는 지불한 금액과 부대비용이 포함된다. 종류로는 특허권, 실용신안권, 의장권, 상표권, 상호권 및 상품명이 있다. 산업재산권의 상각기간은 세법과 관계법령에서 정하고 있다.

3) 라이선스와 프랜차이즈

라이선스(license)는 다른 회사의 기술이나 지식을 일정기간 동안 독점적으로 사용하여 제품을 생산하거나 용역을 제공할 수 있는 권리를 말한다. 프랜차이즈(franchise)는 일정한 지역내에서 특정한 상품명이나 상호를 독점적으로 사용하여 제품 또는 용역을 판매할 수 있는 권리를 의미한다. 흔히 음식점이나 주유소 등이 이에 해당한다.

4) 저작권

저작권(copyrights)은 영화, 음반 및 서적 등의 저작자가 자기의 저작품을 일정기간 동안 독점적으로 사용할 수 있는 권리를 의미한다.

5) 광업권, 어업권 및 임차권리금

광업권은 광업권법에 의하여 일정한 기간 동안 광물을 독점적으로 채굴할 수 있는 권리를 말한다. 어업권은 수산업법에 의하여 일정한 해역에서 어업 행위를 할 수 있는 권리를 말한다. 임차권리금은 타인 소유의 건물이나 토지 등을 사용할 수 있는 계약을 체결하는 경우 임차인에게 지급하는 보증금을 의미한다.

6) 개발비

개발비는 새로운 제품, 용역 및 기술 등의 개발단계에서 지출한 비용을 의미한다. 개발비라는 무형자산으로 분류되기 위해서는 지출로 인하여 무형자산을 완성시킬 수 있는 기술적 실현가능성이 있고, 무형자산이 미래 경제적 효익 및 창출능력이 있어야 하는 등의 몇 가지 엄격한 조건을 충족하여야 한다. 따라서 연구단계에서 지출되는 연구비와 지출로 인하여 미래의 경제적 효익을 기대할 수 없거나 불확실한 경우에는, 개발비로 처리하지 않고 연구비 또는 경상개발비로서 관리비로 계상하여야 한다.

예제 11-9 개발비의 회계처리

(1) 첨단벤처(주)회사는 최첨단 통신용 부품을 새로 개발하는 단계에서 ₩200,000을 지출하였다. 이 지출로 인하여 기술적 실현가능성이 있으며, 미래에 경제적 효익이 확실이 보장되는 등의 자산으로 인식하기 위한 제반 요건을 충족한다. 또한 연구를 위하여 매년 발생하는 건물임차료를 지급하고 소모품구입을 위하여 ₩50,000을 지출하였다.

(차) 개발비	200,000	(대) 현 금	250,000
연구비	50,000		

신제품개발비만 개발비로 무형자산으로 계상하고 나머지는 비용으로 처리한다.

(2) 기말에 개발비로 ₩40,000을 상각하다(5년 상각).

(차) 개발비상각비	40,000	(대) 개발비	40,000

재미있는 회계 이야기 10

무형자산 99% 자본주의의 미래

2006년 마이크로소프트의 시장가치는 2,500억달러, 재무상태표상 자산은 700억달러였다. 이 가운데 공장과 설비는 30억달러. 시장가치의 1%, 장부상 자산의 4%다. 시장가치의 99%가 무형자산이다. 시가총액 1조달러를 돌파한 애플의 자산(2018년 6월 말 기준)은 3,491억달러다. 이 중 현금과 각종 금융상품이 2,435억달러이고, '전통적 자산'인 공장과 설비는 381억달러에 불과하다. 자산의 11%, 시가총액의 4% 수준이다. 다음 번 '시총 1조달러' 후보인 아마존은 주가수익비율(PER)이 144배에 달한다. 통상적인 자산과 이익 기준 가치평가로는 잘 설명이 안 되는 수치다.

미국 경제전문 웹사이트인 비즈니스 인사이더에 따르면 우버는 세계에서 가장 기업 가치가 높은 비상장 신생 벤처기업으로 꼽혔다. 무려 699억 달러(78조4,278억원)다. 차량 호출 서비스 업계에서 77%의 시장 점유율로 1위를 달리고 있다. 차량 공유업체 우버(Uber). 이곳엔 영업용 차량이 한 대도 없다. 아니, 소유할 필요가 없다. 차를 가진 사람과 이를 필요로 하는 손님을 이어주는 사업이니까. 굳이 '유형 자산'이라고 한다면 사무실과 컴퓨터 정도. 택시업계의 반발에도 불구하고 우버는 기업 가치가 점점 커지고 있다. 무형 자산인 차량 공유 서비스에 대한 인식이 보편화되고 있는 탓이다. 누구나 스마트폰 어플리케이션만 있으면 쉽게 이용할 수 있는 것도 장점이다.

현대 자본주의 경제는 돈과 물건으로만 설명되지 않는다. 눈에 보이지 않는 기업만의 고유한 가치, 무형의 지식, 기술, Know-how와 아이디어를 발견해 낼 때 성장과 생존이 자본주의에 부여될 수 있을 것이다.

> "경제는 유형자산만으로 굴러가지 않는다. 이를테면 스탠스테드 공항은 활주로, 터미널, 트럭 뿐 아니라 보거나 만지기 어려운 것들도 보유하고 있었다. 복잡한 소프트웨어와 항공사, 판매입자들과의 귀중한 계약 및 내부의 노하우 말이다. 이 모든 것을 축적하는 데 시간과 돈이 들었고 공항 소유자가 누구이건 지속되는 가치를 갖고 있었지만, 물리적 제회가 이닌 아이디어, 지식 및 사회적 관계로 구성되어 있었다."
>
> – '자본없는 자본주의' : 조너선 해스컬, 스티언 웨스틀레이크 지음, 중에서...

객관식 연습문제

01 **다음 중 유형자산으로 분류하기 위한 조건으로서 가장 부적합한 것은?** ['10 제43회 전산회계 1급]

① 영업활동에 사용할 목적으로 취득하여야 한다.
② 물리적인 실체가 있어야 한다.
③ 사업에 장기간 사용할 목적으로 보유하여야 한다.
④ 생산 및 판매목적으로 보유하고 있어야 한다.

02 **다음 중 유형자산에 대한 설명으로 가장 옳지 않은 것은?** [회계관리 2급 주관처공개 기출문제]

① 유형자산은 물리적 실체를 가져야 한다.
② 유형자산은 비유동자산에 포함된다.
③ 회사가 영업활동에 사용할 목적으로 보유하지 않고 투자목적으로 보유하는 토지는 유형자산이 아니다.
④ 건설중인 자산도 유형자산으로 감가상각한다.

03 **(주)명수대는 2005년 2월 1일 ₩100,000을 주고 공장부지를 구입했다. 그 토지에 있던 구건물을 철거하고 2005년 5월 1일 새 건물을 완공했다. 이 기간 동안 발생한 원가는 다음과 같다. 토지와 새 건물의 원가는 각각 얼마를 기록하여야 하는가?** ['95 감정평가사]

구 건물철거비	₩10,000
건축설계비	25,000
구입계약 및 소유권 조사비용	2,000
건설원가	450,000
(구 건물철거로 발생한 폐기물 처분수입은 ₩2,000이었다.)	

	토지	건물		토지	건물
①	100,000	450,000	②	108,000	477,000
③	108,000	475,000	④	110,000	477,000

04 동교회사는 20×7년 동안 3개의 기계를 ₩240,000에 일괄 구입하다. 추가로 기계설치에 ₩12,000이 지출되었다. 각 자산의 공정시장가치는 아래와 같다. 기계 A, B, C의 취득원가는 얼마인가?

기계 A	₩50,000
기계 B	150,000
기계 C	100,000

① 40,000, 120,000, 80,000 ② 42,000, 126,000, 84,000
③ 80,000, 150,000, 100,000 ④ 84,000, 84,000, 84,000

05 한결상사는 자동차판매상과 협의하여 사용하던 구형 차량을 제공하는 조건으로 신형 차량을 취득하였다. 구형차량의 취득원가는 7,000,000원, 감가상각누계액은 3,000,000원이며, 공정가치는 3,500,000원이다. 신형차량의 판매가격은 8,000,000원이며, 구형차량의 가치를 4,600,000원으로 인정하여 현금을 3,400,000원 지급하였다. 이 교환거래에서 취득하는 신형 차량의 취득원가는 얼마인가? 단, 상업적 실질이 있다고 가정한다. [26회 기업회계 2급 수정]

① 8,000,000원 ② 7,400,000원 ③ 6,900,000원 ④ 6,400,000원

06 기계를 대대적으로 개조한 결과 내용연수는 연장되지 않고, 생산능력이 증가하였다. 이 개선비용은 어떻게 처리되어야 하는가?

① 감가상각누계액에서 차감한다.
② 기계의 원가로 자본화한다.
③ 수선년도의 비용으로 처리한다.
④ 기계원가와 감가상각누계액 사이에 배분한다
⑤ 기계의 원가와 수선비로 배분한다.

07 감가상각의 정확한 의미는 어느 것인가?

① 자산의 취득원가를 정확히 평가하는 것
② 합리적이고 체계적으로 자산이 사용되는 기간에 취득원가를 배분하는 것
③ 자산을 시장가격에 의하여 평가하여 장부가격을 증가시키는 것
④ 자산을 시장가격에 의하여 평가하여 장부가격을 감소시키는 것

08 다음은 (주)채원의 비교식 부분재무상태표이다. 이와 관련한 설명 중 맞는 것은?

[22회 기업회계 2급]

2011.12.31	(원)	2010.12.31	(원)
보통예금	800,000	보통예금	0
기계장치	9,000,000	기계장치	10,000,000
감가상각누계액	(2,800,000)	감가상각누계액	(2,800,000)

① 2011년 보통예금 잔액은 전기에 비해 감소하였다.
② 2011년 기계장치 감가상각비가 500,000원이라면, 유형자산처분이익은 300,000원이다.
③ 2011년 감가상각비 500,000원이라면, 처분된 기계장치의 취득원가는 500,000원이다.
④ 2011년 기중에 기계장치 장부가액은 감소하였다.

09 다른 모든 요소가 동일하다고 가정하고, 정액법과 체감상각법의 비교로 옳은 것은?

① 체감상각법은 자산의 내용연수가 경과할수록 정액법보다 낮은 순이익을 보고한다.
② 체감상각법은 자산의 내용연수 전기간 동안 매년 정액법과 동일한 순이익을 보고한다.
③ 체감상각법은 자산의 내용연수 초기에는 정액법보다 높은 순이익을 보고한다.
④ 체감상각법은 자산의 내용연수 초기에는 정액법보다 낮은 순이익을 보고한다.
⑤ 체감상각법은 자산의 내용연수 전기간 동안 정액법보다 낮은 순이익을 보고한다.

10 다음의 (주)용산의 유형자산명세서에 대한 설명 중 가장 올바르지 않은 것은?

[회계관리 2급 주관처공개 기출문제]

(단위 : 원)

구 분	당기말		
	취득원가	감가상각누계액	장부금액
토지	400,000,000		400,000,000
기계장치	1,500,000,000	(1,500,000,000)	
차량운반구	50,000,000	(10,000,000)	40,000,000
건설중인자산	600,000,000		600,000,000
합계	2,550,000,000	(1,510,000,000)	1,040,000,000

① 회사가 영업활동에 사용하기 위해 보유하고 있는 토지의 장부금액은 4억원이다
② 회사가 보유한 기계장치는 감가상각이 완료되었으므로 전부 처분되거나 폐기되었을 것이다.
③ 회사의 재무상태표상 유형자산의 장부금액으로 표기되는 금액은 1,040,000,000원이다
④ 건설중인자산은 아직 사용 중이지 않은 자산이므로 감가상각이 필요하지 않아 감가상각누계액이 존재하지 않는다

11 다음 (주)삼일의 20X1년말 시점의 감가상각대상자산에 대한 자료이다. (주)삼일의 20X2년 유형자산에 대한 감가상각비를 계산하면 얼마인가? 단, 20X2년 중 추가적인 취득과 처분은 없으며, 잔존가치는 없다고 가정한다. [회계관리 2급 주관처공개 기출문제]

감가상각대상자산

20X1년 12월 31일 (단위 : 원)

유형자산	
건물	10,000,000
감가상각누계액	(4,000,000)
	6,000,000
기계장치	5,000,000
감가상각누계액	(1,500,000)
	3,500,000

〈추가정보〉

구 분	감가상가방법	상각률
건물	정액법	0.2
기계장치	정률법	0.3

① 2,000,000원 ② 3,050,000원
③ 3,500,000원 ④ 4,550,000원

12 (주)동진은 (주)북진으로부터 토지를 취득하였다. (주)동진은 취득한 토지의 대금을 건물과 현금 15,000,000원으로 지불하였다. 건물의 취득원가는 50,000,000원이며 처분시 건물의 감가상각누계액은 17,000,000원이었다. 처분시 건물의 공정가액은 62,000,000원이다. 그리고 토지의 취득에 따른 취득세와 등록세로 2,300,000원을 현금지급하였다면 (주)동진의 장부에 기록할 토지의 취득원가와 처분이익은 각각 얼마인가? ['09 제12회 기업회계 2급]

	취득원가	처분이익
①	64,300,000원	29,000,000원
②	77,000,000원	29,000,000원
③	77,000,000원	31,300,000원
④	79,300,000원	29,000,000원

13 (주)일산은 20×1년 1월 1일에 기계를 2,000,000원에 취득하여 정액법에 의하여 감가상각하고 있다, 기계장치의 내용연수는 10년 잔존가치는 200,000원이다. 20×2년 말 기계의 공정가치가 900,000원이라고 할 때 유형자산손상차손금액은 얼마인가?

① 700,000 ② 710,000
③ 730,000 ④ 740,000

14 (주)대전은 20X1년 1월에 토지를 ₩10,000,000에 취득하였다. (주)대전은 토지에 대하여 매 회계연도 말에 공정가치로 재평가하는 회계처리를 적용한다. 토지의 공정가치는 20X1.12.31에 ₩8,000,000, 20X2.12.31에는 ₩12,000,000 이였다. 20X2년에 (주)대전은 당기손익으로 반영되는 재평가이익으로 얼마를 인식해야 하는가? [제6회 IFRS관리사]

① ₩1,000,000 ② ₩2,000,000
③ ₩3,000,000 ④ ₩4,000,000

15 무형자산에 대한 설명이다. 옳은 것은? [제25회 기업회계 25급]

① 내부적으로 창출된 무형자산의 경우 무형자산의 인식기준을 충족한 이후에 발생한 지출만을 무형자산의 취득원가에 포함한다.
② 고정고객과 시장점유율을 확보하기 위한 지출은 미래경제적 효익을 충분히 기대할 수 있으므로 무형자산으로 계상할 수 있다
③ 연구개발활동으로 인하여 창출된 시제품은 물리적 형체를 갖고 있으므로 유형자산으로 분류한다.
④ 무형자산의 상각은 취득한 시점부터 시작하며, 무형자산상각비는 제조원가 또는 당기비용으로 처리한다.

16 무형자산으로 계상된 개발비의 취득원가에 포함되지 않는 것은? [제15회 전산세무회계 2급]

① 무형자산이 계획된 성과를 달성하기 전 발생한 명백한 비효율로 인한 손실
② 무형자산의 창출에 직접 종사한 인원에 대한 급여·상여금
③ 무형자산 창출에 직접 사용된 재료비
④ 무형자산의 창출과 직접 관련된 자본화 대상 금융비용

17 (주)공덕의 순자산장부가액은 ₩150,000이다. 최근의 투자로 회사의 순자산 시장가치는 ₩175,000이 되었다. (주)한강은 (주)공덕을 ₩220,000에 인수하였다. (주)한강이 기록해야 할 영업권가액은 얼마인가?

① 10,000 ② 25,000
③ 45,000 ④ 70,000

주관식 연습문제

11-1 토지와 건물의 취득원가결정

(주)상록은 2017년 건물과 토지를 현금 100,000,000원을 지급하고 구입하였으며, 구입시 토지의 중계수수료로 현금 5,800,000원을 부동산 중계업자에게 지급하였다. (주)상록은 토지의 취득 즉시 공장건물의 신축을 위하여 기존건물을 철거하였다. 기타 토지와 공장건물의 신축과 관련하여 발생한 원가는 아래와 같다.

토지분취득세등록세	3,000,000	토지정지비용	2,500,000
건물설계비	83,000,000	건물건설원가	312,000,000
건물등록세	3,000,000	구건물 철거비용	2,600,000
구건물폐기물처분수익	600,000		

토지와 건물의 취득원가는 각각 얼마인지 계산하라.

11-2 여러 가지 경우의 유형자산의 취득

한라(주)는 다음과 같이 유형자산을 취득하였다. 적절한 거래를 분개하라.

(1) 기계를 ₩50,000에 현금으로 구입하였다. 아울러 다음과 같은 비용이 지출되었다.

설치비	₩2,000	보 험 료	₩3,000
운반비	4,500	시운전비	1,500

(2) 사무용비품을 장기할부계약으로 구입하였다. 대금지급은 구입할 때에 ₩100,000을 지급하고 매년말에 ₩100,000을 5년간 지급하기로 하였다. 비품의 현금구입가격은 ₩520,000이다.

(3) 다른 회사의 공장을 일괄하여 인수하였다. 인수가격은 모두 ₩200,000이고 중개수수료로 ₩40,000을 지급하였다. 인수한 공장의 시장가격은 다음과 같다.

토지	₩120,000
건물	180,000
기계	60,000

(4) 사용하던 기계(취득원가 ₩30,000, 감가상각누계액 ₩12,000)와 교환으로 차량을 구입하였다. 차량의 시장가격은 ₩23,000이고 교환과 동시에 현금 ₩2,000을 지급하였다. 상업적 실질이 있는 것으로 가정한다.

(5) 사용하던 차량을 신형차량으로 교환하였다. 구(舊)차량의 취득원가는 ₩40,000이고 감가상각누계액은 ₩27,000이다. 교환과 동시에 현금 ₩3,000을 지급하다. 상업적 실질이 없다고 가정한다.

(6) 회사의 결손을 해소하기 위하여 주주로부터 시가 ₩300,000의 토지를 증여받았다. 주주는 토지를 ₩270,000에 취득하였다.

(7) 주주로부터 시가 ₩600,000에 상당하는 건물을 인수하고 액면 ₩5,000의 보통주식 100주를 발행하여 교부하였다.

11-3 유형자산과 관련된 다음과 같은 여러 가지 지출을 후속원가로 인식하는 경우(자본적 지출)와 당기 비용으로 기록하는 경우(수익적 지출)로 구분하라.

(1) 기존 건물의 목조지붕을 철근콘크리트로 개조하다.
(2) 공장시설을 일부 증축하기 위하여 추가로 공사하다.
(3) 기계를 수리하고 페인트칠을 하다.
(4) 기계에 대한 정기적인 성능검사를 하기 위하여 비용을 지출하다.
(5) 기계를 수입하고 관세와 운송비를 지급하다.
(6) 새로 구입한 기계를 설치하고 시운전비를 지출하다.
(7) 구입한 토지를 측량하고 정지하기 위하여 비용을 지출하다.
(8) 고장난 차량을 수리하다.
(9) 볼트제작시설을 수동식에서 자동화하기 위하여 생산시설을 대체하다.
(10) 생산제품에 대한 품질검사시설을 신형으로 교체하였다. 신형 시설로 인하여 제품의 불량률이 현저하게 감소될 것으로 예상된다.

11-4 감가상각방법과 유형자산 장부가액

㈜안산은 2016년 1월 1일 기계장치를 ₩124,000,000에 현금으로 구입하였다. 기계장치의 내용연수는 4년, 잔존가치는 ₩20,000,000원으로 예상하였다. 회사의 결산일이 12월 31일 일 때 아래의 표를 완성하라.

구분 / 연도	정액법			정률법(정률 38.5%)			연수합계법		
	감가상각비	감가상각누계액	장부가액	감가상각비	감가상각누계액	장부가액	감가상각비	감가상각누계액	장부가액
2016									
2017									
2018									
2019									

* 정률법의 경우 마지막연도 감가상각비는 잔존가치에 도달하도록 맞춤(소수점 첫째자리에서 반올림).

11-5 감가상각의 월할계산

(주)상록은 2018년 7월 1일 기계를 현금 ₩200,000에 구입하였다. 추가적으로 기계의 운반비용과 설치비용으로 ₩40,000원을 지급하였다. 기계의 추정 내용연수는 4년이며 잔존가치 ₩80,000이 기대된다.

(1) 아래의 표를 완성하라.

구분 / 연도	정액법			정률법(정률 40%)			연수합계법		
	감가상각비	감가상각누계액	장부가액	감가상각비	감가상각누계액	장부가액	감가상각비	감가상각누계액	장부가액
2018									
2019									

(2) 각 감가상각방법에 의한 2018년과 2019년 감가상각비 기록 회계처리를 하라.

11-6 감가상각 종합문제

(주)상록은 2019년 기계장치를 현금 ₩1,800,000지급하고 구입하였다. (주)상록은 기계의 구입과 관련하여 설치비용으로 ₩200,000을 함께 지급하였다. 기계장치의 내용연수는 4년으로 추정되었으며, 잔존가치는 ₩400,000으로 추정되었다. 아래의 요구사항에 답하라.

요구사항

1. 다음의 표를 완성하라.

구분 / 연도	정액법			정률법(정률 33.1%)			연수합계법		
	감가상각비	감가상각누계액	장부가액	감가상각비	감가상각누계액	장부가액	감가상각비	감가상각누계액	장부가액
2019									
2020									
2021									
2022									

2. 감가상각방법이 정액법이고 기계장치를 2019년 1월 1일에 취득했다고 가정할 때, 2019년 1월 1일과 12월 31일에 하여야 할 회계처리를 하라.

3. 기계장치의 취득일이 2019년 9월 1일 일 때 아래의 표를 완성하라.

구분 / 연도	정액법			정률법(정률 33.1%)			연수합계법		
	감가상각비	감가상각누계액	장부가액	감가상각비	감가상각누계액	장부가액	감가상각비	감가상각누계액	장부가액
2019									
2020									

4. 만일 ㈜상록이 기계장치를 2022년 7월 1일에 현금 ₩ 900,000을 받고 처분하였을 때 하여야 할 회계처리를 하라. 단 감가상각방법은 정액법을 적용한다.

11-7 영업권의 계산

㈜안산은 레저스포츠 산업으로 진출하기 위하여 ㈜고잔레포츠를 인수하였다. ㈜고잔레포츠의 합병당시의 재무자료는 아래와 같다.

	장부금액	공정가치
금융자산	₩ 1,000,000	₩ 1,200,000
유형자산	1,400,000	1,500,000
총부채	1,050,000	1,100,000

㈜안산은 ㈜고잔레포츠의 인수를 위하여 현금 ₩1,800,000을 지급하고 ㈜고잔레포츠가 발행한 주식 전부를 취득하였다.

요구사항

1. ㈜안산이 ㈜고잔레포츠를 인수함에 따라 인식할 영업권을 계산하라
2. ㈜안산이 ㈜고잔레포츠를 인수할 때 하여야 할 회계처리를 하시오.

Chapter 12

K-IFRS

부 채

부채(負債, liability)는 기업이 다른 기업에 대하여 장래에 자산을 이전하거나 용역을 제공할 의무를 의미한다. 사채는 주식과 함께 기업이 자금을 조달하는 수단으로 발행하는 유가증권으로서 가장 대표적인 금융부채라고 할 수 있다. 사채는 상환기간이 1년 이상으로서 장기부채이기 때문에 비유동부채로 분류된다. 기업이 사채를 발행하면 정기적으로 이자를 지급하여야 하고 만기일에는 원금을 상환하여야 한다. 여기에서는 사채의 발행과 이자지급에 따른 사채발행차금의 상각 및 상환에 따른 회계처리를 살펴본다. 그 밖에 여러 가지 충당부채와 우발부채에 대해서도 설명한다.

Chapter 12 부 채

제1절 부 채

1.1 부채의 정의

부채(負債, liability)는 기업이 다른 기업에 대하여 장래에 자산을 이전하거나 용역을 제공할 의무를 말한다. 부채의 특징은 과거에 특정 기업이 다른 기업으로부터 경제적 효익을 수취한 것과 같은 과거 사건이 발생한 결과, 미래에 이를 상환하기 위해서는 현금, 상품 및 서비스와 같은 경제적 효익을 지닌 자원의 유출이 기대되는 현재의 의무라고 볼 수 있다.

부채를 인식하기 위해서는 다음과 같은 조건이 모두 충족되어야 한다.

① 과거사건의 결과로 현재 의무가 존재하고,

② 현재 의무를 이행하기 위해 경제적 효익을 가진 자원이 유출될 가능성이 높고,

③ 당해 의무의 이행에 소요되는 금액을 신뢰성 있게 측정할 수 있다.

1.2 유동부채와 비유동부채

한국채택국제회계기준에서는 부채를 상환기간에 따라서 유동부채(流動負債, current liabilities)와 비유동부채(非流動負債, non-current liabilities)로 구분하고 있다. 즉, 다음의 조건 중 어느 하나라도 만족하면 유동부채로 분류하고 그 밖의 모든 경우에는 비유동부채로 분류한다.

① 정상영업주기 내에 결제될 것으로 예상된 경우
② 주로 단기매매목적으로 보유한 경우
③ 보고기간 후 12개월 이내에 결제될 것으로 예상한 경우
④ 보고기간 후 12개월 이상 결제를 무조건적으로 연기할 수 없는 경우

따라서 정상영업주기 내 또는 재무상태표 보고일 현재 1년 이내에 갚아야 할 단기부채이면 유동부채로, 그렇지 않으면 비유동부채(非流動負債)로 분류한다.

유동부채에는 단기차입금, 매입채무, 미지급비용과 미지급금, 가수금, 선수금과 선수수익 및 미지급법인세 등이 있다. 이에 대해서는 제8장에서 설명한 바 있다.

비유동부채에는 사채, 장기차입금, 장기성매입채무, 이연법인세부채, 임대보증금 및 장기선수금 등이 있다.

제2절 사 채

2.1 사채의 의의

사채(社債, bonds)는 기업이 자금을 조달하기 위하여 사채시장에서 사채권(社債券)의 형태로 발행하여 일반대중으로부터 자금을 차입하는 장기부채(long-term liabilities)이다. 사채는 주식과 함께 기업이 필요한 거액의 자금을 장기적으로 조달하는 수단으로 가장 많이 이용된다.

사채권에는 액면금액, 이자지급률, 이자지급일 및 상환기일 등이 기재되어 있다. 사채는 사채시장(社債市場)에서 언제든지 처분하여 현금화할 수 있는 유가증권이다.

사채는 지급어음과 비슷하다. 액면금액은 발행회사가 만기일에 상환해야 할 원금을 말한다. 이자지급률은 이자지급일에 현금으로 지급하기로 약정한 이자율을 의미하며, 표시이자율 또는 현금이자율이라고도 한다.

이자지급일은 정기적으로 이자를 지급하는 날짜이며, 상환기일은 최종적으로 원금을 상환하는 만기일을 의미한다. 사채의 발행일부터 만기일까지가 사채의 발행기간인데, 10년 이상의 장기사채와 3~5년의 중기(中期)사채가 있다.

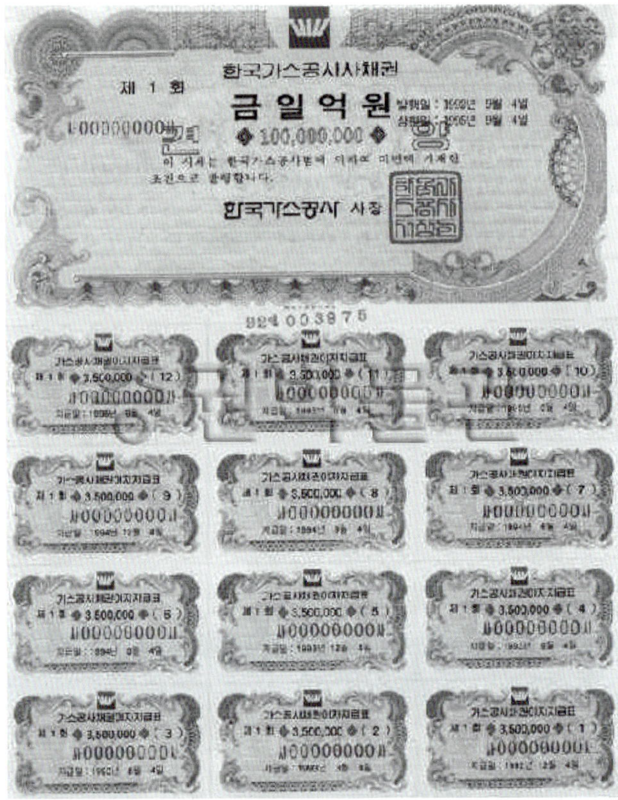

[그림 12.1] 사채의 예 (출처 : 증권박물관)

2.2 사채발행의 회계처리

이론적인 사채의 발행가격은 미래에 정기적으로 지급할 이자금액과 상환기일에 상환할 원금을 합계한 총현금지급액을 적정한 시장이자율로 할인한 현재가치로 결정된다. 따라서 사채의 발행형태는 표시이자율(表示利子率)과 시장에서 평가한 시장이자율이 좌우한다고 볼 수 있는데, 여기에는 〈표 12.2〉와 같이 세 가지 경우가 있다.

〈표 121〉 사채발행의 종류

(1) 표시이자율 = 시장이자율 : 액면발행(발행금액과 액면가액이 동일)

(차) 현 금	×××	(대) 사 채	×××

(2) 표시이자율 〈 시장이자율 : 할인발행(발행금액이 액면가액에 미달)

(차) 현 금	×××	(대) 사 채	×××
사채할인발행차금	×××		

(3) 표시이자율 〉 시장이자율 : 할증발행(발행금액이 액면금액을 초과)

(차) 현 금	×××	(대) 사 채	×××
		사채할증발행차금	×××

예제 12-1

사채발행가격의 결정

발행조건이 다음과 같은 경우에 사채의 발행가격은 아래와 같이 결정된다.

액면 ₩100,000	상환기간 3년
표시이자율 10%	시장이자율 12%

3년 후 만기에 지급하는 원금을 시장이자율로 할인한 현재가치:

₩100,000/(1 + 0.12)^3 = ₩71,180

매년 지급하는 사채이자를 시장이자율로 할인한 현재가치:

₩10,000/(1 + 0.12) + ₩10,000/(1 + 0.12)^2 + ₩10,000/(1 + 0.12)^3 = ₩24,018

발행금액 ₩95,198

〈표 12.3〉에서는 〈예제 12-1〉에서 발행된 사채의 발행가격이 결정되는 과정을 보여 주고 있다. 사채의 발행금액은 매년 현금으로 지급하는 현금이자와 만기일에 상환하는 원금을 시장에서 실질적으로 평가되는 시장이자율로 할인한 현재금액에 의하여 계산된다. 먼저 이자에 대해서는 발행 1년 후에 지급하는 이자는 기간이 1년이기 때문에 1년간의 시장이자율로 나누어 현재금액을 계산한다.

〈표 12.3〉 사채발행가격의 결정

	발행일 현재금액	이자지급일 (1년 후)	이자지급일 (2년 후)	만기일 (3년 후)
원 금	₩71,180 ←			₩100,000/(1+0.12)^3
이 자	8,929 ←	₩10,000/(1+0.12)		
이 자	7,972 ←		₩10,000/(1 + 0.12)^2	
이 자	7,117 ←			₩10,000/(1+0.12)^3
발행금액	₩95,198			

2년 후에 지급하는 이자는 기간이 2년이기 때문에 2년간 복리로 계산한 시장이자율로 나누어 현재금액을 계산하고, 3년 후에 지급하는 이자는 3년 간의 복리에 의한 시장이자율로 현재금액을 산출한다. 원금은 3년 후에 일시 상환하기 때문에 3년간 복리로 계산한 시장이자율로 현재금액을 계산한다. 이렇게 계산한 현재금액을 모두 합한 금액이 곧 사채의 발행가격인 ₩95,198이 된다. 이 경우 시장이자율 12%가 표시이자율 10%를 초과하기 때문에 할인발행이 된다. 여기에서 **표시이자율**(stated interest rate 또는 coupon interest rate)은 사채권에 표시되어 있는 이자율로서 이자지급액의 기준이 되는 현금이자율을 의미한다. **시장이자율**(market interest rate)은 발행 당시 시장에서 평가한 이자율로서, 기업이 실제로 부담하는 **유효이자율**(有效利子率, effective interest rate)을 뜻한다.

사채를 **액면발행**하였을 경우에는 발행가격이 액면가액과 동일하므로 비교적 단순하다. 그러나 **할인발행**의 경우에는 **사채할인발행차금**(社債割引發行差金)이 발생하고, **할증발행**인 경우에는 **사채할증발행차금**(社債割增發行差金)이 기록된다. 사채발행시에 현금으로 지급하는 사채발행비는 사채발행에 의한 현금수입이 감소하기 때문에 그 액수만큼 사채발행차금을 조정한다. 사채할인발행차금은 사채의 평가계정으로서, 사채에서 차감하는 형식으로 기재된다. 사채할증발행차금은 사채의 **부가계정**(附加計定, adjunct account)으로서, 사채에 가산하는 형식으로 재무상태표에 표시한다.

사채의 **장부가액**(帳簿價額, book or carrying value)은 액면금액에서 할인발행차금을 차감하거나 또는 액면금액에 할증발행차금을 가산한 금액을 의미한다.

〈표 12.4〉 사채발행차금의 표시

할인발행의 경우		할증발행의 경우	
사 채	×××	사 채	×××
(−) 사채할인발행차금	(×××)	(+) 사채할증발행차금	×××
사 채 장 부 가 액	×××	사 채 장 부 가 액	×××

초점 **사채발행가격의 결정**

사채발행가격의 결정은 결국 표시이자율과 시장이자율에 의해서 결정된다. 사채발행회사가 제시하는 표시이자율이 시장이자율보다 낮은 경우에는 사채를 매입하고자 하는 투자자가 없기 때문에 투자자를 유인하기 위해서는 부득이 발행금액을 액면 이하로 낮추게 되어 할인발행을 하게 된다.

반대로 사채가 제시하는 표시이자율이 시장이자율보다 높은 때는 사채를 매입하려는 투자가가 많기 때문에 발행가격에 프리미엄이 반영되어 액면을 초과하는 할증발행이 된다. 따라서 할인발행이나 할증발행이 되는 이유는 발행회사가 투자가들이 사채투자에서 얻는 수익률(표시이자율)이 시장에서 다른 자산의 투자로부터 기대할 수 있는 시장수익률과 동등한 수익률이 되도록 보장하기 때문이다. 따라서 사채할인발행차금이나 할증발행차금은 사채이자요소로서 사채발행기간에 걸쳐서 적절한 방법으로 상각하여 사채이자비용의 일부로 기록한다.

2.3 사채발행차금의 상각

사채발행차금상각(社債發行差金償却)은 결산일, 이자지급일 또는 상환일에 실시된다. 사채할인발행차금은 사채발행시에 차변에 발생하기 때문에 상각을 위해서는 대변에 기록한다. 그러나 사채할증발행차금은 발행시에 대변에 발생하기 때문에 상각시에는 차변에 기록한다. 또한 상각금액만큼 사채이자비용에 가산하거나 차감한다.

사채발행차금은 유효이자율법(有效利子率法)으로 사채상환기간에 걸쳐서 상각되어 상각액만큼 사채이자비용이 조정된다. 유효이자율법(effective interest rate method)은 사채의 장부가액에 실질적인 유효이자율을 곱하여 사채이자를 계상하고, 이러한 유효이자와 현금지급이자와 차액을 상각시키는 방법이다.

사채할인발행차금상각에 대하여 [예제 12-1]을 통하여 살펴보면, 사채권의 발행자는 사채의 발행일에 사채 투자자들에서 현금 ₩95,198을 연 12% 이율로 1월 1일에 차입한 것이다. 그리고 이 차입금에 대한 1년분 이자를 12월 31일에 지급할 때는 차입한 원금에 대한 이자 (₩95,198×12%)인 ₩11,424를 지급하여야 함에 불구하고 사채권면에 표시된 ₩100,000에 표시이자율 10%를 곱한 ₩10,000만 지급한다.

따라서 12월 31일 이자지급 후에는 원래 지급하여야 할 이자 ₩11,424와 현금지급이자 ₩10,000과의 차이인 ₩1,142을 덜 지급하였으므로 앞으로 상환할 금액은 원래의 원금 ₩95,198 + ₩1,142인 ₩96,622를 부채로 기록하여야 하는데, 이 과정이 바로 사채발행차금 상각의 과정이다.

〈표 12.5〉에서는 [예제 12-1]의 사채에 대한 발행차금상각의 과정을 설명하고 있다. 〈표 12.5〉에서 지급한 사용료는 매 이자지급일에 현금으로 지급하는 이자를 의미하며, 지급하여야 할 사용료는 손익계산서에 이자비용으로 기록할 이자비용을, 미지급한 사용료는 사채할인발행차금상각액을 마지막으로 부채액은 이자지급후 사채의 장부금액이 된다.

〈표 12.5〉 사채할인발행차금의 상각원리

일 자	내 용		부채액
×1.1.1(발행일)	자금차입(사채발행)		95,198
×1.12.31 (첫 이자지급일)	지급하여야할 사용료	95,198×12%=11,424	
	지급한 사용료	100,000×10%=10,000	
	미지급한 사용료	1,424	
	현재시점에서 상환할 부채	95,198+1,424	96,622
×2.12.31 (이자지급일)	지급하여야할 사용료	96,622×12%=11,595	
	지급한 사용료	100,000×10%=10,000	
	미지급한 사용료	1,595	
	현재시점에서 상환할 부채	96,622+1,595	98,217
×3.12.31 (이자지급일/ 만기일)	지급하여야할 사용료	98,217×12%=11,783	
	지급한 사용료	100,000×10%=10,000	
	미지급한 사용료	1,783	
	현재시점에서 상환할 부채	98,217+1,783	100,000

위의 내용을 연도별로 회계처리 하고, 〈표 12.5〉의 내용을 유효이자율법에 의한 상각표로 작성한 후 재무상태표에 표시하면 아래와 같다.

×1.1.1	(차) 현 금	95,198	(대) 사 채	100,000
	사채할인발행차금	4,802		
×1.12.31	(차) 사채이자	11,424	(대) 현 금	10,000
			사채할인발행차금	1,424

① 유효이자율법에 의한 발행차금 상각표

연 도	사채이자(A)	현금이자(B)	할인발행차금		장부가액(E)
			상각액(C)	미상각잔액(D)	
20×1. 1. 1				₩4,802	₩95,198
20×1. 12. 31	₩11,424	₩10,000	₩1,424	3,378	96,622
20×2. 12. 31	11,595	10,000	1,595	1,783	98,217
20×3. 12. 31	11,783	10,000	1,783	0	100,000

(A) : 장부가액(E)×12%　　　　(B) : ₩100,000×10%

(C) : (A)-(B)　　　　(D) : 전기(D)-(C)

(E) : 액면가액-(D)

② 재무상태표의 표시

×1.1.1		×1.12.31	
사　　　채	100,000	사　　　채	100,000
(-)사채할인발행차금	(4,802)	(-)사채할인발행차금	(3,378)
사 채 장 부 가 액	95,198	사 채 장 부 가 액	96,622

〈표 12.5〉와 유효이자율법에 의한 사채할인발행차금상각표를 살펴보면 사채의 발행일에서 이자지급일이 경과할수록 사채의 장부가액이 점차 증가하여 사채의 액면금액으로 도달하게 됨을 알 수 있다. 이렇게 사채발행차금의 상각은 사채발행일의 표시이자와 유효이자와의 차이를 조정해 나가는 것이다. 따라서 사채가 할증 발행된 경우에는 할인 발행된 경우와는 반대로 사채의 장부금액이 사채의 발행금액에서 액면금으로 점차 감소하게 된다.

〈표 12.6〉 사채발행종류에 따른 이자지급과 사채발행차금의 회계처리

할인발행의 경우	할증발행의 경우
사채이자 지급 (차) 사채이자비용　××× (대) 현　금　×××	사채이자 지급 (차) 사채이자비용　××× (대) 현　금　×××
사채할인발행차금의 상각 (차) 사채이자비용　××× (대) 사채할인발행차금　×××	사채할증발행차금의 상각 (차) 사채할증발행차금　××× (대) 사채이자비용　×××

예제 12-2 액면발행된 사채의 회계처리

20×1년 1월 1일 S회사는 액면총액 ₩100,000의 사채를 액면가격으로 발행하였다. 사채의 표시이자율과 시장이자율은 연 10%, 이자지급일은 12월 31일, 기간은 3년이다.

20×1년 1월 1일

(차) 현 금	100,000	(대) 사 채	100,000

20×1년 12월 31일

(차) 사채이자비용	10,000	(대) 현 금	10,000

예제 12-3 할인발행된 사채의 회계처리

20×2년 1월 1일 S회사는 액면 ₩300,000의 사채를 ₩285,076에 발행하였다. 현금이자율은 연 8%, 이자지급일은 12월 31일, 기간은 3년이며, 유효이자율은 10%라고 가정한다. 사채할인발행차금의 상각은 유효이자율법에 의한다.

20×2년 1월 1일 발행

(차) 현 금	285,076	(대) 사 채	300,000
사채할인발행차금	14,924		

20×2년 12월 31일

① 이자지급

(차) 사채이자비용	24,000	(대) 현 금	24,000

₩300,000 × 0.08 = ₩24,000

② 유효이자율법에 의한 사채할인발행차금상각

(차) 사채이자비용	4,508	(대) 사채할인발행차금	4,508

유효이자율법에 의한 상각표

연 도	사채이자(A)	현금이자(B)	할인발행차금		장부가액(E)
			상각액(C)	미상각잔액(D)	
20×2. 1. 1				₩14,924	₩285,076
20×2. 12. 31	₩28,508	₩24,000	₩4,508	10,416	289,584
20×3. 12. 31	28,958	24,000	4,958	5,458	294,542
20×4. 12. 31	29,454	24,000	5,452	0	300,000

(A) : 장부가액(E)×10%
(B) : ₩300,000×8%
(C) : (A) − (B)
(D) : 전기(D) − (C)
(E) : 액면가액 − (D)

예제 12-4

할증발행된 사채의 회계처리

20×3년 1월 1일 S회사는 액면 ₩400,000의 사채를 ₩419,891에 발행하였다. 현금이자율은 연 12%, 이자지급일은 12월 31일, 기간은 3년이다. 유효이자율은 10%라고 가정한다. 사채할증발행차금의 상각은 유효이자율법을 사용한다.

20×3년 1월 1일

(차) 현 금	419,891	(대) 사 채		400,000
			사채할증발행차금	19,891

20×3년 12월 31일

① 이자지급

(차) 사채이자비용	48,000	(대) 현 금	48,000

₩400,000 × 0.12 = ₩48,000

② 유효이자율법에 의한 사채할증발행차금상각

(차) 사채할증발행차금	6,011	(대) 사채이자비용	6,011

유효이자율법에 의한 상각표

연 도	사채이자(A)	현금이자(B)	할증발행차금		장부가액(E)
			상각액(C)	미상각잔액(D)	
20×3. 1. 1				₩19,891	₩419,891
20×3. 12. 31	₩41,989	₩48,000	₩6,011	13,880	413,880
20×4. 12. 31	41,389	48,000	6,611	7,268	407,278
20×5. 12. 31	40,728	48,000	7,278	0	400,000

(A) : 장부가액(E)×10%
(B) : ₩400,000×12%
(C) : (B) − (A)
(D) : 전기(D) − (C)
(E) : 액면가액+(D)

초점 사채발행차금의 상각과 사채의 장부가액의 변화

사채발행차금은 앞에서도 설명하였듯이 자금시장에서의 사용료에 대하여 자금의 제공자가 요구하는 사용료율과 자금의 차입자(사채발행자)가 제시하는 사용료율의 차이로 인하여 발생한다. 사채의 발행시 발생된 이러한 차이는 사채의 이자지급기간 동안 조정의 과정을 거쳐야 자금의 투자자와 자금의 대여자가 이자차이로 인한 손실을 피할 수 있다. 바로 이러한 과정이 사채발행차금상각의 과정이다. 결국, 사채발행차금을 발행기간에 걸쳐서 상각하면 만기일에는 사채의 장부가액이 액면금액(상환가격)에 일치하게 되며 사채발행차금의 상각이 사채장부가격에 미치는 효과는 [그림 12.2]와 같다.

[그림 12.2] 사채발행차금의 상각과 사채장부가액

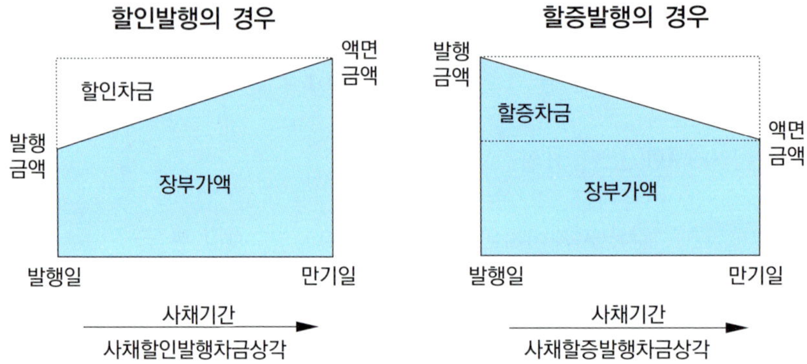

2.4 사채의 상환

사채는 만기일에 상환하는 것이 일반적이나 때로는 만기일 이전에 조기상환(早期償還)하는 때가 있다. 사채를 만기에 상환하는 때에는 할인발행이나 할증발행 모두 사채발행차금의 상각이 완료되었기 때문에 사채의 장부가액은 액면가액과 일치한다.

따라서 사채를 차변에 기록하고 대변에는 현금을 기록하면 된다. 그러나 사채를 조기상환할 때는 상환일까지의 이자지급을 기록하고 할인발행이나 할증발행이 이루어진 경우에는 해당 사채에 대한 미상각사채발행차금을 전액 상각하고 사채의 장부가액과 상환가격과의 차액은 사채상환손익으로 처리하며 기타손익으로 분류한다.

장부가액 〉 상환가격 : 사채상환이익
장부가액 〈 상환가격 : 사채상환손실

예제 12-5 사채상환의 회계처리

(1) K회사는 액면 ₩100,000의 사채를 만기에 현금으로 상환하였다. 사채이자지급은 이미 기록하였다.

(차) 사 채	100,000	(대) 현 금	100,000

(2) K회사는 액면 ₩350,000의 사채를 ₩345,000에 조기상환하였다. 상환 당시에 해당 사채에 대한 미상각사채할인발행차금은 ₩20,000이 있다. 사채이자지급은 이미 기록하였다.

(차) 사 채	350,000	(대) 현 금	345,000
사채상환손실	15,000	사채할인발행차금	20,000

참고 **사채의 투자자의 회계처리**

기업이 투자목적으로 사채를 취득하였다면 그 취득목적에 따라 당기손익-공정가치측정 금융자산,기타포괄손익-공정가치측정 금융자산, 상각후 원가측정 금융자산으로 분류한다. 이때 각 유가증권의 취득원가는 사채의 액면금액이 아니라 현금지급액이 기준이 된다.

만일 취득한 사채가 당기손익-공정가치측정 금융자산으로 분류되면 사체이자에 대하여 유효이자율법에 의하여 상각하지 않고 현금이자수령액은 이자수익으로 기록하고, 매년 공정한 가치에 의한 평가손익만 기록하면 된다.

그러나 기타포괄손익-공정가치측정 금융자산 또는 상각후 원가측정금융자산으로 분류되면 투자자도 유효이자율법에 의한 상각의 회계처리를 하여야 한다. 자세한 회계처리 방법은 중급회계교재를 참조하기 바란다.

제3절 충당부채와 우발부채

3.1 충당부채

충당부채(充當負債, appropriation liabilities)는 당기에 지출되지는 않았으나 미래에 지출이 예상되는 것에 내비하기 위해서 계상한 부채이다. 충당부채는 당기에 지출원인이 발생하였기 때문에 당기의 수익과 대응시키기 위하여 비용으로 추정하여 계상한 부채이다. 이는 금액이 확정되지 않은 일종의 추정부채(推定負債, estimated liabilities)이다.

1) 충당부채의 인식조건

충당부채는 아래의 3가지 요건을 모두 충족하는 경우에만 재무상태표에 나타날 수 있다.

① 과거사건의 결과로 현재 의무(법적의무 또는 의제의무)가 존재한다.
② 당해 의무를 이행하기 위하여 경제적 효익이 내재된 자원의 유출가능성이 높다.
③ 당해 의무의 이행에 소요되는 금액을 신뢰성 있게 추정할 수 있다.

2) 충당부채의 예

충당부채에는 장차 선박 및 건물 등의 대수선에 대비하는 수선충당부채가 있다. 또한 제품판매에 따른 품질보증에 대비하여 설정되는 제품보증충당부채와 건설공사에 있어서 공사보증으로 설정되는 하자보수충당부채가 있다. 그리고 타인의 채무에 대한 보증이나, 계류 중인 소송사건 및 토양, 수질, 대기, 방사능 오염 등을 유발할 가능성이 있는 시설물 등의 유형자산에 대한 복구충당부채가 있다.

수선충당부채를 설정할 때는 차변에 수선비를 기록하고 대변에 수선충당부채를 기록한다. 그리고 이후에 수선비를 현금으로 지출하였을 때에 수선충당부채를 차변에 기록하여 제거한다.

수선충당금의 설정

(차) 수 선 비	×××	(대) 수선충당부채	×××

수선비지출

(차) 수선충당부채	×××	(대) 현 금	×××

제품보증충당부채는 제품의 판매나 서비스의 제공 후에 제품의 품질 등에 이상이 발생하였을 때 그것을 보증하여 수선 또는 교환하겠다는 제품보증 약속이 있는 경우, 제품보증에 대한 판매자가 부담하는 의무를 의미한다.

예제 12-6 제품보증비의 회계처리

㈜안산전자는 전자제품을 판매하는 회사로 판매된 제품의 결함에 대하여 2년간 무상수리를 하여주고 있다. 과거의 판매경험에 의하면 매출액의 10%가 보증비용으로 발생한다고 한다. 아래는 ㈜안산전자의 매출액과 실제 발생한 보증비용이다.

	20x7	20x8
매출액	₩1,000,000	₩1,500,000
제품보증비발생		
20x7	30,000	60,000
20x8		40,000

(주)안산의 20×7년과 20×8년에 판매보증과 관련한 회계처리는 다음과 같다.

〈20×7〉

매출시

(차) 현 금 1,000,000 (대) 매 출 1,000,000

보증비용발생시

(차) 제품보증비 30,000 (대) 현 금 30,000

제품보증충당부채설정

(차) 제품보증비 70,000 (대) 제품보증충당부채 70,000

※ ₩1,000,000 × 10% − ₩30,000 = ₩70,000

〈20×8〉

매출시

(차) 현 금 1,500,000 (대) 매 출 1,500,000

보증비용발생시

(차) 제품보증충당부채 70,000 (대) 현 금 100,000

제품보증비 30,000

※ 충당부채와 먼저 상계한 후 차액은 제품보증비로 기록한다.

제품보증충당부채설정

(차) 제품보증비 120,000 (대) 제품보증충당부채 120,000

※ [₩1,500,000 × 10%] − ₩30,000 = ₩120,000

3.2 우발부채

우발부채(偶發負債, contingent=liabilities)는 충당부채와 유사하지만 충당부채의 인식조건을 충족하지 못하여 재무상태표에 기록되지 못하는 부채를 의미한다.

한국채택국제회계기준에서는 다음의 ① 또는 ②에 해당하는 의무를 우발부채로 정의하고 있다.

① 과거사건에 의하여 발생하였으나, 기업이 전적으로 통제할 수 없는 하나 이상의 불확실한 미래사건의 발생여부에 의하여서만 그 존재가 확인되는 잠재적 의무

② 과거사건에 의하여 발생하였으나 다음의 ㉠ 또는 ㉡의 경우에 해당하여 인식하지 않는 현재의무

㉠ 당해 의무를 이행하기 위하여 경제적 효익이 내재된 자원이 유출될 가능성이 높지 않은 경우

㉡ 당해 의무를 이행하여야 할 금액을 신뢰성 있게 추정할 수 없는 경우

충당부채와 우발부채의 차이를 요약하면 아래 〈표 12.7〉과 같다.

〈표 12.7〉 충당부채와 우발부채의 비교

구 분	충당부채	우발부채
현재 의무의 존재여부	현재의무의 존재	현재의무의 존재여부가 미확인
경제적 효익의 유출가능성	높음(50% 초과)	높지 않음
신뢰성 있는 금액추정	추정가능	추정 불가능
재무제표 표시	부채로 인식	주석공시, 단 자원의 유출가능성이 매우 낮은 경우에는 공시하지 않음

우발부채는 당초 예상하지 못한 상황에 따라 변화할 수 있기 때문에, 경제적 자원의 유출가능성이 상승함에 따라 충당부채의 인식요건을 달성하는 경우에는 충당부채로 재무상태표에 인식될 수 있으므로 지속적으로 자원의 유출가능성에 대하여 검토하여야 한다.

재미있는 회계 이야기 11 **우리나라 최고 상설영화관과 우발채무**

서울 종로에 위치하고 있는 단성사는 105년의 역사를 자랑하는 우리나라 최초 상설영화관이다. 안타깝게도 단성사는 영화관 신축 이후 공매에 들어갔다. 2012년 8월 23일에 8차 공매에 붙여진 단성사 건물은 지난 13일 1차에서 토지 939억1,200만원, 건물 329억9,600만원 등 1,269억 800만원이었던 것이 이날 4차에서는 토지 684억6,200만원, 건물 240억5,400만원 등 925억 1,600만원으로 30% 가까이 쪼그라들었다.

단성사 건물은 지난 2월 초 사용승인이 났고 1월 평가한 감정가는 1,240억원이었다. 지하 3층, 지상 9층인 단성사 건물은 현재 전층이 공실로 남아 있다. 잇단 공매 유찰에 대해 아산엠단성사 측은 당연하다는 반응을 보였다. 막대한 우발채무(약 300억 추정)와 법적분쟁 소지를 감안하면

웬만한 자금력을 갖추지 않고는 단성사를 떠안기 어렵다는 것이다. 우리나라 최고(最古)의 상설영회관 건물은 막대한 우발채무로 인하여 주인을 만나지 못하고 있는 씁슬한 현실이 참으로 안타까울 뿐이다.

제4절 퇴직급여충당부채

4.1 퇴직급여의 의의

퇴직급여(post-employment benefit)은 종업원의 퇴직 이후에 지급하는 종업원급여를 말하며, 퇴직연금과 같은 퇴직급여, 퇴직후 생명보험이나 퇴직후 의료급어 등과 같은 그 밖의 퇴직급여를 포함한다.

4.2 퇴직급여충당부채

퇴직급여충당부채(退職給與充當負債)는 회계기말에 모든 직원이 한꺼번에 퇴직할 경우 지급하여야 할 것으로 예상되는 금액을 부채로 기록하는 것이다. 퇴직금은 종업원이 일정기간 기업에 근무한 후 퇴직하는 때에 지급하는 금액으로 근로자 퇴직급여보장법에 의하여 의무적으로 지급하게 된다.

회계적 관점에서 퇴직금은 현재 종업원이 근무하게 됨에 따라 미래의 종업원 퇴직시 지급되는 금액이므로 종업원이 근무하는 시점에 비용이 발생되지만 미래 퇴직시 지급될 때 그 금액이 확정되므로 충당부채로 기록하여야 한다.

4.3 퇴직급여충당부채 회계

1) 퇴직급여충당부채 설정대상자 파악

퇴직금은 일반적으로 근속연수가 1년 이상된 종업원이 퇴사할 경우 퇴직금을 지급한다. 따라서 결산시 회계담당자는 퇴직급여충당부채를 설정할 대상자를 먼저 파악하여야 한다.

2) 퇴직급여충당부채 기말잔액계산

퇴직급여충당부채 기말잔액은 다른 표현으로 퇴직금추계액(退職金推計額)이라고도 하는데, 회계 기말 시점의 모든 종업원이 퇴직한다고 가정할 때 지급하여야 할 퇴직금 총액을 말한다.

이때 퇴직금은 회사별로 별도로 정할 수 있으나, 일반적으로 근로기준법에 따른 아래 산식으로 계산한다.

> 퇴직금 = 결산일 이전 3개월 평균임금 × 30일 × 근속연수

예제 12-7 퇴직급여충당부채 기말잔액의 계산

(주)안산의 20X1년말 현재 종업원에 대한 인사자료가 아래와 같을 때 퇴직급여충당부채 기말잔액(퇴직금추계액)을 계산하면 다음과 같다(단, 퇴직금의 계산은 근로기준법에 따른다).

이 름	직 급	1일 평균임금	근속연수
김안산	사장	200,000	6
방상록	부장	100,000	8
이단원	과장	80,000	0.6
고시화	대리	50,000	4
최반월	사원	30,000	2

풀이

이 름	산 식	추계액(원)
김안산	200,000×30×6	36,000,000
방상록	100,000×30×8	24,000,000
이단원	1년미만으로 대상자 아님	0
고시화	50,000×30×4	6,000,000
최반월	30,000×30×2	1,800,000
합계		67,800,000

3) 당기 퇴직급여충당부채의 설정

퇴직급여충당부채 기말잔액이 계산되면, 이를 재무상태표에 부채로 기록하되 상대계정과목은 '퇴직급여'계정으로 비용기록한다. 이때 퇴직급여충당부채계정의 잔액이 있는 경우 기말잔액과 계정잔액의 차액만 기말에 충당부채로 설정하여야 한다. 만일 충당부채 계정잔액이 퇴직금추계액 보다 많은 경우에는 충당부채를 차변에 기록하고 퇴직급여 계정을 대변에 기록하여 비용을 감한다.

(차) 퇴직급여 ××× (대) 퇴직급여충당부채 ×××

〈충당부채 기말잔액이 퇴직금추계액보다 많은 경우〉

(차) 퇴직급여충당부채 ××× (대) 퇴직급여 ×××

4) 퇴직급여의 지급

종업원이 퇴직하여 퇴직금을 지급하는 경우에는 설정된 퇴직급여충당부채와 상계하되, 퇴직급여충당부채 잔액이 부족한 경우에는 퇴직급여 계정으로 회계처리 한다.

(차) 퇴직급여충당부채 ××× (대) 현 금 ×××

예제 12-8 퇴직급여충당부채 회계

(주)안산의 20X1년말 현재 수정전시산표상 퇴직급여충당부채 계정잔액은 52,600,000원이였다. 〈예제 11-8〉에서 추정된 퇴직금추계액이 퇴직급여충당부채 기말잔액이라고 할 때 (주)안산이 하여야 퇴직급여충당부채 설정분개는 다음과 같다(단, 20X1년 중 퇴사한 종업원은 없었다).

풀이

(차) 퇴직급여 15,200,000[1) (대) 퇴직급여충당부채 15,200,000

1) 〈예제 11-8〉의 퇴직금추계액 67,800,000 - 52,600,000 = 15,200,000

퇴직급여충당부채와 퇴직급여의 재무상태표 및 포괄손익계산서의 표시는 아래와 같다.

재무상태표

(주)안산 20×1년 12월 31일 현재 (단위 : 원)

부채(일부)	
퇴직급여충당부채	67,800,000

포괄손익계산서

(주)안산	20×1년 1월 1일부터 20×1년 12월 31일	(단위 : 원)
비용(일부)		
퇴직급여	15,200,000	
기타포괄손익		

재미있는 회계 이야기 11 2022년 미혼남녀 이상적 배우자상

1996년부터 매년 '이상적 배우자'에 대한 설문조사를 실시해온 결혼정보회사 듀오(www.duo.co.kr)가 2022년 전국 25세 이상 미혼남녀 1천명을 대상으로 조사한 결과 이상적인 남편은 ▲신장 178.8cm ▲연소득 6,237만원 ▲자산 3억1,047만원 ▲2.1세 연상 ▲4년제 대졸 ▲일반 사무직이다. 이상적인 아내는 ▲신장 163.0cm ▲연소득 4,292만원 ▲자산 1억9,483만원 ▲2.1세 연하 ▲4년제 대졸 ▲일반 사무직이다.

이상적인 배우자 직업분야에서 이상적 남편의 직업으로 18년 동안 부동의 1위를 차지했던 '공무원·공사'를 제치고 '일반 사무직'이 1위에 올랐다는 점이 주목할 만한 특징이다. 뒤이어 이상적 남편의 직업으로 '회계사·변리사·세무사'(23.2%) '연구원'(19.8%), '금융직'(19.4%), 이상적 아내의 직업으로 '교사'(21.4%), '통역, 번역, 과외 등 프리랜서'(17.2%), '간호사·기타 의료 관련 직업'(17.2%) 등이 꼽혔다.

대학졸업 후 이상적인 소득수준을 갖춘 사람이 과연 몇 명이나 있을지..

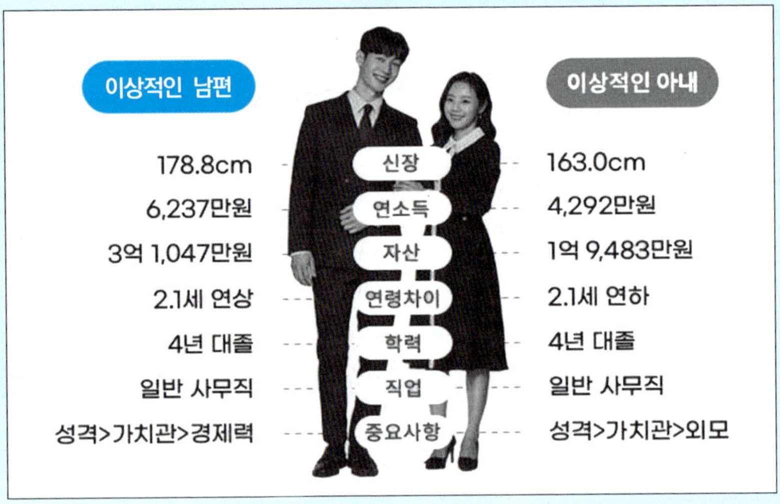

〈출처 : (주)듀오 홈페이지〉

객관식 연습문제

01 다음 중 부채에 대한 설명으로 옳지 않은 것은? ['09 제13회 기업회계 2급]

① 부채의 정의를 만족하기 위해서는 금액이 반드시 확정되어야 한다.
② 부채는 과거의 거래나 사건의 결과로 현재 기업실체가 부담하고 있고 미래에 자원의 유출 또는 사용이 예상되는 의무이다.
③ 부채는 기업실체가 현재 시점에서 부담하는 경제적 의무이다.
④ 미래에 발생이 예상되는 대규모 수선비의 경우와 같이 장래에 자원의 유출 또는 사용이 기대된다 하더라도 과거의 거래나 사건으로부터 기인하지 않은 의무는 부채의 정의를 충족하지 못한다.

02 다음 중 사채 발행에 관한 설명으로 옳지 않은 것은? [회계관리 2급 주관처공개 기출문제]

① 액면이자율이 시장이자율보다 작은 경우에는 액면금액보다 낮은 금액으로 할인발행을 하게 된다.
② 액면이자율이 시장이자율보다 큰 경우에는 액면금액보다 높은 금액으로 할증발행을 하게 된다.
③ 사채를 할인발행한 경우 만기에는 액면금액이 아닌 발행금액을 상환해야 한다.
④ 만기일 전에 사채를 상환하는 것을 조기상환이라고 한다.

03 다음 중 사채의 발행가액에 직접적으로 영향을 미치는 요소가 아닌 것은? [회계관리 2급 주관처공개 기출문제]

① 경쟁기업의 사채발행가격	② 액면이자율
③ 액면금액	④ 시장이자율

※ 다음의 자료를 이용하여 문제 4와 문제 5를 답하라.

(주)동작의 사채에 대한 자료는 다음과 같다.

사채발행일	20×4년 1월 1일
사채액면금액	₩100,000
표시이자율	7%
사채발행비	₩2,000
사채매각가액	액면의 90%

사채이자는 12월 31일에 지급되며 사채발행차금은 유효이자율법에 의하여 상각한다.

시장이자율	10%

04 20×4년 12월 31일에 손익계산서에 보고되는 사채이자비용은 얼마인가?

① 6,160 ② 6,300
③ 7,000 ④ 8,800

05 20×4년 12월 31일의 사채 장부가액은 얼마인가?

① 80,000 ② 88,000
③ 89,800 ④ 90,000

06 사채가 할증발행되었다면, 재무상태표에 보고되는 사채(사채의 장부금액)는 어떻게 되는가?

① 사채상환기간 동안 증가한다.
② 사채상환기간 동안 감소한다.
③ 사채상환기간 동안 만기가액으로 보고된다.
④ 사채상환기간 동안 액면금액으로 보고된다.

07 (주)쾌속은 2007년 1월 1일 액면가액 400,000원(표시이자율 10%, 3년만기, 이자는 매년 12월 31일)의 사채를 시장이자율 12%를 적용하여 380,794원에 할인발행하였다. 이 사채의 할인발행차금을 유효이자율법으로 상각할 경우 2008년 12월 31일 사채의 장부가액은 얼마인가?(원미만 반올림). ['09 제13회 기업회계 2급]

① 380,794원 ② 386,489원 ③ 392,868원 ④ 400,000원

08 (주)삼일은 전기에 발행한 사채 중 일부를 당기에 중도상환하였다. 다음 자료를 이용하여 당기 손익계산서에 계상될 사채상환손익을 구하면 얼마인가? ? [회계관리 2급 주관처공개 기출문제]

> (ㄱ) 액면금액 : 10,000,000원
> (ㄴ) 상환시 사채할인발행차금금액 500,000원
> (ㄷ) 상환금액 : 9,800,000원

① 상환이익 200,000원 ② 상환이익 300,000원
③ 상환손실 200,000원 ④ 상환손실 300,000원

09 시흥상회는 2009년 1월 1일 액면가액 100,000원의 사채를 97,000원에 할인발행하고 사채발행비로 2,000원을 지급하였다. 다음과 같은 내용이 발생한 후에 동 사채의 50%를 46,000원에 상환하였다면 사채상환손익은 얼마인가? ['09 제12회 기업회계 2급]

2009. 1. 1	〈차〉 보통예금	95,000	〈대〉 사 채	100,000
	사채할인발행차금	5,000		
2009.12.31	〈차〉 이자비용	9,700	〈대〉 보통예금	8,200
			사채할인발행차금	1,500

① 상환이익 2,250원 ② 상환이익 500원
③ 상환손실 1,000원 ④ 상환손실 250원

10 다음 중 충당부채의 인식기준을 충족시키는 경우는? ['10 제18회 기업회계 2급]

① 미래의 예상 영업손실
② 구조조정에서 발생하는 기업의 계속적인 활동과 관련한 지출
③ 손실부담계약을 체결한 경우 관련된 현재의무
④ 우발부채

11 다음 중 재무상태표에 충당부채를 인식하는 경우로 짝지어진 것은? [2011 재경관리사]

자원유출가능성 \ 금액추정가능성	신뢰성 있게 추정가능	추정불가능
가능성 높음	(ㄱ)	(ㄴ)
가능성이 높지 않음	–	–
가능성이 아주 낮음	(ㄷ)	–

① (ㄱ) ② (ㄱ), (ㄴ) ③ (ㄱ), (ㄷ) ④ (ㄱ), (ㄴ), (ㄷ)

12 (주)수지는 20X1년 12월 29일 재고자산을 ₩5,000,000에 판매하였다. 이러한 매출에 대하여 (주)수지는 1개월 내에 반품을 인정하고 있으며 이 중 10%가 반품될 것으로 예상하고 있다. (주)수지의 매출원가율은 70%이며, 반품이 될 경우 추가적인 비용이 ₩10,000 발생되고, 반품된 재고자산은 50%만큼 손상이 발생할 것으로 예상된다. 이 경우 (주)수지가 20X1년 12월 31일에 인식해야 하는 반품충당부채 금액은 얼마인가? 단, 위 반품가능판매는 수익인식기준을 충족한다.

[제6회 IFRS 관리사]

① ₩500,000 ② ₩510,000 ③ ₩335,000 ④ ₩375,000

13 다음은 (주)상록의 퇴직급여와 퇴직급여충당부채에 관한 정보이다. (주)상록이 손익계산서에 기록할 퇴직급여 금액은 얼마인가?

(ㄱ) 퇴직급여충당부채 기초잔액	400,000원
(ㄴ) 퇴직급여충당부채 기말잔액 추정액(퇴직금추계액)	480,000원
(ㄷ) 당기 중 퇴직금 지급액	40,000원

① 40,000원 ② 80,000원 ③ 100,000원 ④ 120,000원

주관식 연습문제

12-1 사채의 액면발행과 할인발행 및 할증발행

(주)한솔은 20×3년 1월 1일 (주)무지개가 다음과 같은 조건으로 발행한 사채를 전액 매입하였다.

액면금액	₩500,000
이자지급일	매년 12월 31일
표시이자율	연 10%

요구사항

1. 사채의 발행가격이 다음과 같은 경우에 (주)무지개와 (주)한솔이 20×3년 1월 1일과 12월 31일에 행하여야 할 분개를 하라. 사채발행차금의 상각은 유효이자율법에 의한다.
   (1) 사채의 발행가격이 ₩500,000인 경우
   (2) 사채의 발행가격이 ₩460,000인 경우(시장이자율 13%로 가정)
   (3) 사채의 발행가격이 ₩530,000인 경우(시장이자율 8%로 가정)
2. 할인발행과 할증발행의 경우, 20×3년 12월 31일 현재 (주)무지개와 (주)한솔의 재무상태표에 보고되는 사채발행과 사채매입에 관련된 계정을 표시하라.

12-2 유효이자율법에 의한 사채발행차금의 상각 – 상각표의 작성(1)

2009년 1월 1일 (주)안산은 4년 만기, 표시이자율 연 5%, 액면 ₩300,000의 사채를 ₩270,191에 발행하였다. 이때 시장이자율이 8%이며, 사채할인발행차금의 상각은 유효이자율법에 의한다. 아래의 사채할인발행차금 상각표를 완성하라.

연 도	사채이자(A)	현금이자(B)	할인발행차금		장부가액(E)
			상각액(C)	미상각잔액(D)	
2009. 1. 1				29,809	270,191
2009. 12. 31					
2010. 12. 31					
2011. 12. 31					
2012. 12. 31					

12-3 유효이자율법에 의한 사채발행차금의 상각 – 상각표의 작성(2)

2009년 1월 1일 (주)안산은 4년 만기, 표시이자율 연 8%, 액면 ₩300,000의 사채를 ₩320,791에 발행하였다. 이때 시장이자율이 6%이며, 사채할증발행차금의 상각은 유효이자율법에 의한다.

아래의 사채할증발행차금 상각표를 완성하라.

연 도	사채이자(A)	현금이자(B)	할증발행차금		장부가액(E)
			상각액(C)	미상각잔액(D)	
2009. 1. 1				20,791	320,791
2009. 12. 31					
2010. 12. 31					
2011. 12. 31					
2012. 12. 31					

12-4 유효이자율법에 의한 사채발행차금의 상각

20×5년 1월 1일 (주)용두는 3년 만기, 표시이자율 연 10%, 액면 ₩300,000의 사채를 ₩285,594에 발행하였다. 이때 시장이자율이 12%이며, 사채할인발행차금의 상각은 유효이자율법에 의한다.
(주)용두가 다음 일자에 행하여야 할 분개를 하라.

(1) 20×5년 1월 1일 사채발행
(2) 20×5년 12월 31일 사채이자지급과 사채발행차금의 상각
(3) 20×6년 12월 31일 사채이자지급과 사채발행차금의 상각

12-5 사채의 조기상환

(주)세도는 할인발행된 상환사채를 만기일 이전에 조기상환하기로 하였다. 사채의 액면가액은 ₩100,000이며, 상환일 현재 미상각할인발행차금은 ₩2,500이다. 사채상환가격이 ₩101,000일 때 사채상환에 따른 분개를 하라.

12-6 제품보증충당부채

(주)성남은 20×8년초에 돌침대 판매업을 시작하면서 2년간의 품질보증을 하고 있다. 과거의 경험으로 보아 판매한 해에는 매출액의 1%, 그 다음 해에는 3%의 보증비용이 발생할 것으로 추정된다. 20×8년과 20×9년의 매출액이 각각 ₩90,000,000과 ₩320,000,000이고 실제발생보증비용이 ₩1,200,000과 ₩3,200,000이라고 할 때 (주)성남이 제품보증비용과 관련하여 해야 할 회계처리를 하라.

Chapter 13

K-IFRS

자 본

주식회사는 독립된 실체로서 주식을 보유하고 있는 주주와는 별개의 법인체이다. 따라서 자연인과 마찬가지로 재산을 소유하고 정관에 정해진 사업목적을 위하여 경영활동을 수행한다. 주식회사의 소유자는 투자를 하고 있는 일반대중이기 때문에 관계법규에 의하여 설립, 출자, 배당 및 영업활동에 관한 여러 가지 제한을 받는다.

자본에 관한 회계는 주식회사 외에도 개인기업이나 조합 등에도 똑같이 적용된다. 그러나 개인기업이나 조합의 경우에는 출자 및 인출 등 자본에 관한 모든 회계를 자본금계정 하나로 처리하기 때문에 비교적 간단하다. 본 장에서는 가장 대표적인 기업형태인 주식회사의 자본회계에 관하여 설명한다.

주식회사의 자본은 자본금, 자본잉여금, 이익잉여금, 기타포괄손익누계액 및 자본조정으로 구성되어 있다. 여기에서는 주식의 발행과 자본감소에 따른 회계처리를 살펴본다. 마지막으로 이익잉여금처분과 관련된 회계처리를 소개하고 자본변동표에 대하여 살펴본다.

Chapter

13 자 본

제1절 주식회사의 자본

1.1 자본의 의의

주식회사의 자본은 회사가 보유하고 있는 경제적 자원인 자산에 대한 소유주의 몫(청구권, 지분)을 말한다. 따라서 자본은 소유주지분(所有主持分) 또는 주주지분(owners' equity, 혹은 stockholders' equity)이라고 하며, 자산에서 부채를 차감한 잔여지분(殘餘持分, residual equities)으로 계산된다.

> 자산 = 채권자지분(부채) + 소유자지분(자본)
> 자본(잔여지분) = 자산 − 부채

자 본	구분	내용
자 본	자본금	보통주자본금 우선주자본금
	자본잉여금	주식발행초과금, 감자차익, 자기주식처분이익 등
	자본조정	주식할인발행차금, 자기주식, 자기주식처분손실
	기타포괄손익누계액	기타포괄손익-공정가치측정 금융자산평가손익(매도가능증권평가손익), 해외사업환산손익, 재평가잉여금 등
	이익잉여금	이익준비금(법정적립금), 임의적립금, 미처분이익잉여금

[그림 13.1] 주식회사의 자본구성

주식회사의 자본은 발생원천에 따라서 주주의 출자로부터 납입된 자본금과 자본거래로 발생한 자본잉여금(資本剩餘金), 자본조정(資本調整) 및 기타포괄손익누계액(其他包括損益累計額), 영업활동으로 얻은 당기순이익 중에서 주주에 대한 배당금을 제외하고 사내(社內)에 유보한 이익잉여금(利益剩餘金)으로 구성되어 있다. 기업회계기준에서는 자본금과 자본잉여금, 이익잉여금을 엄격히 구분하고 있다. 그 이유는 자본의 충실을 기하고 주주가 출자한 자본금 등이 배당으로 사외(社外)에 유출되어 채권자 및 일반 투자자가 입을지도 모르는 손실을 막기 위함이다.

1.2 주식회사의 특징

주식회사는 영리를 목적으로 하는 가장 대표적인 기업형태이다. 주식회사는 회사운영에 필요한 자금을 주식을 발행하여 조달하며, 투자가들은 발행한 주식을 매입함으로써 주주가 된다. 주주는 회사의 소유주로서 여러 가지 권리를 행사한다. 주식회사의 특징은 다음과 같이 요약된다.

1) 주식제도

주식회사의 자본은 소액의 주식으로 분할되어 있다. 주식회사는 주식발행을 통하여 다수의 일반대중으로부터 자금을 모은다.

2) 주식의 자유양도제도(自由讓渡制度)

주주들은 필요하다면 언제든지 증권시장에서 주식을 매각하여 투자한 자본을 회수할 수 있다.

3) 주주의 유한책임제도(有限責任制度)

주주들은 투자한 한도 내에서 채권자들에게 책임을 진다. 주주는 회사가 채권자들에게 부채를 다 상환하지 못하였을 때에는 개인재산을 처분하여 상환할 의무가 없고 최악의 경우라도 투자한 금액을 포기함으로써 책임은 끝난다.

4) 소유와 경영의 분리

일반 투자가들은 주식시장에서 회사가 발행한 주식을 매입함으로써 기업을 소유하고, 회사경영은 전문지식과 경험 있는 전문경영인에 의하여 이루어진다.

또한 기업은 주주 개인과는 분리된 별도의 법인체로서 자연인과 같은 권리를 행사하고 책임도 진다.

1.3 주식의 종류

주식의 종류에는 보통주(普通株, common stock)와 우선주(優先株, preferred stock)가 있다. 보통주의 액면금액은 상법에서 정하고 있다. 우선주는 배당과 잔여재산분배(殘餘財産分配)에 있어서 보통주보다 우선권이 있는 주식이다. 그 대신 우선주는 주주총회에 참가하여 의결권을 행사할 수 없고 일정률의 배당수익을 목적으로 하는 투자가들이 매입하는 것이 일반적이다.

우선주에도 약정된 권리에 따라서 보통주와 같이 추가로 배당받을 수 있는 참가적 우선주(參加的優先株, participating preferred stock), 과거에 배당을 받지 못한 경우 소급하여 배당받을 수 있는 누적적 우선주(累積的優先株, cumulative preferred stock) 등 여러 가지 종류가 있다. 또한 보통주로 전환할 수 있는 전환우선주(轉換優先株, convertible preferred stock)도 있다.

<보통주식>

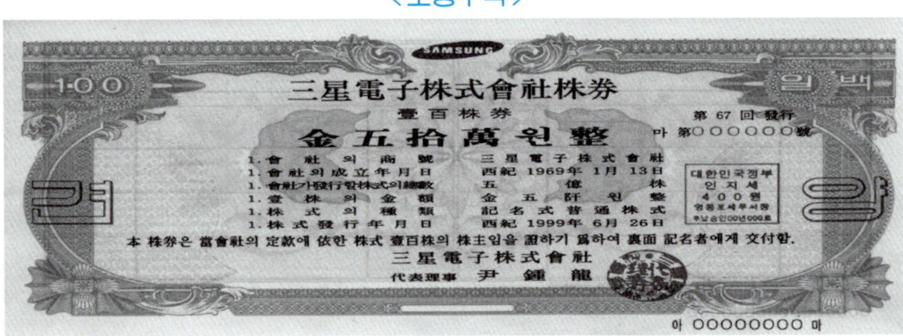

<우선주식>

[그림 13.2] 주식의 종류

1.4 자본금

자본금(capital stock)은 주식의 액면금액(額面金額, par value)에 발행주식총수를 곱하여 계산된다. 자본금은 항상 액면금액을 기준으로 표시하며 상법상 원칙적으로 납입되어야 할 최소한의 금액을 표시하는 법정자본금(法定資本金, legal capital)이다.

자본금 = 발행주식총수 × 1주당 액면금액

자본금은 자본충실을 기하기 위하여 회사의 영업활동 중에 회사가 유지하여야 할 최소한도의 납입금을 말하며, 주주총회결의 등과 같은 법정절차에 의하지 않고는 감소할 수 없다. 이러한 제한은 회사가 자본을 임의로 감소시키는 것을 방지하고 자본의 충실을 기하여 채권자를 보호하기 위함이다. 재무상태표상에 기재되는 자본금은 보통주와 우선주로 구분하고 수권주식수(授權株式數)와 발행주식수, 그리고 1주의 금액(액면금액, par value)을 병기(倂記)한다.

제2절 자본이 증가하는 거래

2.1 현금을 받고 주식을 발행하는 경우

기업은 자금이 필요할 때 주식시장에서 투자가들에게 주식을 매각하여 현금 등을 받고 교부하게 된다. 발행가격은 발행회사의 가치에 의하여 결정된다. 주식의 발행에는 발행가격과 액면금액의 차이에 따라서 액면발행(額面發行), 할증발행(割增發行) 및 할인발행(割引發行)이 있다.

1) 액면발행

액면발행(issuance at par)은 주식의 발행가격이 액면금액과 동일한 경우를 말한다. 액면발행의 경우에는 차변에 발행금액인 액면금액으로 납입된 현금을 기록하고 대변에는 발행주식수에 액면금액을 곱하여 자본금계정을 기록한다.

(차) 현 금	×××	(대) 자본금	×××

2) 할증발행

할증발행(issuance at a premium)의 경우에는 자본금은 액면금액으로 기재하고 액면금액을 초과하는 발행가격은 주식발행초과금(株式發行超過金, paid-in capital in excess of par)계정으로 기록한다. 이 계정은 자본잉여금의 일부로서 자본전입이나 회사의 결손에만 충당할 수 있다.

(차) 현 금	×××	(대)	자본금	×××
			주식발행초과금	×××

3) 할인발행

할인발행(issuance at a discount)은 자본의 충실을 기하고 채권자를 보호하기 위하여 상법상 발행요건을 엄격히 제한하고 있다. 액면가액과 발행가격의 차액은 주식할인발행차금(株式割引發行差金, discount on common stock)으로 기록한다. 주식할인발행차금은 자본의 차감계정이다.

이 계정은 재무상태표상에 자본조정항목의 일부로서 자본에서 차감하는 형식으로 기재된다. 주식할인발행차금은 발생순서에 관계없이 주식발행초과금과 상계하고 잔액이 남을 경우에는 주식발행연도로부터 매기 균등상각하되 상각은 이익잉여금의 처분항목으로 한다.

발행시 (차)	현 금	×××	(대) 자본금	×××
	주식할인발행차금	×××	(주식발행초과금이 없는 경우)	
상각시 (차)	이익잉여금	×××	(대) 주식할인발행차금	×××

예제 13-1 주식의 발행

(1) 20×1년 4월 3일 회사는 액면금액 ₩5,000인 보통주 100주를 ₩6,000에 발행하고 또한 액면금액 ₩5,000인 우선주 60주를 ₩7,000에 발행하였다.

(차) 현 금	1,020,000	(대)	보통주자본금	500,000
			우선주자본금	300,000
			보통주주식발행초과금	100,000
			우선주주식발행초과금	120,000

(2) 20×2년 10월 1일 회사는 액면금액 ₩5,000의 보통주 300주를 ₩4,700에 발행하였다(주식발행초과금이 없는 것으로 가정).

(차) 현 금	1,410,000	(대) 보통주자본금	1,500,000
주식할인발행차금	90,000		

(3) 20×2년 12월 31일 회사는 주식할인발행차금을 3년 동안 상각하기로 하다.

(차) 이익잉여금	30,000	(대) 주식할인발행차금	30,000

(4) 20×3년 주식발행초과금 ₩500,000에 대하여 무상증자하다. 발행된 주식은 액면금액 ₩5,000의 보통주 100주이며, 이를 주주에게 무상으로 교부하였다.

(차) 주식발행초과금	500,000	(대) 보통주자본금	500,000

4) 현금이 아닌 다른 자산을 받고 주식을 발행(현물출자)

현물출자(現物出資)는 기업이 주식을 발행하여 교부하고 유형자산을 취득하는 경우를 말하는데 이 경우 한국채택국제회계기준에서는 유형자산의 취득원가를 취득한 자산의 공정가치로 하도록 하고 있다. 이 내용은 10장에서 이미 다루었다.

2.2 댓가를 받지 않고 주식을 발행하는 경우(무상증자)

주식의 발행에는 위와 같이 회사의 자산이 실질적으로 증가하는 유상증자(有償增資)에 의한 발행 외에도, 자본금만 증가하고 회사의 자산이 실질적으로 증가하지 않는 무상증자(無償增資)에 의한 발행도 있다. 무상증자는 자본금만 증가하고 자산은 증가하지 않는 형식적 증자이다. 무상증자에 의하여 주식이 발행되는 경우로는 전환주식의 전환, 자본잉여금의 자본전입(資本轉入) 및 주식배당 등이 있다. 무상증자는 자본잉여금이나 이익잉여금이 자본금으로 대체되어 발행주식수만 증가하고 자본총액이나 자산총액은 변동하지 않는다.

(차) 자본잉여금(또는 이익잉여금)	×××	(대) 자본금	×××

제3절 자본이 감소하는 거래

3.1 자본금의 감소(감자)

자본금의 감소는 감자(減資)라고 불리는데, 자본충실을 위하여 엄격한 제한을 하고 있다. 즉, 상법에서는 주주총회의 특별결의가 있어야 하고, 채권자를 보호하기 위한 여러 가지 절차를 거쳐야 감자가 가능하도록 규정하고 있다. 자본감소는 크게 유상감자와 무상감자가 있다.

1) 댓가를 지급하고 자본이 감소하는 경우(유상감자)

유상감자(有償減資)는 기업규모의 축소를 목적으로 주주에게 소각된 주식에 대하여 현금이나 기타 대가를 지급하여 회사의 자산이 실질적으로 감소되는 실질적 감자를 말한다. 유상감자를 하게 되면 차변에 자본금을 기록하고 대변에는 지급한 현금을 기록한다. 이때 주주에게 환급한 금액이 주식의 액면가액보다 적으면 감자차익이 발생하고 이를 대변에 기록한다. 반대로 환급금액이 주식의 액면가액보다 많을 때는 차변에 감자차손을 기록한다.[1] 감자차손은 이익잉여금 등으로 상각하고 미상각된 감자차손은 자본조정항목에서 자본의 차감항목으로 기재한다. 감자차익은 포괄손익계산서상의 수익계정이 아니고 자본잉여금의 일종이다.

환급금액 〈 액면금액

(차) 자본금	×××	(대) 현 금	×××
		감자차익	×××

환급금액 〉 액면금액

(차) 자본금	×××	(대) 현 금	×××
감자차손	×××[2]		

1) 우리나라 상법상 자본잉여금은 결손보전과 자본전입을 제외하고는 감소하지 못한다. 따라서 감자 시 감자손익을 주식의 최초발행가액과 비교하는 방법은 상법에서 인정하지 않는다.
2) 감자차손은 감자차익이 있는 경우 감자차익에서 우선 차감한다.

2) 무상 감자

무상감자(無償減資)는 주주에게 주식소각(株式消却)의 대가를 지급하지 않기 때문에, 회사의 순자산은 변동하지 않고 자본금만 명목적으로 감소하는 형식적 감자를 말한다. 무상감자는 누적된 손실의 금액이 커서 배당을 할 수 없고 실질적으로 자본이 잠식하였을 때 자본금을 감소시켜 결손금을 처리하는 과정에서 발생한다. 형식적 감자는 주식의 액면금액을 감소시키거나 액면금액은 유지하고 주식 수만 감소(주식의 병합)하는 형태로 이루어진다. 자본감소의 과정에서 처리된 결손금이 자본의 감소액보다 적으면 감자차익(減資差益)이 발생한다.

예제 13-2 자본의 감소

(1) 한강주식회사는 액면금액 ₩5,000인 보통주 1,000주를 주당 ₩5,200에 발행한 바 있다. 그러나 최근의 경기불황으로 배당압력을 줄이기 위하여 200주를 매입하여 소각하기로 주주총회에서 결의하였다.

① 주당 매입가격이 ₩4,800인 경우

(차) 자본금	1,000,000	(대) 현 금	960,000
		감자차익	40,000

② 주당 매입가격이 ₩5,500인 경우

(차) 자본금	1,000,000	(대) 현 금	1,100,000
감자차손	100,000		

(2) 계속되는 불황으로 결손금이 누적되어 미처리된 이월결손금 ₩1,600,000을 처리하기 위하여 나머지 800주에 대하여 2 : 1의 비율로 발행주식수를 감소하기로 의결하였다.

(차) 자본금	2,000,000	(대) 이월결손금	1,600,000
		감자차익	400,000

자본금 (₩5,000,000 − ₩1,000,000) × 1/2 = ₩2,000,000

3) 신주발행비

회사의 설립일 이후 주식을 추가로 발행하는 경우 증권의 인쇄비용 및 발행공고비용과 증권사수수료 등의 비용이 발생되는데 이를 신주발행비라고 한다. 신주발행비용은 주식발행으로 현금을 조달하는 과정에서 필수불가결한 비용으로 조달되는 자금이 감소하는 효과가 발생한다. 따라서 신주발행비용은 별도

비용처리하지 않고 현금수령액에서 차감한다.

예제 13-3 신주발행비

(주)상록은 액면금액 ₩5,000인 보통주 100주를 주당 ₩6,000에 발행하면서, 주식발행비용으로 ₩20,000원을 현금지급하였다.

(차) 현 금	580,000*	(대) 보통주자본금	500,000
		보통주주식발행초과금	80,000

* [₩6,000×100주] − ₩20,000 = ₩580,000

3.2 자기주식

자기주식(自己株式, treasury stock)은 주식을 발행한 회사가 주식시장에서 다시 매입하여 보유하고 있는 자기회사의 주식을 말한다. 자기주식의 취득으로 발행주식수에는 변함이 없으나 유통주식수는 취득한 수만큼 감소한다. 자기주식은 자본의 감소계정으로서 자본조정항목에서 차감하는 형식으로 기재된다.

자기주식의 회계처리는 매입시에 취득원가로 기록하고 재발행시에는 재발행가격이 취득원가보다 높을 때는 차액을 **자기주식처분이익**으로 대변에 기록한다. 반대로 재발행가격이 취득원가보다 낮을 때는 차변에 그 차액만큼 과거에 자기주식거래로 발생한 자기주식처분이익을 먼저 기록하고 그래도 부족하면 **자기주식처분손실**을 기록한다. 자기주식처분이익은 자본잉여금에 자기주식처분손실은 자본조정의 차감항목에 속한다.

〈표 13.1〉 자기주식의 회계처리

취득시			
(차) 자기주식	××× (취득원가)	(대) 현 금	×××
재발행시			
재발행가격 〉 취득원가			
(차) 현 금	×××	(대) 자기주식	×××
		자기주식처분이익	×××
재발행가격 〈 취득원가			
(차) 현 금	×××	(대) 자기주식	×××
자기주식처분이익	×××		
자기주식처분손실	×××		

예제 13-4 자기주식의 취득과 재발행(원가법)

(1) 금강주식회사는 액면금액 ₩5,000인 보통주 1,000주를 ₩12,000에 발행한 바 있다. 최근에 외국회사로부터의 적대적 기업인수에 대비하여 발행한 보통주식 400주를 1주당 ₩15,000에 취득하였다.

(차) 자기주식	6,000,000	(대) 현 금	6,000,000

(2) 취득한 자기주식 200주를 주당 ₩18,000에 재발행하였다.

(차) 현 금	3,600,000	(대) 자기주식	3,000,000
		자기주식처분이익	600,000

₩15,000 × 200주 = ₩3,000,000

(3) 자기주식 100주를 주당 ₩14,500에 재발행하였다.

(차) 현 금	1,450,000	(대) 자기주식	1,500,000
자기주식처분이익	50,000		

이 거래 후의 금강(주)의 자본은 다음과 같다

자본금	
보통주 액면(₩5,000, 1,000주)	₩5,000,000
자본잉여금	
보통주 주식발행초과금	7,000,000
자기주식처분이익	550,000
자본조정	
자기주식	(1,500,000)
합계	₩11,050,000

이상의 자본이 증가하는 거래와 감소하는 거래에서 기록되는 자본잉여금 항목과 자본조정 항목을 정리하면 〈표 13.2〉와 같다.

〈표 13.2〉 자본잉여금과 자본조정

자본잉여금계정		자본조정계정	
계정명	의 의	계정명	의 의
주식발행초과금	액면금액을 초과하여 주식을 발행한 경우 그 초과액	주식할인발행차금	액면금액에 미달하여 주식을 발행한 경우 그 차액으로 주식발행초과금과 상계한 후 잔액
감자차익	감자처리시 주식의 액면금액에 미달하는 대가를 지불한 경우 그 차액	감자차손	감자처리시 주식의 액면금액을 초과하는 대가를 지불한 경우 그 차액
자기주식처분이익	보유중인 자기주식을 취득원가보다 높은 금액을 받고 재발행한 경우 그 차액	자기주식처분손실	보유중인 자기주식을 취득원가보다 낮은 금액을 받고 재발행한 경우 그 차액
		자기주식	발행한 우리회사주식을 임시로 취득한 경우 그 금액

제4절 이익잉여금

4.1 이익잉여금의 의의

이익잉여금(retained earnings)은 영업활동으로 인한 수익의 창출과정에서 발생한 이익가운데 처분하지 않고 사내에 유보한 이익금을 말한다. 이익잉여금은 손익거래로부터 발생한 것으로서 자본거래로부터 발생한 자본잉여금과는 구별된다. 이익잉여금의 가장 큰 원천은 당기순이익이며 감소요인은 배당금의 지급이라고 할 수 있다.

이익잉여금 =	회사 창립시부터 발생한 당기순이익의 누계액	−	모든 배당금 지급액의 합계금액

이익잉여금을 분류하면 [그림 13.3]과 같다.

구 분	내 용
법정 적립금	이익준비금
임의 적립금	사업확장적립금, 감채적립금
미처분이익잉여금	이익잉여금을 처분하고 남아 있는 이익잉여금으로 당기순이익과 배당 등을 지급하는 원천이 되는 잉여금

[그림 13.3] 이익잉여금의 분류

법정적립금인 이익준비금은 상법에 의하여 강제적으로 적립하는 적립금으로 적립액이 자본금의 1/2(50%)에 달할 때 까지 매해 현금 배당의 10% 이상을 적립하도록 되어 있다. 법정적립금은 회사의 결손금이나 자본전입(무상증자) 이외의 목적에는 사용할 수 없다.

임의적립금은 회사가 특정 목적을 위하여 자율적으로 적립한 이익잉여금이다. 임의적립금(任意積立金)에는 적극적 적립금(積極的 積立金)과 소극적 적립금(消極的 積

立金)이 있다. 적극적 적립금은 특정 목적을 달성한 후에도 적립금 자체가 소멸되지 않는 적립금이다. 소극적 적립금은 목적이 달성되면 적립이 해제되는 적립금이다. 전자에는 사업확장적립금, 감채기금적립금(減債基金積立金) 및 신축적립금(新築積立金) 등이 있고 후자에는 배당평균적립금 및 결손보전적립금(缺損補塡積立金) 등이 있다.

예제 13-5 적극적 적립금과 소극적 적립금의 회계처리

(1) 광명주식회사는 경기호황에 대비하여 공장건물을 신축하기로 하고 이익잉여금 중에서 ₩700,000을 적립하기로 결의하다.

(차) 이익잉여금	700,000	(대) 신축적립금	700,000

(2) 총 건설비 ₩1,000,000을 투자하여 공장건물의 신축을 완료하였다. 공장신축적립금을 별도적립금으로 계속 적립하기로 하였다.

(차) 건　　물	1,000,000	(대) 현　　금	1,000,000
(차) 신축적립금	700,000	(대) 별도적립금	700,000

(3) 광명주식회사는 회사의 결손에 대비하여 ₩300,000의 이익잉여금을 적립하기로 결의하다.

(차) 이익잉여금	300,000	(대) 결손보전적립금	300,000

(4) 경기호황으로 결손할 염려가 없어 적립한 결손보전적립금을 배당하기로 하고 처분전 이익잉여금으로 환원하다.

(차) 결손보전적립금	300,000	(대) 이익잉여금	300,000

미처분이익잉여금은 기말 현재 처분되지 않고 다음 회계연도로 이월되는 이익잉여금을 의미한다. 이 금액은 회계기말에 작성하는 재무상태표에 계상되는 기말자본의 구성항목이며, 다음 회계연도의 당기순이익과 함께 처분전 이익잉여금의 일부가 된다.

4.2 이익잉여금의 처분

이익잉여금의 처분은 발생된 당기순손익과 전년도에 처분되지 않은 이월이익잉여금 등을 올해 배당금을 지급하거나 적립금으로 적립하는 등 사용하는 것을

말한다. 잉여금의 처분 방법에 따라 회사의 이익은 회사의 외부로 나가기도 하고(사외유출) 미래에 사용될 수 있도록 적립금 등으로 회사에 남기도 한다(사내유보). 사외로 유출되는 잉여금의 처분은 자본총액을 감소시키는 효과가 있는 반면 사내에 남겨지는 처분은 자본총액에는 영향을 주지 않는 특징이 있다. 이상의 내용은 [그림 13.4]로 정리하였다.

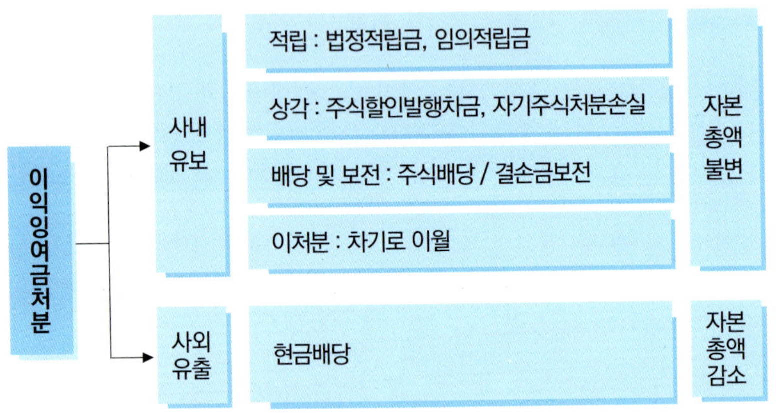

[그림 13.4] 이익잉여금의 처분

초점 이익잉여금의 정확한 이해

이익잉여금은 회사설립시부터 영업활동의 결과로 얻은 순이익 중에서 배당으로 사용한 금액을 제외한 회사 내 유보이익금을 의미할 뿐, 보유하고 있는 현금을 나타내는 것은 아니다. 그 이유는 당기순이익이 현금주의가 아닌 발생주의에 의하여 결정되기 때문에 현금과는 관계없는 것과 일맥상통한다. 보유하고 있는 현금수준은 오직 현금계정의 잔액으로만 파악된다.

이익잉여금이 많은 회사는 순이익 중에서 배당하지 않고 회사에 유보되어 있는 순이익의 금액이 많기 때문에 그만큼 자본이 충실한 회사라고 볼 수 있다. 따라서 이익잉여금은 정기적으로 이자를 지급하고 원금을 상환해야 하는 사채나 또는 매년 배당을 해야 하는 주식과는 달리 아무런 대가를 지급할 필요가 없기 때문에 가장 좋은 자본조달수단이라고 할 수 있다. 자본금에 비하여 이익잉여금이 많은 회사는 다른 조건이 동일하다면 그렇지 않은 회사보다 기업가치가 높다고 할 수 있다.

이익잉여금의 처분은 결산일까지 계획안으로 마련하였다가 추후 주주총회에 의하여 확정된다. 이익잉여금 처분은 법정적립금의 적립, 임의 적립금의 적립, 현금배당 또는 주식배당으로 이루어진다.

1) 현금배당(cash dividends)

배당금을 현금으로 지급하는 경우에는 주주총회에서 배당을 선언한 시점, 즉 선언일에 차변에 이익잉여금(또는 배당금)을 기록하고 대변에 미지급배당금이라는 유동부채를 기록한다. 배당금을 현금으로 지급한 때에는 차변에 미지급배당금을 기록하여 제거한다. 배당선언시 배당금계정을 사용하는 경우에는 결산일에 마감분개를 통하여 이익잉여금계정에 대체하여야 한다.

2) 주식배당(stock dividends)

현금 대신에 주식으로 배당하는 경우에는 현금이 지출되지 않기 때문에 자본총액은 변동하지 않고 자본의 구성항목만 변동한다. 주식배당을 하면 주식의 액면가액을 기준(상법에 의한 액면가액법)으로 발행주식금액만큼 이익잉여금을 감소시키고 주식교부시에 자본금을 증가시킨다. 만일 주식배당을 결의만 하고 발행하지 않은 경우에는 결의시에 미교부주식배당금(未交付株式配當金)을 대변에 기록하고 발행시에 자본금계정으로 대체한다. 미교부주식배당금은 자본조정에 보고되는 임시 자본계정이다.

예제 13-6 이익잉여금의 처분의 회계처리

(주)군포는 주주총회에서 다음과 같이 이익잉여금을 처분하기로 의결하였다.

현금배당	₩1,200,000	주식배당	₩600,000
이익준비금적립	400,000	사업확장적립금 적립	500,000

(1) 주주총회일의 회계처리

차변	금액	대변	금액
(차) 미처분이익잉여금	2,700,000	(대) 미지급배당금	1,200,000
		미교부주식배당금	600,000
		이익준비금	400,000
		사업확장적립금	500,000

(2) 배당금 지급시 회계처리

차변	금액	대변	금액
(차) 미지급배당금	1,200,000	(대) 현 금	1,200,000
미교부주식배당금	600,000	보통주자본금	600,000

※ 주식배당의 경우 현금지급대신 보통주를 발행하므로 자본금이 증가한다.

4.3 이월결손금의 처리

회사가 계속 적자가 나면 결손금이 누적된다. 누적되는 결손금을 처리하기 위해서는 결손금처리계산서를 작성한다. 거액의 결손금이 누적되면 이익잉여금이 감소하게 된다. 이월결손금을 메꾸는 순서는 일반적으로 ① 임의적립금, ② 기타 법정적립금, ③ 이익준비금, ④ 자본잉여금 순서로 결손금이 처리된다.

4.4 주식분할 및 주식병합

주식분할(株式分割, stock splits)은 주식의 액면금액을 감소시켜 주식수를 증가시키는 것이다. 예를 들면 2 : 1의 주식분할의 경우, 액면금액 ₩10,000인 주식 1주를 액면금액 ₩5,000의 2주로 하는 것이다. 주식병합(株式併合, reverse stock splits)은 그와 반대이다. 주식분할과 병합에 대해서는 그로 인하여 자본의 어떤 계정도 변동하지 않고 발행주식수만 달라지기 때문에 특별한 회계처리가 필요 없다. 〈표 13.3〉에서는 주식배당과 주식분할 및 주식병합을 상호비교하고 있다.

〈표 13.3〉 주식배당과 주식분할 및 주식병합의 비교

	주식배당	주식분할	주식병합
주 식 수	증 가	증 가	감 소
자 본 금	증 가	불 변	불 변
자본총액	불 변	불 변	불 변

제5절 자본변동표

5.1 자본변동표의 의의와 양식

회계기간 중에 발생한 모든 소유주지분의 변동을 포괄적으로 표시하는 재무제표이다. 따라서 자본변동표에는 자본의 구성항목인 자본금, 자본잉여금, 자본조정, 기타포괄손익누계액 및 이익잉여금의 변동원인이 항목별로 나타난다.

〈표 13.4〉 자본변동표 양식

자본변동표

제×기 20××년 1월 1일부터 20××년 12월 31일까지

· ××주식회사

구 분	납입자본			기타자본요소		이익잉여금	총 계
	자본금	자본잉여금	자본조정	기타포괄손익누계액	일반적립금		
20××.×.×(보고금액)	×××	×××	×××	×××		×××	×××
회계정책변경누적효과						(×××)	(×××)
전기오류수정						(×××)	(×××)
수정후 이익잉여금						×××	×××
연차배당						(×××)	(×××)
처분후 이익잉여금						×××	×××
중간배당						(×××)	(×××)
유상 증자(감자)	×××	×××					×××
당기순이익(손실)						×××	×××
자기주식 취득			(×××)				(×××)
기타포괄손익대체				(×××)		×××	
총포괄손익				×××		×××	×××
20××.×.×	×××	×××	×××	×××	×××	×××	×××

재미있는 회계 이야기 12 두산인프라코어 하이브리드 채권 자본성 논란

하이브리드란 이종(異種), 즉 다른 것끼리의 결합을 말한다. 하이브리드 채권은 채권이자 주식, 즉 부채이자 자본이 결합한 신종자본증권이다.

최근 두산인프라코어가 발행한 5억달러 규모의 하이브리드 채권은 30년만기로 만기 연장조건을 포함하여 발행되어 영구채의 성격을 지니고 있다.

이 두산인프라코어의 채권에 대하여 최근 금융감독원 및 금융위원회, 한국회계기준원 등에서 자본성에 관한 논란이 되고 있다.

만일 두산이 발행한 이 채권이 자본으로 평가된다면 기업의 입장에서는 부채비율이 감소하고 자기자본비율이 증가하여 안정성 지표가 호전된다. 특히 두산 인프라코어는 2012년 상반기말 부채총액이 9조 6천7백억원임에 비해 자본총액은 2조5천억원으로 377%에 달하는 높은 부채비율을 지니고 있어 그 판단의 영향이 크기 때문이다.

하이브리드 채권은 부채면서 자본성이 있는 묘한 성격의 채권이다. 이는 객관적인 숫자로 판단되는 회계정보의 항목이 정책적 판단에 의하여 다른 다른 의미를 가질 수 있다는 것을 의미한다. 따라서 비록 상법에 의하여 하이브리드 채권의 발행이 일반기업에게 허용되었다 하더라도 그 발행의 요건을 강화하고 좀더 투자자들이 객관적인 지표로 사용할 수 있도록 보완을 하여야 할 것으로 판단된다.

객관식 연습문제

01 다음의 진술 중 주식회사의 특성이 아닌 것은?

① 법적 실체와 소유주가 구분된다.
② 소유권은 주식에 의하여 증명된다.
③ 영속성이 가정된다.
④ 소유주의 책임이 무제한이다.
⑤ 주식의 자유양도가 보장된다.

02 재무상태표상의 자본은 무슨 기준으로 구분되는가?

① 자본원천의 차이
② 납입된 순서
③ 자본납입 만기까지 시간소요량에 따라
④ 주식발행의 규모
⑤ 경영자의 의도

03 다음의 자본계정 중 분류가 다른 하나는 무엇인가? [회계관리 2급 주관처공개 기출문제]

① 주식발행초과금
② 주식할인발행차금
③ 감자차손
④ 자기주식

04 자본과 관련하여 옳게 설명한 것은? ['96 7급 세무직]

① 주식회사의 자본금은 주식 발행시 납입된 현금 또는 자산의 가액을 나타낸다.
② 실질적 감자의 경우 자본금과 순자산이 감소하지만 형식적 감자의 경우에는 순자산이 감소되지 않는다.
③ 이익잉여금은 배당금의 지급 또는 손실의 발생 등에 의해서만 감소한다.
④ 주식배당을 하면 이익잉여금은 감소하나 자본금은 변하지 않는다.

05 보통주 500주(1주당 액면금액 5,000원)를 1주당 4,000원에 할인발행하는 과정에서 발행수수료와 증자등기비용 등으로 200,000원이 발행하였다. 이 거래를 올바르게 분개하면? 단, 기존 주식발행초과금 잔액은 없다. [회계관리 2급 주관처공개 기출문제]

① (차)	현 금	1,800,000	(대) 자본금	1,800,000
② (차)	현 금	2,000,000	(대) 자본금	2,200,000
	신주발행비	200,000		
③ (차)	현 금	1,800,000	(대) 자본금	2,500,000
	주식할인발행차금	500,000		
	신주발행비	200,000		
④ (차)	현 금	1,800,000	(대) 자본금	2,500,000
	주식할인발행차금	700,000		

06 다음 중 자본항목에 관한 설명으로 가장 옳지 않은 것은?

① 주식이 할증발행되면 액면금액과 발행금액의 차액은 자본잉여금으로 기록한다.
② 주식발행시 발생하는 등록비, 법률 및 회계자문 수수료는 당기비용으로 계상하지 아니하고 주식발행초과금에서 차감하거나 주식할인발행차금에 가산한다.
③ 주식할인발행차금은 주식발행연도 또는 증자연도부터 3년 이내의 기간에 정률법에 의해 이익잉여금의 처분으로 상각한다.
④ 이익준비금은 매 결산기에 현금배당액 및 주식배당액의 10분의 1 이상을 자본금의 2분의 1에 달할 때까지 적립한다.

07 어느 회사는 자기회사가 발행한 액면 500의 주식 10주를 600원에 매입한 바 있다. 그 후 이 회사는 이 주식을 800원에 재발행하였다. 재발행에 따른 분개는?

① (차)	현 금	8,000	(대) 자본금	5,000
			주식발행초과금	3,000
② (차)	현 금	8,000	(대) 자기주식	5,000
			주식발행초과금	3,000
③ (차)	현 금	8,000	(대) 자본금	5,000
			자기주식처분이익	3,000
④ (차)	현 금	8,000	(대) 자기주식	8,000
⑤ (차)	현 금	8,000	(대) 자기주식	6,000
			자기주식처분이익	2,000

08 **(주)채원의 자기주식 거래는 다음과 같다. 이에 관한 설명으로 틀린 것은?** [25회 기업회계 2급]

> (주)채원의 자본금은 10,000주, 액면가 5,000원으로 구성되어 있다.
> 1) 2012년 1월 10일, 자기주식 3,000주를 주당 7,000원에 취득하였다.
> 2) 2012년 4월 25일, 자기주식 2,000주를 소각하였다.
> 3) 2012년 7월 4일, 자기주식 1,000주를 주당 9,000원에 매각하였다.

① 2012년 기말 재무상태표에 계상되는 자기주식은 없다.
② 자기주식 소각과 관련해서 계상되는 감자차손은 4,000,000원이다.
③ 2012년 기말 자본금은 기초에 비해 10,000,000원 감소한다.
④ 자기주식 매각을 통해 처분이익 2,000,000원을 인식하며, 이는 당기손익에 해당한다.

09 **다음 중 주식회사의 자본을 실질적으로 감소시킨 거래는 어느 것인가?** [제11회 전산세무회계 2급]

① 회사가 자금이 부족하여 현금배당을 하지 않고 주식배당을 했다.
② 자본준비금과 이익준비금을 자본금에 전입시킨다.
③ 회사는 결산결과 당기순이익이 발생하였다.
④ 회사는 결산결과 당기순손실이 발생하였다.

10 **20X1년 2월 27일 (주)삼일은 주주총회에서 이익잉여금의 처분을 다음과 같이 확정하고 20X1년 3월 15일에 배당금을 지급하기로 하였다. 다음 중 (주)삼일이 20X1년 2월 27일에 해야 할 회계처리로 가장 옳은 것은?** [회계관리2급 주관처공개 기출문제]

> (가) 현금배당 : 200,000원
> (나) 이익준비금 : 20,000원

	차변	금액	대변	금액
①	(차) 미처분이익잉여금	200,000	(대) 미지급배당금	200,000
②	(차) 미처분이익잉여금	220,000	(대) 미지급배당금	200,000
			이익준비금	20,000
③	(차) 미처분이익잉여금	220,000	(대) 현 금	200,000
			이익준비금	20,000
④	(차) 자본금	200,000	(대) 현 금	200,000

11 **이익잉여금에 대한 설명으로서 옳은 것은?** [22회 증권분석사]

① 재무상태표 자본부분에 나타나며, 이익 중 배당하고 남은 부분을 의미한다.
② 현금으로 이용가능한 기업의 유보자금을 의미한다.

③ 주주에 대한 배당금 지급에 의해서만 감소될 수 있다.
④ 이익잉여금은 당해연도 이익 중 유보액만으로 구성된다.

12 주식배당에 관한 설명 중 옳지 않은 것은?

[회계관리 2급 주관처공개 기출문제]

① 미처분이익잉여금을 현금으로 배당하는 것이 아니라 신주를 발행하여 교부하는 것이다.
② 배당지급에 소요되는 자금을 사내에 유보하는 효과가 있다.
③ 배당을 결의한 날에는 미교부주식배당금이라는 자본조정항목으로 기록한다.
④ 배당 후 이익잉여금은 증가한다.

13 다음 중 이익잉여금의 계정과목별 설명에 관한 것으로 가장 올바르지 않은 것은?

[회계관리 2급 주관처공개 기출문제]

① 이익잉여금이란 이익창출활동에 의해 벌어들인 이익 중 사외에 유출되지 않고 사내에 남아 있는 부분을 축적한 것으로 손익거래에서 발생한 것이다.
② 이익잉여금이 어떻게 처분되었고, 처분 후 잔액이 얼마인가를 알려주기 위해 이익잉여금처분계산서를 작성하며, 상법 등 관련법규에서 요구하는 경우 주석으로 공시한다.
③ 채권자 보호를 위해 자본금의 1/2에 달할 때까지 매 결산기 현금배당액의 1/10 이상을 이익준비금으로 적립하여야 한다.
④ 주주총회에서 현금배당을 결정하는 경우 배당 지급일까지 미지급배당금을 자본조정으로 기록한다.

주관식 연습문제

13-1 회사설립과 주식의 발행회계

신아(주)는 20×4년 8월 16일 설립되었다. 정관에 규정되어 있는 수권주식수는 보통주가 500주이며, 우선주는 100주이다. 주식의 액면가액은 모두 ₩5,000이다. 20×4년과 20×5년에 다음과 같은 자본거래가 발생하였다.

20×4년

(1) 회사 설립시 보통주 120주를 주당 ₩6,000에 발행하였다. 주식발행과 동시에 대금을 전액 현금으로 받다. 아울러 주식발행비로 ₩5,000을 현금으로 지급하다.
(2) 보통주 80주를 주당 ₩7,000에 청약을 받고 주식청약증거금으로 주당 ₩4,000의 현금을 받다.
(3) 청약된 주식 80주에 대한 증거금을 제외한 잔액을 수령하고 주식을 발행하여 교부하다.
(4) 우선주 20주를 주당 ₩8,000에 청약을 받고 증거금으로 주당 ₩5,000을 받다.
(5) 12월 31일 결산일에 ₩30,000의 당기순이익을 보고하고 이익잉여금으로 대체하다.

20×5년

(6) 우선주 20주에 대한 청약증거금을 제외한 잔액을 수령하고 우선주를 발행하여 교부하다.
(7) 주식발행초과금 ₩100,000을 자본전입하기 위하여 보통주 20주를 발행하여 주주에게 무상으로 교부하다.
(8) 보통주 20주를 주당 ₩4,700으로 발행하다.
(9) 주주로부터 시가 ₩60,000의 토지를 출자받고 주식 10주를 발행하여 교부하다.
(10) 보통주 40주를 주당 ₩8,000에 청약을 받고 증거금으로 주당 ₩5,000을 받다.
(11) 12월 31일 결산일에 ₩50,000의 당기순이익을 보고하고 이익잉여금으로 대체하다.
(12) 보통주에 대한 주식할인발행차금 ₩2,000을 이익잉여금으로 상각하다.

요구사항

1. 각 사항을 기록하기 위한 분개를 하라.
2. 각 연도말 현재 재무상태표상의 자본부분을 표시하라.

13-2 자본계정의 분석

다음은 20×6년 말 현재 (주)남포의 재무상태표에 표시되어 있는 자본부분이다.

자본금	
보통주 액면 ₩ 5,000	₩2,400,000
우선주 액면 ₩10,000	1,500,000
자본잉여금	
보통주 주식발행초과금	600,000
우선주 주식발행초과금	300,000
감자차익	80,000
이익잉여금	
이익준비금	40,000
차기이월이익잉여금	160,000
자본총계	₩5,080,000

요구사항

1. 발행된 보통주식수를 계산하라.
2. 보통주의 평균발행가격을 계산하라.
3. 발행된 우선주식수를 계산하라.
4. 이 회사의 법정자본금을 계산하라.
5. 이 회사의 납입자본금을 계산하라.
6. 20×6년도초 전기이월이익잉여금이 ₩100,000이었고 20×6년에 지급된 배당금이 ₩280,000이었다면 20×6년도 당기순이익은 얼마인가?

13-3 자본의 감소

다음과 같은 자본의 감소를 분개하라.

(1) 사업규모를 줄이기 위하여 주당 ₩7,000에 발행된 보통주 100주를 ₩6,500에 매입하여 소각하다. 액면은 주당 ₩5,000이다.

(2) 액면 ₩5,000, 발행주식수 1,000주로 자본이 구성되어 있는 회사가 ₩1,500,000의 이월결손금을 처리하기 위하여 주식 10주를 6주로 병합하다.

(3) 보통주 자본금 ₩500,000, 주식발행초과금 ₩40,000의 자본으로 구성되어 있는 회사가 결손금 ₩100,000을 처리하기 위하여 주식수의 1/5를 무상으로 기증받아 소각하다.

13-4 자기주식의 회계처리

다음은 20×4년 12월 31일 현재 (주)창신의 재무상태표의 자본부분을 표시한 것이다.

자본			
보통주자본금			
액면금액 ₩5,000			
수권주식수 2,000주		발행주식수	1,000주
			₩5,000,000
보통주 주식발행초과금			2,500,000
이익잉여금			200,000
합　　계			₩7,700,000

20×5년에 다음과 같은 거래가 있었다.

(1) 자기회사 보통주 100주를 주당 ₩6,000에 매입하였다.
(2) 위의 주식 중 40주를 주당 ₩8,000에 재발행하였다.
(3) 위의 주식 중 30주를 주당 ₩4,500에 재발행하였다.
(4) 자기회사 보통주 20주를 주당 ₩4,800에 매입하였다.

요구사항

1. 위의 거래를 분개하라.
2. 20×5년 12월 31일 현재 자본부분을 표시하라.

13-5 이익잉여금의 처분회계

어느 회사는 금년도 다음과 같은 이익잉여금의 처분에 관련된 사항이 있었다. 이를 분개하라.

(1) 당기순이익의 1/4에 해당하는 ₩250,000을 이익준비금으로 적립하다.
(2) 공장증축을 위하여 ₩600,000을 신축적립금으로 적립하다.
(3) 불황기의 배당에 대비하여 ₩300,000을 배당평균적립금으로 적립하다.
(4) 공장증축을 위하여 ₩500,000을 수표 발행하여 지급하다.
(5) 공장건설이 완성되어 건설중인 자산계정을 공장 건물로 대체하다. 아울러 신축적립금을 별도적립금으로 계속 적립하다.
(6) 당기순이익이 적어서 배당평균적립금 중 ₩200,000을 배당하기 위하여 이입하다.

13-6 이익잉여금의 처분

다음 자료는 (주)안산의 20×6년 12월 31일 현재 이익잉여금의 처분안으로 20×7년 2월에 열리는 주주총회의 결의에 의하여 확정될 예정이다.

전기이월이익잉여금	₩2,000,000
당기순이익	1,800,000
임의적립금 이입액	
배당평균적립금	400,000
이익잉여금처분내역	
이익준비금	300,000
현금배당	750,000
주식배당	250,000
사업확장적립금	500,000
신축적립금	100,000

요구사항

위의 이익잉여금 처분에 대해 분개하라.

13-7 배당과 주식분할

다음은 배당과 관련된 내용이다. 이를 분개하라.

(1) 주주총회에서 액면금액 ₩5,000, 발행주식수 1,000주에 대하여 10%의 현금배당과 5%의 주식배당을 하기로 결의하다.
(2) 현금배당에 대하여 배당금을 현금으로 지급하다.
(3) 주식배당에 대하여 주식을 발행하여 교부하다.
(4) 액면 ₩5,000의 우선주 400주에 대하여 20%의 현금배당을 주주총회에서 결의하다.
(5) 우선주에 대한 현금배당을 실시하다.
(6) 보통주에 대하여 액면금액을 1/2로 하는 주식분할을 실시하다.

13-8 자본회계(종합)

자본금						9,000,000
보통주자본금	발행주식수	1,000 주	1주당액면	@₩5,000	5,000,000	
우선주자본금	발행주식수	400 주		10,000	4,000,000	
자본잉여금						5,900,000
보통주주식발행초과금					5,000,000	
우선주주식발행초과금					800,000	
자기주식처분이익					100,000	
자본조정						(3,200,000)
자기주식	400 주				3,200,000	
이익잉여금						3,050,000
이익준비금					1,250,000	
사업확장적립금					650,000	
이월이익잉여금					1,150,000	
자본총계						14,750,000

(주)안산의 2022년 1월 1일의 자본내역이 위와 같으며, 2022년 회계연도 중 자본과 관련된 거래내역은 다음과 같다.

(1) 2022년 2월 20일 주주총회에서 결정된 잉여금 처분내역은 다음과 같다.
 현금배당 (보통주자본금 2%를 배당, 우선주자본금 1%를 배당)
 주식배당 (보통주자본금 1%를 배당)
 사업확장적립금 적립 150,000원, 이익준비금 적립(상법상 최소액)
(2) 2022년 3월 5일 현금배당과 주식배당을 실시하다.
(3) 2022년 4월 10일 보유중인 자기주식 200주를 1주당 7,000원에 재발행하다.
(4) 2022년 5월 18일 기타포괄손익-공정가치측정 금융자산을 현금 500,000원에 취득하다.
(5) 2022년 8월 14일 보통주 500주를 1주당 9,000원에 현금을 받고 발행하다.
(6) 2022년 11월 8일 보유중인 자기주식 100주를 1주당 10,000원에 재발행하다.

요구사항

1. 위의 각각의 거래를 분개하라.
2. 2022년 12월 31일 자본과 관련 사항이 다음과 같을 때 필요한 분개를 하라.
   (1) 회사의 당기순이익은 950,000원이다.
   (2) 보유중인 금융자산 공정가치는 720,000원이다.
3. 2022년 12월 31일 회사의 자본내역을 표시하라

Chapter 14

K-IFRS

회계정보의 이용

지금까지 우리는 주로 재무제표의 작성에 관한 회계처리를 살펴보았다. 재무제표는 기업의 내용을 알리는 방법 중에서 가장 중요한 비중을 차지한다. 회계정보이용자들은 재무제표를 활용하여 여러 가지 의사결정을 내린다. 재무제표분석은 회계정보이용자들이 특정 기업과 관련하여 경제적 의사결정을 내리는데 필요한 정보를 취득할 목적으로 재무제표를 중심으로 관련 자료를 분석하고 평가하는 것을 말한다. 따라서 재무제표분석은 의사결정에 필요한 자료를 분석하고 활용하는 측면을 다루고 있기 때문에 회계정보의 생산보다는 정보의 이용측면이 주된 내용이라고 할 수 있다.

재무제표분석은 주로 기업의 수익성과 유동성 및 성장성 등을 평가하기 위하여 여러 가지 기법을 동원하여 실시된다. 재무제표분석은 재무제표 항목간의 상호관계를 이해하고 그들의 관계를 시간적으로 또는 다른 표준자료와 비교함으로써 변동사항을 파악하는 것이다. 재무제표를 분석하는 기법에는 수평적 분석, 구성비 분석 및 재무비율 분석 등이 있다. 여기에서는 이들 기법에 대하여 알아보고 특히 전통적으로 가장 많이 활용되고 있는 비율분석에 대하여 중점적으로 살펴본다. 아울러 재무제표만을 이용하는 분석의 한계점에 대해서도 설명하기로 한다.

Chapter

14 회계정보의 이용

제1절 현금흐름표

1.1 현금흐름표의 의의와 유용성

1) 현금흐름표의 의의

현금흐름표(Statement of Cashflow)는 기업의 일정기간 동안의 활동별 현금의 증감 원인을 나타내는 재무제표이다.

2) 현금흐름표의 유용성

① 기업이 미래에 창출할 수 있는 현금흐름에 관한 정보를 제공한다.

② 기업의 배당금지급능력 및 부채상환능력과 외부자금조달의 필요성에 관한 정보를 제공한다.

③ 이익의 질(利益의 質, quality of earnings)을 평가하는 데 유용한 정보를 제공한다.

3) 현금흐름의 범위

현금흐름표에서의 현금흐름의 범위는 현금 및 현금성자산(現金性資産, cash equivalents)이다. 여기에서 현금이란 통화와 통화대용증권 및 요구불예금을 포함하며, 현금성자산이란 큰 거래비용 없이 현금으로의 전환이 용이하고, 이자율 변동에 따른 가치변동위험이 낮은, 취득당시 만기 또는 상환일이 90일 이내의 단기금융상품과 유가증권을 의미한다.

1.2 현금흐름의 구분

현금흐름표는 현금의 유입과 유출을 활동별로 구분하여 표시한다. 기업의 활동은 기업 본래의 수익 창출 활동인 영업활동과, 영업활동을 지원하기 위한 투자활동 그리고 자금을 조달하기 위한 재무활동으로 구분되는데, 각 활동의 내용 및 현금흐름은 아래 표와 같다.

〈표 14.1〉 현금흐름의 구분

기업의 경영활동	현금흐름	
	현금의 유입	현금의 유출
영업활동 : 제품의 생산과 상품·용역의 구매 및 판매활동 등을 말하며 투자 및 재무활동에 속하지 아니한 거래를 말한다.	제품의 판매 (매출채권의 회수 포함) 이자수익 배당금 수익	상품, 원자재 구입 (매입채무지급 포함) 이자비용지급 법인세비용의 납부
투자활동 : 현금의 대여와 회수활동, 유가증권, 투자자산, 유형자산 등의 취득과 처분활동 등 영업활동과 관련이 없는 자산의 증가·감소거래	대여금의 회수 유가증권의 처분 투자자산의 처분 유형자산의 처분	대여금의 대여 유가증권의 취득 투자자산의 증가 유형자산의 취득
재무활동 : 현금의 차입 및 상환활동, 신주발행이나 배당금지급 등 영업활동과 관련이 없는 부채 및 자본의 증가·감소거래	차입금의 차입 어음 사채의 발행 주식의 발행	차입금의 상환 어음 사채의 상환 배당금의 지급 유상감자 및 자기주식취득

다만, 각 활동의 구분은 기업의 사업 특성을 고려하여 구분하여야 하며, 업종이나 그 성격에 따라 구분이 달리될 수도 있다. 예를 들어 일반적으로 대여금의 대여 및 회수는 투자활동이나 금융기관의 경우에는 영업활동으로 구분될 수 있다. 또한 배당금의 지급은 일반적으로 재무활동으로 구분되나 영업활동으로도 구분될 수 있다.

1.3 영업활동으로 인한 현금흐름

영업활동으로 인한 현금흐름은 기업이 외부의 재무자원에 의존하지 않고 주된 영업을 통하여 기업활동에 필요한 현금의 창출능력을 평가하는 중요한 시표이다. 영업활동으로 인한 현금흐름의 계산은 현금의 총유입과 총유출을 주요

항목별로 구분하여 파악하는 직접법과 당기순이익에 비현금수익과 비현금비용을 조정하여 계산하는 간접법의 두 가지 방법이 있다.

1) 간접법

간접법은 발생주의에 의한 순이익과 현금주의에 의한 순이익의 차이를 조정함으로써 영업활동으로 인한 현금흐름을 계산하는 방법이다.

〈표 14.2〉 영업활동으로 인한 현금흐름계산(간접법)

손익계산서상 당기순이익	
(+) 가산항목	**(-) 차감항목**
(1) 현금의 유출이 없는 비용 등	(1) 현금의 유입이 없는 수익 등
가. 영업활동 관련 비용 감가상각비 퇴직급여 재고자산평가손실 사채할인발행차금각 투자채권할증발행차금상각 부채의 현재가치할인차금 상각 외화환산손실	가. 영업활동 관련 수익 사채할증발행차금상각 투자채권할인발행차금상각 자산 현재가치할인차금상각 외화환산이익
나. 투자·재무활동 관련 비용 금융자산처분손실 투자자산처분손실 비유동부채상환손실	나. 투자·재무활동 관련수익 금융자산처분이익 투자자산처분이익 비유동부채상환이익
(2) 영업활동으로 인한 자산·부채의 변동	
매출채권 감소 재고자산 감소 선급비용 감소 매입채무 증가 미지급비용 증가 당기손익금융자산의 증가	매출채권 증가 재고자산 증가 선급비용 증가 매입채무 감소 미지급비용 감소 당기손익금융자산의 감소
= 간접법에 의한 영업활동으로 인한 현금흐름(현금주의 당기순이익)	

즉 영업활동으로 인한 현금흐름의 증감은 당기의 당기순이익에서 현금의 증가가 없는 수익과 현금의 감소가 없는 비용을 제외하고 현금외의 영업활동과 관련된 자산부채의 증감을 차감하여 산출하는 것이다. 이때, 당기순이익에서 가산하거나 차감할 항목을 정리하면 〈표 14.2〉와 같다.

예제 14-1 간접법의 영업활동으로 인한 현금흐름 계산

다음 자료에 의하여 영업활동으로 인한 현금흐름을 계산하면 다음과 같다.

당기순이익	₩24,000	감가상각비	₩3,000
매출채권의 감소	4,300	매입채무의 감소	2,100
재고자산의 증가	2,800	유형자산처분이익	4,500
금융자산처분손실	2,000	무형자산상각비	1,500

풀이

당기순이익		₩24,000
현금지출이 없는 비용 등의 가산		
감가상각비	₩3,000	
무형자산상각비	1,500	
금융자산처분손실	2,000	6,500
현금수입이 없는 수익 등의 차감		
유형자산처분이익	4,500	(4,500)
영업활동으로 인한 자산, 부채의 변동		
매출채권의 감소	4,300	
매입채무의 감소	(2,100)	
재고자산의 증가	(2,800)	(600)
		₩25,400

간접법하에서는 현금 유출입 사항이 직접 항목별로 보고되지 않으므로 정보이용자 측면에서 현금흐름표의 이해가능성(understandability)이 낮게 되는 단점이 있다. 그러나 현금흐름표가 발생기준에 근거한 당기순이익에 기초하여 작성되므로 간접법은 발생기준회계에 익숙한 정보 작성자에게는 실무적으로 용이한 방법이다. 또한 간접법에 의한 현금흐름표는 재무상태표 및 포괄손익계산서와의 연관관계를 잘 나타내므로 재무제표 분석에 유용하다는 장점도 있다.

2) 직접법

직접법은 영업활동 거래의 원천별로 현금의 유입 또는 현금의 유출을 직접적으로 구하는 방법이다.

〈표 14.3〉 업활동으로 인한 현금흐름계산(직접법)

현금유입의 원천 및 유출의 용도	현금주의 방법	발생주의 조정방법
매출 등 수익활동으로부터의 유입액	현금매출 매출채권 중 현금 회수액 선수금 수령액	매출액(I/S) −매출채권증가(+감소)+선수금증가(−감소)
매입 및 종업원에 대한 유출액	현금매입 매입채무 중 현금지급액 급여 등 지급액 기타 현금유출비용	매출원가(I/S) −재고자산증가(+감소) +매입채무증가(−감소) 판매비와 관리비(I/S) +미지급비용증가(−감소) +선급비용증가(−감소) +비현금비용
이자수익 유입액	이자수익 중 현금수령액	이자수익 +미수이자의 감소(−증가) +선수이자의 증가(−감소)
배당금수익 유입액	배당금 수익 중 현금수령액	배당금수익 +미수배당금 감소(−증가)
이자비용 지급액	이자비용 중 현금지급액	이자비용 +미지급이자증가(−감소) −선급이자의 증가(+감소) +사채할인발행차금상각분
미지급법인세 지급	미지급법인세의 지급	법인세비용 +미지급법인세의 증가(−감소)

위와 같이 직접법으로 작성된 영업활동 현금흐름은 영업활동을 구성하는 항목에 대한 세부정보를 제공한다는 점에서 장점을 가지고 있다.

예제 14-2 영업활동으로 인한 현금흐름 계산(직접법)

다음 (주)상록의 회계자료의 일부이다.

	20×2년	20×1년
유동자산		
현금및현금성자산	400,000	200,000
매출채권(순액)	500,000	400,000
선급이자	50,000	60,000
재고자산	700,000	500,000
유동부채		
매입채무	900,000	600,000

미지급판관비	150,000	100,000
미지급법인세	20,000	25,000
이연법인세부채	7,000	4,000

매출액	2,000,000
매출원가	(1,200,000)
매출총이익	800,000
판매와관리비	(400000)
배당금수익	500,000
재고자산감모손실	(10,000)
이자비용	(280000)
유형자산처분손실	(160,000)
법인세비용	(150,000)
당기순이익	300,000

† 판매와관리비에는 감가상각비 100,000원이 포함되었으며, 사채할인발행차금상각액 80,000원이 이자비용에 포함됨. 매출채권 순액은 채권잔액에서 대손충당금을 차감한 금액을 의미함.

직접법에 의한 영업활동으로 인한 현금흐름을 계산하면 아래와 같다.

1. 매출로 인한 현금 유입액 계산

매출채권

기 초	400,000	기 말	500,000
매출액	2,000,000		
		현금유입액	**1,900,000**
	2,400,000		2,400,000

2. 매입으로 인한 현금 유출액 계산

매입채무

기 말	900,000	기 초	600,000
현금유출액	**1,110,000**	매 입	1,410,000
	2,010,000		2,010,000

재고자산

기 초	500,000	기 말	700,000
		매출원가	1,200,000
매 입	1,410,000	재고감모손실	10,000
	1,910,000		1,910,000

1.4 투자 및 재무활동으로 인한 현금흐름

1) 투자활동으로 인한 현금흐름

투자활동으로 인한 현금흐름은 유형자산, 투자자산 등 비유동자산을 처분함으로써 유입된 현금과 이와 관련된 자산을 취득하기 위하여 유출된 현금을 의미한다. 또한 유동자산 중 단기대여금의 회수와 대여에 관한 현금흐름을 포함한다.

구 분	항 목
투자활동 현금유입액	대여금의 회수, 투자자산의 처분 유형자산의 처분, 무형자산의 처분 등
투자활동 현금유출액	대여금의 대여, 투자자산의 취득 유형자산의 취득, 무형자산의 취득 등

2) 재무활동으로 인한 현금흐름

재무활동으로 인한 현금흐름은 비유동부채의 차입과 자본의 증자로 조달된 현금유입액 및 비유동부채의 상환과 자본의 반환(자기주식 취득 및 배당금 지급, 유상감자 등)에 따른 유출액을 의미한다. 또한 유동부채 중 차입금의 차입과 상환에 따른 현금흐름도 포함된다.

구 분	항 목
재무활동 현금유입액	장·단기차입금 차입, 사채의 발행 주식의 발행(유상증자), 자기주식처분
재무활동 현금유출액	장·단기차입금 상환, 사채의 상환 자기주식의 취득, 배당금의 지급 등

예제 14-3 투자 및 재무활동으로 인한 현금흐름 계산

다음의 현금거래 자료를 이용하여 1) 투자활동으로 인한 현금흐름과 2) 재무활동으로 인한 현금흐름을 계산하면 아래와 같다.

사채의 발행	₩10,000
단기대여금의 대여	1,500
장기차입금의 차입	2,000
금융자산의 취득	1,700

보통주의 발행	23,000
자기주식의 취득	4,200
기계장치의 처분	1,400
건물의 구입	12,100
배당금의 지급	1,800

(1) 투자활동으로 인한 현금흐름

구 분	항 목	금 액
투자활동 현금유입액	기계장치 처분	1,400
투자활동 현금유출액	단기대여금 대여 금융자산 취득 건물 구입	(1,500) (1,700) (12,100)
투자활동으로 인한 현금흐름		(13,900)

(2) 재무활동으로 인한 현금흐름

구 분	항 목	금 액
재무활동 현금유입액	장기차입금 차입 사채의 발행 보통주 발행	2,000 10,000 23,000
재무활동 현금유출액	자기주식 취득 배당금의 지급	(4,200) (1,800)
재무활동으로 인한 현금흐름		29,000

3) 활동 구분상 주의 항목

(1) 이자수취와 지급, 배당금의 수취

현금흐름의 발생원천에 따라 영업활동으로 구분되기도 하고 투자활동이나 재무활동으로 구분될 수 있는 항목들이 있다. 예를 들어 이자수취와 배당금의 수입의 경우 일반적으로 영업활동으로 구분된다. 그러나 이자지급 및 이자수입과 배당금 수입은 재무자원을 획득하는 원가나 부사사산에 대힌 수익으로 투자활동이나 재무활동으로 분류할 수도 있다.

(2) 법인세의 지급

법인세로 인한 현금흐름은 별도로 공시하며, 재무활동과 투자활동에 명백하게 관련된 경우를 제외하고는 영업활동으로 인한 현금흐름으로 분류한다.

1.5 현금흐름표 작성

현금흐름표의 작성과정은 아래와 같은 순서에 따라 작성한다.

① 먼저 기초의 재무상태표와 기말의 재무상태표상의 현금과 현금성자산의 증감액을 계산한다. 이는 현금흐름표가 최종적으로 설명하여야 할 결과를 먼저 파악하는 것이다.

② 기초의 재무상태표와 기말의 재무상태표의 각 계정의 증감액을 계산한다.

③ 재무상태표상의 계정증감액을 활동별로 구분한다. 영업활동과 관련된 항목의 증감액은 바로 영업활동으로 인한 현금흐름계산에 반영하면 된다.

④ 투자와 재무활동과 관련된 항목의 증감을 손익계산서 항목과 추가로 주어지는 정보(재무상태표 및 손익계산서의 주석정보)를 통해 그 증감의 원인을 파악한다(이때 추가정보를 통해 주어지는 정보로 거래를 추정하여 분개하도록 한다.).

⑤ 포괄손익계산서상의 영업활동 관련손익 항목을 고려하여 영업활동으로 인한 현금흐름을 계산한다.

⑥ 투자와 재무활동의 계정증감에 대한 추정분개를 토대로 하여 투자활동으로 인한 현금흐름과 재무활동으로 인한 현금흐름을 계산한다.

⑦ 상기의 자료를 토대로 활동별 현금흐름표를 작성한다.

종합예제 현금흐름표의 작성

다음의 자료를 이용하여 현금흐름표를 작성하면 다음과 같다.

[재무상태표 자료]

계정과목	20X1	20X2
현금및현금성자산	400,000	710,000
외상매출금	240,000	320,000
재고자산	360,000	100,000
비품	1,400,000	1,520,000
비품감가상각누계액	(200,000)	(170,000)
자산총계	2,200,000	2,480,000

외상매입금	150,000	110,000
미지급금	50,000	90,000
장기차입금	1,000,000	1,100,000
자본금	800,000	860,000
이익잉여금	200,000	320,000
부채와 자본총계	2,200,000	2,480,000

[손익계산서자료]

당기순이익	220,000원
감가상각비	50,000원
유형자산처분손실	2,000원

[추가정보]

1. 취득원가 180,000원, 감가상각누계액 80,000원의 비품을 현금 98,000원에 처분
2. 비품 300,000원을 구입하고 대금 중 100,000원을 현금지급하고 나머지는 장기차입하여 지급
3. 장기차입금 100,0000원을 상환
4. 현금배당 40,000원, 주식배당 60,000원

풀이

1. 재무상태표계정 증감분석

계정과목	20X1	20X2	증감	활동
현금및현금성자산	400,000	710,000	310,000	
외상매출금	240,000	320,000	80,000	영−
재고자산	360,000	100,000	(260,000)	영+
비 품	1,400,000	1,520,000	120,000	투−
비품감가상각누계액	(200,000)	(170,000)	30,000	
자산총계	2,200,000	2,480,000	280,000	
외상매입금	150,000	110,000	(40,000)	영−
미지급금	50,000	90,000	40,000	영+
장기차입금	1,000,000	1,100,000	100,000	재+
자본금	800,000	860,000	60,000	재+
이익잉여금	200,000	320,000	120,000	
부채와 자본총계	2,200,000	2,480,000	280,000	

2. 추가정보의 분석

(1) 원가 180,000원, 감가상각누계액 80,000원의 비품을 현금 98,000원에 처분

(차) 현 금 98,000 (투자+) (대) 비 품 180,000

감가상각누계액 80,000
형자산처분손실 2,000 (영업+)

(2) 비품 300,000원을 구입하고 대금 중 100,000원을 현금지급하고 나머지는 장기차입하여 지급

(차) 비 품	300,000	(대) 현 금	100,000 (투자-)
		장기차입금	200,000

(3) 장기차입금 상환

(차) 장기차입금	100,000	(대) 현 금	100,000 (재무-)

(4) 배당

(차) 이익잉여금	100,000	(대) 현 금	40,000 (재무-)
		자본금	60,000

현금흐름표

(주) XX 20×2.1.1. ~ 20×2.12.31. 단위(원)

Ⅰ. 영업활동현금흐름			452,000
1. 당기순이익		220,000	
2. 현금유출없는 비용		52,000	
감가상각비	50,000		
유형자산처분손실	2,000		
3. 현금유입없는 수익		(0)	
4. 영업활동관련자산부채		180,000	
외상매출금증가 증가	(80,000)		
재고자산 감소	260,000		
외상매입금 감소	(40,000)		
미지급금 증가	40,000		
Ⅱ. 투자활동현금흐름			(2,000)
비품처분	98,000		
비품 구입	(100,000)		
Ⅲ. 재무활동현금흐름			(140,000)
차입금상환	(100,000)		
현금배당	(40,000)		
Ⅳ. 현금의 증감			310,000
Ⅴ. 기초의 현금			400,000
Ⅵ. 기말의 현금			710,000

제2절 회계보고서의 활용

2.1 회계보고서의 활용

우리는 회계의 기본개념부터 시작하여 회계순환과정에 따른 재무제표의 작성과 자산, 부채, 자본항목의 기본적인 회계처리 과정을 살펴보았다. 이러한 모든 과정은 회계보고서에 담긴 회계정보의 의미를 파악하기 위함이다. 이제 실제 기업의 회계보고서를 어디에서 입수하고 어떻게 활용할 것인지 살펴보고자 한다

2.2 회계보고서의 입수

1) 개별기업정보의 탐색

2000년부터 금융감독원의 전자공시제도에 의하여 주식회사의 감사보고서 및 주권상장법인 또는 코스닥상장법인의 사업보고서 및 기타 공시사항은 전자공시시스템(DART; http//dart/fss.or.kr)에서 무료로 열람할 수 있다.

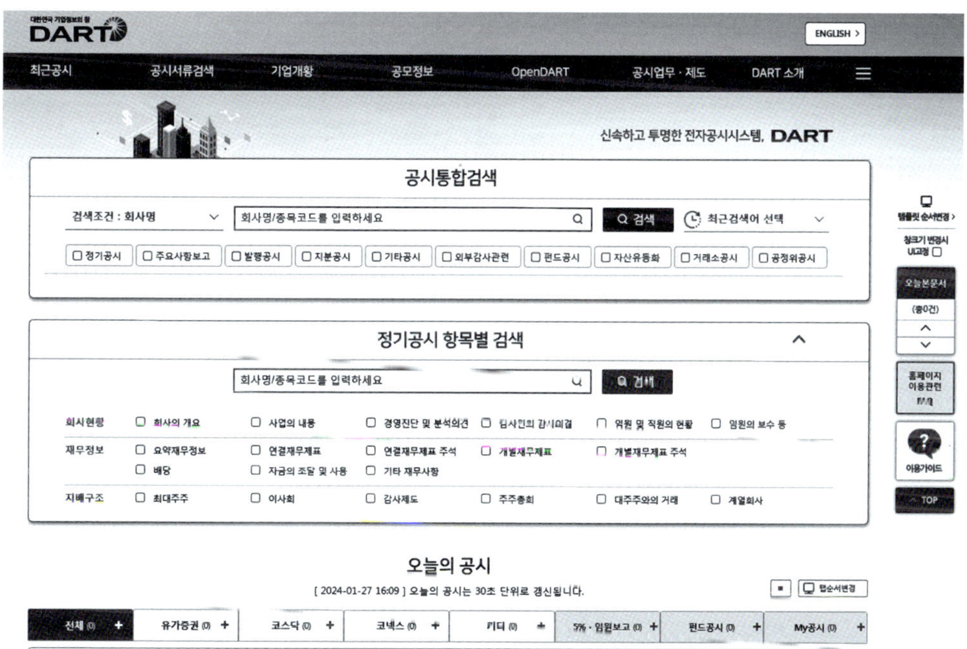

[그림 14.1] 금융감독원 전자공시시스템

2) 산업별 정보

산업별 재무제표정보의 원천으로는 한국은행이 운영하는 '한국은행 경제통계시스템(http://ecos.bok.or.kr)이 있다. 한국은행에서는 정보의 산업정책, 중앙은행의 통화신용정책과 금융기관의 여신관리 및 기업의 경영합리화추진에 필요한 기초자료 제공 목적으로 1960년부터 '기업경영분석'을이라는 책자를 발간해 왔으나 자료를 일반 대중이 쉽게 이용할 수 있도록 2004년부터 인터넷 기반의 경제통계시스템을 설치 운영하고 있다. 한국은행 경제통계시스템에서는 산업 및 업종별 재무상태표, 손익계산서, 현금흐름표, 이익잉여금처분계산서, 제조원가명세서와 성장성, 수익성, 활동성, 생산성 및 부가가치에 관한 주요 재무비율이 제시되어 있다.

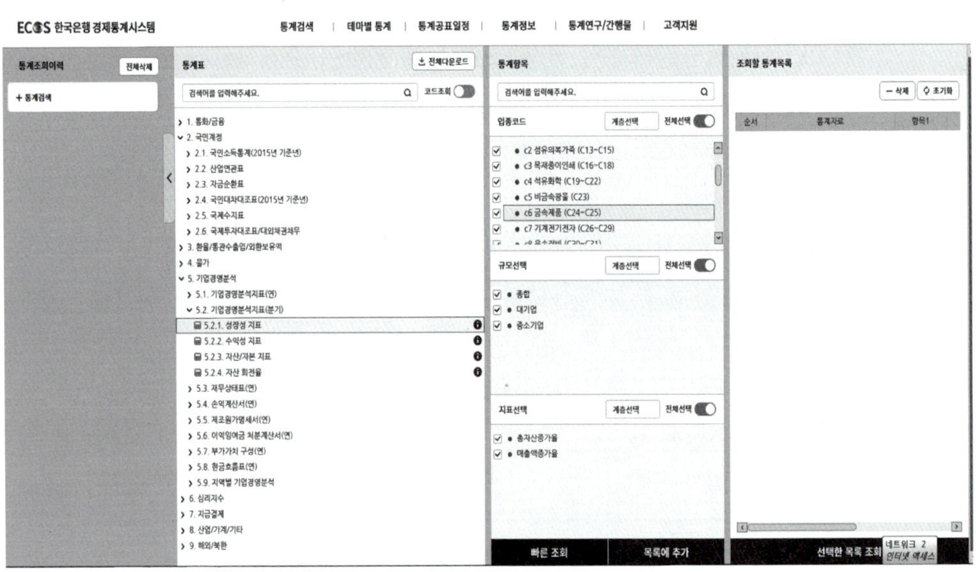

[그림 14.2] 한국은행경제통계시스템

3) 기타 정보 수집처

기타 재무제표분석을 위해 필요한 자료를 수집할 수 있는 방법은 증권회사나 신용평가회사 및 한국거래소 등 기업정보와 관련한 자료를 공개하는 곳이다. 최근에는 네이버와 같은 포털사이트에서도 기업의 주요 재무제표와 재무비율정보를 제공하고 있다.

2.3 재무상태표 정보의 활용

재무상태표는 일정시점의 기업의 자산과 부채 그리고 자본의 내역을 보여주는 회계보고서이다. 우리는 재무상태표의 정보를 이용하여 회사가 보유한 경제적 자원인 자산과 부채와 자본의 크기를 비교함과 동시에 재무상태표 구성항목으로 재무비율을 구성하여 여러 정보를 파악할 수 있다.

1) 채권자와 주주의 몫의 변동 파악

회사가 보유한 경제적 자원인 자산과 부채를 비교하여 채권자와 주주의 몫의 변동을 파악할 수 있다. 만일 자산에 비하여 부채가 더 큰 경우 자산으로 주주의 몫으로 돌려줄 수 있는 것이 없다는 것을 의미한다.

2) 자금사정에 대한 파악

재무상태표에서는 회사가 현금등으로 지급할 수 있는 능력을 파악할 수 있게 한다. 회사의 지급능력은 차입금 등을 적정한 시기에 갚을 수 있는 능력이 있는지, 유동부채를 지급할 능력은 있는지 확인할 수 있게 하는데, 이러한 자금능력의 파악을 위하여 재무상태표 구성항목으로 조합된 재무비율을 이용한다.

(1) 단기지급능력을 검토하기 위한 재무비율

가. 유동비율

유동비율(current ratio)은 유동자산을 유동부채로 나누어 계산하며, 기업의 유동성을 측정하는 데 가장 보편적으로 이용되는 지표이다.

$$\text{유동비율} = \frac{\text{유동자산}}{\text{유동부채}} \times 100$$

유동비율의 절대적인 기준은 없으나 일반적으로 200%가 넘으면 양호한 것으로 판단한다. 유동비율분석은 특정 기업이 당면하고 있는 경제적 여건을 고려하여야 한다. 산업에 따라 다소 높거나 낮은 비율이 요구된다.

나. 당좌비율

당좌비율(當座比率, quick ratio)은 산성시험비율(酸性試驗比率, acid-test ratio)이라고도 하는데, 유동비율의 보수적인 수치라고 볼 수 있다. 그 이유는 유동자산 가운데 재고자산은 현금화하는 데 많은 시간이 걸리고, 선급비용도 시간이 경과하여야만 현금지출을 줄일 수 있다. 당좌비율은 유동자산에서 바로 현금화할 수 없는 자산을 공제하고 현금, 단기금융상품 및 매출채권만을 포함하는 당좌자산으로 계산되기 때문에 기업의 즉각적인 단기부채상환능력을 측정하는 데 이용된다.

$$당좌비율 = \frac{(유동자산 - 재고자산, 선급비용)}{유동부채} \times 100$$

(2) 장기안정성을 검토하기 위한 재무비율

가. 부채비율

부채비율(debt-to-equity ratio)은 총부채를 자기자본으로 나누어 측정한다. 부채는 자기자본과는 달리 정기적으로 이자를 지급하고 만기일에 이익수준에 관계없이 반드시 원금을 상환할 법적인 책임이 있기 때문에 그 만큼 더 위험하다. 기업이 부채를 상환할 수 없으면 부도에 직면한다. 그러나 주식을 발행하여 조달한 자기자본은 이자지급이나 원금상환부담이 없다. 다만 주주총회의 결의에 의하여 배당금을 지급한다. 따라서 자기자본은 기업의 입장에서 보면 그 만큼 위험이 적다고 할 수 있다.

특히 부채에 의하여 조달한 자금으로 투자하여 얻은 이익률이 이자율에 미달하면 재무위험(財務危險, financial risk)은 더욱 커진다. 부채비율과 비슷한 것으로서 부채구성비율이 있다. 이 비율은 총부채를 총자산으로 나누어 계산한다.

$$부채비율 = \frac{총부채}{자기자본} \times 100$$

나. 자기자본비율

자기자본비율(Equity to total Asset)은 기업의 이자비용을 부담하지 않고 영업에 사용할 수 있는 자금수준이 어느정도인지를 나타내는 비율이다. 일반적으로 자본의 비율이 높을수록 기업의 재정적 안정성이 높다고 판단한다.

$$자기자본비율 = \frac{자기자본}{총자본(부채+자본)} \times 100$$

예제 14-4 자금 안정성 검토를 위한 비율계산

안산의 20×1년의 자료를 이용하여 유동비율, 당좌비율, 부채비율을 계산하면 다음과 같다.

유동자산	60,000원	유동부채	20,000원
당좌자산	40,000원	비유동부채	60,000원
유형자산	60,000원	자본총계	80,000원
자산총계	160,000원		

1) 유동비율 = (60,000÷20,000)×100 = 300%
2) 당좌비율 = (40,000÷20,000)×100 = 200%
3) 부채비율 = (80,000÷80,000)×100 = 100%
4) 자기자본비율 = (80,000÷160,000)×100 = 50%

* 당좌비율이 100%를 초과하는 동시에 유동비율이 300%로 단기 지급능력은 매우 안정적이라고 판단할 수 있으며, 부채비율이 100%이며, 자기자본비율이 50%로 재무적 안정성도 건전한 편이다.

3) 매출채권과 재고자산에 대한 검토

재무상태표에서 보고되는 매출채권과 재고자산은 기업이 영업활동을 통해 획득하는 현금의 안정적인 확보가능성 및 원활한 영업활동의 수행여부를 진단할 수 있게 한다.

특히 매출채권을 통해서는 매출액과 비교함으로써 매출채권이 정상적으로 회수되고 있는지 검토할 수 있으며, 재고자산을 통해서는 재고의 증감을 통하여 적정수준의 재고가 유지되고 있는지 파악한다.

(1) 매출채권의 현금회수 정도를 확인하기 위한 재무비율

가. 매출채권회전율

매출채권회전율(accounts receivable turnover)은 매출채권이 현금화되는 속도나 매출채권에 대한 투자효율성을 나타내는 비율이다. 이 비율의 계산에 있어서 분자는 외상매출액이고, 분모는 평균 매출채권의 금액이 된다. 이 비율이 낮을수록 매출채권이 현금화되는 속도가 늦어 기업의 유동성에 문제를 초래할 가능성이 있다. 매출채권회전율은 기업의 신용판매정책에 좌우된다. 판매증가를 위하여 신용판매 기간을 늘리면 매출채권회전율이 낮아지기 때문에 매출채권에 잠겨있는 운영자금이 증대될 것이다.

$$\text{매출채권회전율} = \frac{\text{순외상매출액}}{\text{평균매출채권}\,(\text{기초매출채권} + \text{기말매출채권})\,/\,2}$$

나. 매출채권회수기간

매출채권의 회전속도는 365일을 매출채권회전율로 나눈 매출채권 평균회수기간으로 측정된다. 이 비율은 매출채권이 한번 회전하는 데 소요되는 기간을 나타낸다.

$$\text{매출채권 평균회수기간} = 365 \div \text{매출채권회전율}$$

(2) 재고자산의 효율적 관리를 확인하기 위한 재무비율

가. 재고자산회전율

재고자산회전율(inventory turnover)은 매출원가를 평균재고자산으로 나누어 측정하며, 재고자산의 효율적 관리를 나타내는 비율이다. 재고자산은 생산과 판매에 지장이 없도록 최적수준을 유지해야 한다. 일반적으로 재고수준이 적을수록 재고자산회전율이 높아지고, 재고자산에 묶여 있는 현금이 적기 때문에 재고자산이 진부화될 가능성이 적다. 재고자산이 필요 이상으로 많으면 경기불황으로 생산에 비하여 판매가 부진하다는 것을 의미한다. 재고자산이 적정수준을 넘으면 불필요한 이자나 보관비용 등이 발생하여 재고관리비용이 증대된다.

$$재고자산회전율 = \frac{매출원가}{평균재고자산(기초재고 + 기말재고) / 2}$$

나. 재고자산회수기간

재고자산의 회전속도도 다음과 같이 365일을 재고자산회전율로 나눈 재고자산평균회수기간(average inventory turnover period)으로 측정할 수 있다. 재고자산회전율은 재고자산이 현금화되는 데 소요되는 기간을 나타내며, 재고자산의 유동성을 평가하는 데 활용할 수 있다.

$$재고자산회수기간 = 365 \div 재고자산회전율$$

예제 14-5 매출채권과 재고자산관련 비율

(주)안산의 20×1년과 20×2년의 자료를 이용하여 매출채권회전율과 재고자산회전율을 계산하면 다음과 같다.

	20X2년	20×1년
매출액	400,000	
매출원가	200,000	
매출채권	60,000	20,000
재고자산	50,000	30,000

1) 매출채권회전율 = 400,000 ÷ [(60,000 + 20,000) ÷ 2] = 10회
2) 매출채권회수기간 = 360일 ÷ 10회 = 36일 (1년을 360일로 가정)
3) 재고자산회전율 = 200,000 ÷ [(50,000+30,000) ÷ 2] = 5회
4) 재고자산회수기간 = 360일 ÷ 5회 = 72일 (1년을 360일로 가정)

2.4 손익계산서 정보의 활용

손익계산서는 일정기간동안 기업이 영업활동을 통해 획득한 수익과 비용 그리고 순손익을 보고한다. 손익계산서 정보는 기업의 경영성과를 검토하게 하는 동시에 미래의 기업의 성과를 예측할 수 있도록 하는 중요한 정보를 제공한다.

1) 단계별 이익을 구분하여 파악

손익계산서의 이익정보는 매출총손익, 영업손익, 법인세비용차감전 순손익으로 이익에 대한 정보를 구분하여 제공한다. 이때 영업손익은 주된 영업활동을 통해 남겨진 이익을 의미하므로 계속 발생할 가능성이 높은 손익으로 볼 수 있다.

반면 영업외손익은 영업손익에 비하여 반복성이 낮은 수익과 비용이므로 영업손익과 영업외손익이 당기순이익에 미치는 영향을 비교할 필요가 있다. 당기순손익에 영업외손익이 미치는 영향이 큰 경우에는 미래의 당기순손익의 변동이 클 가능성이 높다.

2) 단계별 이익률의 분석

손익계산서 정보를 이용한 재무비율은 대부분 매출액과 단계별 이익을 사용한 비율인 수익성비율을 사용한다. 일반적으로 이런 수익성비율은 올해와 전년도 정보를 비교하거나 3~5년정도 기간의 추세분석에 활용한다.

(1) 수익성비율

가. 매출액순이익률

매출액순이익률(margin on sales)은 매출활동의 수익성을 측정하는 비율로서 당기순이익을 매출액으로 나누어 계산한다. 매출액이익률은 매출액에서 매출원가만을 제외한 매출총이익과 판매비와 관리비를 제외한 영업이익으로 계산하기도 한다. 매출액순이익률은 매출활동의 종합적인 수익성을 표시한다.

$$\text{매출액순이익률} = \frac{\text{당기순이익}}{\text{매출액}}$$

나. 영업이익률

영업이익률(operating profit on sales) 또는 매출액 영업이익률은 매출액 대비 영업이익의 비율을 나타낸 것으로 기업의 활동성을 나타내는 매출액에서 매출원가와 판매관리비를 뺀 이익에 대한 비율이다. 제조 및 판매활동과 상관없는 영업외손익을 제외한 이익이므로 기업의 주된 영업활동의 능률을 측정하는 지표다.

$$\text{매출액 영업이익률} = \frac{\text{영업손익}}{\text{매출액}}$$

(2) 비율변동 분석

가. 매출액증가율

매출액증가율은 기업의 영업활동이 전년도에 비해 얼마나 활발하게 이루어졌는가를 확인하기 위한 비율이다. 한 기업의 전년도와 올해의 차이를 비교하는 것 뿐만 아니라 경쟁기업과도 비교하여 분석한다. 만일 매출액증가율이 경쟁기업보다 높다면 영업활동의 호조로 시장증가율이 증가하고 있다고 분석할 수 있다.

$$\text{매출액증가율} = \frac{\text{당기매출액} - \text{전기매출액}}{\text{전기매출액}} \times 100$$

나. 순이익증가율

당기순이익은 기업 경영실적의 최종 결과물이다. 따라서 당기순이익이 전년도에 비하여 증가한다는 것은 기업의 실질적인 성장을 의미한다고도 볼 수 있다. 그러나 앞에서도 살펴보았듯이 순이익의 산정과정속에 포함된 영업손익과 영업외손익의 영향도 함께 보아야 하므로, 매출액증가율, 영업이익증가율 지표와 함께 살펴보아야 한다.

$$\text{순이익 증가율} = \frac{\text{당기순이익} - \text{전기순이익}}{\text{전기순이익}} \times 100$$

3) 판매비와 관리비의 분석

판매비와 관리비 항목 속에는 매년 비슷하게 지출되며 회피 불가능한 비용인 고정비적 성격의 비용이 있다. 따라서 전년도와 비교하여 변동폭이 큰 원인이 무엇인지 살펴보면서 비용의 지출이 순이익에 어떻게 영향을 미치는 지 확인하여야 한다. 예를 들어 전년도에 비하여 '퇴직급여'라는 비용이 증가하였다면 퇴직금지급 대상 종업원 수가 급격히 증가하였거나 퇴직금의 중간정산이 있을 수 있고, '광고선전비'의 지출이 급격히 증가하였다면 공격적인 홍보활동의 실시를 통해 매출 증대 노력을 하였다고 추정해 볼 수 있다.

4) 주식시장과 관련된 분석

주식의 시장가격은 특정한 기업의 주식을 보유함으로써 기대할 수 있는 수익과 위험을 투자가들이 어떻게 평가하고 있는가에 대한 정보를 제공한다. 이러한 정보는 단순히 주식가격만으로는 알 수 없다. 그 이유는 기업마다 발행주식수가 다르며, 순이익과 배당금도 차이가 있기 때문이다. 주식의 가격은 반드시 재무제표상의 수익성 지표와 관련하여 평가하여야만 의미가 있다.

(1) 주당순이익

주당순이익(株當純利益, earnings per share : EPS)은 보통주 1주에 귀속될 수 있는 순이익을 의미하는 종합적인 수익성지표이다. 분자는 순이익에서 우선주에 대한 배당금을 차감하여 계산되며, 분자는 발행된 보통주식총수를 발행기간을 고려하여 가중평균한 수치로 계산된다. 이 자료는 특히 주식투자결정에서 많이 이용되고 있는 주가수익비율의 계산근거가 된다.

$$\text{주당순이익} = \frac{\text{순이익} - \text{우선주배당금}}{\text{평균 유통주식수}}$$

(2) 주가수익비율

주가수익비율(株價收益比率, price-earnings ratio : PER)은 보통주 시가를 주당순이익으로 나누어 계산한 비율이다. 주식의 시장가격은 투자가들이 특정 기업의 미래수익성과 위험을 예측하여 평가한 예측정보에 의하여 결정된다. 반면에, 주당순이익은 기업이 과거에 이룩한 경영성과를 반영한다. 주가수익비율이 높은 회사는 낮은 회사보다 순이익이 동일한 조건으로 계산되었다면, 투자가들에 의하여 미래의 수익성이 높게 평가되고 있음을 의미한다. 그러나 두 회사 간의 단순한 주가수익비율의 비교는 회계방법과 산업특성에 차이가 있는 경우에는 의미가 없다.

$$주가수익비율 = \frac{주당시가}{주당순이익}$$

제3절 재무제표분석의 한계

재무비율 분석은 모든 기업활동을 화폐로 측정한 재무제표만을 대상으로 분석하기 때문에 여러 가지 한계점이 있다. 그 중에서 중요한 몇 가지를 다음과 같이 들 수 있다.

(1) 재무비율은 재무제표에 표시되어 있는 항목으로 계산하는 것이므로 재무제표가 가지고 있는 한계점을 그대로 지니고 있다. 자산은 역사적 원가에 의하여 평가되고, 순이익은 다양한 회계처리방법 중에서 선택된 특정 방법과 추정에 의한 원가배분에 의하여 결정되기 때문에 재무비율을 기업 간에 비교하기는 곤란하다. 그리고 물가변동이 재무제표에 미치는 영향도 기업마다 다르다.

(2) 기업이 속해 있는 산업의 특성도 서로 다르다. 산업의 특성에 따라서 채택하고 있는 회계방법도 다르고, 자산의 구성과 자본구조, 수익성도 산업마다 차이가 있다. 예컨대 중화학공업은 유동자산에 비하여 고정자산에 대한 투자비중이 높고, 많은 자금을 조달하기 위하여 은행으로부터의 차입금도 많을 것이다. 기업 간의 재무비율을 비교하는 데는 이러한 산업의 특성 및 규모 등을 고려해야만 될 것이다.

(3) 특정 기업에 대하여 기간별로 재무비율을 비교하는 데도 변화하는 전반적인 경제적 여건을 충분히 고려해야 한다. 연료가격이 급격히 상승하거나 이자율이나 환율이 급격히 변동하면, 많은 연료를 필요로 하고 있는 기업의 생산원가가 증대하여 수익성이 저하될 것이다. 또한 이자율이나 환율의 급격한 변화도 기업의 수익성에 큰 영향을 초래하기 때문에 재무비율의 기간별 비교가 어려워질 것이다.

(4) 여러 가지 재무비율은 서로 밀접한 관계가 있기 때문에 각 비율의 변화방향이 일정하지 않다. 예를 들면, 매출을 적극적으로 증가시키기 위하여 제품의 가격을 내리면 총자산회전율은 높아지나 매출액이익률은 낮아진다. 또한

재고자산을 적게 보유하면 재고자산회전율은 높아지지만, 상품의 구입가격이 상승하는 경우에는 매출원가가 높아져 매출이익이 감소할 수 있다. 따라서 재무비율에 근거하여 의사결정을 할 때는 비율뿐만 아니라 다른 요인들에 대해서도 분석할 필요가 있다.

재미있는 회계 이야기 13 회계를 알면 기업의 미래가 보인다

이정조(60) 리스크컨설팅코리아 사장은 평생 기업을 들여다보며 살았다. 창업 전 증권사와 투자금융사 · 생명보험사에서 기업 여신과 자산운용을 담당했다. 어떤 회사가 흥할지 망할지를 따지며 16년을 보냈다. 1995년 컨설팅 회사를 연 이후로도 마찬가지다. 금융회사를 대신해 기업의 건전성을 진단했고, 기업 의뢰로 부도 위험을 살폈다. 그런 그가 요즘 '회계 대중화'에 힘을 쏟고 있다. "평생 기업 분석을 해보니 결국은 회계를 알아야 기업을 알겠더라"는 게 이유다.

[기업을 이해하는 데 회계가 차지하는 비중]

"재무제표를 읽는 건 가장 기본적이면서 핵심적인 업무다. 이걸 제대로 읽지 않고선 기업의 강점과 약점, 미래 전망을 할 수가 없다. 많은 이가 재무제표의 겉만 읽을 뿐 이면을 보는 훈련은 돼 있지 않다. 최근 국제 회계기준이 도입돼 재무제표가 압축적으로 바뀌면서 갈수록 일반인들이 재무제표를 이해하기가 어려워지고 있다."

[이면을 본다는 것]

"재무제표상의 숫자만 봐선 기업 상태를 알기 어려운 지표가 많다. 당기순이익 같은 경우가 대표적이다. 어떤 회사가 영업을 해서 100억원의 이익이 났다고 치자. 그런데 비싸게 산 땅을 싸게 팔면서 손해를 300억원 봤다. 그러면 고정자산 처분 손실로 당기순이익이 200억원 적자로 잡힌다. 이런 일회성 손익은 기업의 건전성과는 큰 관계가 없다. 당장 손실을 냈지만 영업이익은 흑자이고 땅 판 돈까지 쥐었으니 미래엔 더 좋은 기업이 된다."

[재무제표만으로 상황을 읽을 수 있나?]

"과거 재무제표를 놓고 지표별 변화를 추적하며 이상한 점을 찾아내는 훈련이 돼 있으면 가능하다. 이상한 점이 있으면 그 다음부턴 원인을 찾으면 된다. 기업에 묻고 뉴스를 읽어 공부하면 그 회사의 강점과 약점이 다 보인다."

[재무제표 외엔 어떤 것을 감안하여 기업분석을 하나]

"재무제표를 통해 품은 의문은 반드시 현장에서 풀어야 한다. 오랜 분석 경험을 통해 체득한 몇 가지 요령이 있다. 제조업 전망은 공장 전기계량기를 보면 안다. 매출과 이익 실적보다 훨씬 정확하다. IT 회사 전망을 하려면 항공사 화물담당 직원한테 물어보면 된다. 요즘 수출이 많아져서 특별기를 띄우느라 정신이 없다. 그러면 분명히 좋아진다. 항구에 대기하고 있는 배가 얼마나 많은지, 어떤 회사의 어떤 품목이 주로 들고 나는지를 체크하면 산업 돌아가는 걸 대충 알 수 있다. 기업 분석은 재무제표에서 출발해 현장에서 끝나는 셈이다."

(출처 : 2014.6.1., "더 중앙" 기사 중 발췌)

객관식 연습문제

01 **다음 중 현금흐름표에 관한 설명으로 틀린 것은?** [회계관리 2급 주관처공개 기출문제]

① 현금흐름표는 기업의 활동을 영업활동, 재무활동, 투자활동 별로 구분하여 각 활동별로 현금의 유입과 유출에 대한 내역을 보여준다.
② 영업활동 현금흐름을 통해 유형자산, 투자자산, 유가증권 등의 자산 취득과 처분으로 인한 현금흐름을 파악할 수 있다.
③ 재무활동은 현금의 차입 및 상환활동, 신주발행이나 배당금의 지급활동 등과 같이 부채 및 자본계정에 영향을 미치는 거래를 말한다.
④ 영업활동 현금흐름을 보고하는 형식에는 간접법과 직접법이 있다

02 **현금흐름표에서 영엽활동 현금흐름에 해당하지 않는 것은?** ['21 제69회 기업회계 2급]

① 이자수익의 현금 수령 ② 현금매출
③ 대여금의 현금회수 ④ 법인세 등의 현금지급

03 **다음 자료에 기초하여 (주)안산의 영업활동으로 인한 현금흐름을 계산하면 얼마인가?**

ㄱ. 손익계산서상 당기순이익 200,000원
매출채권 감소 10,000원 재고자산 증가 5,000원, 매입채무 증가 5,000원, 미지급금 감소 1,000원
ㄴ. 손익계산서 자료
감가상각비 5,000원, 유형자산처분이익 1,000원

① 195,000원 ② 200,000원 ③ 205,000원 ④ 213,000원

04 다음 자료는 (주)대전에 관련된 것이다. 이 자료로부터 유동자산과 유동부채를 계산하면 얼마인가?

운전자본	₩200,000
유동비율	3 : 1
당좌비율	2 : 1

	유동자산	유동부채		유동자산	유동부채
①	100,000	300,000	②	400,000	200,000
③	200,000	400,000	④	300,000	100,000

05 다음 중 기업의 재무적 안정성을 판단하기 위한 재무비율로 가장 적절하지 않은 것은?

[회계관리 2급 주관처공개 기출문제]

① 유동비율
② 당좌비율
③ 부채비율
④ 매출액순이익률

06 재무비율의 이용에 대한 설명으로 부적절한 것은? ['96 7급 세무직]

① 부채비율은 기업의 장기부채에 대한 지급능력을 평가하는 데 이용한다.
② 매출총이익률을 일정하게 유지하더라도, 순자산회전율을 높이면 자기자본이익률을 향상시킬 수 있다.
③ 유동비율이 1보다 작은 경우, 유동자산이 줄어들더라도 동액의 유동부채가 동시에 감소하면 유동비율은 오히려 상승한다.
④ 부채비율은 경영자가 자본조달에 관한 의사결정을 할 때 유용하게 이용된다.

07 회계정보이용자들은 재무제표를 통해 다양한 정보를 얻을 수 있다. 다음 중 재무제표 분석을 통해 확인하기 어려운 것은? [회계관리 2급 주관처공개 기출문제]

① 총자산증가율을 전기와 비교하여 자산 활용의 효율성을 확인할 수 있다.
② 당기 영업이익률을 전기와 비교하여 회사의 주된 영업활동으로 인한 수익성의 변화를 확인할 수 있다.
③ 유동비율 및 당좌비율을 통해 회사의 지급능력을 확인할 수 있다.
④ 부채비율을 통해 회사의 재무적 위험도를 확인할 수 있다.

08 다음의 2012년도 재무상태표 자료로 당좌비율을 계산하면? [03회 기업경영분석사]

2012. 12. 31	
현금	10,000
매출채권(순액)	55,000
재고자산	80,000
토지	420,000
건물(순액)	200,000
매입채무	100,000
단기차입금	30,000
사채	150,000
자본금	500,000
이익잉여금	180,000

① 50% ② 80% ③ 112% ④ 150%

※ 아래 자료를 이용하여 문제 9부터 문제 13까지 답하라.

20×1년과 20×2년의 ㈜청주의 비교재무제표는 다음과 같다.

포괄손익계산서

	20×2년	20×1년
순매출	₩3,000,000	₩2,250,000
매출원가	2,100,000	1,620,000
매출총이익	900,000	630,000
영업비용		
판매비	445,000	355,000
일반관리비	270,000	193,500
총영업비용	715,000	548,500
영업이익	185,000	81,500
이자비용	20,000	18,500
법인세차감전순이익	165,000	63,000
법인세	65,000	16,800
순이익	₩100,000	₩46,200

재무상태표

	20×2년	20×1년
자　산		
유동자산		
현　금	₩120,000	₩260,000
매출채권	150,000	120,000
재고자산	300,000	240,000
선급비용	30,000	12,000
유동자산 합계	600,000	632,000
비유동자산		
유형자산	1,780,000	1,529,200
자산 합계	₩2,380,000	₩2,161,200
부　채		
유동부채		
매입채무	₩300,000	₩195,000
단기차입금	150,000	90,000
유동부채 합계	450,000	285,000
비유동부채	300,000	300,000
자　본		
자본금(액면 주당 ₩45)	1,350,000	1,350,000
이익잉여금	280,000	226,200
부채와 자본 합계	₩2,380,000	₩2,161,200

09 **부채비율은?**

	20×1	20×2		20×1	20×2
①	18.08%	17.61%	②	21.11%	33.3%
③	43.33%	55.56%	④	37.11%	46.01%

10 **20×2년의 재고자산회전율은?**

① 7　　② 7.78
③ 8.75　　④ 10

11 **회사의 매출이 모두 신용매출이라고 가정하면 20×2년의 매출채권 평균회수일수는?**

① 14.6　　② 16.4
③ 22.2　　④ 19.5

12 20×1년과 20×2년의 주당순이익은?

	20×1	20×2		20×1	20×2
①	2.10	5.50	②	2.10	3.33
③	1.54	3.33	④	1.16	2.50

13 청주(주)의 보통주 시장가격이 20×2년에 ₩36, 20×1년에 ₩12라고 가정하자. 두 해의 주가수익률은?

	20×1	20×2		20×1	20×2
①	5.71	6.55	②	7.79	10.81
③	5.71	10.81	④	10.34	14.4

14 다음 자료를 이용하여 유동부채의 금액을 계산하면 얼마인가? [01회 기업경영분석사]

당좌비율 120%	유동자산 ₩480,000	재고자산과 기타유동자산 ₩120,000

① ₩300,000 ② ₩400,000 ③ ₩500,000 ④ ₩576,000

15 매출액 45,500원, 기초 매출채권 5,500원, 기말 매출채권 7,500원일 경우 매출채권회전일수는 약 얼마인가? [03회 기업경영분석사]

① 30일 ② 45일 ③ 52일 ④ 93일

16 유동비율을 개선시킬 수 있는 방안으로 옳지 않은 것은? [02회 기업경영분석사]

① 유동부채의 조기상환
② 유동부채의 비유동부채로의 전환
③ 불용자산 및 저수익자산의 매각
④ 재고자산의 조기매각

17 (주)삼일의 당기 재고자산회전율은 3.2회이며, 매출채권회전율 4.5회이다. 다음의 설명 중 가장 올바르지 않은 것은? 단, 1년은 365일로 가정한다. [회계관리 2급 주관처공개 기출문제]

① 일반적으로 매출액을 평균매출채권으로 나누어 매출채권회전율을 계산한다.
② 일반적으로 매출원가를 평균재고자산으로 나누어 재고자산회전율을 계산한다.
③ (주)삼일의 차기 재고자산회전율이 4.5회로 증가하였다면, 차기 재고자산의 진부화 가능성이 높아진다.
④ (주)삼일의 차기 매출채권회전율이 2.2회로 감소하였다면, 차기 대손충당금은 증가할 가능성이 높아진다.

부 록

Ⅰ. 객관식문제 정답

Ⅱ. 재무제표 양식

부 록 I

객관식문제 정답

1장

번호	1	2	3	4	5	6	7	8	9	10
답	④	②	④	④	①					

2장

번호	1	2	3	4	5	6	7	8	9	10
답	②	④	③	②	③	③	②	④	③	②
번호	11	12	13	14	15	16	17	18	19	20
답	①	②	①							

3장

번호	1	2	3	4	5	6	7	8	9	10
답	①	②	②	④	②	④	①	③	①	②
번호	11	12	13	14	15	16	17	18	19	20
답	④	④	④	①	④					

4장

번호	1	2	3	4	5	6	7	8	9	10
답	②	②	③	①	②	④	③	①	④	③
번호	11	12	13	14	15	16	17	18	19	20
답	③	②	②	④	②	②				

5장

번호	1	2	3	4	5	6	7	8	9	10
답	⑤	③	④	④	②	①	①	④	④	②
번호	11	12	13	14	15	16	17	18	19	20
답	④	②	②	②	③	③	③	①	③	②

6장

번호	1	2	3	4	5	6	7	8	9	10
답	①	③	③	①	③	①	②	④	①	②
번호	11	12	13	14	15	16	17	18	19	20
답	②	③	①	④	②	③	①			

7장

번호	1	2	3	4	5	6	7	8	9	10
답	④	①	②	③	④	③	②	⑤	②	④
번호	11	12	13	14	15	16	17	18	19	20
답	①	②	②	③						

8장

번호	1	2	3	4	5	6	7	8	9	10
답	③	③	②	①	④	②	③	②	④	①
번호	11	12	13	14	15	16	17	18	19	20
답	③	①								

9장

번호	1	2	3	4	5	6	7	8	9	10
답	③	③	②	②	④	③	①	③	①	③
번호	11	12	13	14	15	16	17	18	19	20
답	③	④	①	①						

10 장

번호	1	2	3	4	5	6	7	8	9	10
답	③	②	③	③	④	④	②	⑤	③	④
번호	11	12	13	14	15	16	17	18	19	20
답	①	③								

11 장

번호	1	2	3	4	5	6	7	8	9	10
답	④	④	④	②	①	②	②	②	④	②
번호	11	12	13	14	15	16	17	18	19	20
답	②	④	④	②	①	①	③			

12 장

번호	1	2	3	4	5	6	7	8	9	10
답	①	③	①	④	③	②	③	④	①	③
번호	11	12	13	14	15	16	17	18	19	20
답	①	①	④							

13 장

번호	1	2	3	4	5	6	7	8	9	10
답	④	①	①	②	④	③	⑤	④	④	②
번호	11	12	13	14	15	16	17	18	19	20
답	①	④	④							

14 장

번호	1	2	3	4	5	6	7	8	9	10
답	②	③	④	④	④	③	①	①	④	②
번호	11	12	13	14	15	16	17	18	19	20
답	②	③	②	①	③	④	③			

부록 II 재무제표 양식

1. 재무상태표

재무상태표

제×기 20×1년 12월 31일 현재
제×기 20×2년 12월 31일 현재

회사명 (단위: 원)

과목	20×2년 12월 31일		20×1년 12월 31일	
자산				
유동자산		×××		×××
현금 및 현금성자산	×××		×××	
매출채권 및 기타채권	×××		×××	
기타금융자산	×××		×××	
재고자산	×××		×××	
· · ·	×××		×××	
비유동자산		×××		×××
수취채권	×××		×××	
기타금융자산	×××		×××	
투자부동산	×××		×××	
유형자산	×××		×××	
무형자산	×××		×××	
영업권	×××		×××	
관계기업투자	×××		×××	
· · ·	×××		×××	
매각예정자산		×××		×××
자산총계	×××	×××	×××	×××
부채				
유동부채		×××		×××
매입채무	×××		×××	
기타금융부채	×××		×××	
단기충당부채	×××		×××	
기타채무	×××		×××	
비유동부채		×××		×××
장기금융부채	×××		×××	
장기충당부채	×××		×××	
· · ·	×××		×××	
매각예정자산과 관련된 부채		×××		×××
부채총계		×××		×××
자본				
지배기업소유주지분				
납입자본	×××		×××	
이익잉여금	×××		×××	
기타자본요소	×××		×××	
소수주주지분	×××		×××	
자본총계		×××		×××
부채 및 자본총계		×××		×××

2. 포괄손익계산서(중단영업손익이 없는 경우)

포괄손익계산서(기능별)

제×기 20×1년 1월 1일부터 20×1년 12월 31일까지
제×기 20×2년 1월 1일부터 20×2년 12월 31일까지

회사명 (단위: 원)

과 목	당 기	전 기
매출액	×××	×××
매출원가	×××	×××
매출총손익	×××	×××
판매비와 관리비	×××	×××
물류원가	×××	×××
영업손익	×××	×××
금융수익	×××	×××
기타수익	×××	×××
금융비용	×××	×××
기타비용	×××	×××
· · ·	×××	×××
법인세차감전순이익	×××	×××
당기순손익	×××	×××
기타포괄손익(법인세공제후)	×××	×××
금융자산평가손익	×××	×××
재평가잉여금변동	×××	×××
	×××	×××
총포괄손익	×××	×××
당기순손익의 귀속		
지배기업소유주지분	×××	×××
소수주주지분	×××	×××
	×××	×××
총포괄손익의 귀속		
지배기업소유주지분	×××	×××
소수주주지분	×××	×××
	×××	×××

포괄손익계산서(성격별)

제×기 20×1년 1월 1일부터 20×1년 12월 31일까지
제×기 20×2년 1월 1일부터 20×2년 12월 31일까지

회사명 (단위: 원)

과　　목	당　기	전　기
수익	×××	×××
기타수익	×××	×××
상품의 변동	(×××)	(×××)
상품의 매입액	(×××)	(×××)
종업원급여	(×××)	(×××)
감가상각비	(×××)	(×××)
이자비용	(×××)	(×××)
기타비용	(×××)	(×××)
법인세차감전손익	×××	×××
법인세비용	(×××)	(×××)
당기순손익	×××	×××
기타포괄손익(법인세공제후)	×××	×××
재평가잉여금변동	×××	×××
금융자산평가손익	×××	×××
총포괄손익	×××	×××
당기순손익의 귀속		
지배기업소유주지분	×××	×××
소수주주지분	×××	×××
	×××	×××
총포괄손익의 귀속		
지배기업소유주지분	×××	×××
소수주주지분	×××	×××
	×××	×××

3. 자본변동표

자본변동표

제×기 20×1년 1월 1일부터 20×1년 12월 31일까지
제×기 20×2년 1월 1일부터 20×2년 12월 31일까지

회사명 (단위: 원)

구 분	납입자본			기타자본요소		이익잉여금	총 계
	자본금	자본 잉여금	자본 조정	기타포괄손익누계액	일반적립금		
20×1년 1월 1일	×××	×××	×××	×××		×××	×××
회계정책변경누적효과						(×××)	(×××)
전기오류수정						(×××)	(×××)
수정후 이익잉여금						×××	×××
연차배당						(×××)	(×××)
처분후 이익잉여금						×××	×××
중간배당						(×××)	(×××)
유상 증자(감자)	×××	×××					×××
당기순이익(손실)						×××	×××
자기주식 취득			(×××)				(×××)
기타포괄손익대체				(×××)		×××	
총포괄손익				×××		×××	×××
20×1년 12월 31일	×××	×××	×××	×××	×××	×××	×××
20×2년 1월 1일	×××	×××	×××	×××		×××	×××
회계정책변경누적효과						(×××)	(×××)
전기오류수정						(×××)	(×××)
수정후 이익잉여금						×××	×××
연차배당						(×××)	(×××)
처분후 이익잉여금						×××	×××
중간배당						(×××)	(×××)
유상 증자(감자)	×××	×××					×××
당기순이익(손실)						×××	×××
자기주식 취득			(×××)				(×××)
기타포괄손익대체				(×××)		×××	
총포괄손익				×××		×××	×××
20×2년 12월 31일	×××	×××	×××	×××	×××	×××	×××

4. 현금흐름표

현금흐름표(직접법)

제×기 20×2년 1월 1일부터 12월 31일까지
제×기 20×1년 1월 1일부터 12월 31일까지

회사명 (단위: 원)

	20×2년	20×1년
영업활동 현금흐름		
고객으로부터 수취한 현금	×××	×××
공급자에게 지급한 현금	(×××)	(×××)
기타영업활동으로 수취한 현금	×××	×××
기타영업활동에서 지급한 현금	(×××)	(×××)
영업에서 창출된 현금	×××	×××
이자수입	×××	×××
이자지급	(×××)	(×××)
법인세지급	(×××)	(×××)
영업활동 순현금흐름	×××	×××
투자활동현금흐름		
금융자산취득	(×××)	(×××)
금융자산처분	×××	×××
유형자산취득	(×××)	(×××)
유형자산처분	×××	×××
무형자산취득	(×××)	(×××)
투자활동순현금흐름	×××	×××
재무활동현금흐름		
차입금 차입	×××	×××
차입금 지급	(×××)	(×××)
주식발행	×××	×××
배당금지급	(×××)	(×××)
재무활동순현금흐름	×××	×××
현금 및 현금성자산의 환율변동효과	×××	×××
현금 및 현금성자산의 증가(감소)	×××	×××
기초의 현금 및 현금성자산	×××	×××
기말의 현금 및 현금성자산	×××	×××

현금흐름표(간접법)

제×기 20×2년 1월 1일부터 12월 31일까지
제×기 20×1년 1월 1일부터 12월 31일까지

회사명 (단위: 원)

	20×2년	20×1년
영업활동 현금흐름		
법인세비용차감전이익	×××	×××
가감		
영업현금흐름과 관련없는 손익제거	×××	×××
영업활동과 관련된 자산·부채의 증가	×××	×××
영업에서 창출된 현금	×××	×××
이자수입	×××	×××
이자지급	(×××)	(×××)
법인세지급	(×××)	(×××)
영업활동 순현금흐름	×××	×××
투자활동현금흐름		
금융자산취득	(×××)	(×××)
금융자산처분	×××	×××
유형자산취득	(×××)	(×××)
유형자산처분	×××	×××
무형자산취득	(×××)	(×××)
투자활동순현금흐름	×××	×××
재무활동현금흐름		
차입금 차입	×××	×××
차입금 지급	(×××)	(×××)
주식발행	×××	×××
배당금지급	(×××)	(×××)
재무활동순현금흐름	×××	×××
현금 및 현금성자산의 환율변동효과	×××	×××
현금 및 현금성자산의 증가(감소)	×××	×××
기초의 현금 및 현금성자산	×××	×××
기말의 현금 및 현금성자산	×××	×××

찾아보기

ㄱ

ㄴ

ㄷ

ㄹ

ㅁ

ㅂ

ㅅ

ㅇ

ㅈ

ㅊ

ㅌ

ㅍ

ㅎ

저자약력

최정호

저자약력

- 성균관대학교 경영학과 졸업
- 서울대학교 대학원 경영학과 졸업(경영학 석사)
- University of Houston 졸업(경영학 박사)
- La Salle University 조교수 역임
- AICPA(Texas)
- 한국회계학회 회계학연구 편집위원장 역임
- 전(前), 홍익대학교 경영대학 교수(junghc@hongik.ac.kr)

저서

- 이익의 질과 기업가치에 관한 실증적 연구(2008, Asia Pacific Journal of Financial Studies)
- 관계회사거래와 발생액의 질(2009, 회계정보연구)
- 관계회사거래의 정보가치(2010, 회계저널)
- 감사인 품질관리에 대한 공적규제와 회계정보의 가치관련성(2012, 회계학연구)
- IFRS 채택과 회계정보의 가치관련성(2013, 회계학연구) 외 다수

김성중

저자약력

- 중앙대학교 대학원졸업(경영학석사)
- 수원대학교 대학원졸업(경영학박사)
- 안산도시공사 자체평가위원 역임
- 안산대학교 전략기획처장 역임
- 현, 한국상업교육학회 부회장
- 안산시 주요과제 심의위원
- 현, 안산대학교 회계세무학과 교수(ksj@ansan.ac.kr)

저서

- 사외감사의 자발적 선임과 기업특성(2001, 회계학연구) 공저
- 대리인비용과 사외이사선임의 관련성에 관한 연구(2003, 회계저널) 공저
- 코스닥 신규상장기업의 실물활동이익조정(2010, 국제경상교육연구) 공저
- 회계분야 특성화고-전문대학-대학 연계교육운영방안: 안산지역 소재 A전문대학과 B상업계 고교의 사례를 중심으로(2022, 세무와 회계저널) 공저
- 국세청도 가르쳐주지 않는 급여세금과 연말정산실무(2010, 지식난늘기) 공저

박상연

저자약력

- 중앙대학교 대학원 졸업(경영학석사)
- 중앙대학교 대학원 졸업(경영학박사)
- 한국회계학회 총무이사
- 한국경영학회 이사
- 대한회계학회 편집이사
- 배재대학교 기획처장 역임
- 현, 배재대학교 경영학과 조교수(spark@pcu.ac.kr)

저서

- Value Relevance of Revenue : Gross Method and Net Method(2011, 경영학연구)
- 환율변동이 기업성과 예측에 미치는 영향(2011, 회계정보연구)
- 감사보수할인이 감사시간 및 감사품질에 미치는 영향(2011, 세무와 회계저널)
- 경영자 특성과 기업지배구조가 조세회피행위에 미치는 영향(2013, 회계정보연구)
- 이익분포의 비대칭도와 이익공시에 대한 주가반응(2016, 국제회계연구)

임 욱 빈

저자약력

- 중앙대학교 대학원 졸업(경영학석사)
- 중앙대학교 대학원 졸업(경영학박사)
- 한국경영교육학회 부회장
- 한국국제회계학회 부회장
- 노원세무서 국세심사위원
- 신용보증재단중앙회 자문위원
- 기상청 기상서비스산업분야 정책자문위원회 위원
- 문화재청 책임운영기관 운영심의회 위원
- 한국기상산업기술원 기상 R&D분야 총괄조정위원회 위원
- 현, 한성대학교 비즈니스컨설팅학과 조교수/학과장(wookbin@hansung.ac.kr)

저서

- The Effects of the International Financial Reporting Standards(IFRS) Adoption on Earnings • Quality : Evidence from Korea, Business Perspectives, 2017
- 공매도가 주식수익률에 미치는 영향, 산업경영학회, 2017
- ESG 정보와 타인자본비용의 관련성에 대한 실증연구, 한국회계정보학회, 2013
- ESG 정보와 가치관련성에 관한 실증연구, 한국경영교육학회, 2011(우수논문상 수상)
- 기업의 합병효과와 합병기업의 인수형태에 따른 기업특성, 한국회계정보학회, 2008 외 다수

김 보 영

저자약력

- 서강대학교 대학원 졸업(경영학석사)
- 중앙대학교 대학원 졸업(경영학박사)
- 한국국제회계학회 재무이사
- 현, 한국벤처창업학회 감사
- 창의창업연구소 상임이사
- 서울시 금천구 업무평가위원
- 현, 중앙대학교 교양대학 부교수(dorothy315@cau.ac.kr)

저서

- 리스회계기준 변경이 리스이용자의 신용평점에 미치는 영향(2023, 세무회계연구)
- 기업가적 태오가 대학생의 주식투자행태에 미치는 영향(2023, 한국진로창업경영학회지)
- 코로나19 전환기의 대면수업에 대한 고찰:학습자의 만족도, 몰입도, 학습지속의향을 중심으로(2023, 인문사회21)
- 메타버스기반의 대학 창업교육 적용을 위한 탐색적 연구(2022, 교양학연구)
- 현장실습이 대학생의 진로자신감에 미치는 영향에 관한 연구(2021, 벤처창업연구)
- 코로나19 이후 온라인 교육에 관한 학습자들의 반응조사연구(2020, 문화와융합)

K-IFRS
최신 회계의 이해

2024년 2월 13일 1판 1쇄 인쇄
2024년 2월 23일 1판 1쇄 발행

저 자 최정호 · 김성중 · 박상연 · 임욱빈 · 김보영
발행인 고 성 익
조 판 해 인 기 획

05027
발행처 서울특별시 광진구 아차산로 335 삼영빌딩
도서출판 三 英 社
등 록 1972년 4월 27일 제2013-21호
전 화 737 1052 · 734-8979 FAX 739-2386

정가 30,000원

ISBN 978-89-445-0574-4-93320